"图书馆·与时代同行"国际学术研讨会

International Symposium on Libraries · Keeping Pace with the Times

论文集
PROCEEDINGS

国家图书馆 编

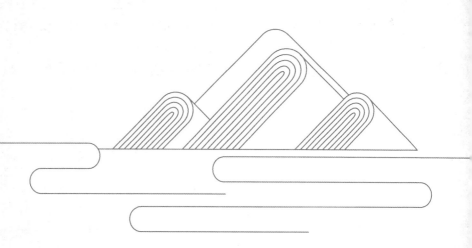

国家图书馆出版社

图书在版编目（CIP）数据

"图书馆·与时代同行"国际学术研讨会论文集/国家图书馆编.—北京：国家图书馆出版社，2020.5

ISBN 978-7-5013-6928-7

Ⅰ.①图… Ⅱ.①国… Ⅲ.①图书馆工作—国际学术会议—文集 Ⅳ.① G25-53

中国版本图书馆 CIP 数据核字（2020）第 018073 号

书　　名	"图书馆·与时代同行"国际学术研讨会论文集
著　　者	国家图书馆　编
责任编辑	张　颀　唐　澈
编辑助理	张晴池
封面设计	麒麟轩

出版发行　国家图书馆出版社（北京市西城区文津街 7 号　100034）
　　　　　（原书目文献出版社　北京图书馆出版社）
　　　　　010-66114536　63802249　nlcpress@nlc.cn（邮购）
网　　址　http://www.nlcpress.com
排　　版　九章文化
印　　装　北京鲁汇荣彩印刷有限公司
版次印次　2020 年 5 月第 1 版　2020 年 5 月第 1 次印刷

开　　本　710×1000（毫米）　1/16
印　　张　25.5
字　　数　426 千字
书　　号　ISBN 978-7-5013-6928-7
定　　价　138.00 元

论文评审专家组成员

目　录

前　言..(1)

专家报告

中国图书馆事业的历史经验与转型发展.........................饶　权（ 3 ）

从守护者到领路人：全球图书馆界的新角色.....................杰拉德·莱特纳（ 17 ）

国际视野下的中国图书馆学术思想发展.................程焕文　刘佳亲（ 24 ）

共建共享共发展，同心同行同使命
　　——高校图书馆数字资源建设 20 年回顾与展望.........陈建龙　刘素清（ 36 ）

开放数据环境下中国国家图书馆信息资源建设.............黄如花　赖　彤（ 57 ）

从"书的图书馆"到"人的图书馆"
　　——赫尔辛基中央图书馆给予我们的启示.....................吴建中（ 74 ）

公共图书馆服务体系建设的中国模式
　　——以广州为例...方家忠（ 82 ）

公共图书馆服务效能评价模式.................................李东来（ 98 ）

浅析公共数字文化工程融合创新发展.........................魏大威（106）

交流互鉴，开放合作
　　——上海图书馆跨区域合作探索与实践.................陈　超　马　春（117）

走向深度融合
　　——新时代馆社店业务互鉴和协同创新的探索与思考.........许建业（128）

论江南文化与中国国家图书馆的创始与发展.....................王世伟（135）

数字化时代的阅读：挑战与未来.................................徐升国（160）

全民阅读的深圳实践...张　岩（170）

融合发展与全民阅读...茅院生（184）

1

优秀论文

图书馆资源整合中的书目数据合并初探

    ——以国家图书馆"文津搜索"系统为例 .... 才小川（197）

国家图书馆中华寻根网系统的建设与应用 .... 万　静（210）

国家图书馆中文图书数字化工作的变化与挑战 .... 马大为（224）

国家图书馆藏升平署扮相谱的保存、传承与开发 .... 王　岩（237）

CAS 服务演进对图书馆专业知识服务转型的启示

    ——以上海图书馆为例 .... 乐懿婷（244）

社会力量参与公共图书馆阅读推广活动的实践与思考

    ——以上海市徐汇区图书馆为例 .... 朱晔慧　芦羿云（254）

"双一流"建设背景下高校图书馆知识服务转型研究

    ——基于首批高校国家知识产权信息服务中心的调研分析 .... 严　哲（264）

"媒角阅读推广时代"高校图书馆朗读空间建设构想

    ——基于央视《朗读者》节目的启示 .... 杜玉玲（275）

浦东图书馆总分馆实体架构下数字共享平台的建设与应用 .... 李　洁（286）

文献缩微工作发展的新路径

    ——基于国家文献信息战略保存与服务职能相协调的视角

    .... 李晓明　李　进（297）

《中国图书馆分类法》及相关论著研究情况综述 .... 吴　莉　李雨蒙（305）

社会力量参与城市图书馆体系建设方式研究

    ——以苏州工业园区图书馆为例 .... 邱　振（316）

改革开放以来《中图法》基础理论研究综述 .... 邱　越（323）

国家图书馆少儿阅读服务工作研究 .... 张雨晴（334）

基于成效的图书馆知识服务评价模型研究 .... 柯　平　袁珍珍　彭　亮（344）

图书馆多媒体外文期刊揭示和一站式服务 .... 桂飒爽（359）

市域视角下的公共图书馆儿童阅读推广活动研究

    ——以武汉市"知识工程"少儿读书系列活动为例 .... 徐水琴（372）

国家图书馆数字资源管理规章制度沿革 .... 韩　超（391）

前　　言

2019年是中华人民共和国成立70周年，也是国家图书馆建馆110周年。自1909年京师图书馆（即今国家图书馆）初创，110年来，国家图书馆始终秉承"传承文明、服务社会"的宗旨，与国家同呼吸、与民族共命运、与时代同步伐、与社会共发展，虽历尽沧桑、坎坷沉浮，然薪火相传、弦歌不辍。时光不老，大道惟新。今天，中国特色社会主义进入新时代，国家图书馆和中国图书馆事业也迎来了全面迈向高质量转型发展的新时代。

为全面回顾110年来国家图书馆发展历程，充分展现中国图书馆事业昂扬向上的精神风貌，进一步推动国内外图书馆界交流与合作，深入探讨新时代图书馆事业发展前景，国家图书馆于2019年9月9日—10日举办"图书馆·与时代同行"国际学术研讨会，围绕图书馆事业发展重点领域，策划了"记忆·传承：开放共享的图书馆文献资源建设""转型·超越：用户导向的图书馆信息与知识服务""变革·创新：技术驱动的图书馆转型发展""互鉴·融合：多向互惠的图书馆交流合作""开放·共赢：多元参与的全民阅读"5个分主题，来自11个国家和地区的35位知名专家学者，围绕新时代图书馆在资源建设、用户服务、技术创新、交流合作、全民阅读等领域的研究与实践作专题报告。同时，为保证会议学术质量，2019年2—5月，国家图书馆面向全国广大图书馆理论和实践工作者以及社会各界人士围绕5个分主题公开征稿，累计收到投稿论文132篇。经专家评审，评选出优秀论文18篇。

本论文集分为专家报告和优秀论文两个部分。其中，专家报告15篇，包括主旨报告3篇、嘉宾报告12篇，按照大会报告顺序排序；优秀论文18篇，按照第一作者姓氏笔画排序。所有收录论文均已获得作者授权许可。在此，感谢每一位作者的贡献！

国家图书馆研究院

2019年12月

专家报告

REPORT

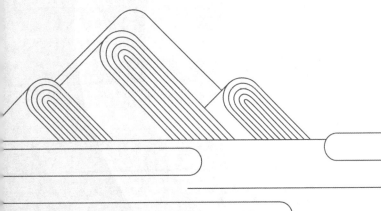

中国图书馆事业的历史经验与转型发展①

饶　权（国家图书馆）

近代以来，图书馆作为重要的社会文化教育机构，在人类文明记忆的保护传承、知识信息的交流传播、经济社会的创新进步、社会公众的学习成长、多元文明的交流互鉴中发挥着越来越重要的作用，其建设和发展得到各国政府的大力支持和社会各界的热情襄助。当前，国际经济社会发展呈现出多极化、全球化、信息化、多样化等新的特点和趋势，不断变化的环境对图书馆的生存和发展带来极大挑战，同时也为图书馆事业的未来提供了更多可能性。

本次会议的主题是"图书馆·与时代同行"，我很荣幸能借此机会，谈谈中国图书馆事业在时代变革中创新发展的历史、现状和未来。

1　回望历史，中国走出了一条独具特色的图书馆事业发展道路

中国是一个有着五千多年悠久文明发展史的国家，自古习用文字记载历史，"国有史、方有志、家有谱"的优良传统，使中华民族创造了浩如烟海的历史文化典籍。早在三千多年前，我们的先辈就已经开始对文献典籍进行系统收藏和整理，为世界文明发展做出了积极贡献，其中关于典籍分类、整理、保存的很多思想理念和技术方法，至今仍然对图书馆工作产生着重要影响。近代以来，中国图书馆事业继续在与国际同行相互影响、相互学习的过程中不断取得新的发展。特别是改革开放以来，各级各类图书馆在党和政府的大力支持下，兼收并蓄、创新发展，在制度设计、设施建设、资源保障、技术应用、服

---

① 本文转载自《中国图书馆学报》2019年第5期，系作者在2019年9月9日国家图书馆建馆110周年"'图书馆·与时代同行'国际学术研讨会"上所做的主旨报告。

务提供等方面均取得了长足进步，积累了很多有益经验，走出了一条具有中国特色的图书馆事业发展道路。

1.1 统筹协调，建立纵横联动的图书馆体系

中华人民共和国成立以来，中国政府一直把图书馆事业作为文化教育事业的重要组成部分，投入财政资金，建设广泛覆盖、纵横交错的图书馆体系。迄今，中央人民政府建立了国家图书馆，地方各级文化行政主管部门建立了3176个县以上公共图书馆和3.4万个乡镇综合文化站图书室[1]；教育行政主管部门在全国近2700家普通高等学校建立图书馆①，全国中小学校建设图书馆约25万家②；中国科学院和中国社会学科院分别在各自系统内的各级科研机构中设立了图书文献服务机构；出版行政主管部门建立了58.7万个农家书屋[2]；各级工会组织在政府机关和企事业单位建立了10万余个职工书屋[3]。《公共图书馆服务规范》等国家标准相继出台；《普通高等学校图书馆规程》《中小学图书馆规程》分别于2015年和2018年修订发布；《中华人民共和国公共图书馆法》于2018年1月1日起实施，由国家法律、部门规章、地方法规、政府规范性文件组成的法律法规制度体系不断健全，有效保障了各类型图书馆的科学管理、规范运行。

各类型图书馆间还探索建立了一套行之有效的横向协调机制。早在1957年，国务院就通过了《全国图书协调方案》，在全国设立了若干图书馆中心委员会和地区中心委员会，由国家图书馆、公共图书馆、高校图书馆和专业图书馆等组成，联合开展全国范围内的文献资源协调采购、联合编目、馆际互借等工作。1979年，中国图书馆学会成立，目前已经建立了17个分支机构，全国各省区市普遍建立了地方学会，有效促进了各类型图书馆之间的交流与合作。20世纪90年代以来，中国高等教育文献保障系统、国家科技图书文献中心、

---

① 估算数据。根据教育部统计，截至2019年6月15日，全国共有普通高等学校2688所，含独立学院257所（http://www.moe.gov.cn/jyb_xxgk/s5743/s5744/201906/t20190617_386200.html）。教育部印发《普通高等学校基本办学条件指标（试行）》中，生均图书数量被列入普通高等学校基本办学条件指标，据此推测每所高校均设置有图书馆。

② 估算数据。根据教育部《全国中小学教育技术装备综合统计》数据，2012年全国小学建有图书馆（室）约15.86万所，初、高中学校建有图书馆（室）约9.99万所，这两项数据较2011年略有下降。

首都图书馆联盟、湘鄂赣皖图书馆联盟等相继成立，在推动跨地区、跨系统的图书馆合作方面发挥了重要作用。

1.2 统一部署，促进图书馆事业均衡发展

中国是一个发展中大国，城乡之间、地域之间经济社会发展的不均衡，导致了图书馆服务的不均等。为此，20世纪50年代初，国家就做出了建设农村文化网，发展农村图书馆（室）的制度安排。1980年6月，中央书记处通过《图书馆工作汇报提纲》，明确"建设全国性的图书馆网"[4]的方略，至"十一五"末，"县县有图书馆"的目标基本实现。在此基础上，国家发展和改革委员会于2007年启动乡镇综合文化站建设工程，在各乡镇普遍建立图书室；国务院于2015年部署村（社区）公共文化建设，要求"加强村（社区）及薄弱区域的公共图书借阅服务"[5]，县以下城乡基层图书借阅服务设施不断健全。

近年来，长三角、珠三角等经济发达地区积极开展先行探索，按照服务半径、服务人口等要素，统筹推进公共图书馆服务体系建设，形成了深圳"图书馆之城"、温州"城市书房"，以及"苏州模式""嘉兴模式"等代表性总分馆建设模式。2016年以来，以县级图书馆为总馆、乡村两级基层综合性文化服务中心为分馆的县域总分馆体系建设先后被写入中央政府文件和国家法律。国家、省、市、县、乡镇（街道）、村（社区）六级公共图书馆服务体系逐步形成。截至2017年底，全国公共图书馆共建设超过1.9万个分馆[6]，配备流动图书车超过1.7万辆，流动服务书刊借阅2704万人次，近4670万册次[7]，同时通过建设无人值守城市书房、提供24小时自助服务设施等方式，实现图书馆资源和服务对城乡基层的有效覆盖。

1.3 技术驱动，实现图书馆数字化网络化转型发展

20世纪90年代以来，国家层面先后组织实施了一系列数字图书馆建设项目，包括由中国国家图书馆组织实施的"国家数字图书馆工程"和"数字图书馆推广工程"，北京大学图书馆等组织实施的"中国高等教育数字图书馆"，中国科学院文献情报中心组织实施的"国家科学数字图书馆"，浙江大学图书馆组织实施的"高等学校中英文图书数字化国际合作计划"，以及以浙江网络图书馆、深圳文献信息港、宁波数字图书馆为代表的区域性数字图书馆工程等。

在这些工程项目的带动下，一大批基础条件相对薄弱的中小型图书馆同步走上数字化网络化转型发展的快车道。全国图书馆界在数字图书馆网络平台搭建、关键技术研发、数字资源建设和数字信息服务等方面取得重要进展，逐步建立起标准统一、互联互通的数字图书馆服务平台，积累了一批内容丰富、形式多样的数字资源，培养了一支数字图书馆专业人才队伍，同时面向社会公众、在校学生、科研人员等提供数字化网络化服务。近年来，中国图书馆界又围绕智慧图书馆建设进行了积极探索，智能书架、智能参考咨询、智慧书屋、智能还书车等已在一些图书馆得到应用。

截至目前，全国公共图书馆联合建设数字化图书415万页、数字化报纸9万余版、政府信息公开数据1447万余条[①]；38家副省级以上公共图书馆通过数字图书馆专网实现互联互通，410家公共图书馆建立移动阅读平台。中国高等教育数字图书馆注册成员馆逾1800家，整合全国各类学术资源和服务，建成"联合协作、整体保障"的云服务平台；高等学校中英文图书数字化国际合作计划已数字化图书250多万册[8]。到馆服务与远程服务相结合，已成为中国图书馆的普遍形态，关于下一代数字图书馆甚至智慧图书馆建设的探索正在逐步深入。

1.4 合作共赢，推进文献信息资源共知共建共享

为增强国家和地区文献信息资源的协调保障能力，图书馆间广泛合作，逐步形成了国家、地区、行业统筹协调的立体化资源保障体系，通过建立联机合作编目系统、分布式文献传递网、联合资源订购平台等，实现文献信息资源的共知共建共享。

由中国国家图书馆建立的全国图书馆联合编目中心，成员馆已达2854家，年上传数据超过70万条，下载数据近1200万次；高校图书馆联合编目中心馆藏数据近5000万条，月均下载约130万次。各级公共图书馆联合开展元数据集中仓储，注册唯一标识符258万余条，通过"文津搜索"系统实现3.6亿条分布异构元数据的一站式发现与服务；全国高校图书馆通过"开元知海·e读"平台实现3亿余条图书、期刊、报纸、学位论文数据和36万册电子图书共享。国家科技图书文献信息中心联合采购理、工、农、医各学科领域科技文献资

---

① 国家图书馆提供内部统计数据。

源，通过全国40个服务站提供公益普惠的科技文献信息服务[9]。

特别是在传统文献典籍的采集、整理与保存方面，以图书馆为核心，联合全国博物馆、档案馆、宗教寺观等文献收藏机构，依托中华古籍保护计划、革命文献和民国时期文献保护计划等合作项目，建立了联合普查和分级保护工作机制，2000余万册件古籍得到妥善保护，通过联合目录发布古籍普查数据67万余条，民国时期文献普查数据30余万条，修复古籍330余万叶，在线发布古籍全文数字化影像超过6.5万部，影印出版超过1.4万部[1]。

1.5　开放包容，推动多元文化交流互鉴

图书馆承载着国家和民族的文化基因，是国家间、民族间文化交流的重要窗口。随着中国改革开放的不断深化，图书馆在国际文化交流中也日益活跃。中国国家图书馆在海外举办"大清世相""甲骨文记忆"等展览，与英国国家图书馆合作举办"从莎士比亚到福尔摩斯"专题展；广州图书馆策划开展"环球之旅多元文化系列活动"；广西壮族自治区图书馆举办中国—东盟青少年读书节、青年艺术品创作大赛等活动；一些图书馆向国外文化机构推介图书，设立中国图书专架。图书馆在传播中国声音，讲述中国故事，促进多元文化交流传播方面发挥了独特作用。

越来越多的中国图书馆和图书馆员更加积极地参与到国际图书馆协会与机构联合会的工作中，在国际图书馆事务中表达意见建议、贡献思想智慧。中国国家图书馆已经与110余个国家和地区的550个机构建立文献交换关系，与全球52个图书馆签订战略合作协议；中美图书馆合作会议、中文文献资源共建共享合作会议、中英图书馆论坛、中阿图书馆及信息领域专家会议、高校图书馆东亚文献国际合作工作会议等学术研讨与业务交流活动十分活跃；英国国家图书馆联合中、法等国家图书馆发起的国际敦煌项目，在敦煌文献的保存和数字化方面取得积极成果；"丝绸之路国际图书馆联盟""金砖国家图书馆联盟""中国—中东欧国家图书馆联盟"等国际图书馆间的交流平台相继建立，为形成一个强有力的国际图书馆联合体做出了中国图书馆人的积极贡献。

从实际效果看，中国作为一个发展中大国，所走过的图书馆事业发展道路，总体是比较成功的。我们愿意与国际图书馆界分享我们的发展经验，也希

---

① 国家古籍保护中心提供内部统计数据。

望在未来发展中吸收借鉴国际同行们的一些成功做法。

2 立足当下，中国图书馆事业面临新的机遇与挑战

图书馆根植于经济社会发展的土壤之中，无时不受外部环境变化的影响。当前，中国经济社会快速发展，综合国力不断提升，科技进步日新月异，文化事业生机勃发，对图书馆事业而言，既蕴含着重大机遇，也意味着风险挑战。

2.1 经济发展量质齐升

改革开放以来，中国经济持续健康发展。2018年国内经济生产总值超过90万亿元，比1978年增长近244倍，占世界经济的比重近16%，居全球第二位；国家财政收入超过18万亿元，是1978年的162倍，年均增长13.6%，为全面建成小康社会提供了丰厚的资金保障[①]。与之相适应，国家财政对文化、教育及科技发展的投入不断增长，图书馆事业也得到了各级财政持续有力的经费支持。

2018年，我国文化事业经费达928.33亿元[10]，比1978年增长208倍，年均增长14.3%；全国县以上公共图书馆财政拨款总额增长了近350倍，人均购书经费从1979年的0.022元增加到1.77元，年均增长11.6%；馆舍面积从1979年的86.6万平方米增加到近1596万平方米，年均增长7.6%。据不完全统计，2017年全国高校图书馆馆均建筑面积约2.5万平方米，比2006年增长44%；馆均文献购置费约564万元，比2006年增长45.4%[11]。

与此同时，新一轮世界科技革命和产业变革正孕育兴起，对世界经济格局、产业形态带来深刻影响，全球供给体系进一步调整，我国经济发展也逐步进入增速向中高速转轨、结构向高质量转型、动能向创新驱动转换的新常态，科技创新对经济社会发展的支撑和引领作用日益增强。图书馆在以高质量知识信息服务满足人们日益增长的创新创业需求，支持经济建设转型发展方面，必将要承担更加重要的职责和使命。

图书馆行业自身也面临向高质量发展转型的内在要求。过去相当一段时期，我们依靠不断加大投入，实现了图书馆事业规模和数量的快速增长；今

---

① 据国家统计局数据计算，详见 http://data.stats.gov.cn/easyquery.htm?cn=C01。

天，图书馆设施网络建设的任务已经基本完成，外延型发展方式亟须转变。未来需要更多关注社会需求的变化，以提供供需匹配的图书馆服务为目标，推进事业发展的科学管理和集约经营，进一步树立现代绩效理念，提升图书馆服务效能。

2.2　社会结构深刻变革

在1978年到2018年的四十年间，中国城镇化率从不到18%[①]增长到近60%，城镇人口超过8.3亿。城镇化的快速发展使城乡之间、地域之间人口流动性显著增强，2018年我国流动人口规模超过2.4亿。一方面，越来越多的新市民亟待了解、参与和融入城市生活，要求图书馆进一步探索创新服务形式，面向多种文化背景居民提供更有针对性的公共文化服务，在凝聚人心、交流情感、促进学习、激发创新活力等方面发挥更积极作用；另一方面，青壮年劳动力加速从乡村向城市、从欠发达地区向发达地区转移，也使得独居老人、留守儿童比例不断升高，2018年，全国独居和空巢老人数量已超过1亿；农村留守儿童近700万[12]。这部分老人、儿童不仅在阅读学习方面需要有针对性的帮扶，在精神生活方面也需要图书馆更多的关注。

社会物质生活条件的不断改善，使城乡居民的受教育程度普遍提高，人均寿命不断延长。一方面，人口老龄化趋势日益加剧。至2018年底，全国60岁及以上老龄人口已近2.5亿，占总人口比例达17.9%；另一方面，人口结构知识化程度不断提升。2018年，我国高等教育毛入学率达到48.1%，即将突破50%，进入高等教育普及化发展阶段[13]。老年人群和高学历人群对知识信息服务、文化休闲娱乐服务的需求呈现出多样化、多层次发展态势。与此同时，国家、社会、家庭对青少年儿童学习教育的重视程度不断提高，也对图书馆提供亲子阅读服务、课外学习支持服务等提出了新的更高要求。

当前，我国经济社会发展不平衡不充分的矛盾依然普遍存在，特别是进入数字网络时代，城乡之间、区域之间的"数字鸿沟"日益凸显。2018年，我国城市和农村互联网普及率分别为74.6%和38.4%[14]，相差近一倍，并呈逐年扩大趋势。图书馆必须更加主动地肩负起弥合"数字鸿沟"，消减信息贫困的职责使命，为社会公众公平获取信息、平等参与发展提供更加有效的支持与服务。

---

① 国家统计局1978年度数据，详见 http://data.stats.gov.cn/easyquery.htm?cn=C01。

2.3 信息化浪潮蓬勃兴起

当今世界，以数字化、网络化、智能化融合发展为特征的第三次信息化浪潮正扑面而来。数字化由计算机化向数据化发展，网络化由互联网向物联网发展，智能化由智能机器向机器智能发展，正在催生众多具有计算、通信、控制、协同等性能的新技术、新设备，深刻改变着人们的思维模式和生活方式。

全球数据资源海量激增，预计到2020年将达到40ZB，并且还将以每两年翻一番的速度继续增长[15]。一方面，图书馆可以采集利用的资源得到极大拓展，特别是大量调查、统计及科研数据资源逐步实现开放获取，为图书馆深化决策支持服务、科学研究服务以及创新创业服务提供了更加丰富的资源基础；另一方面，网络信息资源的数据化、碎片化发展趋势及其多元异构特征，给用户获取、筛选、利用这些信息带来新的挑战，对图书馆基于数据挖掘、语义关联等技术提供智能学习和协同创新服务提出了新的要求。

新的信息传播模式不断涌现，计算机、手机、平板电脑等新型媒介不断更新换代，微博、微信等自媒体平台迅猛发展，音视频等多媒体资源快速取代传统的图文信息，获得人们的青睐。2018年，我国成年国民听书率达26.0%[16]，网络直播用户达3.97亿，网络视频用户达6.12亿，短视频使用率高达78.2%[17]。用户获取信息的渠道日益多元，越来越多的用户不再将图书馆视为获取信息的第一选择，迫使图书馆不得不直面信息服务市场的竞争和挑战，要求图书馆的资源和服务必须从藏书库中走出来，从数字图书馆的本地机房中走出来，更加积极主动地融入用户熟悉的工作、学习和生活场景。

人工智能广泛应用，在大大提升社会生产效率的同时，也在加速推进产业结构转型升级，越来越多的传统工作岗位将被取代[18]，同时催生出更多新的知识密集型、智慧密集型岗位。牛津大学曾预测，未来图书馆中，99%的事务性工作人员和65%的专业馆员都将被计算机取代。随着更多馆员从传统业务工作中解放出来，图书馆也获得了集中人力资源，提升知识服务水平的新机遇。特别是大数据、云计算、知识图谱等技术不断发展，为图书馆智能化服务提供了技术支撑。

2.4 文化强国战略全面实施

中国是一个有着五千年文明历史的文化大国，具有深厚的文化底蕴，今天，推动中华文化繁荣进步，是中国作为一个发展中大国加快实现现代化的必然选择。

改革开放四十年来，我国文化建设虽然取得了丰硕成果，但相较经济建设而言还比较滞后，迫切需要补齐文化发展短板。近年来，中国就推进社会主义文化强国建设做出了一系列战略部署，对内"举精神旗帜、立精神支柱、建精神家园"，对外倡导文明交流互鉴，构建人类命运共同体。文化建设成为中国特色社会主义"五位一体"总体布局的重要内容，文化自信被视为"四个自信"中更基础、更广泛、更深厚的自信。文化建设核心地位的强化，对于以文化保护和传承为核心使命的图书馆而言，无疑是一个极大利好，意味着图书馆事业可以借国家文化发展的东风，获得更好的发展环境。

特别是当前，公共文化服务体系构建成为国家文化政策的一个重要目标导向。自2005年以来，各级政府相继就公共文化服务体系建设、中华优秀传统文化传承发展、公共文化机构免费开放、公共数字文化建设作出部署。图书馆作为公共文化事业的重要组成部分，其建设与发展也是国家公共文化服务体系建设的重要内容，这就对图书馆进一步增强文化功能、服务文化强国建设提出了新的更高要求。

随着经济发展和居民收入水平的提高，我国城乡居民恩格尔系数不断降低，2018年全国居民恩格尔系数为28.4%，比1978年下降了一半，居民消费结构出现明显变化。1992—2017年，城镇居民文化消费平均增长率（14%），远高于同期GDP增长率（9.7%），且高于城镇居民消费的增长速度（12.1%）[19]。文化消费在总体消费以及促进经济增长的过程中正在发挥越来越重要的作用。有研究显示，我国潜在文化消费市场在2013年前后就已经超过4.7万亿元，但当前文化供给仅能满足其中不到四分之一的需求[20]。与旺盛的文化消费需求和优质文化服务产品供给不足形成鲜明对比的是，公共文化机构在一定程度上存在相对供给过剩的现象。公共文化领域供给侧改革也将是图书馆事业发展面对的现实问题。

今天的图书馆已经前所未有地进入到一个"剧变"期，与历史上的其他时期相比，科学技术的进步将使图书馆行业从渐进变革一步踏入创新裂变。我们必须为此做好充分的准备。

3 面向未来，开启图书馆事业高质量发展新时代

当前，人类社会正处在一个大发展、大变革、大调整时代。世界多极化、经济全球化、社会信息化、文化多样化的深入发展，使图书馆行业面临转型发展的"窗口期"。我们正在经历传统媒体和新媒体融合发展带来的海量异构资源的巨大考验，经历数字网络环境下多元信息服务平台的强势竞争，经历在线学习、开放科研、协同创新等信息与文化交流传播新形态的猛烈冲击，图书馆曾经拥有的资源、服务和技术优势都在某种程度上走向衰微。面向未来，主动适应开放、多元的信息服务竞争合作环境，重新思考图书馆的功能定位，重新打造图书馆的核心优势，以开拓进取的思路谋求图书馆事业的创新发展，是全世界图书馆人必须解答的时代命题。

3.1 进入数字文明时代，如何守护多样态文明新发展

哲学家卡尔·波普尔曾说："假如世界毁灭了，图书馆还在，我们就能够重建世界。"自图书馆诞生以来，记忆功能一直是其最基本、最核心的功能，对国家和民族文明成果的传承保护始终是图书馆发挥社会记忆功能的重要体现。进入数字文明时代，文明保存的载体、渠道、手段、方式都在发生剧烈变化，特别是那些数量巨大的以数字化形式诞生和存在的文明成果，那些保存在人们头脑中的文明记忆，相较我们所熟悉的传统介质文献，更为脆弱，也更加难以系统采集。我认为，即使在数字、网络信息随手可得的新时代，图书馆的核心价值仍然依存于其长期保存并不断绵延发展的文明记忆资源。这就意味着，我们必须要重新审视图书馆的馆藏建设战略，根据人类文明发展与其记载传承方式的变化，不断拓展图书馆采集和保存人类文明记忆的范畴，形成立体化资源体系，从而使图书馆馆藏资源能够呈现文明的多样态，呈现文明的发展变化和时代特征。

新世纪以来，围绕各类新兴资源的采集保存，中国图书馆界和国外同行一道，进行了卓有成效的探索与实践。中国国家图书馆联合全国省市级公共图书馆，于2003年启动网络资源保存工作，目前已采集保存了所有政府网站以及北京奥运等专题资源300余项；2019年4月，又启动了互联网信息战略保存项目，在互联网内容服务平台——新浪网建立了首家试点基地，将反映公众个人网络生活轨迹的博客、微博信息作为社会记忆的重要内容，纳入国家文献信息

保存体系；首都图书馆、上海图书馆、长春图书馆和中国国家图书馆组织实施了若干文化记忆项目，以重大历史事件、重要历史人物等为线索，采集保存国家、集体和个人的活态记忆；一些图书馆开始探索对各类监测、调查、统计、研究等数据的采集、存储、管理工作。

未来，图书馆界应该联合起来，有效拓展图书馆馆藏体系所保存的人类文明记忆维度。一是与互联网内容平台之间建立紧密的战略合作关系，逐步构建覆盖全国的分级分布式国家互联网信息资源采集与保存体系，将记录时代演进和社会变迁的网络资源完整系统地保存下来。二是在国家层面加强口述资料采集与保存的统一规划与统筹部署，围绕重大事件、重要人物、特色文化等采集活态记忆资源，并建立一套较为完善的标准规范，形成规模化采集与保存能力，使其融入现有馆藏体系，逐步建立起口述历史资源与其他历史文献资料之间的有机联系，使其相互印证、相互补充，立体呈现文明发展脉络。三是适应创新创业环境、科学研究环境和学术交流环境的新变化，将各类公共数据、科学数据等资源纳入图书馆馆藏体系，使其与已有馆藏资源中的知识内容建立有效连接，强化图书馆馆藏资源对国家科技创新和社会生产生活的支撑和服务能力。在此基础上，中国图书馆界愿意更加积极地参与世界文化遗产保存保护合作，主动承担守护世界文明记忆的职责。

3.2 进入开放共享时代，如何打造信息服务新生态

图书馆是社会信息交流传播链条上的重要环节，是人们获取、交换信息的中介。今天，信息的生产者、传播者、消费者之间的界限越来越模糊，图书馆自身也同时承担着多重角色。面对急剧增长的信息资源和激烈竞争的信息服务行业，图书馆比以往任何时候都更加迫切地需要发挥自己在信息知识组织加工与整理揭示方面的专业优势，同时也比以往任何时候都更为迫切地需要加强与其他信息服务资源的开放共享，这种开放共享，已经远远不只是图书馆行业内部的开放共享，而是面向全球知识信息环境的开放共享。

因此，有必要进一步强化图书馆的信息中介功能，依托图书馆对信息的处理和服务能力，以及对信息来源、信息终端用户的把握能力，构建一个高度开放、高度集成、高度共享的多元信息整合服务平台，为所有信息生产者、信息服务者和信息消费者搭建精准有效对接的桥梁。这个平台应当进一步强化图书馆"为人找知识，为知识找人"的核心能力，着眼于建立信息与知识服务"超

市"，实现对公共服务机构、商业服务机构、非营利性服务机构所提供的各类信息服务产品的集成供给；为各类知识资源和服务建立多维度、立体化数据标签体系，为各类用户群体勾画精准、客观而丰满的需求行为画像，实现信息的智能化发现与推送；用户可以通过这个信息平台，自主选择获取公益性、非营利性甚至商业性的信息产品和服务。在这一平台服务模式中，图书馆的价值将体现于资源和服务的专业化集成、专业化筛选与专业化组织。

馆藏资源是图书馆最为宝贵的资源，图书馆馆藏资源数据种类繁多，既有书目数据，也有文本、图片、音视频、数据库等，这些数据只有被充分利用，才能充分发挥其价值。图书馆应当在自建的各类平台上，完整、系统地发布馆藏资源数据，特别是以方便使用的关联数据格式进行发布，并提供开放接口，鼓励第三方应用。同时，可以在保护图书馆自身权利的前提下，向社会公共服务平台提供馆藏资源数据的开放共享，并进一步探索建立馆藏资源数据商业化开发应用的合作机制和应用模式，支持相关企业开展基于图书馆馆藏资源数据的第三方数据发掘服务。

3.3 进入美好生活时代，如何打造文化体验新空间

图书馆不仅是人们阅读学习、获取知识的场所，同时承载着社会交往、情感体验、文化休闲等重要功能，承担着"提供个人创造力发展的机会""激发儿童和青少年的想象力和创造力"[21]，促进个人和社会创新发展，保存、传承和推广地域文化的重要使命。公众在图书馆获取资源和服务的同时，也希望能够获得更为美好的情感体验。只有不断发掘和丰富图书馆空间的文化意境，积极致力于将图书馆打造成为联结人与人、人与社会、人与文明、人与知识、人与未来的文化空间，才能在新的时代背景下塑造图书馆的独特价值。

近些年，世界各地图书馆的建筑理念、空间设计、功能布局发生了很大变化，许多新建图书馆因其建筑艺术、空间特色和文化体验令人耳目一新，成为所在地区的城市地标和文化中心。中国国家图书馆在馆舍内开辟专门空间，建设国家典籍博物馆，使公众能够近距离体验典籍之美；杭州图书馆结合地方文化特色，建设音乐、佛学、棋院、生活、科技等主题分馆，全面展现杭州文化的多元姿态；天津滨海新区文化中心图书馆以"滨海之眼"和"书山有路勤为径"的设计立意，给人们带来强烈视觉冲击；上海交通大学图书馆、武汉大学图书馆、上海图书馆、长沙市图书馆、成都图书馆等陆续开辟了各具特色的创

客空间；广州图书馆设立广州人文馆、家谱查询中心、广州大典研究中心、广州非物质文化遗产常设展等，展示与传播广州本土文化。

　　未来，图书馆应进一步强化社会教育功能，建设新型文化空间。一是不仅要将图书馆打造成人们与书籍美好相遇的场所，还要将图书馆打造成为人们与心灵对话，感知和体验多元文化，与他人交流思想、共享知识的场所。二是对创新创造活动的支持仍应成为公共图书馆空间再造的重点关注之一。我们应当致力于推动现代化知识工具和技术方法的普及应用，帮助人们不断提高获取和利用信息、创造性解决问题的能力，特别是在培养青少年创新思维方面应当积极作为，使人们在这里提高创新能力，获得创新创意灵感；我们应当致力于为各类创新创造活动打造新的学习、交流、协同与共享空间，根据用户创新需求提供更多有针对性的开放共享资源，为不同机构、团体和个人寻找创新合作伙伴搭建信息互通的桥梁，为各类创新创意成果的转化利用提供知识产权咨询与服务。三是图书馆应当有意识地加强本土历史、人物等地方文化资源的采集、整理与开发，将地方文化元素融入活动策划和空间设计当中，建构具有凝聚力和感染力的地方文化传承、交流与共享空间，围绕人们共同生活的环境、共同参与的事件和共同关心的话题组织资源、开展服务，使图书馆真正走进人们的生活。

　　今天，国际图书馆界正在共同的价值理念指引下，通过紧密合作和联合行动，在国家和地区的可持续发展中发挥着越来越重要的作用。中国图书馆事业是世界图书馆事业的重要组成部分，中国图书馆人始终保持着对国际图书馆事务的热情参与，始终保持着对国际图书馆事业发展趋势的热切关注。我们将坚持与时代同行、与世界同步，在坚持中国特色发展道路的同时，与各国图书馆同人一道，共享美好愿景，共绘宏伟蓝图！

参考文献：

[1][10]中华人民共和国文化和旅游部2018年文化和旅游发展统计公报[EB/OL].（2019-05-30）[2019-09-11]. http://zwgk.mct.gov.cn/auto255/201905/t20190530_844003.html?keywords=.

[2]十部门发文力推"农家书屋"改革,资源闲置问题怎么破？[EB/OL].（2019-02-27）[2019-09-12]. http://www.bjnews.com.cn/news/2019/02/27/550992.html.

[3]全国已累计建成职工书屋10万余家[N/OL]. 中国妇女报,2018-04-24（2）.[2019-09-18].

http://paper.cnwomen.com.cn/content/2018-04/24/048344.html.

[4]图书馆工作汇报提纲[G]//国家图书馆研究院. 我国图书馆事业发展政策文件选编（1949—2012）. 北京:国家图书馆出版社,2014:67-71.

[5]国务院办公厅关于推进基层综合性文化服务中心建设的指导意见[EB/OL].（2015-01-14）[2019-09-12]. http://www.gov.cn/zhengce/content/2015-10/20/content_10250.htm.

[6]中华人民共和国文化和旅游部2017年文化发展统计公报[EB/OL].（2018-05-31）[2019-09-18]. http://zwgk.mct.gov.cn/auto255/201805/t20180531_833078.html.

[7]中国图书馆学会,国家图书馆. 中国图书馆年鉴2018[M]. 北京:国家图书馆出版社,2019:459.

[8]范晨晓. "基于CADAL平台的资源共享与应用"国际研讨会综述[J]. 大学图书馆学报,2017（5）:5-9.

[9]国家科技图书文献中心. 全国服务体系[EB/OL]. [2019-09-19]. https://shz.nstl.gov.cn/Portal/qgwftx_qgfwtxjs.html.

[11]2017年中国高校图书馆发展报告[R/OL].（2019-01-04）[2019-09-18]. http://www.scal.edu.cn/sites/default/files/attachment/tjpg/2019010402.pdf.

[12][13]2018年国民经济和社会发展统计公报[EB/OL]. [2019-09-17]. http://www.stats.gov.cn/tjsj/zxfb/201902/t20190228_1651265.html.

[14][17]中国互联网络发展状况统计报告（2019年2月）[R/OL].（2019-02-28）[2019-03-01]. http://www.cnnic.net.cn/gywm/xwzx/rdxw/20172017_7056/201902/W020190228474508417254.pdf.

[15]GANTE J, REINSEL D. The Digital Universe in 2020：Big data, Bigger Digital Shadows, and Biggest Growth in the Far East [EB/OL]. [2019-09-12]. https://www.emc.com/collateral/analyst-reports/idc-the-digital-universe-in-2020.pdf.

[16]中国新闻出版研究院全国国民阅读调查课题组. 第十六次全国国民阅读调查报告[J]. 新阅读,2019（5）:45-47.

[18]张晓林. 颠覆性变革与后图书馆时代——推动知识服务的供给侧结构性改革[J]. 中国图书馆学报,2018（1）:4-16.

[19]安乾. 文化消费对我国经济增长影响的实证研究[J]. 商业经济研究,2019（11）:54-57.

[20]"中国文化消费指数（2013）"发布[N]. 中国科学报,2013-12-27（13）.

[21]菲利普·吉尔主持的工作小组代表公共图书馆专业委员会. 公共图书馆服务发展指南[M]. 林祖藻,译. 上海:上海科学技术文献出版社,2002:98.

从守护者到领路人：全球图书馆界的新角色①

杰拉德·莱特纳（国际图书馆协会和机构联合会，IFLA）
郝金敏（国家图书馆）编译

很荣幸再次走上这个讲台，并有机会与大家分享我的一些思考。今天，我要讲述两个平行发生、平行转换的故事，分别是信息角色的转变以及图书馆角色的转变。这些转变对于国际图联、对于全球图书馆界来说至关重要，同时这些转变也在推动着我们的转型。

我的报告将分成三个部分，大家可能已经从标题中捕捉到这一信息。信息在我们的生活中和社会发展中的作用的变化意味着图书馆的作用已经从守护者发展到门户，再从门户发展到领路人。需要强调的是，这不是一个已经结束的故事，这是一个我们有机会通过努力施加影响、尽最大努力确保结局尽可能令人满意的故事。

1 图书馆作为守护者

这个概念可以追溯到书籍——以及它们所包含的思想——被视为需要保护的时代。保护书籍当然不是一个不合理的想法。

文献存储机构（如国家图书馆）的保护人员负有确保珍贵历史文献不因日常磨损而消失的职责。光照太多，湿度过高，移动过于频繁都有可能会对文献造成严重损坏。当然，这些都存在安全性的问题，但也不必像中世纪欧洲图书馆那样，广泛使用锁链来确保书籍的安全，但我们都知道文献盗窃、倒卖是仍然存在的严重问题。

---

① 转载自《中国图书馆学报》2019年第5期。本文系作者在2019年9月9日国家图书馆建馆110周年"'图书馆·与时代同行'国际学术研讨会"上所做的主旨报告。

我们需要采取行动——认真登记我们的馆藏，确保藏品安全。在过去几十年中，世界各地冲突地区所藏书籍和手稿面临着危急的情况，安全风险是真实存在的。图书馆员通过借鉴成功的经验，采取正确的预防措施，甚至在某些情况下，通过个人的英勇保护行为，履行了保护文献安全的责任，以使其能继续为子孙后代提供服务。

历史上，通过采取物理手段保护书籍，往往意味着限制书籍的使用。当然，在数字化浪潮来临之前，我们很难将书籍的使用和物理保护分隔开。在这一时期，由于使用手工复制的方法，书籍必然是非常稀缺的。感谢中国为我们带来了印刷术，我们已经使用印刷机几个世纪了。但即便如此，直到19世纪，书籍仍然很昂贵。

然而，这不仅仅是成本问题。长期以来，信息、知识、学习被视为精英阶层的特权。他们是代表他人做出决定的人，所以只有他们需要教育，需要获取所需的信息。相比之下，社会大众获取信息被认为是不必要的，而且是有害的。

精英阶层希望其他人只是遵循命令，而不是自己做出决定，这些人仅仅是简单的劳动者，而不是公民，不是创新者。随之而来的是，识字本身也受到高度限制，只有最富有的人才能获得必要的阅读和写作教育。因此，即使图书馆已经存在，但大部分仅限于向那些可以支付订阅费用或者某个特定机构的人提供服务。

在这种情况下，图书馆员不仅是保护书籍的人，也是看门人。他们可以决定谁可以进入，谁可以使用图书馆藏书。事实上，在仅提供闭架服务的时候，图书馆员可以决定哪些用户可以使用哪些书籍，而不会考虑是否可以满足他们的要求。因此，图书馆员的判断是可以获取或不能使用之间的决定性因素。图书馆管理了通向知识的大门。

我应该强调——图书馆在这个阶段的工作不容忽视。知识进化、历史构思、思想的交叉和新思想的创造都归功于图书馆。当牛顿谈到之所以比别人看得远些，是因为站在了巨人的肩上时，我们应该认识到，正是图书馆帮助他站在那里，因为图书馆收集了很多前人的研究成果。

我们今天之所以可以通过数字化的形式，将古籍和手稿放在互联网上供公众使用，也是基于一代代图书馆人不懈努力。可以说，他们在当时的工作条件下，尽其所能地做到最好，给我们留下了很多宝贵的文献。

2 图书馆是信息的门户、知识的门户

时代变了，我们迎来了第一次转型。进入到19世纪和20世纪，越来越多的人认识到，由于获取信息方面的限制，只有精英阶层才能使用书籍，这一状况严重阻碍了国家的发展、社会的进步。

虽然第一次工业革命可能是由没有受过教育的人提供重复劳动来驱动的，但到第二次工业革命时，人们普遍认识到基本文化素养的必要性。尽管大学仍然仅限于向精英阶层开放，但是在西方社会，已经有着一种强大的社会共识，即需确保每个社会成员至少接受过初等教育。对于部分人来说，这背后的原因是自身利益。能够阅读的工人可以使用工作手册，理解轮班模式，对雇主更有价值。而对于其他人来说，更加关心自身的幸福。阅读能力为探索未知、过上更充实的生活提供了可能。但结果是一样的——开放了获取信息的全新可能性。更多的人可以阅读以前只有少数人可以使用的书籍、报纸和小册子。

与此同时，技术进步降低了印刷成本，书籍变得普通人也可负担得起。这标志着我们对信息的态度发生了重大变化——精英阶层放弃对信息的控制成为社会的共识，这为整个社会带来了益处。更多的个体可以获取更多的信息，这对社会发展具有积极的意义。

这对图书馆定位来说意味着什么？

这并不意味着，整个图书馆系统在这一时期开始真正向公众开放。我意识到，京师图书馆也在这个时期（1909年）设立，与普及教育运动有着逻辑上的平行。如果我们应该让孩子接受学校教育，那么同样有理由赋予他们终身学习的机会。这并不是说公共图书馆的概念在此时诞生。可以说，这些概念存在于数千年前的希腊和罗马。在法国，大革命时期的举措之一便是拿走以前存放在寺院的书籍，并通过公共图书馆提供给公众使用。

但是，这确实是公共图书馆开始普及的时期。这也标志着图书馆员自身角色的重大变化。显然，保护脆弱、珍贵的藏品仍然是图书馆员的职责。此时，图书馆员、图书馆已经开始发挥门户的作用，成为帮助更多人克服他们获取信息所面临的障碍的一种手段。

因为尽管教育和识字水平不断提高，尽管书籍成本不断下降，但我们距离每个人都有钱和技能来获取所有信息的愿景还有很长的路要走。即使有更多的人可以在家中创建私人图书馆，但是这对普通大众来说是不现实的。对于更多

的人来说，可获取的知识和信息仍然稀缺，而不是充裕。

图书馆的存在改变了这一状况。在市场条件下，商家没有太多的兴趣向缺钱的群体出售书籍，提高他们的文化素养。而图书馆为他们提供了一条捷径，可以绕开市场在这一领域无法避开的障碍。越来越多的社会大众被图书馆所吸引，而图书馆也成为公民自豪感、社会进步和平等的象征。

图书馆的这一角色已经持续了一个多世纪。虽然书籍变得越来越便宜，即使识字率上升，部分群体仍然存在着被排除在外的风险，市场对其需求的满足仍然不足。

因为他们在贫困线上挣扎。

因为他们缺乏识字技能。

因为他们是有孩子的年轻父母，孩子们对于新书的渴求超出了其承受能力。

因为他们需要市场不提供的格式的书籍。

因为他们想使用不常见的书籍进行研究。

对于这些人来说，图书馆是信息的门户、知识的门户。

我们正在进行下一次转型。但我还想说，图书馆，特别是公共图书馆提供互联网访问的方式是这个门户角色的合理延续。

在许多国家，互联网接入无处不在，但是我们不能忘记许多人仍然没有条件使用互联网。世界上只有50%的人在线，即使在互联网覆盖最全的地区，仍然有人因为各种原因没有上线。今天，越来越多的服务主要通过互联网提供，实际上许多信息只能在线上获取，如果互联网被切断可能会产生严重的后果。

图书馆再一次通过提供公共互联网接入服务解决了这一难题。图书馆提供的公共互联网接入服务，不仅有助于那些无力负担家庭网络接入的人，也有助于帮助那些缺乏使用技巧或者不喜欢使用家庭终端查找特定信息的人，帮助那些想要或需要别人帮助来获取新的技能的人，帮助那些无力负担付费电子资源的人。

简而言之，即使进入数字时代，图书馆仍然发挥着门户的作用——确保任何人，无论其身份、财富、背景如何，都不应被排除在获取信息之外。

然而，我们还面临着另外一个身份的转变，也与互联网相关。即使图书馆证明了通过公共互联网服务为大众提供他们可能无法获得的信息方面的持续价值，我们也不能否认对于任何拥有智能手机的人来说，信息已经很充足。现在可以通过其他方式找到图书馆门户提供的信息。

实际上，图书馆门户的定义就意味着获取信息存在障碍。但是，如果这些障碍看上去消失了呢？例如，了解新闻、实事信息，或者是查询有关中国国家图书馆历史的信息，我很乐意在准备这次演讲时直接从互联网上查询使用这些信息，大多数人无须再亲自到访图书馆。开放获取的兴起意味着任何网络用户可以立刻或者在很短的时间内使用他人的研究成果。这些开放获取的科研成果数量在不断增加，但是整体占的份额仍显不足。各种应用程序、数字工具均可以支持语言学习和提升文化水平。电子书订阅服务使得用户可以在家中阅读最新的文学作品。

在这一背景下，最短视的评论员很快就会得出结论，我们不再需要图书馆，这种判断忽视了那些无法使用互联网、没有智能手机的人。但是，有人会为此辩解，认为也许有一天这些都可以实现。他们会说只有最贫穷、最边缘化的人才需要图书馆，图书馆将不再提供吸引全社会公众的服务。

3 图书馆的第三个角色——领路人

我之前提到，门户的定义意味着存在障碍，而且我说第二次转变——从知识开放但稀缺到知识丰富——使得这种障碍似乎不再存在。图书馆大门无论开放或关闭与否，都无所谓，但我不同意这一看法，因为仅仅是看上去不存在障碍而已。我重申障碍仍然在那里，它只是发生了位移。门户仍然存在。

这是因为信息极大丰富——有人称之为信息肥胖症——它与信息稀缺一样，同样带来了各种各样的问题。在这种情况下，人们像以前一样很难获取他们真正需要的信息——以做出正确的决定。这就不再是金钱可以解决的问题，不是基本的识字技能解决的问题，也不是信息可获取性问题，我们需要提升信息素养、使用批判性思维来面对海量的信息资源。信息臃肿本身也是我们获取信息的一大障碍。

此时，我们就可以充分发挥图书馆作为领路人的作用。自互联网诞生之前，图书馆一直致力于帮助研究人员充分利用信息。当我们的角色从守护者过渡到门户之后，图书馆员不再决定研究人员可以访问哪些书籍，而是提供使用建议和技巧。

在第三个阶段，图书馆将真正承担这一角色。

不仅学术和科研机构的研究人员需要技能才能够在信息海洋中探索，社会中的每个人都需要相应的技能来使用各种信息资源，以此来帮助其决策，如：申请哪项工作，参加哪些课程，采用哪种农业技术，采取哪种饮食习惯。在信息极大丰富的条件下，图书馆可以为用户提供必需的支持、技能以及使用图书馆的信心。

实际上，互联网有助于帮助图书馆更好地履行其基本职能，比如说，加快帮助用户寻找问题答案的过程。通过充分利用图书馆界的专业技能和经验，可以节省图书馆员的时间。

与经济发展进行类比——这无疑是人们所熟悉的方式——图书馆有机会向价值链上游移动。图书馆承担着一个无法替代的角色、一个独一无二的角色，突显了现代社会对图书馆的迫切需求。

我们庆祝互联网为我们带来的一切，如访问信息的便利性、快速性和普遍性，因为它确实使图书馆进入了公众自己的世界。

对于图书馆来说，我们为用户使用文献资源开辟新的可能性，鼓励用户对文献资源进行新的使用和探索，我们推动创新并通过图书馆的服务为社会公众赋能。这些职能对图书馆来说至关重要。我们经常谈到，人类社会进入了信息时代，我们生活在信息社会中。在这个时代，为了构建平等的社会，应确保每个人——不仅仅是精英——不仅可以获取信息，还可以掌握充分利用信息的技能。

对于图书馆来说，我们为用户使用文献资源开辟新的可能性，鼓励用户对文献资源进行新的使用和探索，我们推动创新，我们通过图书馆的服务为社会公众赋能。这些职能对图书馆来说至关重要。我们经常谈到，人类社会进入了信息时代，我们生活在信息社会中。在这个时代，为了构建平等的社会，应确保每个人——不仅仅是精英——不仅可以获取信息，还可以掌握充分利用信息的技能。

最后，为了充分地履行这一职能，我们图书馆界需要做好准备，协同一致开展工作，与社会各界保持密切的沟通，不断增强我们的话语权。

这是一个异常紧迫的问题。越来越多的人质疑互联网所带来的进步。有人提出建议，面对"信息肥胖症"，我们需要"信息节食"——即我们应该只听他们说的话，而忽略其余的信息。我们需要对这种情况保持警惕。

我们不能简单地说网上的一切都是不值得信任的，是不可靠的。我们应避免被公众认为图书馆是傲慢的、家长式的，断言只有我们知道哪些信息对人有益，只有我们对信息的质量有发言权。否则，这很容易引起公众的拒绝和忽视。我们需要做出积极的论证，而不是消极的争执。

我们已经在"守护者—门户—领路人"这一转型中迈出了坚实的一步，我们应避免退步，再次成为纯粹的守护者，或者被视为希望继续扮演这一角色。

信息社会的发展为我们带来了更多的可能性，人们可以通过多种方式表达自己的观点，可以获取比以往更广泛的信息资源，我们需要强调的是，图书馆如何为与信息相关的所有挑战提供解决方案。

图书馆如何通过长期保存来应对文献腐烂和损失的风险？

图书馆如何确保贫富差距不是获取信息的障碍，从而应对经济层面上的不平等？

图书馆如何应对公众缺乏充分利用信息所需的技能？

如何确保获取信息对所有人都有意义，从而创建更强大、更公平、更具创新性的社会？在这些方面，国际图联可以提供帮助。

开始的时候，我谈到了信息转型和图书馆转型如何使国际图联的转型成为必然。

从封闭、到开放、再到信息充裕的转变。

从守护者、到门户、再到领路人的转变。

对于像国际图联这样的组织，对于其所有会员来说，这意味着什么？

我们有能力、有必要推动这一转型，一方面，通过与各级决策者保持密切沟通和对话，另一方面，不断改善我们的专业实践。在世界范围内，已经有着太多的经典案例，中国图书馆界也开展了很多创新性的实践。我们需要分享这些案例。因为信息在变，我们也必须做出改变。如果我们通力协作，我们就可以保持领先。

最后，我想重复我在致辞环节中发出的邀请。

国际图联是开放的，国际图联将为会员机构开展行动提供支持，以确保图书馆继续在其所服务的社区中发挥重要的作用——日益重要的作用。图书馆是领路人、催化剂，为社会提供了无限可能。

我们制定了《国际图联2019至2024年发展战略》，明确了发展路径，为通过协调行动来实现这一目标奠定了基础。请加入我们吧，帮助我们创建一个强大而联合的全球图书馆界，以改善人们的生活。

谢谢！

国际视野下的中国图书馆学术思想发展

程焕文　刘佳亲（中山大学资讯管理学院）

中国图书馆学术思想的发展可以从多个视野进行阐述：一是从中国视野（Chinese Perspective）去阐述中国图书馆学思想的发展，即要观察中国一国范围内图书馆学思想的发展变化；二是从全球视野（Global Perspective）去阐述中国图书馆学思想的发展，即要观察世界范围内中国图书馆学思想发展变化的地位与影响；三是从国际视野（International Perspective）去阐述中国图书馆学思想的发展，即要观察中国图书馆学思想发展变化与其他国家图书馆学思想发展变化的关系。本文试图从国际视野去阐述中国图书馆学术思想的发展，在英文题目中[①]，"国际视野下"一语使用了"An International Perspective"的表述方式，其中的英文定冠词"An"特别强调本文只是"一种"国际视野，而不是所有学者在国际视野下审视中国图书馆学思想发展的归纳、总结与演绎。也就是说，本文不过是笔者从国际的视角去审视中国图书馆学思想发展的个人看法。正因如此，对于这个主题，不同的学者从不同的角度去审视就会有不同的理解和阐释。

1　图书馆学成为学科的标志

在阐述中国图书馆学术思想发展中，首先必须清楚的问题是：图书馆学成为一门学科的标志是什么？如果不能明确这一问题，那么也就不清楚图书馆学究竟是何时发端，更不清楚图书馆学从哪里来，到哪里去。

众所周知，图书馆作为人类社会的一种文化机构具有非常悠久的历史。世

---

① 本文原有英文标题：The Development of Library Science in China in An International Perspective。

界图书馆的历史，如果从古巴比伦泥版文书收藏算起，已有5000多年；中国图书馆的历史，如果从殷商时代甲骨收藏算起，也有3000多年。人类社会自图书和图书馆产生起，就有了有关图书、藏书和图书馆的研究，甚至相关学问，但是有了图书馆研究并不等于就有了图书馆学，从图书馆研究到图书馆学成为一门学科尚有很长的历史过程。

一个学科的诞生不能以某个人提出"图书馆学"一词作为标志，也不能以某本著作的出版作为标志。英文中"Discipline"（学科）的词源是"Disciple"（信徒、门徒、追随者），起初的含义是训练、训导、纪律、风纪；训练方法、行为准则；自制力，后延伸为学科含义，尤其指大学的知识领域，科目和学科。也就是说，学科其实是高等教育的产物。学科不是单纯的实践总结和理论研究的经验产物，而是从传统的师承教学转为高等教育的结果。一个独立的学科，要拥有独立的课程、教程体系，具有学术独立性和理论完整性，与其他学科相比，同样拥有特定的学术刊物和稳定的研究群体。

那么，图书馆学作为一门学科形成的标志是什么？这是许多图书馆学研究者忽视的一个问题。多年来我一直在思考这个问题。最后得出一个基本结论：图书馆学诞生的标志也许不止限于一个，但是其第一标志，最重要的标志，必定是图书馆学教育。也就是说，一个学科在大学有了一席之地的时候就是这个学科正式开始的时候。正因为如此，作为一门学科，图书馆学产生的历史不过一百多年，完全是一个近现代的学科。

1.1　世界图书馆学诞生的标志

说到世界图书馆学的诞生及其标志，自然绕不过美国的图书馆学家麦尔威·杜威（Melvil Dewey，1851—1931）。杜威于1876年创办了世界上第一个图书馆协会——美国图书馆协会（The American Library Association, ALA），同时创办了世界上第一种图书馆期刊——《图书馆杂志》（The Library Journal）。这两个事件是孕育图书馆学的重要标志。1887年，杜威在美国哥伦比亚大学创办了世界上第一个图书馆学专业教育机构——图书馆经济学院（School of Library Economy, Columbia College），图书馆学作为一门学科才正式诞生。如果从这个时间算起的话，图书馆学作为一门学科也就不过一百多年的时间。如是说来，图书馆学作为一门学科诞生的标志是图书馆协会（学会）、图书馆学期刊和图书馆学教育三者的有机集合，其中图书馆学教育是根本标志。

在世界上，绝大多数的当代学科都是近代现代的产物，图书馆学亦不例外。杜威在创办图书馆学院时使用的不是"图书馆学"（Library Science）一词，而是"图书馆经济"（Library Economy）。这并不影响图书馆学作为一门学科的诞生，不少学科在诞生之初都存在同样的情形。况且，中文的"经济"一词在"经济学"产生以前也就是"经营""管理"的意思，与"学"的意义大致相同，所以有学者把杜威创办的学院翻译为图书馆管理学院或者图书馆学院。

1.2 中国图书馆学诞生的标志

中国的图书馆学从什么时候开始？过去，中国图书馆学人习惯一直追溯到刘向和刘歆所在的汉代，甚至更早的商周时代。但是，笔者认为作为一门近现代的学科，图书馆学在中国产生的历史迄今也就只有将近百年的时间。中国高等教育的产生是向西方学习、"废科举、兴学堂"的结果，图书馆学也是向西方学习的结果。只不过，中国图书馆学的诞生与美国图书馆学诞生在程序上是反过来的：中国是先有图书馆学教育，然后才有图书馆协会和图书馆学刊物。1920年，武昌文华大学图书科（Boone Library School，Boone University）创办，1925年中华图书馆协会成立，其宗旨是"研究图书馆学术，发展图书馆事业，并谋图书馆之协助"，同年《中华图书馆协会会报》和《图书馆学季刊》相继创办。《图书馆学季刊》在创刊时就直接打出了"图书馆学"的旗号，所以中国的图书馆学就应该是在20世纪20年代正式诞生。如果要确定中国图书馆学作为一门学科诞生的起始标志，那自然就是文华图书科成立的1920年。从1920年起，中国的图书馆学作为一门学科已经正式诞生，其代表人物是韦棣华女士（1861—1931）和沈祖荣先生（1883—1977）。所以，中国的图书馆学学科只有大约百年的历史。这种说法自然不会获得学界一致认同，希望有更多的学人对此进行探讨。

从国际视野来看，中国图书馆学术思想的发展大致经历了中国图书馆学的国际化和国际图书馆学的中国化两个阶段，其过程漫长、曲折、坎坷，其结果充满了希望。

2 中国图书馆学的国际化

中国历史上有陆上丝绸之路和海上丝绸之路，与世界各国有广泛的商业往来和文化联系。但是，自清朝乾隆皇帝于1757年实施广州一口通商的闭关政策后，中国与世界的联系就变得十分有限。在世界古代文明的发展中，中国文明和文化的发展一直沿着一条非常独特的道路发展，受外界的干扰相对较少。因此，中国文明和文化不仅不曾中断，而且延绵不绝。在这个独特的文化发展过程中，其他国家的文化亦曾对中国文化发生过重大影响，但是中国文化具有非同寻常的吸纳力和同化力，并不会轻易改变发展的根本方向。例如，印度佛教在中国的传播影响甚大，可是至唐代佛教在中国形成不同宗派以后，佛教便走上了独特的中国发展道路，除了东亚以外，中国佛教对世界的影响亦十分有限。也就是说，中国文化的发展长期处在相对独立的闭环状态。

中国古代也有一套关于文献、藏书、分类的学问体系。这套体系也是一套独立的学术发展体系，除了邻近的东亚以外，对世界其他国家也没有太大影响。另一方面，世界其他国家，特别是欧美关于文献、编目和藏书的学问对中国也几乎没有什么影响。所以，中国传统的以文献、目录、版本为重点的藏书学术思想体系是一个只向外界有限传播而不受外界影响的相对独立的学术发展体系。

鸦片战争之后，中国封闭的大门被打开，国人看到的世界与清代乾隆以前的世界相比已经完全不一样，中国传统的藏书思想或传统的图书馆思想开始全面接受国际化，其发展大致经历了以下几个阶段。

2.1 西方图书馆观念的传播（1840—1898年）

1840年鸦片战争打开了中国的大门，国人开始睁眼看世界，提出"师夷长技以制夷"，向西方学习，办报纸、学校、图书馆、博物馆，通过开展社会教育，以启迪民智，振兴中华。

近代西方图书馆与中国传统的官府藏书、私人藏书、书院藏书和寺观藏书相比较，其最大的不同是，西方图书馆是公共服务和社会教育机构，而中国传统藏书则是封闭、专享的私有机构。因此，公共、公开、平等、共享的西方图书馆观念开始在中国传播。由此开启了国人接受西方图书馆观念，鼓吹创办西式图书馆的序幕。

2.2 日本图书馆观念的传播（1905—1911年）

公共图书馆观念在中国传播是一个漫长的过程。直到清末预备立宪

（1905—1911年）时，西方的公共图书馆观念才在中国广泛实施，京师图书馆和各省公共图书馆才在全国各地纷纷设立。清末预备立宪效法日本，因此此时的公共图书馆观念亦大体参照和效仿日本。"图书馆"一词在清末预备立宪时被普遍采用就是最典型的实例。鸦片战争以后，国人有关西文"Library"一词的翻译五花八门，虽以藏书楼和图书馆为多，但莫衷一是。日本原有的藏书机构叫"文库"，明治维新时向西方学习，设立的新式图书馆统一改用从中国传过去的"図書館"译名。因为清末预备立宪效仿日本，因而"图书馆"一词也开始在中国广为流行，以致沿用至今。今天，我们使用的情报、干部等词语也来自日本词汇，都是时代留下的烙印。

2.3 美国图书馆学术的传播（1912—1949年）

民国时期，美国图书馆学在中国的传播成为主流。

美国图书馆学在中国的传播有几件具有里程碑意义的重大事件：一是1910年在武昌落成开放的文华公书林，这是一个纯美式的图书馆，完全采用美国图书馆的管理方法，可以称得上是中国第一个真正的新式图书馆，因为在此之前的新式图书馆大多是新瓶装旧酒，有名无实。二是1920年在武昌创办的文华大学文华图书科。三是1925年成立的中华图书馆协会。

1925年中国图书馆协会的成立过程也就是欢迎和欢送美国图书馆学家鲍士伟博士的过程。在鲍士伟从美国抵达上海时国人以宣布成立中华图书馆协会的方式欢迎鲍士伟，在鲍士伟准备离京回国时国人又以召开中华图书馆协会成立大会的方式欢送鲍士伟，可见美国图书馆事业和图书馆学对中国的影响多么巨大。

在中华图书馆协会成立大会上，梁启超先生（1925年12月—1927年6月任国立北平图书馆馆长）在《中华图书馆协会成立演说辞》中提出对中国图书馆界的两点希望：第一点希望是要做中国的图书馆学；第二点希望是要培养图书馆的管理专才，即办好图书馆学教育。

梁启超为什么要提倡"中国的图书馆学"？因为那时中国的图书馆学刚呱呱坠地，完全是一个美式图书馆学的婴儿。这也正是本文所言"中国图书馆学的国际化"的原因之所在。那时，中国在向美国学习的主要是图书馆的管理方法，包括《杜威十进分类法》、《卡特著者号码表》、卡片目录、美国国会图书馆编目法等，其中对中国影响最大的是《杜威十进分类法》和卡片目录。虽然卡片目录现在已经退出历史舞台，但是在当时，卡片目录的使用彻底改变了中国书本式目录的传统，直接促进了汉字检字法的发明，从而导致整个学科发生巨大的变化。

2.4 苏联图书馆学术的传播（1950—1960年）

20世纪50年代至70年代，由于冷战的原因，世界两大阵营对垒，中国一直处于被西方全面封锁的状态。在国际上，我们与世界其他国家图书馆学的交流被迫中断，仅仅是在20世纪50年代的时候和苏联有着一些联系，但是这种联系也仅仅维持了10年左右的时间。在这10年间，苏联的图书馆学，特别是列宁的图书馆学思想传到中国，对中国的图书馆学产生了非常大的影响。

2.5 西方图书馆学术的传播（1978年至今）

20世纪80年代，中国实施改革开放政策，与世界各国的交流日益广泛、自由，外国图书馆学在中国的传播不再限于美国或者欧洲，而是世界各国。在图书馆学研究日益国际化和全球化的进程中，中国图书馆学研究开始把国际图书馆学术与中国实践结合起来，不断中国化，真正地开始履行梁启超先生1925年在中华图书馆协会成立演说辞中提出的第一责任：建立"中国的图书馆学"，即把国际图书馆学中国化。

3 国际图书馆学的中国化

改革开放40年来，我国的图书馆学研究一直在将国际的图书馆学术中国化，并且做出了诸多的创新。

图书馆学是一门致用的科学。在图书馆学研究中，我们必须清楚图书馆学研究的终极目标是什么？每个人从事图书馆学研究都有不同的目标，可能是为了发表一篇论文，出版一本著作，获得一个奖项，晋升职务，或者为了事业进步，学科发展。但是，从整体上来讲，图书馆学研究一定要推动图书馆的发展，推动文化的发展，推动社会的发展。这才是图书馆学人要去做的，才是图书馆学研究者的使命和终极目标。换句话说，如果我们做图书馆学研究，既不能促进图书馆的发展，也不能有益于文化和社会的发展，那么这种研究是否有意义，是否有价值？本文暂且不予评论，也不将其纳入本文的考虑范围之内。

回顾改革开放以来中国图书馆学的发展，能够推动图书馆发展、文化繁荣和社会进步的图书馆学术思想主要集中在专业、技术和理念三个层面。这三个层面也是中国图书馆学术思想最为重要的三个层面。

3.1　专业层面：国际标准的中国化

在专业层面，无论是在纸质资源时代，还是数字资源时代，图书馆学术最为核心的专业技术方法都是分类和编目。迄今为止，分类编目也一直是我们图书馆人几千年来不断发明和创新的最为关键的专业核心技术。

20世纪80年代以来，中国图书馆界在这一领域制定了一系列专业标准与规范，最具代表性的是与ISO国际标准和IFLA国际标准相关的中国标准。1978年，中国加入国际标准化组织（ISO），图书馆界开始全面采用ISO/TC46制定的各项标准。因为中国文字和中文文献的特殊性，国际标准无法在中国完全实施，因此在对国际标准进行汉化的过程也就是中国化的过程，中国图书馆学界对此进行了深入的研究，最终实现了国际标准的中国化。1980年，中国图书馆学会恢复在国际图书馆协会联合会的国家代表地位，中国图书馆界同样相应地采用了IFLA制定的各种标准规范，并进行汉化。这个过程也是中国分类学、编目学、信息检索研究全面发展的过程。

在国际标准中国化的过程中，国家图书馆一直发挥着主导和主体作用，不仅是研究的领导者和主体，而且也是实施的主导和主体。迄今为止，文献处理的标准化是图书馆学界最为辉煌的学术成就和对人类社会发展做出的最大贡献，没有之一。在各项标准与规范的幕后，有无数隐姓埋名的专家学者为此默默奉献。他们的付出可能只有在有限的学术圈内才被人所知，可是他们的研究成果却为中国的分类法、主题词表、编目法、机读目录的全面实施做出了巨大贡献，为中国图书馆事业的发展奠定了伟大的基础。在中国国家图书馆建馆110周年几年之际，我们应该向中国国家图书馆的同人、专家、学者以及广大参与者致以崇高的敬意，向他们致敬！

3.1.1　分类法

我们现在熟知的《中国图书馆分类法》（以下简称：《中图法》）经历了一个漫长的演化过程，从20世纪初介绍、引进、模仿、改编《杜威十进分类法》（DDC），以及后来的《国际十进分类法》（UDC），到1975年国家图书馆出版《中国图书馆图书分类法》（初版），再到1980年的第二版、1990年的第三版、

1999年的第四版①和2010年的第五版，这五版《中图法》可以说是20世纪中国图书馆四代学人心血的凝聚和智慧的结晶。

《杜威十进分类法》只适用于美国，《国际十进分类法》只适用于欧洲，二者都不适用于中国。《中图法》在不断创新中完成了国际分类法的中国化，有关《中图法》编制和修改的研究成果极为丰富，构筑了一道宏丽的中国图书馆学研究风景线。1985年10月，《中国图书馆图书分类法》《中国图书馆图书资料分类法》及其简本荣获首届中国国家科技进步奖一等奖。这是迄今为止中国图书馆学界获得的最高学术荣誉和成就，前无古人，后无来者，今后也很难企及。

3.1.2　主题法

主题法也是如此。20世纪40年代，国内已经开始翻译介绍美国国会图书馆的主题词表。由于一些客观原因，主题词表直到20世纪80年代才在中国开始应用。1975年，中国科学技术情报研究所和北京图书馆牵头开始根据国际标准ISO2788《单语种叙词表编制规则》编制《汉语主题词表》，经过近9000多人历时5年的奋斗，于1980年完成了《汉语主题词表》（3卷10册）。1985年10月，《汉语主题词表》荣获国家科学技术进步奖二等奖。这是我国图书馆学界在该领域获得的最高奖项，难以超越。

1994年，国家图书馆主编的《中国分类主题词表》问世，1996年荣获"国家优秀科技信息成果"二等奖，2005年出版第二版和电子版，其中同样饱含着许多专家学者的辛勤汗水和学术智慧。

3.1.3　编目法

在编目规则领域，20世纪初，我国主要在模仿美国国会图书馆编目规则。1974年《国际标准书目著录》（ISBD）出版之后，中国开始研究国际标准，制定适应本国的一系列文献著录规则。1983年国家图书馆牵头的第一个国家标准《文献著录总则》（GB3792.1—83）发布，其后《普通图书著录规则》《连续出版物著录规则》《非书资料著录规则》《档案著录规则》《地图资料著录规则》《古籍著录规则》等陆续问世。1985年中国图书馆学会根据《英美编目条例》（AACR-II）制定了《西文文献著录条例》，2002年又出版了修订扩大版。

---

① 　自本版起正式改名为《中国图书馆分类法》。

1996年，《中文文献编目规则》问世，2005年推出第二版。如今，无论是中文文献著录规则还是西文文献著录规则，我国都拥有了完整成熟的标准体系。在编目不被人们高看的今天，编目仍然是图书馆的核心业务，我们不能不对编目学研究者和编目馆员的坚守表示敬意。

3.1.4 机读目录

20世纪70年代以后，机读目录开始在图书馆广泛应用。从1969年美国的MARC-II，到1977年IFLA的《国际机读目录格式》（UNIMARC），再到1991年中国国家图书馆的《中国机读目录格式》（CNMARC），中国图书馆在这个发展过程中，完成了从传统手工操作到计算机编目的转变过程。如今我们再来看这个领域会觉得MARC也已经很传统了，但是MARC对整个图书馆事业做出的贡献是卓越的，没有MARC，信息资源共享就失去了最为重要的基础。迄今为止，在人文社会科学领域，没有哪个领域的标准化能够与图书馆编目的标准化相比拟，同时，在所有图书馆学研究中，也没有哪个领域比图书馆编目标准化对推进全球图书馆事业发展的贡献更大。

如今是数字化时代、网络时代，图书馆行业仍然是世界公共文化服务体系中标准化程度最高的行业。因为有了标准化，才为国际合作提供了更多的可能，才有了如今的信息资源共享。在全球图书馆界标准化的过程中，国际标准化组织、国际图书馆协会联合会做了非常多的工作，中国图书馆界在国际标准中国化上贡献良多。

3.2 技术层面：国际技术的中国化

进入新世纪以后，图书馆开始进入数字化和网络化时代，信息技术成为图书馆学研究主流，研究的主题开始泛化，研究的焦点逐渐模糊，研究的主体也开始外化。

就信息技术而言，只有聚焦图书馆的才属于图书馆学的研究范畴。例如：大数据跟图书馆没有直接关系，只有与图书馆相关的大数据研究才属于图书馆学研究的范畴。在信息技术层面，中国的图书馆学研究主要是国际信息技术在中国图书馆的应用研究，也就是国际信息技术的中国化，其中影响最大的主要有以下三个方面的应用项目建设：

一是高校图书馆系统于1998年启动的中国高等教育文献保障系统（CALIS）、2002年启动的大学数字图书馆国际合作计划（CADAL）和中国高校人文社会科学文献中心（CASHL）；

二是国家图书馆于1998启动的中国国家数字图书馆项目和公共图书馆系统于2002年启动的全国文化信息资源共享工程；

三是科技图书馆系统于2000年启动的国家科技图书文献中心（NSTL）。

这些大型工程项目的建设一直持续至今，有力地推动了图书馆的数字化网络化和图书馆学研究主题的现代化。数字图书馆、移动图书馆、智慧图书馆、电子文献传递（EDD）、数字长期保存、开放存取、知识产权以及元数据、关联数据等成为图书馆学研究的新兴领域，实现了图书馆学研究的转型，对于进一步提高图书馆在数字时代的社会作用和价值起到了重要的作用。

3.3　理论层面：国际理念的中国化

2018年是联合国教科文组织与国际图书馆协会联合会《公共图书馆宣言》颁布25周年，IFLA公共图书馆专业组举办了很多的纪念活动，中国图书馆界也有呼应。新世纪之交，中国图书馆界兴起的新图书馆运动和图书馆权利研究，有力地促进了《公共图书馆宣言》中自由与平等的价值观在中国的传播和实践。

新世纪以来，中国确立的社会主义核心价值观——自由、平等、公正、法治等观念深入人心，成为图书馆学研究的热点、焦点和重点，许多图书馆学人积极参与相关立法、标准、规范的起草和制定工作以及决策咨询服务，为国家公共文化，特别是公共图书馆的发展贡献了很多学术智慧。

近十年来，在"保障民众基本公共文化权益"的国家政策指导下，图书馆界专家学者先后参与一系列公共图书馆标准规范的调研与制定工作，包括文化部颁布的《公共图书馆建设标准》（建标108—2008）、《图书馆参考咨询服务规范》（WH/T 71—2015）、《社区图书馆服务规范》（WH/T 73—2016）和国家标准《公共图书馆服务规范》（GB/T 28220—2011），在公共图书馆制度创新上做出了重要学术贡献。

最近两年颁布实施的《中华人民共和国公共文化服务保障法》和《中华人民共和国公共图书馆法》标志着新时代中国公共图书馆的发展已经迈入前所未有的黄金时代。毫无疑问，新世纪中国图书馆学研究中最活跃、最有成效的就是有关公共图书馆的理论与实践的研究。

在国际公共图书馆核心价值的中国化和中国社会核心价值在公共图书馆的

实践方面，中国公共图书馆界涌现了一大批值得世界各国学习借鉴的创新理论与实践，其中最具影响力的是"改变21世纪中国公共图书馆进程的十大创新"：从2000年开始流行的通借通还一卡通；2003年启动的图书馆之城；2006年提出的全民阅读活动；2008年实施的城市街区24小时自助图书馆；到2011年提出的公共图书馆免费服务、"图书馆＋"，再到2013年公共图书馆服务体系建设的确立，等等。这些创新中蕴含着图书馆专家学者的大量学术智慧，不仅引领了国际公共图书馆的发展潮流，而且也使中国公共图书馆的理论研究与实践创新站在了世界图书馆学研究的潮头。

4　展望

经过一百多年向西方学习的历程，中国图书馆事业已经走过了从国际化到中国化的过程，因为语言和文字的原因，中国图书馆学研究仍然是一个相对独立的闭环发展系统，未来中国图书馆学研究在国际上应该做如下努力。

4.1　中国声音（Chinese Voice）

积极参与国际活动，发出中国图书馆学界的学术声音。以国际图联为例，近十年来，除东道主国家以外，中国图书馆界同人每年参加世界图书馆与信息大会（WLIC）的人数一直位居第二位，仅次于美国。可是，在国际图联各级组织任职的大约1400名世界各国图书馆专家学者中只有大约40位来自中国，也就是说，中国图书馆界专家学者在国际图书馆学舞台上扮演的角色主要是参与者和观众，而不是组织者和导演。今后，中国的图书馆学专家学者应该积极参与到国际图书馆专业组织之中，努力成为各级组织的决策者和主导者，让国际图书馆界听到中国图书馆界的学术声音。

4.2　中国思想（Chinese Ideas）

积极开展国际合作，交流中国图书馆学界的学术思想。一百多年来，中国图书馆学界一直在学习欧美的图书馆学术思想，而中国的图书馆学术思想向世界各国的传播一直十分有限。中国图书馆的同人应当更加积极地参与国际交流与合作，把中国的优秀图书馆学研究成果和先进思想推广出去，以便更多的国家学习借鉴。只有通过相互交流，相互学习，相互借鉴，才能变单向的学习为多边的互动，共同促进全球图书馆事业的发展。

4.3 中国创新（Chinese Creatives）

努力创新推广模式，讲好中国图书馆事业的发展创新故事。新世纪中国图书馆界的创新层出不穷，足以引领世界图书馆的发展潮流，但是，因为宣传推广方式单一，并不被世界各国所熟知，因此对推动全球图书馆事业发展的贡献有限。今后应该不断创新宣传推广模式，让中国图书馆界的创新思想、创新技术、创新方法和创新实践成为世界各国图书馆学习的榜样，为全球图书馆事业的发展贡献中国的力量。

参考文献：

[1]霍恩比.牛津高阶英汉双解辞典[M].赵翠莲,等,译.8版.缩印本.北京.商务印书馆,2014:579.

[2]WIEGAND W A. Irrepressible Reformer: A Biography of Melvil Dewey[M]. Den Haag: ALA Editions, 1996.

[3]潘燕桃,程焕文.清末民初日本图书馆学的传入及其影响[J].中国图书馆学报,2014（4）:65-75.

[4]程焕文.晚清图书馆学术思想史[M].北京:北京图书馆出版社,2004.

[5]程焕文.序[M]//李彭元.中华图书馆协会史稿.北京.国家图书馆出版社,2018:1-3.

[6]刘东,翟奎凤.梁启超文存[M].南京:江苏人民出版社,2012:566-572.

[7]程焕文.文献编目:图书馆的最后专业技术领地[J].国家图书馆学刊,2015（6）:6-9.

[8]《中国图书馆图书分类法》《中国图书资料分类法》及其简本获国家科学技术进步奖（一等奖）[J].图书馆学通讯,1986（1）:1-2.

[9]通讯员.《中国图书馆图书分类法》和《汉语主题词表》荣获国家级科技进步奖[J].国家图书馆学刊,1985（4）:22.

[10]程焕文.图书馆精神[M].北京:北京图书馆出版社,2007.

[11]程焕文,潘燕桃,张靖.图书馆权利研究[M].北京:学习出版社,2011.

[12]程焕文,彭嗣禹,高雅,等.改变21世纪中国公共图书馆进程的十大创新[J].图书馆杂志,2018（11）:26-34.

共建共享共发展，同心同行同使命

——高校图书馆数字资源建设20年回顾与展望

陈建龙　刘素清（北京大学图书馆）

"高等学校图书馆是学校的文献信息资源中心，是为人才培养和科学研究服务的学术性机构，是学校信息化建设的重要组成部分，是校园文化和社会文化建设的重要基地"[1]。近二十年来，随着我国经济和信息技术的飞速发展，我国高校图书馆事业取得了巨大发展，尤其在数字资源建设方面，更是突飞猛进。从1997年北京大学图书馆购买 Science Online、1998年中国高等教育文献保障系统（China Academic Library & Information System, CALIS）管理中心组团联合采购 Engineering Village 开始，我国高校图书馆的数字化资源建设进入大规模发展时期。学科从少数到全面，品种从单一到丰富，采购方式从单独引进到联合采购，数字资源建设走过二十年历程。二十年虽短，却也沧海桑田。鉴往知来，为了更好地汲取历史经验，把握数字资源建设规律，谋划新学术生态环境下高校图书馆数字资源的发展，我们有必要对这一段发展史进行回顾与展望。

1　二十年回顾：共建共享共发展

1.1　按需共建

基于多方需求，由政府和高校专项投入，在强化以纸本书刊为主的传统文献资源建设的基础上，适时开展以数据库为主的数字资源建设，不断提高信息资源满足需求的支撑度和保障率。

1.1.1　需求驱动发展

1.1.1.1　图书馆事业发展所需

图书馆是保存、揭示、组织和传承人类知识和世界文明的重要载体。对于人类社会而言，其存在价值恰如英国科学哲学家波普尔比喻的那样，如果哪一天物质世界被严重损毁，只要图书馆还存在，那我们的世界很快就会恢复原样。因此，无论时代如何变迁，图书馆作为人类知识记忆的职能一直未变[2]。二十年来，虽然图书馆在数字浪潮冲击下发生了巨变，但资源建设依旧是图书馆赖以生存和发展的物质基础，只是载体形式上发生了变化，从早期的纸本资源为主，发展到纸本资源和数字资源并存，再到数字资源占据主导地位，资源建设仍旧是图书馆发展之首要任务。

1.1.1.2　高校人才培养、立德树人所需

"致天下之治者在人才，成天下之才者在教化"。人才培养永远是高校根本性、长期性和战略性的重点工作[3]。而培养人才又以立德为先，正所谓"国无德不兴，人无德不立"，立德树人是教育的根本，本立而道生，抓住了根本，才能培养出"德智体美劳"全面发展的社会主义建设者和接班人[4]。为此，高校不仅要扎实推进专业教育，也要抓好通识教育和思政教育，这样才能全面提升大学生的综合素质、国际视野、科学精神、创业意识和创造能力。人才的全面培养离不开多元化的支撑保障条件，尤其是教育教学资源的配置。高校图书馆立足用户需求，不断拓宽资源采集渠道，加大资源建设力度，为高校人才培养、立德树人提供了资源保障。

1.1.1.3　国家现代化和民族复兴所需

新一轮科技革命和产业变革正在重构全球创新版图、重塑全球经济结构。高校作为科技第一生产力、人才第一资源和创新第一动力的重要结合点，肩负着科技创新、国家现代化和中华民族伟大复兴的历史使命[5]。而科学研究是站在巨人肩膀上的，需要借鉴前人或同辈的研究成果。因此，为科技创新提供信息支撑成为高校图书馆资源建设的重中之重，尤其是对国外数字资源的大规模引进。二十年来，高校图书馆的数字资源建设紧扣国家现代化和民族复兴所需，分门别类，全速推进，从单一品种到多样化，从纯文本形式到多媒体，从单馆建设到联盟共建，丰富的数字资源为科学研究、技术发明和知识发现提供了基础。

1.1.1.4　人类命运共同体建设所需

构建人类命运共同体，实现合作共赢，是当代中国对促进世界和平发展和全球治理提供的"中国方案"。"万物并育而不相害，道并行而不相悖"。中国一向倡导"多元一体、和而不同""美人之美、美美与共"的政治文明观。文

明因交流而多彩，文明因互鉴而丰富，而文献资源是人类文明的结晶，承载着世界各国人民的精神智慧和文脉，引进世界各国出版的学术资源，是我们扩大对外开放和国际交往所必需。"一带一路"倡议、区域与国别研究等具体项目的落地生根、开花结果都离不开文献资源的支撑，尤其快精准的数字资源更是必不可少。

1.1.2　发展历程

在各种需求驱动合力下，我国高校图书馆数字资源共建经历了起步和快速发展两个阶段。

1.1.2.1　资源共建起步阶段

文献资源共建共享是我国高校图书馆界一直在探索的重要课题。早期的文献资源共享仅限于纸本文献，主要通过编制联合目录、馆际互借、发放通用阅览证、委托复印等传统方式开展共享。进入20世纪90年代，随着信息技术和网络技术的飞速发展，文献资源尤其数字资源飞速增长，任何一个图书馆都不可能只依赖自身的资源完全满足用户的需求，文献资源的整体化、信息化建设需求被提到日程上来，高校图书馆在资源共建共享方面做出了一些探索。首先是国家教委（即今教育部）文科文献信息中心（以下简称中心）的成立。为了加强高校文科文献信息工作的整体化建设，以形成合理的全国高等学校文献信息保障体系，实现资源共享。1992年初，国家教委正式批准在北京大学等15所高校建立文科文献信息中心[6]。本着"统筹规划、合理布局、分工协作、覆盖齐全、各具特色"原则采集国内外有关文献，并率先采用计算机管理，通过中心向其他学校辐射，推动全国高校文献信息管理的现代化和资源共享。国家教委文科文献信息中心领导小组牵头制订了《文献资源建设方案》，并为各中心配备了小型机或微机等。中心在北京大学建立了 CD-ROM 光盘文献检索室，配备了先进的设备和近30种光盘数据库，作为向现代化图书馆迈进的试点项目。各中心纷纷进行数据库建设，并加强文献资源报道，力图为网上联机合作编目和查询做好前期准备。另外，还制订了西文图书联合目录和西文期刊联合目录的《数据库实施方案》《数据库质量控制的若干规定》《数据库记录质量编制工作细则》，并出版了书本式《西文图书联合目录》十多期，这些都为后来 CALIS 联合目录数据库的建设打下了基础。其次，国家教委于1995年在北京大学、复旦大学、武汉大学、吉林大学设立"国家教委高校文科图书文献中心书库"，后又增加四川联合大学（今四川大学），形成结构合理的全国高校文科图书保障体系。

20世纪90年代中期开始，我国开始实施科教兴国战略，"211工程"启动。"211工程"建设的主要内容包括学校整体条件、重点学科和高等教育公共服务体系建设三大部分，其中高等教育公共服务体系以重点建设的学校为依托，按照资源共享、服务全国的原则[7]，从整体上加强我国高等教育基础设施建设，提高高等学校的办学水平和效益，主要包括中国教育和科研计算机网（CERNET）和高等教育文献保障系统（CALIS）。公共服务体系为高等教育的可持续发展、重点学科的建设提供了有效的条件支撑。在文献资源共建共享领域，国家教委文科文献中心完成了自己的历史使命，新的共建共享体系CALIS正在酝酿之中。

1.1.2.2　快速发展阶段

（1）CALIS启动

1998年5月，国家发展计划委员会（即今国家发展和改革委员会）批准中国高等教育文献保障系统（China Academic Library and Information System, CALIS）项目建议书，标志着CALIS正式启动，从1998年到2012年，CALIS共进行了三期项目建设，初步建立了纸本资源共建共享体系、分布式高等教育数字图书馆体系和基于云技术的"普遍服务"体系。2013年1月，CALIS顺利通过国家财政部组织的项目评估获年度运维经费支持，转入运维服务阶段[8]。

（2）CASHL启动

2004年，为了给高校哲学社会科学教学和科研提供文献保障，教育部启动了中国高校人文社会科学文献中心（China Academic Social Sciences and Humanities Library, CASHL）。CASHL的建设宗旨是组织若干所具有学科优势、文献资源优势和服务条件优势的高等学校图书馆，有计划、系统地引进和收藏国外人文社会科学文献资源，采用集中式门户平台和分布式服务结合的方式，借助现代化的网络服务体系，为全国高校、哲学社会科学研究机构和工作者提供综合性文献信息服务。CASHL是国家支持人文社科研究的持续性战略。2006年，CASHL与高校文科图书引进专款项目整合，CASHL成为唯一一个国家级人文社科文献资源保障和服务中心，与科技部国家科技图书文献中心（National Science and Technology Library, NSTL）互相补充，共同构建我国文献资源保障体系。

（3）CADAL启动

2001年，大学数字图书馆国际合作计划（China-America Digital Academic Library, CADAL，也称为"中美百万册数字图书馆国际合作计划"）启动，该项目是"十五"期间"211工程"公共服务体系建设的重要组成部分，它与"中国高等教育文献保障系统"（CALIS）一起，共同构成中国高等教育数字化图书馆的框架（China Academic Digital Library & Information System, CADLIS）。CADAL在民国书刊、满铁资料等特色文献和学位论文、科技报告等特种文献建设方面取得了建设性成果。

（4）DRAA运行

为了促进数字资源的共建共享，CALIS还开创和建立了数字资源集团采购模式。在1997年项目酝酿启动之际，CALIS就负责组织资源集团采购工作。2009年，为了规范引进资源集团采购行为，经上级主管部门批准，CALIS不再负责组织引进资源集团采购工作，成立了高校图书馆数字资源采购联盟，并引入代理商服务机制，由代理商和图书馆共同进行商务谈判等工作，2010年，高校图书馆数字资源采购联盟（Digital Resource Acquisition Alliance Chinese Academic Libraries, DRAA）正式成立。DRAA在为成员馆谋求合理价格和最优服务方面做出了诸多努力。

近二十年来，在教育部的领导下，CALIS、CASHL、CADAL三大资源与服务平台整合国家投资，依靠先进的图书馆理念、前沿的技术手段、丰富的信息资源、开放的合作模式，在文献资源共建共享方面做出了不可磨灭的贡献。DRAA是个行业联盟，虽然它在管理、运行机制方面还有待强化和完善，但在我国高校图书馆数字资源建设进程中功不可没。

1.2 依法共享

"书是为了用的"，高校图书馆专业集成的文献资源以提供用户使用为首要目标，切实保障师生用户合法、合理使用数字资源，不断提升学习、教学、科研活动的信息共享水平。

1.2.1 本馆自建自用，交换使用

20世纪90年代中后期，高校图书馆的数字资源主要包括购买的光盘数据库、基于本馆集成图书馆系统建设的馆藏书目数据库和自建的特藏数据库等，且基本都是自建自用，最多通过光盘、软盘等与图书馆同行交换使用。书

目数据的共享应该是这个时期图书馆信息资源共享的主要内容。中文书目资源共享方面出现了随书配MARC数据的服务，早期有影响的如北京高校图工委主办的北京图联文献信息咨询公司于1993年开始，就从事"联合采购，随书、随刊配送标准CN-MARC数据"服务，是图书馆书刊"联合采购、统一编目"工作的社会化先河。在西文书目资源共享方面，主要以美国国会图书馆BiblioFile光盘数据、国家教委文科文献中心的西文联合目录以及中科院文献信息中心牵头的全国期刊联合目录作为共享数据源。另外，随着互联网在图书馆领域的应用，第二代联机公共目录（WebPAC）取代了传统的基于主机终端方式检索的OPAC，使网上书目资源共享成为现实。这种零散型数据共享一直持续到CALIS联合目录项目的启动。

1.2.2　馆际合建通用，协议享用

如前文所述，近二十年是高校图书馆联盟发展的黄金时代，CALIS、CASHL等都秉承自己的发展目标和建设任务，在文献资源共建共享领域砥砺前行。

1.2.2.1　CALIS共享举措

CALIS建设了一系列共享数据库或平台，包括联合目录数据库、馆际互借与文献传递平台、外文期刊目次数据库、高校学位论文数据库、教学参考资料数据库、高校特色资源数据库等；其中由1300多家图书馆参加的CALIS联合目录数据库是一个囊括不同文献类型和语种的实时联机编目系统，是CALIS的拳头产品，截至2019年9月底，联合目录数据库有7 524 618条书目记录，是建库初期（1999年）书目数据量（99 985条记录）的75倍；另有规范数据178万条、馆藏数据52 777 857条。截至2019年9月底，联合目录系统提供联机下载数据服务共计146 495 424次，月均下载量约为102万次。目前承担CALIS联合目录数据建设工作的成员单位共计381家，约占成员馆总数的29%，意味着71%的成员单位可以比较轻松地共享书目数据，已形成较为高效良性的共享机制。

CALIS馆际互借与文献传递平台是高校数字资源共享的主要平台。截至2019年9月底，CALIS馆际互借与文献传递系统使用馆有1328家（SaaS版1322家、本地版6家）。近年来，通过CALIS馆际互借与文献传递中心系统完成的资源共享业务量如图1所示。

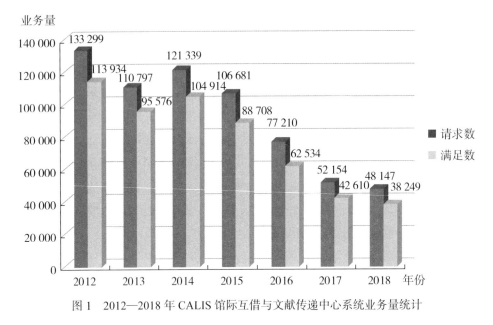

图 1　2012—2018 年 CALIS 馆际互借与文献传递中心系统业务量统计

　　为了拓宽资源获取渠道，CALIS 与国家图书馆、上海图书馆和国家科技文献图书中心 NSTL 建立了协同服务网络基础架构，实现服务中心调度，一个账号，全国获取。通过 CALIS 馆际互借与文献传递中心系统向国家图书馆、上海图书馆和 NSTL 提交的文献请求及满足情况如图 2、3、4 所示。

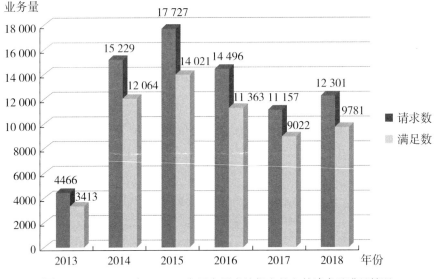

图 2　2013—2018 年 CALIS 向国家图书馆提交的文献请求及满足情况

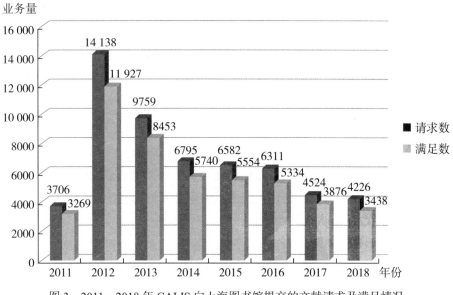

图 3　2011—2018 年 CALIS 向上海图书馆提交的文献请求及满足情况

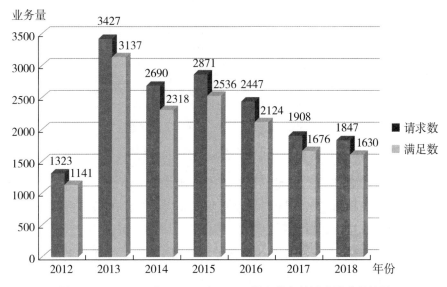

图 4　2012—2018 年 CALIS 向 NSTL 提交的文献请求及满足情况

　　除了在国内拓展资源共享业务外，CALIS 及其成员馆与境外的图书馆或联盟比如 OCLC（美国联机计算机图书馆中心）、SUBITO（德国、奥地利和瑞士研究性图书馆文献传递服务联盟）以及大英图书馆等都建立了合作关系。

　　CALIS 进入转型与可持续发展阶段后，着力推行基于云计算的"普遍服务"，CALIS将共享服务部署到1300多个成员馆，从资源、数据、软件、应用平台多个层次全面地支持图书馆基础业务的各个环节。

对最终用户而言，可通过CALIS的学术搜索引擎"e读"检索和获取全国高校的文献资源，通过文献提供服务门户"e得"可获取高校之外的其他文献资源。

1.2.2.2　CASHL资源共享举措

截至2018年底，CASHL可服务纸本图书达412余万种，纸本期刊达67 177余种，CASHL以其无可比拟的资源优势在人文社科资源共享领域独领风骚，自项目启动以来，CASHL文献传递与图书借阅服务量如图5所示。

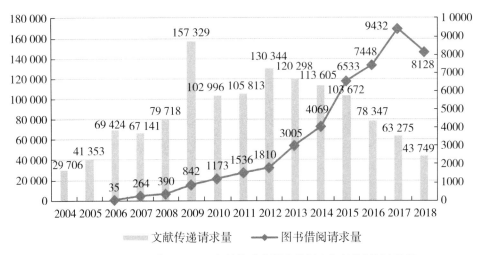

图5　2004—2018年CASHL文献传递和图书借阅（含章节复制）情况

CASHL文献请求平均满足率是95.08%，平均响应时间是1.88天。从2007年起，CASHL开始引进数字资源。截至2018年底，CASHL数字资源全文下载量累计近3000万篇次。

由于各种学术资源发现系统的普及使用、网络上各种免费资源的方便获取等导致了CALIS、CASHL文献传递服务量的下滑。

1.2.2.3　采购数据库产品，合同商用

高校图书馆的数字资源尤其是外文数字资源的引进以集团采购模式为主，根据许可协议，合法使用。近二十年CALIS和DRAA组织谈判的数据库增长情况如图6所示；2013—2018年参与CALIS集团采购的图书馆情况如图7所示；

对2018年参加集团采购的图书馆按数据库类型统计发现，参加电子期刊集团采购的图书馆最多，占参团馆次总数的46.23%，见表1。

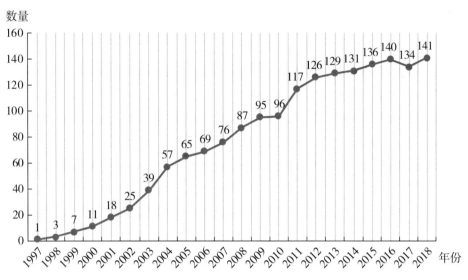

图6 1997—2018年CALIS/DRAA集团采购数据库增长情况

图7 2013—2018年参加DRAA集团采购馆次统计

表1 2018年DRAA集团采购按数据库类型统计参团馆次

资源类型	数据库数量	用户馆数量	占比
电子期刊	48	4266	46.23%
电子图书	15	343	3.72%
全文数据库	20	1314	14.24%
事实和数据型数据库	20	406	4.40%

续表

资源类型	数据库数量	用户馆数量	占比
文摘索引数据库	27	2416	26.18%
其他	11	483	5.23%
合计	141	9228	100%

为了提高数据库的利用效率，规范数据库商的服务，从2002年开始，CALIS举办数据库培训周，内容涉及数字资源的管理、整合、标准与规范、使用与统计、长期保存与可持续发展等，深受成员馆的欢迎，成为CALIS的品牌服务。

1.2.2.4　协同研发资源库和知识库，开放获取

世纪之交，开放获取（Open Access, OA）运动兴起，学术出版和学术交流模式发生了变化。高校图书馆也积极跟进，参与到数字出版领域。主要表现在两个方面，一是将开放获取资源纳入图书馆的资源中，扩大用户的信息源；二是建设机构知识库或开放获取期刊平台等；根据河海大学卢祖丹对111所国内主要高校图书馆的调研[9]，发现有68所高校（占调研图书馆的比例为61.3%）将网络OA资源作为学术资源进行揭示，有45所高校（占调研图书馆的比例为40.5%）建有机构知识库（Institutional Repository, IR）。除了对OA资源整合外，高校图书馆还通过提供开放学术期刊出版平台方式参与到数字出版中，比如北京大学的人文社科期刊网，就是由北京大学社会科学学部牵头并提供经费，8个期刊编辑部参与，北京大学图书馆负责建设的。为了推进高校机构知识库发展，增强高校机构知识库建设的凝聚力，提升高校机构知识库的可见度和影响力，CALIS组织部分高校图书馆共同发起成立了中国机构知识库联盟（Confederation of China Academic Institutional Repository, CHAIR），这是一个链接全球开放获取知识库的知识基础设施。

开放获取运动不断推动学术在深度和广度上开放。而开放学术不仅限于科研成果的开放，学术交流和科研过程的信息资源也要开放（如开放科学数据、开放科学实验室）。这种新的学术生态环境也对图书馆产生了深远影响，图书馆不再只是信息资源的消费者，而且是信息资源的生产加工者，图书馆员们越来越深刻地融入学术科研交流中。北京大学图书馆联合校内单位推出的北大开放研究数据平台就是一个图书馆参与开放学术的案例。北大开放研究数据平台旨在促进研究数据的开放共享和出版，带动数据的广泛重用和规范引用，促进跨学科的协同创新。

随着开放共享理念的广泛传播，开放获取资源的范围也大大拓宽，包括课件、软件、流媒体、测试工具等在内的开放教育资源（Open Education Resources, OER）以及大型开放式网络课程即MOOC（Massive Open Online Courses）都成为高校图书馆数字资源的重要组成部分，这些资源不是仅靠单纯的购买就可以获取的，需要有足够的经费、强大的技术支持和相关部门的高效协同才能获取，这是高校数字资源建设面临的新课题。

1.3　固本培元共发展

厚重的传统资源，丰富的数字资源，加上创新的服务体系，使得高校图书馆事业在内涵发展、特色发展和共同发展方面取得了长足的进步，同时也迎来了管理和使用数字资源、扩展和延伸服务的新课题。

1.3.1　数字资源建设成就

在"211工程""985工程""2011计划""双一流"建设等重大教育工程支持下，高校图书馆的资源建设，尤其数字资源建设突飞猛进，资源总量不断增加，类型日益丰富，逐步形成以各个高校图书馆的资源为基础，以CALIS、CASHL和CADAL为平台，以NSTL、国家图书馆、上海图书馆、境外图书馆等的协同服务为后援的资源共建共享保障体系，这一保障体系为我国高校教学科研、人才培养提供了强有力的支撑。数字资源不受时间、空间限制，使用方便、快捷，更新速度快，时效性强，深受用户青睐。数字资源的大规模建设使得"出差、出国找资料"已成历史、"秀才不出门，全知天下事"已成现实。正如北大一位教师所言："以前因为资料缺乏，都是依靠师生出国时，花半年以上的时间收集资料。购买了这些资源就可以实现浸入式培养，这将极大地变革我们的人才培养方式。另外，这里面很多子模块对很多学科都会有很多的外溢效益，这些数据库的引进可以带动整个学科的建设。"

高校竞争力主要取决于学科竞争力，而文献资源是学科竞争力的基础。围绕本校的重点学科、特色学科、新兴学科或交叉学科进行学科资源建设，是每个高校图书馆一直秉承的资源建设理念。学科化数字资源建设在提高高校学科竞争力、科技创新能力和吸引人才方面已经卓见成效。根据基本科学指标数据库（Essential Science Indicators, ESI）2019年数据显示，Web of Science收录中国大陆论文2 606 423篇（2009—2019年10月），其中高被引论文30 755篇，将其导入InCites分析，高被引论文中88.22%是高校贡献的。高被引论文是指近10来被引频次排在相应学科领域前1%的论文。它从文献角度反映了论文影响力，高被引论文数是衡量国家或机构科研影响力的重要指标之一。另外，根据国家知识产权局《2018年专利统计年报》数据显示[10]，高等学校发明专利申请数为22.7万件，占全国发明专利申请量的比重为16.3%，发明专利授权量为7.5万件，占全国发明专利授权量的比重为21.6%。

除科技创新成果外，数字资源尤其人文社科资源对吸引人才、促进国家哲学社会科学的繁荣发展和中国学术的国际话语权建设起到了关键保障作用。一言以蔽之，科研成果离不开大量文献信息的支撑，研究人员在从事科研活动时也会产生大量的数字化科研资料。这些科研资料又作为新的信息资源被利用或借鉴，科学发展就是在继承基础上创新，在创新指导下继承。在继承和创新的反复交替中，文献资源承担了重要角色。

1.3.2 数字资源建设经费比例持续增加

依据教育部高等学校图书情报工作指导委员会历年发布的高校图书馆发展统计报告[11]，国内高校图书馆文献资源建设经费自2008年以来呈稳定增长趋势，如图8所示。其中，纸本资源采购经费稳中有降，见图9；数字资源采购经费呈持续增长趋势，见图10。从全国高校图书馆馆均资源建设经费来看，数字资源经费占文献资源总经费的比例从2006年的21.13%逐步增长到2018年的60.68%。数字资源经费及其占比的持续增加，显示了数字资源的重要性。

金额（单位：万元）

图8　2006—2018年度高校图书馆馆均文献资源采购经费

金额（单位：万元）

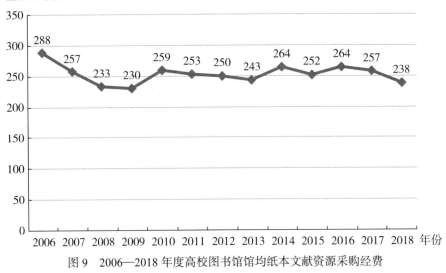

图 9　2006—2018 年度高校图书馆馆均纸本文献资源采购经费

金额（单位：万元）

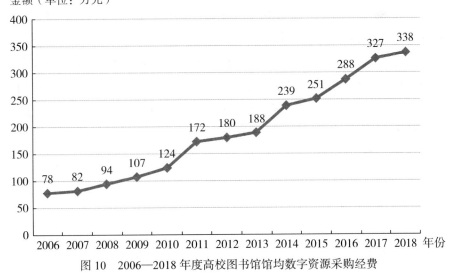

图 10　2006—2018 年度高校图书馆馆均数字资源采购经费

1.3.3　资源的统一管理、深度和精准开发利用被提上日程

经过二十年的建设，高校图书馆的数字资源已经形成规模，已成为教学科研和人才培养不可或缺的资源。由于数字资源在采集、存储、访问、维护、保存等方面具有周期性、动态性和复杂性，传统集成图书馆系统在对数字资源管理时遭遇了困难。图书馆需采用各种各样的附加软件产品，如电子资源管理系统（Electronic Resources Management System, ERMS）、链接解析系统、代理服

务器和知识库等，才能对数字资源进行管理。由于这些附加系统之间缺乏互操作性，图书馆员不得不采取一些手工的变通办法来解决问题，如把数据存储在电子表格、共享驱动器或电子邮件中。这种基于集成图书馆系统，通过各种打补丁方式来管理数字资源的方式已经不适应全媒体资源统一管理和发现服务的要求，迫切需要一种能支持各类型资源统一管理和服务的解决方案，新一代图书馆系统即图书馆服务平台应需而生。在新一代图书馆系统的引进和研发方面高校图书馆一直走在前沿。

除了技术层面的管理，图书馆还对资源的内容进行精细化管理和开发利用，比如对资源的学科覆盖范围、利用率、产生的效用等进行评估分析。另外，也对资源的采购流程进行规范，力图打破大宗交易（Big deal）模式，采取灵活多样的采购方式，既可购买，也可租用。购买方式包括大宗交易、按刊采购（Title by title）、按篇付费（Pay per view）等；并探索用户协同采购，把用户参与选择的模式如用户驱动采购（Patron-Driven Acquisition, PDA）、循证采购（Evidence-based Acquisition, EBA）和用量驱动采购（Usage-Driven Acquisition, UDA）等引入到资源采访工作中。此外，只满足于为用户提供资源支撑和保障是远远不够的，资源的深度和精准开发利用已被提上议事日程。图书馆积极融入教学科研流程中，利用分类、主题、文献计量等专业知识和检索技能，借助信息技术，对资源内容进行挖掘、加工，为科研人员提供他们通过一般检索无法得到的信息，从资源分析角度提高科研选题、科研成果转化等方面的工作效率。

2 未来展望：同心同行同使命

2.1 勠力同心

面向未来，我们需要强化全局意识和新发展理念，全面梳理数字资源管理标准化规范化与高校信息化发展的关系，深化认识，重点解决"树根"问题，创建数字资源管理的标准体系。

2.1.1 数字资源之全局性

要站在全局和战略高度看待高校图书馆的数字资源建设。高校图书馆数字资源是高等教育事业发展的重要物质基础，随着高等教育由精英化向大众化阶段的发展，高校的办学方向、人才培养目标、教育层次呈现多元化趋势，这为图书馆的资源建设提出了新的要求，图书馆不仅要基于重点学科和专业收藏文献，更要注重新兴学科和交叉学科的文献提供。要立足学生素质教育、创新能力培养配置资源。另外，高校也是国家科研力量的重要组成部分，在国家实施创新驱动发展战略中发挥着举足轻重的作用，高校的科研离不开文献支撑，因此数字资源建设承担着国家创新发展的战略使命，是国家科技强盛之基。

当前，全球化格局进入多元化新时代，我国比以往任何时候都重视国家战略，比以往任何时候都更加开放，都更加融入国际社会中。"一带一路"倡议、"人类命运共同体"理念是中国为营造新的全球秩序的创举性贡献。在世界各国共生共赢的大环境下，包括文献资源在内的资源共建共享显得尤为重要。高校图书馆的数字资源建设要在广度和深度上继续开放，引进来，走出去，以网络和数字化技术为依托，探索建立基于我国历史积淀和文化传统的国际性资源共建共享平台或联盟，比如中国学研究平台等；探索世界各国共同关心的重大课题比如人口、环保、可持续发展等的数字资源共建共享联盟，为世界长远的发展和繁荣做贡献。

数字资源也是图书馆信息生态系统的重要组织部分，数字图书馆信息生态系统由信息服务人员（信息生产者、传递者、分解者）、信息用户（信息消费者）、数字信息资源、数字图书馆技术平台、数字图书馆信息生态环境等要素构成[12]。随着信息技术和互联网迅猛发展，信息的生产和传播速度加快，信息资源总量急剧增长，出现了信息垄断、信息孤岛、信息鸿沟、信息污染、信息过载等信息生态失衡现象，信息资源的安全被提到日程上来，高校图书馆要利用人才优势，借助先进的技术手段，采取针对性措施，努力解决信息生态系统失衡问题，确保数字资源的安全共享，确保在数字化时代图书馆仍是一个发展着的有机体。

2.1.2 数字资源管理呼唤标准先行

数字资源管理标准伴随着数字资源管理实践而产生，国外主要以美国数字图书馆联盟（Digital Library Federation, DLF）、美国国家信息标准化组织（National Information StandardsOrganization, NISO）等从事标准或规范工作的机构、内容提供商、技术开发商与图书馆协同，制订数字资源管理的相关标准[13]。DLF于2012年发表的《兑现电子资源管理的承诺：标准和最佳实践讨论文件》堪称国外数字资源管理标准的集大成文件，该文件将数字资源管理相关的标准划分为五大类：链接解析器及知识库标准；作品、载体表现及检索点标准；成本及使用数据标准；许可标准；基于机构标识符的数据交换标准，这些标准涉及了数字资源试用、采购、使用、续订与评估等整个生命周期管理各个环节，标志着数字资源管理标准体系的初步建立。相比之下，国内在数字资源管理标准制订方面还比较薄弱。尽管我国的标准化机构如TC4全国信息和文献标准化技术委员会、TC28全国信息技术标准化技术委员会、TC389全国图书馆标准化技术委员会、TC527全国新闻出版标准化技术委员会、TC554全国知识管理标准化技术委员会等制订了若干行业或国家标准，其中也不乏数字资源相关标准，但这些标准不是基于数字资源生命周期各个环节建立的，而是各个组织依据本行业需求制订的，内容上存在着交叉重复，很难成为跨行业通用的国家标准。数字资源管理标准涉及资源供应链的多个节点，需要内容提供商、技术提供商、图书馆及其联盟携手推进数字资源管理相关标准的研究与制订工作，可借鉴国外成熟的标准，再综合考虑我国数字资源管理的特点，才能制订出适用我国数字资源管理的相关标准，资源供应链各方都应遵循相同或者兼容标准，这样资源管理与使用的互操作性就会大大提高，最终用户才能受益。数字资源要可持续发展，标准必须先行，建立科学通用的数字资源管理标准体系是数字资源建设的根基。

2.2 携手同行

强化效用意识和"用户导向、服务至上"理念，全面梳理保存与使用的关系，协同行动，重点解决"树干"问题，构建数字资源管理的服务体系。

2.2.1 与服务同行

数字资源建设与服务相伴而行，应服务所需，依服务取向而建，要力克资源与服务结合不紧密、融合不顺畅的"两张皮"现象。

数字资源是为了满足用户需要而建设的，数字资源的建设价值主要取决于用户使用资源后所产生的效用，所谓效用是指消费者（用户）在消费商品或服务时使自己的需求得到满足的一个度量，它是一个主观概念，而不是一个客观范畴。换言之，数字资源的效用不是指数字资源及其服务本身的有用性或使用价值，而是指用户在使用数字资源过程中所获得的心理上的满足程度。数字资源建设要坚持"用户导向、服务至上"，强化效用意识，用户满意才能体现数字资源的效用和建设价值。

资源建设的根本目标是使用，但目前图书馆购买数字资源通常采取的是购买网络使用权、为用户提供远程访问的服务方式，资源采购与保存权被强制分割，当采购合同终止后已采购文献资源的使用权难以保障。再加上数字资源的脆弱性，可能会由于某种技术、经济、政治或法律原因被中断使用，这将严重制约我国科技教育的发展。因此，必须解决好数字资源长期保存和用户的长效使用问题。

2.2.2 与教育同行

图书馆的数字资源建设要以国家教育改革与发展方针为指导，立足学校德智体美劳全面育人的目标，既要考虑学科或专业为特色，也要服务教学、学习以及人才培养任务，尤其是要考虑配置能提高学生人文素养、增强文化自信和综合素质、利于教师和科研人员治学治心的资源，通过优化数字资源结构，丰富数字资源内容，让数字图书馆成为 E 时代师生的精神家园。

2.2.3 与文化同行

高校图书馆在文化传承与科技创新中具有无与伦比的作用，是社会进步的重要动力。高校图书馆的数字资源建设要与中国特色社会主义文化同行，"中国特色社会主义文化，源自于中华民族五千多年文明历史所孕育的中华优秀传统文化，熔铸于党领导人民在革命、建设、改革中创造的革命文化和社会主义先进文化，植根于中国特色社会主义伟大实践"[14]。这些文化积淀着中华民族最深层的精神追求，代表着中华民族独特的精神标识，是我们在世界文化激荡中站稳脚跟的根基，一脉相承而源远流长。高校图书馆数字资源建设过程中要开发、利用和传播中国传统文化、革命文化和先进文化，将它们做成专题数据库，让中国文化走向世界，让世界人民了解中国和中国文化！

2.2.4 与数字产业同行

互联网和通讯信息技术产业的不断发展，使得数字内容产业在我国迅速发展起来，尤其数字出版业更是出现了井喷式发展态势。在新的应用需求与技术发展的推动下，知识服务产业链上游节点的数字出版机构诸如内容提供商、平台运营商、技术开发商、终端分销商[15]等通过业务的拓展和机构的并购逐步融合，比如内容提供商巨头 ProQuest 收购了技术开发商 Ex Libris，使其从一个以内容产品为主的公司转变成学术图书馆最大的技术提供者；另外，一些大的出版商比如 Elsevier、Springer 除提供数字资源内容外，还推出各种数据挖掘与分析服务，图书馆在资源与服务领域的传统优势正在被蚕食。没有谁可以阻挡数字产业前进的步伐，高校图书馆必须与数字出版产业机构在学术出版、数据挖掘与分析、数字化加工与服务等领域实行合作，才不会被淘汰出局。

高校数字资源建设要打破过去自建自用或者仅限于高校图书馆之间分享的封闭模式，要加强与政府机构、企业、科研机构等的跨界合作，建立健全协同创新机制，促进知识创新、技术创新、产品创新的分割状态向科技工作的上游、中游、下游联合、贯通的方向转变。实现"政、产、学、研、用"的协同，从根本上解决教育、科技与经济社会发展结合不紧以及科研资源配置分散、封闭、低效等问题[16]。

2.3 善作善成同使命

强化战略意识和价值理念，全面梳理投入与产出、当前与长远的关系，坚定信念，重点解决"树冠"问题，扩建数字资源管理的价值体系。

数字资源是高校图书馆的主体资源，是教育和科技创新的战略资源。数字资源建设进入稳定发展期后，要全面梳理资源建设投入与教学科研产出的关系，充分发挥资源的效用，解决好资源保存与长效使用的关系，数字资源在中国本土的长期保存是国家自主创新能力的重要保证和国家信息安全的重要体现，要站在战略高度和用户视角，立足当下，着眼未来，建立和拓展数字资源管理的价值体系。

2.3.1 充分发挥教育部高校图书情报工作指导委员会的专题参谋、咨询、指导和推动作用

目前，业界关于图书馆核心价值体系的研究不少，但对于数字资源管理价值体系却鲜有研究，这个需要对已有关于数字资源的研究进行内容挖掘和深度分析，需要对数字资源建设的实践进行提炼，才有可能确立数字资源管理的价值体系。该价值体系要得到社会和行业认同还需要得到专家学者的指导，教育部高校图书情报工作指导委员会的专题参谋、咨询、指导，有助于推动数字资源管理价值体系的确立。

2.3.2 继续推动CALIS、CASHL等全国性共建共享项目的资源挖掘与服务整合工作

CALIS在力保现有运维服务"稳定运行、稳步提升"的前提下，积极探索转型与可持续发展机制，致力于建立由本地数字资源、OA资源、通过服务可获取资源于一体的文献保障体系；立足中国图书馆现实，着力开发新一代图书

馆服务平台，解决数字资源的管理问题。CASHL继续推动全国范围的人文社科文献信息资源共建共享，并完成服务转型，从以纸本文献为主的模式转向以直接下载和智能调度为主的"E-first"服务框架。坚定信念，打好数字资源的本地保存攻坚战，积极融入教学科研、人才培养和科技创新工程中，为学校发展提供资源保障和支撑，为科研创新贡献智慧。

2.3.3 推进DRAA等兼具共性的众多联盟的规范发展

从组织、管理模式与运行机制对DRAA等数字资源联盟进行规范，确保数字资源采集的高效和规范；从技术标准、业务规范等角度确保联盟业务的准确性和科学性，拓展对引进资源的研究比如电子书的引进等；从知识产权法角度确保联盟及其运作的合理性和合法性。

2.3.4 积极与相关方面对接、协同

数字资源建设不是孤立的事务，而是与国家的教育、科技、经济战略密切相关，比如：当前的"双一流"建设，"一带一路"倡议等。数字资源建设要紧密结合国家战略，站在国际学术前沿，立足全球视野，促进全球数字资源共建共享；要站在数字化浪潮的潮头，积极应用新技术，实现数字资源的整合，推进开放获取运动，打造开放的学术环境。只有与多方对接，协同，数字资源建设才可能持续发展，才能为国家的教育、科技和文化发展提供强有力支撑。

按需共建，依法共享，固本培元共发展，是我国高校数字资源建设工作二十年的凝练。"行之力则知愈进，知之深则行愈达"。数字资源建设二十年积累的宝贵经验是我国高校资源建设的财富，对新学术生态下数字资源建设有着极为重要的指导意义。必须进行全面总结和分析，扬长避短，在实践中不断丰富和发展数字资源建设工作。

面向未来，我国经济快速增长，教育蓬勃发展，"双一流"建设如火如荼，数字资源建设面临着前所未有的大好形势，高校图书馆应该抓住时机，戮力同心，携手同行，善作善成同使命，搞好数字资源建设，为我国教育、科技的快速发展以及综合国力的显著提高提供全方位、多层次的信息支撑和保障。

参考文献：

[1] 普通高等学校图书馆规程（教高〔2015〕14号）[J]. 大学图书馆学报，2016（2）：5-8.

[2] 王广生，戴佩玉. 图书馆与文献提供——在人类知识保存和传播视野下[J]. 河北科技图苑，

2010（6）：33–35.

[3]吴朝晖.努力构建以立德树人、全面发展为导向的人才培养体系[J].中国高教研究,2019
（3）:1–6,29.

[4]中共中央宣传部,中央广播电视总台.平语近人——习近平总书记用典[M].北京:人民出
版社,2019.

[5]为加快实现教育现代化作出新贡献——习近平总书记在全国教育大会上的重要讲话在高
校引发强烈反响[EB/OL].[2019–10–01]. http://www.moe.gov.cn/jyb_xwfb/xw_zt/moe_357/
jyzt_2018n/2018_zt18/zt1818_bd/201809/t20180912_348378.html.

[6]金贞爱.国家教委文科文献信息中心工作初探[J].大学图书馆学报,1994（4）:29–31.

[7]中华人民共和国教育部.“211工程”简介[EB/OL].[2019–10–02]. http://old.moe.gov.cn/
publicfiles/business/htmlfiles/moe/moe_846/200804/33122.html.

[8]陈凌.CALIS 20年:从共建共享走向融合开放[J].数字图书馆论坛,2018（12）:3.

[9]卢祖丹.双一流建设背景下高校图书馆开放获取资源服务现状、问题及对策[J].科技视
界,2019（21）:174–176.

[10]国家知识产权局.2018年专利统计年报[EB/OL].[2019–10–02]. http://www.cnipa.gov.cn/
tjxx/jianbao/year2018/indexy.html.

[11]吴汉华,王波,朱强.2017年中国高校图书馆基本统计数据分析[J].大学图书馆学报,2018
（6）:37–43.

[12]宫启生,张新民,郑彦宁.从信息生态环境的视角看数字图书馆生态化建设[J].数字图书
馆论坛,2008（10）:19–22.

[13]陈大庆.电子资源管理标准述评[J].图书情报工作,2013（3）:125–130.

[14]习近平.决胜全面建成小康社会,夺取新时代中国特色社会主义伟大胜利——在中国共
产党第十九次全国代表大会上的报告[EB/OL].[2019–10–02]. http://politics.gmw.cn/2017–
10/27/content_26628091.htm.

[15]董伟.数字出版平台与图书馆跨界合作的利益冲突、链式逻辑与协同路径[J].出版广角,
2018（19）:42–44.

[16]袁贵仁.在“高等学校创新能力提升计划”工作部署视频会上的讲话[EB/OL].[2019–10–
02]. http://www.moe.gov.cn/jyb_xwfb/moe_176/201205/t20120511_135419.html.

开放数据环境下中国国家图书馆信息资源建设

黄如花　赖　彤（武汉大学信息管理学院）

国家图书馆信息资源建设的主要目标是服务于国家图书馆的各项职能。经过110年的发展，中国国家图书馆的馆藏规模已处于世界一流水平，其牵头实施的中华古籍保护计划、民国时期文献保护计划、国家文献战略储备库建设等重大文化工程不仅增强了国家图书馆的信息资源保障能力，也为世界信息资源的共建共享做出了重要贡献。

新时代，《国家"十三五"时期文化发展改革规划纲要》[1]《"十三五"时期全国公共图书馆事业发展规划》[2]等国家战略对中国国家图书馆的发展提出了更高要求，2017年底通过的《中华人民共和国公共图书馆法》第22条明确规定："国家设立国家图书馆，主要承担国家文献信息战略储备、国家书目和联合目录编制、为国家立法和决策服务、组织全国古籍保护、开展图书馆发展研究和国际交流、为其他图书馆提供业务指导和技术支持等职能。"[3]

同时，用户的信息行为正发生着巨大变化，日益增长的信息需求对图书馆信息资源保障能力有更高的期许；国家智库的建设、运行、成果的可靠性依赖于图书馆全方位的信息资源支持[4]；云计算、物联网、大数据、人工智能、5G等技术综合运用于图书馆[5]，为加快信息资源与服务传递带来契机。信息资源建设正经历着全媒体化、从数字化到数据化、多源化和多元化发展。其中，开放存取期刊、学科知识库、机构知识库、科学数据、政府数据、开放教育资源以及其他各类开放数据的数量和类型逐渐丰富、质量不断提高，为图书馆信息资源建设营造了新的环境，为提升图书馆信息资源建设水平和增强文献保障能力带来了新的机遇和更多选择。

因此，面临新环境和新需求，中国国家图书馆的信息资源建设要有新视野与新定位。除了已有的馆藏书刊、商业数据库和自建数据库外，需要借助于各种来源的开放数据，进一步实现各项职能的有效发挥。本文结合开放数据背景，为优化中国国家图书馆的信息资源建设提出建议，以期推动中国国家图书馆信息资源建设实践。

1　精选开放数据资源

"开放数据是任何人可以获得、共享和使用的数据，数据必须是公开的、可信赖的、很好地管理和容易获得的，为了再利用而开放的数据可使政府、私人部门和公众均普遍受益。"[6]利用高质量、种类全、时效性强的开放数据资源可以有效辅助决策。中国国家图书馆可通过精选开放获取的社会经济发展数据、教育资源、科学数据、创新创业数据，进行整合加工，满足用户的多样化、深层次需求。

1.1　国内外经济与社会发展数据

中国立法决策机构的信息需求源于其自身的职责定位，以及中国所处的国际环境和国内形势。根据中国国家图书馆的实际服务情况，总体上呈现四个特点：需求的多样化和内容的综合性，基础性准备工作细致而深入，时政性、现实性成为核心需求，国际化成为立法决策者的重要视角。基于对国内外多源的经济与社会发展数据的全面整合分析，有助于保证中国立法决策机构的决策科学性。

第一，国际组织、地区性组织、各国各级政府均拥有涉及经济与社会发展各个方面的权威性数据，如表1所示。这些数据资源与社会经济发展进程、国际动态、重要的社会问题等密切相关，基本涵盖人口、教育、经济、地理、交通等备受关注的主题，为数据驱动决策的广泛应用提供可靠的数据支撑，为展开相关学术研究和社会调查提供科学的数据依据。

表1　主要国际组织经济与社会发展数据库

国际组织	数据库名称	网址	资源概况	数据类型
联合国（United Nations）	UNdata	http://data.un.org/Default.aspx	联合国系统的32个数据库，6000万个数据记录	各类统计数据，如教育数据、人口数据、旅游数据、贸易数据等
联合国教科文组织（UNESCO）	UIS.Stat	http://data.uis.unesco.org/	不详	教育、SDG 4、公平、科学技术与创新、文化、传播与信息、人口与社会经济等主题的数据

国际组织	数据库名称	网址	资源概况	数据类型
国际科学理事会（ICSU）	ICSU-WDS Data Portal	https://www.icsu-wds.org/services/data-portal	国际科学理事会世界数据系统（ICSU-WDS）的90个成员机构的数据	空间科学、地球科学、计算机科学、农业科学、物理学等多个领域的科学数据
世界银行（World Bank）	World Bank Open Data	http://data.worldbank.org/	20 119个数据集，指标和可视化	地理空间/GIS数据、微观数据和调查数据、时间序列宏观数据等
经济合作与发展组织（OECD）	OECD data	https://data.oecd.org/	869个数据库	农业、发展、经济、教育、能源、环境、金融、就业、社会等12个主题的数据
	OECD iLibrary	https://www.oecd-ilibrary.org/	45个数据库	农业与食品、教育、环境，工业与服务、社会问题/移民/健康、交通、发展、就业、金融投资、核能源、税收、经济、能源、治理、科学与技术、贸易、城乡和区域发展共17个主题
欧盟（European Union）	EU Open Data Portal	http://open-data.europa.eu/en/data/	13 846个数据集	农业、渔业，林业和食品、经济和金融、教育，文化和体育、能源等13个主题的数据
	EUDAT	http://www.eudat.eu/euon	384 114个数据集	各个学科的研究数据
欧洲委员会（European Commission）	OpenAIRE	https://www.openaire.eu/	8138个数据集	各个学科的研究数据

第二，自2009年美国政府启动政府数据开放（Open Government Data, OGD）计划以来，政府数据开放浪潮席卷全球，各国纷纷建立国家级的政府数据开放平台，成为政府数据资源的开放、获取、利用的主要渠道。根据《开放数据晴雨表（第4版）——全球报告》（Open Data Barometer 4th Edition——

Global Report）的统计，全球已有115个国家级政府数据平台[7]。2015年国务院印发的《促进大数据发展行动纲要》[8]提出，我国在2018年底以前建立全国性政府数据开放平台。根据复旦大学数字与移动治理实验室发布的《中国地方政府数据开放报告（2019上半年）》，截至2019年上半年，我国已有82个省级、副省级和地级政府上线了数据开放平台。政府数据资源供给能力不断提升，更多高容量、高需求的优质数据集出现。

第三，权威的党政、时政信息是开展决策咨询的重要参考，新媒体和信息技术发展共同促进了党政、时政数字信息资源的开放获取。例如，由人民网建立的"人民数据"（http://data.people.com.cn）是大型党政时政经济管理法律数据平台，依托《人民日报》及人民网有关内容，与全国人大、全国政协、中共中央办公厅、中央党校、中央党史和文献研究室及中央各部委紧密合作；整合信息、资料，信息采集渠道权威，具有科学性、实用性、及时性、系统性和完整性，是及时、准确、全面掌握国内外形势政策、党和国家方针路线的重要工具。2014年上线的"学习路上——习近平总书记系列重要讲话大型网络数据库"（http://cpc.people.com.cn/xuexi）是互联网上首个以数据库形式宣传和推介习近平总书记重要讲话的专栏，由中央网信办指导、"人民网·中国共产党新闻网"建设。其中收录音、视频、图解、高清图集等丰富的视觉资料，内容涵盖总书记在重要会议、活动上的讲话摘编，考察调研、出访活动的精彩瞬间，个人诗作以及曾经引用的经典名句等，实现了新闻发布、信息检索、动态交互、资料分享、手机阅读等多重功能[9]。"皮书数据库：中国与世界经济社会发展数据库"（http://www.pishu.com.cn）是以是社科文献出版社编辑出版的蓝皮书、绿皮书、黄皮书等连续性年度专题研究报告"皮书系列"为基础，整合、发布、分析、解读当下中国经济社会发展变迁研究成果，可提供数据搜索和定制服务。内容资源以描述现状、分析预测、评价评估为特色，覆盖中国社会、经济、行业、区域、文化传媒和世界经济与国际关系六大主题，基本囊括了社会、经济、政治、文化、教育、国际问题等各个层面，能够满足各学科实证研究的资源需求，已成为全球1300余家机构研究中国发展问题的重要参考数据库[10]。"'一带一路'研究与决策支持平台"（http://ydyl.drcnet.com.cn/www/ydyl/）面向国家发展战略，可以及时跟踪、编译和整合全球智库、国际机构、顶尖咨询机构及"一带一路"沿线国家和地区政府机构及其研究机构发布的最新研究成果和政策文档，实时收集处理沿线政府机构发布的工程招标和项目投资信息，有助于了解其政治与经济形势、投资机会和投资风险。

此外，通过"北京市宏观经济与社会发展基础数据库"（http://43.254.24.2/ww/MenuItemAction! queryMenu）、"上海市经济社会发展综合数据平台"（http://fgw.sh.gov.cn/ditu.htm）等我国地方性权威的统计数据获取渠道，实现一些涉及范围广、应用广泛、有关联需求的主要数据资源汇集共享，以部门协同应用为重点，推进相关领域大数据分析应用，为市委、市政府提供一站式、全方位的综合数据服务，为本市经济社会管理提供全面高效的数据支撑。

1.2 开放教育资源

受益于网络和信息化发展，不同教育资源，如教科书、录像、课程等，都已"数字化生成"，并且可以以较低成本实现资源的复制、存储和共享，此类开放式教育资源（Open Education Resources, OER）促进了知识的传播与获取[11]。图书馆作为社会教育的学校，将在人们的终身学习中扮演重要角色[12]，在版权许可的前提下，广泛、全面地整合开放教育资源有利于丰富图书馆教育资源储备，发挥教育职能。中国国家图书馆已面向公众推出精选的国图讲座视频资源，如文津讲坛、国图公开课、网络书香讲坛。此外，国家精品课程、国家精品资源共享课程、国家精品视频公开课、国家精品开放在线课程、双一流建设"金课"等收纳了丰富的、高质量的高等教育课程，可作为中国国家图书馆整合开放教育资源的首选。例如，信息素养作为信息时代每个人必备的生活技能，信息素养教育（Information Literacy Instruction, ILI）类课程可以培养学习者的信息意识、信息获取能力与信息伦理，具有很强的应用性和广泛的适应面，符合开放教育资源受众来源广泛、受教育层次多样的特点。这种具有普遍教育意义的优质课程若能依托中国国家图书馆的教育信息资源平台，将使更多公众受益，如表2所示。

表2 信息素养类国家精品在线开放课程

课程名称	主讲人	开课单位	网　　址	获奖时间
信息检索	黄如花	武汉大学	https://www.icourse163.org/course/WHU-29001	2017

课程名称	主讲人	开课单位	网　　址	获奖时间
文献管理与信息分析	罗昭锋	中国科学技术大学	https://www.icourse163.org/course/USTC-9002	2017
信息素养——学术研究的必修课（通识版）	林佳	清华大学	http://www.xuetangx.com/courses/course-v1:TsinghuaX+THU201605X+sp/about	2018
信息素养通识教程：数字化生存的必修课	潘燕桃	中山大学	http://www.icourse163.org/course/SYSU-1001936003	2018
信息素养：效率提升与终身学习的新引擎	周建芳	四川师范大学	http://www.icourse163.org/course/SICNU-1002031014	2018

此外，中国国家图书馆还可整合国外知名慕课平台的高质量开放教育资源，如Coursera、Edx、Udecity、Ted、Alison、EADTU、Futurelearn、Eliademy，进一步完善教育资源类型和内容、提升教育资源质量，服务于社会公众的学习知识技能的诉求。

1.3　开放科学数据

科学数据是指各类科技活动产生的原始性、基础性的数据及其分析研究信息，是国家创新体系中最活跃的要素之一，无论对经济发展、政府决策、科技创新还是科学研究都具有重要意义[13]。越来越多的国家、国际组织出台政策鼓励科学数据的开放获取。因此，掌握并充分发挥科学数据价值对于增强核心竞争力尤为重要。除购买商业数据库外，中国国家图书馆还可以广泛搜集开放的数据库，为用户查找并获取科学数据提供参考。

开放获取运动已吸引了图书馆广泛参与。2019年3月26日，中国签署OA 2020（Open Access 2020）倡议意向书的16所图书馆共同讨论对"S计划"实施指南的回应意见，"S计划"是由cOAlition S联盟启动的开放获取倡议，要求联盟成员资助的研究项目的论文从2020年起必须立即全面开放获取[14]。还有诸多国家层面开放获取的数据库为中国国家图书馆建设、完善科研支撑平台提供资源保障，如表3所示。

表3 国家层面的开放获取数据库

数据库名称	网址	数据资源	特色服务
国家哲学社会科学学术期刊数据库（National Social Sciences Database,NSSD）	http://www.nssd.org/	收录精品学术期刊2000多种，超过1000万篇论文以及超过101万位学者、2.1万家研究机构相关信息； 回溯到创刊号期刊700多种，最早回溯到1920年	免费在线阅读和全文下载；多种论文检索和期刊导航方式；检索结果可进行聚类统计分析、多种排序、多种分面显示、导出等；多种用户定制功能：历史记录查询、定制推送、收藏订阅等；部分期刊实现与纸本期刊同步出版；学术统计以及评价
开放获取论文一站式发现平台（GoOA）	http://gooa.las.ac.cn	当前已完成4055种高质量OA期刊的遴选，和1955种关键保障OA期刊体系的遴选和全文采集、存储；集成知名出版社自然科学领域及部分社会科学领域的OA期刊及其论文全文	提供OA期刊和论文的集成发现和免费下载、OA期刊投稿分析、关联检索、知识图谱分析、用户分享等特色功能，以支撑中科院乃至国内外用户对高质量OA期刊的发现和利用
全球科研项目数据库ProjectGate	http://project.llas.ac.cn/	汇聚了全球主要国家重要基金组织2007年以来的科研项目数据180多万条，涵盖中、美、英、德、加、法、日、澳、欧盟等10多个重点国家和组织，收录23个重要基金组织近10年资助的项目数据	融会项目信息集成检索发现与即时统计分析功能；支持基于基金项目的统计分析，如年度基金项目资助领域/主题分布，基金项目资助主题趋势/热点分析，国别基金项目资助领域/主题分布，国家/机构项目布局国际对标分析，基金组织资助领域/主题分布；Top项目主持机构；Top项目主持人等[15]
国家科技报告服务系统（National Science and Technology Report System,NSTRS）	https://www.nstrs.cn/Admin/Content/AboutUs.aspx	系统按部门、学科、地域、类型对公开科技报告进行导航	向社会公众无偿提供科技报告摘要浏览服务；向专业人员提供在线全文浏览服务；向各级科研管理人员提供面向科研管理的统计分析服务

1.4 服务于创新创业的开放数据

中国国家图书馆将"创新创业的知识中心"作为"十三五"时期的发展目标之一[16]，与我国深入实施创新驱动发展战略，推进"大众创业万众创新"高质量发展的长远规划相契合[17]。馆内已成立企业信息服务中心（Enterprise Information Service of NLC），依托丰富的馆藏资源和现代化的监测技术，面向国家重点教育、科研、生产单位和社会公众，开展各种信息咨询服务，积极为各行业、各领域用户提供信息监测、整理、分析和评估的专业参考咨询服务[18]。

在开放数据的浪潮下，可进一步通过整合社会数据资源、互联网数据资源，为拓展创新创业信息服务打下基础[19]。关注公民创业所需的重要信息资源，如知识产权信息、经济发展信息、竞争情报信息等。英国国家图书馆（The British Library）提供42个特色商业数据库，包括知识产权信息，如专利、设计、商标和标准；行业和市场信息的数据库；商业和经济数据库；新闻和期刊数据库；公司信息数据库。同时，针对企业发展所处不同阶段提供差异化层次化的信息服务[20]，可供借鉴。

2 提升数字资源可见度

伴随着图书馆馆藏信息化建设，文献编目也正经历着从数字化到数据化发展，也就是书目数据由机器可读走向机器可操作，进而融入互联网全球数据库[21]。书目数据资源的合理开放共享，关联书目数据广泛应用有助于提升国家图书馆馆藏信息资源的可见度和利用率。

2.1 提交数据至开放检索工具

书目数据元数据是图书馆掌握的宝贵资源，是图书馆服务的基础资源，用户希望通过书目数据获取更加丰富的信息，也希望过搜索引擎发现和获取书目数据[22]。中国国家图书馆可以将书目数据与网络开放元数据相融合，发布到用户更容易发现和获取的平台上，如用户利用率较高的搜索引擎[23]。向联合目录，如WorldCat提供书目数据元数据。OCLC已与世界各地35个出版商签订了协议，添加其优质书、刊、库和其他学习资源的书目元数据，以促进对关键资源的搜索和访问。通过提供元数据和其他著述内容，这些合作伙伴帮助图书馆更全面、更高效地呈现其电子和实物馆藏[24]。将中国国家图书馆的开放资源提交给开放存取仓储目录（如 WorldCat® Digital Collection Gateway），完善自建开放存取资源的相关信息，便于用户发现；在已建成的数据库中，丰富已有的元数据信息，如数字对象唯一标识符DOI，学位论文等数据库的作者识别号ORCID、ISNI等。

2.2 发布开放关联数据

近年来，关联数据技术发展，图书馆致力于在互联网为用户提供一致、开放、标准化的开放数据服务。这样的书目数据遵循开放共用协议，可被搜索引擎抓取，被第三方程序调用，并可方便地与互联网上的数据融合，实现再利用。2015年，OCLC开展关联数据项目调查，共得到90个机构156个项目反馈，在有详细描述的112个项目中有56个关联书目数据项目[25]。

国外有诸多国家图书馆以开放关联的方式发布书目数据，推动利用。英国国家图书馆以开放格式提供书目数据，在英国的政府数据开放网站 data.gov.uk 上发布了包括国家书目在内的4个数据集，获得了5星评级。该馆数据开放平台上已发布的100个数据集（174个文件）中，有98个文件的格式使用了结构化和机读性较强的格式。为了实现更广泛的外部使用，大英图书馆将元数据格式脱离了特定的格式，提供更多可以跨系统和在不同软件中再利用的格式。在英国国家书目数据的开放中，依据不同用户的需求提供了3种格式：包含URI的RDF/XML各式关联数据、不包含URI的RDF/XML格式数据以及CSV格式。美国国会图书馆（Library of Congress, LC）注重与其他权威控制数据库、LCSH等主题词表的关联，与哥伦比亚大学、康奈尔大学、哈佛大学、普林斯顿大学、斯坦福大学等高校图书馆合作；利用梅隆基金（Mellon Foundation）开展LD4P和LD4L等项目，"帮助图书馆使用关联数据来改善对学术资源信息的交换和理解"。元数据检索与发现集成工具[26]DataHub已收录了多个国家图书馆发布的开放关联数据，如表4所示。

表4　DataHub 收录的多个国家图书馆发布的开放关联数据

机构名称	关联书目数据集名称
冰岛国家图书馆	Linked Logainm
德国国家图书馆	Deutsche National bibliografie（DNB） GemeinsameNormdatei（GND）
俄罗斯国家图书馆	National Library of Russia BibCore Dataset
法国国家图书馆	data.bnf.fr
韩国国家图书馆	National Library of Korea Linked Data Service
拉脱维亚国家图书馆	"Rainis and Aspazija" Linked Digital Collection
欧盟数字图书馆	data.europeana.eu
欧洲图书馆	The European Library Open Dataset
葡萄牙国家图书馆	National Digital Library-Works in the Public Domain, National Library of Portugal Catalogue, National Digital Library
日本国家图书馆	Web NDL Authorities
瑞典国家图书馆	LIBRIS
瑞士国家图书馆	swissbib-libraries
苏格兰国家图书馆	National Library of Scotland
西班牙国家图书馆	datos.bne.es
希腊国家图书馆	National Library of Greece Authority Records
新西兰数字图书馆	New Zealand Digital Library
匈牙利国家图书馆	Hungarian National Library（NSZL）Catalog
意大利众议院图书馆	Bibliography of the Italian Parliament and Electoral Studies（BPR）
英国国家图书馆	British National Bibliography（BNB）

对于中国国家图书馆而言，在做好图书馆书目数据关联发布的基础之上，可以结合我国的特色资源，与其他机构展开合作，如关联上海图书馆的人名规范档、机构名称规范档等，民政部的中国国家地名信息库[27]等，促进具有我国历史文化、民族和地方特色的关联数据发布、应用与推广。

2.3　开放自建数据库

中国国家图书馆已在开放信息资源的使用，尤其是建设开放获取信息资源方面做出了重要贡献。目前，中国国家图书馆已免费开放175个数据库，用户可远程在线访问到三类资源：一是国家图书馆采购的商业数据库（包含一百多种数据库），二是国家图书馆数字化加工的馆藏特色资源，三是从地方图书馆征集来的特色资源。

在建设开放获取信息资源方面，中国国家图书馆通过搭建一站式信息服务平台——中国政府公开信息整合服务平台，方便用户在一个检索界面发现和获取政府公开的信息及服务；通过整理中国现当代重大事件、重要人物专题文献，采集新类型文献，收集多种信息承载物，打造出具有"中国记忆"的专题信息资源集合[28]；凭借馆藏的海量资源，结合线上与线下两种模式，打造的面向社会大众的通识教育平台——国图公开课；地方志文献为我国所特有，所存文献数量与品质极高，围绕这一独具特色的馆藏建立了国家图书馆数字方志，其采用数字图书馆方式，整理、加工编纂清代（含清代）以前的方志资源，将有利于保存、传播、研究、开发中华特色文化，推动数字资源建设[29]。为促进古籍的传播与利用，2018年9月28日，中国国家图书馆（国家古籍保护中心）联合上海、天津、山东、南京、苏州等省、市的14家图书馆联合在线发布八千余部古籍数字资源，免费服务大众阅览和学术研究。同时，"国家珍贵古籍名录数据库"也正式上线为用户提供服务[30]。

3 融合多源数字资源

我国自推动公共数字文化发展以来，已取得丰富的数字资源成果，中国国家图书馆可以充分融合在各项公共数字文化工程中的数字信息资源，联系其他文化机构，与档案馆、博物馆、艺术馆、文化遗产以及出版发行机构进行合作，打通多源数字资源融合共建的渠道。

3.1 融合三大公共数字文化工程资源

我国正在实施的三项重大公共数字文化工程。第一，全国文化信息资源共享工程，主要利用现代高新技术手段，将中华民族几千年来积淀的各种类型的文化信息资源精华以及贴近大众生活的现代社会文化信息资源，进行数字化加工处理与整合。截至2011年底，通过广泛整合公共图书馆、博物馆、美术馆、艺术院团及广电、教育、科技、农业等部门的优秀数字资源，文化共享工程数字资源建设总量达到136.4TB，整合制作优秀特色专题资源库207个[31]。第二，数字图书馆推广工程，截至2016年，各省市级图书馆数字资源建设总量达到12311.7TB；截至2017年，数字图书馆推广工程已覆盖全国41家省级图书馆、486家地市级图书馆，服务辐射2900多个县级图书馆，资源涵盖图书、期刊、音频图书（2万集听书资源）、音乐、图片、视频（3300学时公开课）等各种类型。第三，公共电子阅览室计划，依托文化共享工程和国家数字图书馆资源，建设适合开展公共电子阅览室服务的优秀数字资源达到500TB；重点建设一批未成年人喜爱的动漫故事、益智类游戏、进城务工人员实用技能、少数民族语言文字、地方特色资源等；丰富多样的数字文化资源为公共图书馆的发展带来了前所未有的机遇。

2019年，文化部和旅游部印发《公共数字文化工程融合创新发展实施方案》[32]，提出"统一称谓、统一标准、统一平台、统一界面、统一目录、统一培训、统一推广"，实现"一站式"获取公共数字文化资源与服务，获得良好的线上线下融合服务体验，提升服务效能。国家图书馆具备高水平的信息资源和保障能力，可以联结全国公共图书馆，梳理、盘活工程存量资源，建立公共数字文化资源服务总目录，实现资源统一揭示与调用。

3.2 跨界共建共享数字资源

许多企业或组织通过立项或者自主研发的方式，根据自身掌握的特有数据开发了新一代的图书馆的管理技术和服务平台：OCLC开发一种基于开放的云平台而创建的图书馆管理应用程序和服务——WorldShare管理服务，它是一种合作伙伴的共享服务平台；社区合作组织FOLIO（Future of Libraries is Open）提供的平台生态系统，可满足各种规模的图书馆的需求，促进图书馆业务的增长和创新；Europeana是国际上较成功的数字文化资源整合项目，其整合了来自欧洲3500余个图书馆、博物馆、档案馆和视听资源保存中心的6000万条资源，其中2400余条有开放许可，可免费用于工作、研究和学习；华中师范大学建设的中国家谱族谱数据库，复旦大学和哈佛大学等合作建立的地理信息库和数据平台。

中国国家图书馆可优先考虑与企业、组织以及职能相近的机构开展合作。图书馆与国际组织开展合作在国际上早有先例。美国国会图书馆、美国国家医学图书馆、哈佛大学图书馆、康奈尔大学图书馆等7家知名图书馆等与OCLC合作，开展关于个人身份信息关联数据的试点项目。帮助图书馆工作人员减少关于人物标识符关联数据集中的冗余数据，数据来源于OCLC联合数据库中的1.091亿条作家、导演及音乐家等人物的元数据。

此外，在"文旅融合"背景下，图书馆、档案馆、博物馆三馆融合的趋势愈加明显，特别是在合作发展馆藏资源方面，跨界合作互相借力可以提高工作效率，如在故宫、长城等历史建筑，融合共建数字信息资源便于提供介绍文字、图片、音频、视频、名人诗词、名家解读、名家朗诵或介绍的公开课、百家讲坛、慕课、各个地方的讲座和藏品三维展示。

4 规划数字资源建设

数字信息资源种类繁多，体量庞大，中国国家图书馆在发展信息数字信息资源建设时，需要以国家信息发展战略和需求为导向，制订数字信息资源建设长远的战略规划，统筹各地公共图书馆共同发展。同时，数字信息资源本身较为脆弱，对载体依赖性强，需要具备"危机意识"，制定资源组织、检索、存储、长期保存的方案，避免有价值的资源遗失、损坏或失去原有价值。

4.1 国家数字信息资源战略规划

战略规划是在正确分析组织内外环境的基础上，确立事物发展目标以及相应战略措施的过程与结果。世界主要国家的图书馆通常会在战略规划中指明其使命、价值、愿景，并将信息资源建设作为战略重点[33]。以整体的数字化战略规划为指引，建设国家性的数字资源基础设施，有利于降低成本，更广泛地实现数字信息资源共建共享，避免低水平重复建设、资源分散、信息孤岛、资源浪费等。

2017年，《国家"十三五"时期文化发展改革规划纲要》提出"加强中华优秀传统文化典籍整理和出版，推动文化典籍资源数字化"，其中，"专栏19中华文化传承工程"之首的就是"中华文化资源数据库建设：统筹规划、加强协调、推动全国文化遗产、古籍资源、少数民族文化资源、民间口头文学、老唱片、电影档案等文化资源数字化建设，搭建文化数据共享平台"[34]国家图书馆可以抓紧历史文化记录和保护，规划中国文化典籍资源的整理和挖掘，利用特色资源、民族资源、区域资源适时开展"国家记忆计划"着重做好重点做好影像记录、口述历史、记忆整理等项目。一些抢救型资源库的建设，如恩施

"茶文化"视频公开课、贵州的少数民族文献等迫在眉睫。

同时，可以借鉴美国国会图书馆（LC）的实践，建设我国历史建筑数据库。LC美国历史建筑数据库由LC与美国国家公园管理局合作建设，收集公共建筑、住宅、桥梁、工厂、商店等建筑数据，这些藏品在LC版画和照片收藏中规模最大、使用率最高。此外，LC"国家数字报纸计划"长期与国家人文基金会合作，资助州、地区查找、编目和保存地方报纸，人员培训，以求永久访问报纸等数字资源。澳大利亚报纸计划由国家图书馆和州图书馆合作，由报纸起源地的图书馆收集、保存在澳出版的所有报纸、公众访问。人民网、光明网已开展报纸资源数字化工作，为图书馆进行报纸数字资源保存提供基础。

开展国家数字信息资源战略规划，需要文化和旅游部统筹规划、加强协调。由国家图书馆牵头，指导全国公共图书馆的自建特色数据库、地方特色资源，实现多主体合作。澳大利亚国家图书馆为寻求更多机构参与合作，提供2种选择：将合作机构现有馆藏加入，或者参与澳大利亚国家图书馆正在进行的书、刊、报纸和其他资源的数字化项目，而且，开发了Trove，方便合作机构创建自己的工具与资源的平台，并提供API。

此外，中国国家图书馆可以主动提升在世界信息资源体系建设中的话语权，发挥引领作用。国家"一带一路"战略在文化层面倡议各国图书馆界协同合作、携手共进、共谋发展。中国国家图书馆在推动业内共建共享中已做了诸多积极探索，可以利用已有经验，发挥信息资源组织与整合优势，带动"一带一路"沿线国家共同提升信息资源建设水平。"丝绸之路国际图书馆联盟"于2018年5月28日在成都成立，这是推动国际图书馆开展合作的一个开放性的平台，旨在促进丝绸之路沿线国家的图书馆开展文化交流与合作[35]。国家图书馆欢迎丝绸之路沿线国家的图书馆加入该联盟，目前已有27家成员。

4.2 重视数字信息资源保存与利用

一个国家如果不及时保存数字信息，会造成民族记忆的湮灭、文化传承链条的断裂，使我们生活在一个"数字黑暗时代"，数字信息资源长期保存问题一直受到广泛关注[36]。联合国教科文组织（UNESCO）"全民信息计划"（Information for All Programme, IFAP）专家曾发出警告"在数字时代，如果我们不保存信息，我们将失去一切"。美国国会图书馆主导的NDIIPP项目由美国国会通过立法确定，统筹规划联邦各机构、大学图书馆、科研机构、商业组织等的协同参与，开发设计统一的数字资源长期保存基本构架并发展全国性的数字信息搜集和保存战略[37]；建设、装修和管理新数据中心，与全球知名管理咨询公司和技术服务供应商埃森哲（Accenture）合作，对图书馆数据进行系统迁移，对250个应用程序设计多个托管方案：共享托管服务器、云存储系统、托管主机托管设施、外部托管服务。

中国国家图书馆在整合、组织多源开放获取的信息资源同时，一定要统筹领导、重视并开展全面、系统数字信息资源保存理论研究与实践工作，采用主体共建的方式，遴选数据，采用统一的数据标准规范，确保数据质量，提升数据的可用性和易用性，不断提升信息资源的整合和服务能力。

参考文献：

[1]中共中央办公厅国务院办公厅印发《国家"十三五"时期文化发展改革规划纲要》[EB/OL]. [2019-10-8]. http://www.gov.cn/zhengce/2017-05/07/content_5191604.htm.

[2]文化部关于印发《"十三五"时期全国公共图书馆事业发展规划》的通知[EB/OL]. [2019-10-08]. http://www.gov.cn/xinwen/2017-07/07/content_5230578.htm.

[3]中华人民共和国公共图书馆法[EB/OL]. [2019-10-08]. http://www.gov.cn/xinwen/2017-11/05/content_5237326.htm.

[4]提高图书馆服务智库建设的能力[EB/OL]. [2019-10-08]. http://www.cssn.cn/tsg/201808/t20180802_4522890.shtml.

[5]刘炜,陈晨,张磊. 5G与智慧图书馆建设[J]. 中国图书馆学报,2019（5）:42-50.

[6]NEW ZEALAND GOVERNMENT. Open Data[EB/OL]. [2019-10-08]. https://www.digital.govt.nz/standards-and-guidance/data-2/.

[7]The Open Data Barometer[EB/OL]. [2019-10-08]. https://opendatabarometer.org/4thedition/?_year=2016&indicator=ODB.

[8]国务院关于印发促进大数据发展行动纲要的通知[EB/OL]. [2019-10-08]. http://www.gov.cn/zhengce/content/2015-09/05/content_10137.htm.

[9]"学习路上——习近平总书记系列重要讲话大型网络数据库"今日上线[EB/OL]. [2019-10-08]. http://cpc.people.com.cn/n/2014/0929/c164113-25761640.html.

[10]皮书数据库[EB/OL]. [2019-10-08]. https://www.pishu.cn/gywm/67313.shtml.

[11]开放式教育资源——合法自由共享,促进更好学习[EB/OL]. [2019-10-08]. https://zh.unesco.org/courier/julio-septiembre-2017/kai-fang-shi-jiao-yu-zi-yuan-he-fa-zi-you-gong-xiang-

cu-jin-geng-hao?language=.

[12]申晓娟. 国家图书馆"十三五"发展规划概要[J]. 数字图书馆论坛,2016(11):2–11.

[13]黄如花,刘龙,陈萌. 科学数据开放存取的途径[J]. 图书馆,2016(11):26–33.

[14]OA 2020意向书中国大陆签署机构召开会议讨论对S计划实施指南的反馈意见[EB/OL]. [2019–10–08]. http://www.las.cas.cn/xwzx/zhxw/201904/t20190402_5265696.html.

[15]"全球科研项目数据库(ProjectGate)"正式上线[EB/OL]. [2019–10–08]. http://www.cas. cn/syky/201811/t20181116_4671131.shtml.

[16]国家图书馆"十三五"规划纲要[EB/OL]. [2019–10–08]. http://www.nlc.cn/dsb_footer/gygt/ ghgy/.

[17]国务院关于推动创新创业高质量发展打造"双创"升级版的意见[EB/OL]. [2019–10–08]. http://www.gov.cn/zhengce/content/2018–09/26/content_5325472.htm.

[18]企业资讯——中国国家图书馆·中国国家数字图书馆[EB/OL]. [2019–10–08]. http:// www.nlc.cn/newqyzx/.

[19]黄如花,王春迎,周志峰. 政府数据开放环境下图书馆面向企业开展创新服务途径研究 [J]. 图书馆建设,2018(8):62–66.

[20]黄雨婷,赖彤. 图书馆企业信息服务:大英图书馆的实践经验及启示. 图书馆建设[J/OL]. [2019–10–08]. http://kns.cnki.net/kcms/detail/23.1331.G2.20190705.1326.016.html.

[21]胡小菁. 文献编目:从数字化到数据化[J]. 中国图书馆学报,2019(3):49–61.

[22]邹美辰,胡瀛. 欧美国家图书馆书目数据关联化案例研究[J]. 图书馆理论与实践,2016 (11):61–66.

[23]李斯,陈一. 图书馆数据开放——大英图书馆的实践经验与启示[J/OL]. [2019–10–08]. 图 书情报知识. http://kns.cnki.net/kcms/detail/42.1085.G2.20190312.0949.002.html.

[24]OCLC与全球出版商签订协议[EB/OL]. [2019–10–08]. https://www.oclc.org/zh-Hans/news/ releases/2019/20190619-oclc-signs-agreements-with-publishers-worldwide.html.

[25]夏翠娟,许磊. 中文关联书目数据发布方案研究[J]. 数字图书馆论坛,2018:8–16.

[26]Data Hub: A Generalized Metadata Search & Discovery Tool[EB/OL]. [2019–10–08]. https:// engineering.linkedin.com/blog/2019/data-hub.

[27]"中国·国家地名信息库"启动开通实现四个"首次"[EB/OL]. [2019–10–08]. http://www. chinanews.com/sh/2019/05–07/8830357.shtml.

[28]中国记忆项目实验网站[EB/OL]. [2019–10–11]. http://www.nlc.cn/cmptest/int/.

[29]数字方志[EB/OL]. [2019–10–11]. http://mylib.nlc.cn/web/guest/shuzifangzhi.

[30]国家图书馆联合14家单位在线发布八千余部古籍数字资源[EB/OL].[2019-10-11]. http://www.xinhuanet.com/politics/2018-09/28/c_129962921.htm.

[31]全国文化信息资源共享工程介绍[EB/OL].[2019-10-08]. http://www.ndcnc.gov.cn/gongcheng/jieshao/201212/t20121212_495375.htm.

[32]公共数字文化工程融合创新发展实施方案[EB/OL].[2019-10-08]. http://www.scio.gov.cn/xwfbh/xwbfbh/wqfbh/39595/40355/xgzc40361/Document/1653910/1653910.htm.

[33]黄如花,温芳芳.国外主要国家图书馆信息资源建设的特点与启示[J].图书与情报,2018（4）:86-94.

[34]中共中央办公厅国务院办公厅印发《国家"十三五"时期文化发展改革规划纲要》[EB/OL].[2019-10-11]. http://www.gov.cn/zhengce/2017-05/07/content_5191604.htm.

[35]丝绸之路国际图书馆联盟在成都成立[EB/OL].[2019-10-11]. http://www.xinhuanet.com/book/2018-05/28/c_129881862.htm.

[36]中国社会科学报.数字时代不能没有"中国记忆"[EB/OL].[2019-10-11]. http://www.cssn.cn/kxk/201405/t20140526_1183801.shtml.

[37]赖彤.我国数字资源长期保存实践进展分析[J].图书馆学研究,2016（9）:47-53.

从"书的图书馆"到"人的图书馆"

——赫尔辛基中央图书馆给予我们的启示[①]

吴建中（澳门大学图书馆）

最近一段时期以来，赫尔辛基中央图书馆新馆引世人瞩目，不仅受到文化界和图书馆界人士的普遍关注，而且成为公众街谈巷议的话题。一所图书馆要想引起公众热议，要么像法国密特朗图书馆或大英图书馆新馆那样具有全球风向标意义，要么在本地属于标志性文化事件。赫尔辛基中央图书馆相对于国内城市图书馆来说，在规模上只能算中等，那么为什么该馆的开放会如此引人关注呢？应该说，该馆的大部分员工对转型后图书馆的走向有一定的思想准备，而对广大民众来说，图书馆可以成为这番模样是出乎意料的。从社会媒体评论中我们看到不同的评价和声音，有惊讶，有赞赏，也有一些是带有讽刺意味的。然而更重要的是，赫尔辛基中央图书馆在吸引世人眼球的同时，郑重地告诉人们这不是芬兰人的突发奇想，图书馆原本就该是这个模样！

其实，在欧美人把一万年以前的法国史前拉斯科洞穴壁画也看作是人类早期图书馆的时候，就已经打破了我们对图书馆的常规看法。日文版《美国图书馆事业发展的12条宣言》第5条"图书馆是培育创造性的场所"中指出，"壁画也好，图书馆也好，都具有一种发掘人类创造精神的力量"[1]。两千多年前的亚历山大图书馆也好，富兰克林时代的图书馆也好，向来都围绕着两个方面展开，即存储知识和分享知识。赫尔辛基中央图书馆正是围绕这两方面展开，并用现代手法演绎了出来。该馆从一楼面向大众的空间，到二楼服务小众的空间，再到三楼传统意义上的图书馆部分，既超越了图书，超越了图书馆，又延续了图书馆的传统。实际上，在原来的设计中还有桑拿区，当时市议会之所以力排众议同意这样的安排[2]，是因为桑拿是芬兰人的文化传统，不仅家家户

---

① 转载自《中国图书馆学报》2019年第5期。

74

户都有桑拿，而且桑拿也是人际交流的公共空间。后来可能是担心读者无法接受，或是考虑建筑安全等因素，在临近开馆时取消了桑拿区设计，但这并没有冲淡赫尔辛基中央图书馆以人为本的设计理念。

受赫尔辛基中央图书馆新馆设立理念的启发，本文从理念、服务和管理三大变革对我国图书馆事业发展的影响出发，阐述图书馆工作重心从"解决藏用矛盾为主"向"以人为本"理念转化的过程，提出要进一步推动图书馆事业从重数量向重质量、从重投入向重效益的方向发展，更加重视图书馆的全媒体服务和多元素养教育等建议。

1 理念变革："以书为本"还是"以人为本"贯穿了我国图书馆事业改革和转型的整个过程

如果把近代以来图书馆的发展历程分成三个阶段的话，第一代以藏书为主体，服务围绕书展开；第二代以开架和开放为特征，缩短了人与书之间的距离；第三代强调以人为本，根据人的需要将各种载体的信息和知识资源集聚在可获得的空间内，突出图书馆作为第三空间的功能，促进人与人之间的交流和分享。改革开放前后，我国图书馆基本处于第二代的阶段，第一和第二代有一个共同点，即印本书为主要载体，第二代强调让人更接近书，因此突出开架和开放。那一时期，解决藏用矛盾是图书馆发展的一条主线。

在很长的一段时期里，藏和用是图书馆发展的一对主要矛盾，并成为体现和衡量图书馆成效的重要指标。解决藏和用的矛盾从20世纪50年代就开始了，那时提出要开门办馆。时任文化部副部长钱俊瑞在1958年3月全国省、市、自治区公共图书馆工作跃进大会上号召，要"打破常规、鼓足干劲、实现图书馆事业大跃进"，并强调图书馆要"扩大流通量"，要"送书上门"，于是全国兴起了图书馆"大跃进"运动[3]。从严格的意义上来说，那时还只是开门办馆，不流行开架借阅。开架借阅最早发端于美国，但这一提议是在1877年伦敦国际图书馆会议上提出来的[4]。在相当长的一段时期里，实行开架借阅的图书馆只是少数，直到20世纪中叶才逐步流行起来。随着生活水平的提高，人们对精神文化的需求不断提升。以日本为例，20世纪50至70年代，日本社会进入高速成长时期，图书馆也迅速发展起来。日本图书馆协会编辑出版的《中小城市公共图书馆管理》(《中小都市における公共図書館の運営》，通常简称为"中小报告"），要求日本的公共图书馆推进更大程度的开架借阅，甚至要求一般公共图书馆开架程度达到95%以上[5]。我国在改革开放以后，开架借阅盛行起来，先是半开架，渐渐地扩大到全开架。如今，开架借阅已经成为图书馆的基本配置，很多城市图书馆的24小时开架阅览区已经达到无人值守的开放状态。

世纪之交，我国图书馆事业进入飞跃发展时期，全国公共图书馆事业已初步达到"县县有图书馆"的目标，并进一步向中心图书馆体系拓展。与此同时，"图书馆精神""职业伦理"等成为图书馆界热议的话题，人们开始思考图书馆价值等深层次的问题。范并思教授于2004年在《新世纪图书馆》杂志上发表过一篇文章《图书馆精神的历史缺失》，在提到《国际图联/联合国教科文组织公共图书馆宣言》（IFLA/UNESCO Public Library Manifesto）公布的意义时指出，该宣言"使图书馆存在的意义脱离了收藏与利用文献这一单纯的图书馆内活动的范畴，使图书馆活动成为国家民主化建设中的组织部分"[6]。范并思教授的这番话点出了图书馆发展的核心问题，即将注意力从对书的开放，向理念更新和范式转移的方向转移。那一时期，虽然图书馆处于大开架、大开放的热潮之中，但大部分图书馆关注的仍在于图书及其利用。一批有远见的学者对图书馆价值深层次的探索，有力地推动了图书馆观念的转变和事业的创新。经过一段时期的艰苦转型，人们真正意识到，只有超越图书、超越图书馆，才能真正从"书的图书馆"转向"人的图书馆"，实现图书馆范式的根本转移。

2　服务变革：走向全媒体时代

理念的变革推动服务的变革，并催生新的服务业态。所谓"书的图书馆"，指的是以印本书为主体、围绕藏书展开服务的图书馆。随着互联网和信息通信技术的发展，无论是信息载体，还是信息获取、知识分享的方式，都发生了变化。人类进入全媒体时代。过去获取知识主要通过印本书，现在从印本书获取知识的比例正在下降，"千禧一代"以后的青年人更是如此，他们已经习惯于在全媒体环境下获取信息、分享知识。

今天，图书馆要做的不是让人们重新回到印本书时代，而是有效提供各个群体都能接受的信息和知识服务。作为信息服务的中介者，公共图书馆以前承担的主要职责是社会教育普及，即为大众提供识字教育，为降低文盲率做贡献，现在全球识字率普遍达到百分之八九十左右，但是拥有识字素养并不意味着就能胜任信息化时代的岗位要求，所以图书馆要在对读者需求重新把握的基础上提供新的服务。国际图联在其《图书馆与发展声明》报告中有这样一段话：图书馆所提供的信息"有助于改善人们的教育状况、开发新技能、寻求工作职位、建立企业、做出有关农业和健康的明智决策或洞察环境问题"[7]。也就是说，图书馆在改善民众教育状况的同时，还要为他们的就业和创业提供服务。为此，不少图书馆推出了适应全媒体时代发展的多元素养教育项目。

所谓素养，英文为literacy，早先指一个人的读写能力，后来这一词汇泛指广泛的生活、学习和工作技能。这样的话，素养就需要用复数形式（literacies）来表示，如信息素养、数字素养、技术素养等[8]。由此，探讨现代人素养的研究不断出现。新伦敦学派20世纪90年代提出多元素养（multi-literacies），指出随着通信渠道的多元化，人们需要一种广泛的包含语言的、文化的、通信的和技术的视角和工具，来适应一个快速变化的全球化环境[9]；一些大学根据自己的实践举办多元素养教育，如澳大利亚弗林德斯大学（Flinders University）设立一种多元素养教育课程，将素养内容分为四种：①机构背景素养（institutional literacies），②批评素养（critical literacies），③传统素养（traditional literacies），④学术素养（academic literacies）[10]；还有学者从人的语言知识及运用能力角度出发，认为21世纪多元素养应能掌握五种符号体系（语言学的、视觉的、手势的、空间的以及口头的）的能力[11]。

图书馆界也开始重视素养教育的问题。有一个叫"超越素养"（beyond literacy）的网站，由加拿大圭尔夫大学图书馆里德莱（M. Ridley）馆长主持，以书的形式出现，探讨多元素养的问题，分二十章，由一批学生共同参与并维护。它告诉我们，现在是"后素养"（post literacies）时代，所谓"后素养"，指的就是包含信息、数字、技术等在内的多元素养[12]。图书馆也应重视多元素养教育，为读者提供多元化的信息服务。无论是多元素养，还是后素养，要表达的是差不多的概念，突出的是全人教育（whole person education）和人的全面发展。

经过一段时间的转型，图书馆的主流业务已经从重借阅转向重综合素养，更加关注为人的全面发展提供培育基本技能的服务。从识字素养（literacy）教育到多元素养（multi-literacies）教育，改变的不仅是以印本书为主导的服务，更重要的是推进了读者服务形式的多样化。在以书为本的时代，图书馆的部门及服务方式都是按照印本书的处理流程设置的，从采编到流通到保管，服务和管理均按书的流向进行。而在全媒体时代，一切按信息流重新布局，服务也呈现多样化趋势，由此催生出各种如主题服务、咨询服务、数据管理等新的服务形态，也出现了学科馆员、专利馆员、数据馆员等新角色。

3　管理变革：高质量发展呼唤优质服务

改革开放40年来，我国图书馆事业出现了迅猛增长的势头。1980年我国县级以上公共图书馆仅1732所，2017年达到3166所[13]。东中部地区的一些城市已经或正在开展县级以下区域分馆的布局，有的提出"图书馆之城"，有的提出"15分钟服务半径"等口号，可以说，图书馆设施布局已经出现了一个良好局面，有的甚至已经完成新馆二期工程，在新馆质量和水平上也在向世界级迈进。与此同时，教育机构以及科学院系统的图书馆不仅设施完备，而且很多都已达到国际先进水平。经历了一段时间的发展和创新，图书馆出现了追求规模和效益的良好局面。在下一轮发展中，图书馆在管理上将更加注重整体效益、品牌营销和协调合作。

首先，提升整体效益。20世纪70、80年代，西方图书馆界开始借用管理学成果思考图书馆管理问题。1982年，美国图书馆协会出版了《公共图书馆产出评估：标准程序手册》（*Output Measures for Public Libraries: A Manual of Standardized Procedures*）（1987年第二版），强调图书馆要重视产出效益，国际图联也出版了《测评质量手册》（*Measuring Quality Handbook*），指导图书馆界运用各类工具和方法推进质量管理。我国也不例外，在图书馆界开展理论研究的同时，国家有关部门也通过制定各类评估措施推进图书馆质量和效益的提升。图书馆界开始从重数量向重质量、从重投入向重产出的方向发展。与此同时，管理的观念也在发生变化，过去图书馆常常会颁布各种标准和规范，后来逐渐改量化的硬性规定为引导性的推荐指南。国际图联1973年版《公共图书馆标准》提供了许多数量标准，包括馆藏规模、行政管理规模、开馆时间、雇用员工的数量及建筑标准等。到了80年代以后"标准"被改为"指南"，并删除了很多具体的指标。近年来各国政府及民间团体通过政策和评估手段推进图书馆向追求质量型发展，已取得明显成效。

其次，注重品牌营销。在世纪之交，业界开始关注图书馆在公众中的认知问题，过去图书馆给人的印象只是一个藏书的地方，为了改变公众对图书馆的认知，不少图书馆做了新的尝试，如英国伦敦的概念店"Idea Store"、美国科罗拉多州亚当斯县的创意图书馆"Anythink Library"，都给我们提供了一种全新的视角，即作为一个激励学习和创造的空间，图书馆可以有各种各样的表现形态。赫尔辛基市图书馆在为新建的中央图书馆进行调研的时候，做了两个像样板房一样的尝试，一个是提倡联合办公（co-working）的城市办公室"Urban Office"，一个是为音乐爱好者提供的音乐图书馆"library10"。这两个共享空间式的图书馆让大家看到了赫尔辛基人对未来图书馆的诠释，也让大家相信新开放的中央图书馆一定会引领潮流。与此同时，国际图联高度重视图书馆营销，将图书馆管理与营销两大板块合并为一个专业委员会，并从2003年开始每年评比选出国际图书馆营销奖，以鼓励图书馆的创新营销和推广活动，由清华大学学生和图书馆共同制作的系列短剧《爱上图书馆》（*Falling in Love with Library*）曾获得2012年度一等奖。

再次，倡导协调合作。合作（partnership）是现代图书馆的一个热门话题，没有哪一个图书馆仅靠自己的力量就能满足读者多样化的需求，在信息爆炸的今天，图书馆只有联合起来形成大图书馆体系，才能适应现代发展的需要。国际图联在2018年发布的《全球愿景报告》中，特别强调图书馆界要加强合作。其十大亮点的第七点中提出"我们认为有必要建立合作伙伴关系。馆际合作以及与外界的合作对于创建一个强大、联合的图书馆界至关重要"；在十大机遇的第七点中也提出："我们需要发扬合作精神。了解并解决实际存在的和可预见的合作障碍，有助于结束孤立工作的趋势，实现联合的图书馆界的愿景。"[14] 另外，在国际图联年会主题中，"合作"也是一个热词。如2007年南非德班年会提出的主题是："为了图书馆的未来：进步、发展、合作"（Libraries for the Future: Progress, Development and Partnerships）；2016年美国哥伦布年会的主题是3C："连接、合作、社区"（Connections Collaboration Community）。可见，合作之于图书馆发展的重要意义。

世纪之交，全球图书馆进入转型阶段。这一时期全球开始涌现出一大批探索未来的新型图书馆及项目，在对图书馆事业创新起到引领和示范作用的同时，也推动了从"书的图书馆"向"人的图书馆"的转型。所谓"人的图书馆"，在理念上，提倡"以人为本"，以满足人对信息的需要为出发点；在服务上，发展和创新与全媒体时代相适应的各类信息和知识服务；在管理上，更加注重整体效益、品牌营销和协调合作。

　　我国图书馆事业正进入与社会高质量发展同步的时代，从重数量向重质量，从重投入向重效益的方向发展。今后一段时间，一批又一批设计新颖、贴近需求的新一代图书馆将会不断涌现出来。"人的图书馆"没有固定的模式，也不需要千篇一律的样式或规范。赫尔辛基中央图书馆富有创意和想象的空间设计与服务形式为我们打开了视野，她告诉我们，作为本地文化的象征和社区精神的凝聚，每一个图书馆都应该是独特而精彩的。

参考文献：

[1]竹内悊.図書館の目指すもの[M].東京：日本図書館協会,1997：21.

[2]YLEISRADIO O. New Helsinki Central Library to include Sauna after All[EB/OL].[2018-09-18]. https://yle.fi/uutiset/osasto/news/new_helsinki_central_library_to_include_sauna_after_all/7123693.

[3]钱俊瑞.打破常规、鼓足干劲、实现图书馆事业大跃进！——中央文化部钱俊瑞副部长在全国省、市、自治区公共图书馆工作跃进大会开幕时的报告[J].图书馆学通讯,1958（3）：1-4.

[4]JOHANNSEN C G, KAJBERG L. New Frontiers in Public Library Research[M]. Oxford, MD: The Scarecrow Press, 2005：238.

[5]日本図書館協会.中小都市における公共図書館の運営[M].東京：日本図書館協会,1963.

[6]范并思.图书馆精神的历史缺失[J].新世纪图书馆,2004（6）：1-6.

[7]国际图联.图书馆与发展声明[EB/OL].[2019-01-30]. https://www.ifla.org/node/8500.

[8]UNESCO. Education for All: A Global Monitoring Report[EB/OL].[2019-01-30]. http://202.171.253.67/www.unesco.org/education/GMR2006/full/chapt6_eng.pdf.

[9]The New London Group. A Pedagogy of Multiliteracies: Designing Social Futures[J]. Harvard Educational Review, 1996,66（1）：60-93.

[10] MILLER A, SCHULZ S. University Literacy: A Multi-literacies Model[J]. English in Australia, 2014（3）：78-87.

[11] BULL G, ANSTEY M. What's so Different about Multiliteracies?[EB/OL].[2019-01-30]. http://www.curriculum.edu.au/leader/articles, 57.html?issueID=10766.

[12]RIDLEY M. Towards Post Literacy. Beyond Literacy[EB/OL].[2019-01-30]. http://www.beyondliteracy.com/towards-post-literacy/.

[13] 中华人民共和国文化和旅游部 2017 年文化发展统计公报[EB/OL]. [2018-09-30]. http://zwgk.mct.gov.cn/auto255/201805/W020180531619385990505.pdf.

[14] 国际图书馆协会联合会. 全球愿景报告[EB/OL]. [2018-09-30]. https://www.ifla.org/files/assets/GVM ultimedia/publications/gv-report-summary-zh.pdf.

公共图书馆服务体系建设的中国模式

——以广州为例

方家忠（广州图书馆）

1 引言

当今世界，发达国家的公共图书馆事业因互联网络与经济、社会等基础因素的影响，正经历数字化网络化的发展与社会功能的转型。而处于快速发展期的中国公共图书馆事业正面临体系化、社会化、数字化、专业化等四方面发展任务。体系化的目标是要推动公共图书馆服务全面覆盖城乡基层，社会化的目标是要实现图书馆功能与作用的转型，数字化的目标是要应对社会信息化带来的挑战并与其发展同步，专业化的目标是要在完成上述三方面任务的同时实现服务与管理的专业化。在这四方面任务中，体系化建设是首要任务，需要重点推进。当然，其他三方面工作也需要同步推进。

中国改革开放以来经济的迅速发展、公众文化需求的高涨对公共图书馆服务体系建设提出了需求，也创造了条件，《中华人民共和国公共文化服务保障法》《中华人民共和国公共图书馆法》的相继颁布实施则为体系建设提供了战略机遇。

比较1979—2018年改革开放数据可见，中国GDP总量由1979年的4062.6亿元增加到2018年的90.0309万亿元，四十年间增加了220.61倍[①]。经济的迅速发展为公共图书馆服务体系建设提供了强有力的支撑。传统的公共图书馆体系建设是由一级政府建设相应一级的图书馆、在县级以上建设独立建制的公共图书馆，截至2017年底中国县级公共图书馆的覆盖率约为96.56%[②]。新时期公共

---

① 数据来源：历年GDP总量数据根据网络公开资料整理。

② 据国家图书馆研究院《2017中国公共图书馆事业发展基础数据概览》，2017年全国共有县级公共图书馆2753个；据国家统计局统计，中国县级区划2017年全国共有2851个（http://data.stats.gov.cn/search.htm?s=2017%20）。考虑到可能存在一个县级行政区划内有1个以上公共图书馆的情形，即至少还有98个县级行政区未建立公共图书馆，县级公共图书馆覆盖率不超过96.56%。

图书馆体系建设的重心是县级以下、县域与城区的城乡基层。

中国已进入公众文化需求空前高涨、文化消费潜能巨大的时期。按照发展经济学的观点，人均GDP在3000美元以下时，人们以维持生计的物质消费为主；人均GDP达到3000美元左右时，进入物质消费与精神消费并重时期；人均GDP达到5000美元时，进入文化消费活跃、迅速攀升阶段。据国际货币基金组织（IMF）数据，2018年中国人均GDP已达到9608美元，按照世界银行的标准，中国已跻身中等偏上收入地区。人民文化需求空前高涨、文化消费潜能巨大。

立法意味着各相关主体就事业发展达成共识，因此立法对事业发展可以发挥极大的推动作用。这一点就一般的经验观察也是如此。我们也可从美国公共图书馆发展史中得到启示。美国公共图书馆在20世纪之前发展一直是缓慢的，处于自发状态。20世纪初由于钢铁大王卡内基的慷慨资助，公共图书馆得到了第一次大发展。二战以后，1956年美国联邦制订第一部图书馆法《图书馆事业法》、1964年通过《图书馆事业与建设法》，以及同期美国图书馆协会制订《公共图书馆服务标准》《公共图书馆系统最低标准》等一系列标准规范，促使20世纪60、70年代成为美国公共图书馆第二个大发展时期。80年代美国公共书馆的发展已进入相对稳定发展时期。美国公共图书馆的发展历程见表1。

表1　美国公共图书馆的发展历程

时　　间	图书馆服务点数量（个）
1776年	29
1876年	188
1923年（主要由于卡内基的资助）	4873
1985年	15 543
2016年	17 227[①]

---

① 数据来源：Institute of Museum and Library Services. Public Libraries in the United States: Fiscal Year 2016 [R/OL]. [2019–07–05]. https://www.imls.gov/sites/default/files/publications/documents/public-libraries-united-states-survey-fiscal-year-2016.pdf。

党的十九大报告是新时代中国经济社会发展的总纲。报告指出，当今中国正处在一个全新的历史方位，社会主要矛盾已经转化为人民日益增长的美好生活需要和不平衡不充分的发展之间的矛盾；十九大规划了从全面建成小康社会到基本实现现代化，再到全面建成社会主义现代化强国的两个阶段的战略安排，明确到2035年要基本实现社会主义现代化，基本实现基本公共服务均等化。根据十九大报告，不但可以进一步说明公共图书馆服务体系建设的必要性，也可以相应明确定体系建设的基本目标：到2035年，在中国基本实现社会主义现代化的发展阶段，基本建成覆盖城乡的公共图书馆服务体系。

2 中国关于体系建设的实践、研究与制度设计概述

2.1 体系建设实践与研究

体系建设是中国图书馆界长期以来的一项重点工作任务。全国各地和国家层面、学术界和业界已经进行了长时间的关于其内容和路径的实践和研究。20世纪90年代初，广州等地就以联合图书馆等模式开始探索开展图书馆延伸服务。2000年"上海市中心图书馆"建设启动，2003年深圳制订第一个"图书馆之城"建设规划，此后珠三角、长三角等多地开始以不同方式推动体系建设。新世纪以来，中国的公共图书馆服务体系建设逐步形成了总分馆制、中心馆总分馆制、图书馆联盟等三种主要模式，分别形成了佛山市禅城区、深圳市福田区、苏州、嘉兴、广州、厦门、上海等代表性案例，其中总分馆制比较普遍地存在于后两种模式之中而成为一种基础模式。图书馆界也逐步形成共识，为了解决基层薄弱、城乡不均衡问题，总分馆制是最为合适的发展模式；而从行政区划层级、行政管辖权限、财政管理体制及已有实践探索来看，县域是构建公共图书馆总分馆制的合适单元。

以县域总分馆体系作为建设公共图书馆服务体系的基础模式，其原因在于：第一，我国作为单一制国家，有国家、省、地市、县区、乡镇街道五级行政区划和相应行政管理体系，而上一级行政区划、政府管辖的范围与下一级为重叠设置。因此通过县域总分馆体系的建设可以实现全国公共图书馆体系、设施和服务向城乡基层的全覆盖。第二，大中城市的区或县级市，即城市地区，

可以率先实现总分馆体系建设。城市具有人口规模大、人口受教育水平高与阅读能力强、经济基础好、行政资源丰富等特点，城市图书馆发展理应走在全国公共图书馆前列。

2.2 国家的政策演进历程和制度设计

2005年《中共中央关于制定国民经济和社会发展第十一个五年规划的建议》首次在国家层面提出，"逐步形成覆盖全社会的比较完备的公共文化服务体系"。2006年《中共中央关于构建社会主义和谐社会若干重大问题的决定》提出基本公共服务政策目标，即"完善公共财政制度，逐步实现基本公共服务均等化"。2011年文化部推动国家公共文化服务示范区（项目）建设，图书馆体系建设开始在全国范围内试点。2012年《国家"十二五"时期文化改革发展规划纲要》阐述构建公共文化服务体系的基本内涵，即"按照公益性、基本性、均等性、便利性的要求，以公共财政为支撑，以公益性文化单位为骨干，以全体人民为服务对象，以保障人民群众看电视、听广播、读书看报、进行公共文化鉴赏、参与公共文化活动等基本文化权益为主要内容，完善覆盖城乡、结构合理、功能健全、实用高效的公共文化服务体系"。2012年国务院《国家基本公共服务体系"十二五"规划》明确将公共图书馆服务纳入基本公共服务范围，指出"基本公共服务，指建立在一定社会共识基础上，由政府主导提供的，与经济社会发展水平和阶段相适应，旨在保障全体公民生存和发展基本需求的公共服务。享有基本公共服务属于公民的权利，提供基本公共服务是政府的职责……加快建立健全符合国情、比较完整、覆盖城乡、可持续的基本公共服务体系，逐步推进基本公共服务均等化"。

2013年《中共中央关于全面深化改革若干重大问题的决定》进一步作出构建现代公共文化服务体系的战略部署。2015年中共中央办公厅、国务院办公厅发布《关于加快构建现代公共文化服务体系的意见》，公共图书馆服务体系全面提速。2016年文化部等五部委发布《关于推进县级文化馆图书馆总分馆制建设的指导意见》，将县域总分馆体系建设作为体系建设的重点任务，提出"推进以县级文化馆、图书馆为中心的总分馆制建设，是构建现代公共文化服务体系的重要任务，对于有效整合公共文化资源、提高公共文化服务效能、促进优质资源向基层倾斜和延伸具有重要的推动作用"，并明确工作目标，"到2020年，全国具备条件的地区因地制宜建立起上下联通、服务优质、有效覆盖的县级文化馆、图书馆总分馆制，广大基层群众享受的基本公共文化服务内容更加丰富，途径更加便捷，质量显著提升，均等化水平稳步提高"。

2016年《中华人民共和国公共文化服务保障法》审议通过，其立法宗旨开宗明义是"为了加强公共文化服务体系建设"；第四条规定了责任主体，要求"县级以上人民政府应当将公共文化服务纳入本级国民经济和社会发展规划，按照公益性、基本性、均等性、便利性的要求，加强公共文化设施建设，完善公共文化服务体系，提高公共文化服务效能"。

2017年党的十九大报告指出，"中国特色社会主义进入新时代，我国社会主要矛盾已经转化为人民日益增长的美好生活需要和不平衡不充分的发展之间的矛盾……满足人民过上美好生活的新期待，必须提供丰富的精神食粮……完善公共文化服务体系，深入实施文化惠民工程，丰富群众性文化活动"。

2018年施行的《中华人民共和国公共图书馆法》首次在国家立法层面明确了体系建设的目标、责任主体、依据与内容、基本模式即县域总分馆制等，也是以国家立法形式完成了对公共图书馆体系建设的制度设计过程。该法第十三条提出，"国家建立覆盖城乡、便捷实用的公共图书馆服务网络""县级以上地方人民政府应当根据本行政区域内人口数量、人口分布、环境和交通条件等因素，因地制宜确定公共图书馆的数量、规模、结构和分布，加强固定馆舍和流动服务设施、自助服务设施建设"。第十四条规定，在"县级以上人民政府应当设立公共图书馆"的基础上，"地方人民政府应当充分利用乡镇（街道）和村（社区）的综合服务设施设立图书室，服务城乡居民"。第三十一条规定，"县级人民政府应当因地制宜建立符合当地特点的以县级公共图书馆为总馆，乡镇（街道）综合文化站、村（社区）图书室等为分馆或者基层服务点的总分馆制，完善数字化、网络化服务体系和配送体系，实现通借通还，促进公共图书馆服务向城乡基层延伸"。

2.3 体系化建设基本内涵

依据国家出台的系列政策与相关研究，可将体系化建设基本内涵归纳为：

基本目标：从当前一直到2035年，即在中国基本实现社会主义现代化的发展阶段，用15年左右时间，基本建成县级以下、覆盖城乡的公共图书馆服务体系。以2011年文化部在全国启动公共文化服务示范区建设算起，结合当前实际进展情况，预计中国将用15年左右时间完成设施体系建设，再用10年左右时间实现服务效能提升，即用25年左右时间完成公平而有效率的公共图书馆服务体系建设，解决公共图书馆服务不充分、不平衡的主要矛盾，实现服务的标准化、均等化，实现服务与保障水平的跃升，真正实现服务的全覆盖和普遍均等。

基本内容：按照免费服务和基本性、均等性、便利性的要求，通过实体设施、通借通还、数字化网络化、送书上门、联动活动等一系列服务体系建设和及业务、行政管理体系建设，推进公共图书馆服务向县区以下城乡基层延伸，提升服务效能和管理绩效，并实现可持续发展。

相应地，可以确定若干体系建设评价指标：如设施与服务覆盖率，数字化网络化体系覆盖率，送书上门体系覆盖率，外借文献量等服务效能指标与资源保障指标中县域与镇街基层层面占比，通借通还量占外借文献总量比率，统一借阅规则覆盖率（标准化），规范服务结构覆盖率，体系投入产出效率，保障制度层级等。

3 广州模式

3.1 发展历程

进入新世纪，随着经济发展水平、城市综合实力和人口规模等迅速提升，广州市城市文化建设进入一个高潮期。该时期的文化设施建设浪潮，是广州历史上项目最多、覆盖最广、投资最大、影响最为深远的一个时期。2004年，广州市启动建设26个文化设施建设项目，总投资约107亿元；2013年，广州市再启动39个文化基础设施项目，总投资200—300亿元，而同期由广东省及广州市各区筹建的文化基础设施项目共41项。

在这样的背景下，从2003年开始，广州市大力推动公共图书馆事业发展。这一时期，广州市公共图书馆事业按"三步走"发展：第一步，公共图书馆馆舍与资源建设。2003年开始推动广州图书馆新馆建设，2004年新馆正式立项；2005年拨专款2000万元开展公益采购项目；推动越秀、从化、增城三个区馆的新馆建设。第二步，公共图书馆人才培养。2006—2007年各开展为期两个月的地区骨干人才培养项目，2009年派出两人赴美交流学习。第三步，推动制定地方图书馆立法，以整体推进图书馆事业，建设公共图书馆服务体系。

2011年，广州市公共图书馆实现全面免费开放。

2012年起，广州市公共图书馆事业进入快速发展期。2012年，广州图书馆新馆部分开放，广州市重启地方图书馆立法项目，同年提出"图书馆之城"建设目标。2013年广州图书馆新馆全面开放，次年该馆基本服务效益跃居全国公共图书馆首位。2015年5月1日，《广州市公共图书馆条例》正式施行；12月《广州市"图书馆之城"建设2015—2020发展规划》出台，标志着广州市"图书馆之城"建设全面启动。

2017年《中华人民共和国公共文化服务保障法》、2018年《中华人民共和国公共图书馆法》正式施行以后，广州市公共图书馆事业自觉纳入全国图书馆体系建设的总体框架，进一步强调政府保障主体责任，强调社会力量的参与，强调区域总分馆体系建设，强调城市图书馆体系在全国公共图书馆体系建设中的示范引领作用。

3.2 基本制度设计

广州模式以《广州市公共图书馆条例》即地方法规形式，实现了体系建设的最高层次的制度保障。人大立法保障的优势，一是可以动员地方全部相关主体参与体系建设，这些主体包括人大、各级政府、政府主管部门、相关部门、图书馆、社会主体等；二是人大作为最高权力机关，具有立法（包括制度创设）和监督执法、预算审批、高层政府官员任免等权力，对应体系建设主要责任主体即各级政府，对其依法履职、依法行政可以行使有效的监督权力；三是地方立法具有长期有效性，其保障具有可持续性，可以避免地方政府因工作重心不同而导致保障投入悬殊的情形。在全面依法治国成为国家战略布局之一的新时代，通过地方立法实现事业保障的优势将得到更充分体现。

广州市公共图书馆体系建设制度设计的内容可以概括为：

第一，明确体系建设目标。即要在全市的镇、街道以上层次，建立公共图书馆体系，实现专业的公共图书馆服务覆盖到镇街层次，即由原来的区级向下延伸一级，按广州市的行政区划情况，即要建立不少于170个公共图书馆或分馆，实现约8万人拥有一个公共图书馆的目标。

第二，明确政府保障责任，鼓励社会力量参与。明确规定图书馆体系建设所需要素的政府投入量化标准（见表2）。规定市、区人民政府应当将公共图书馆事业纳入国民经济和社会发展规划和年度计划、所需经费列入本级财政预算，使财政投入与经济社会发展和公共图书馆的服务人口、服务范围、服务需求、服务功能等相适应；同时鼓励国内外自然人、法人或者其他组织以捐赠资金、文献、设施、设备或者其他形式支持公共图书馆的发展；规定市、区人民政府可以发起设立公共图书馆发展社会基金，以建立社会力量参与的平台，鼓励国内外自然人、法人或者其他组织依法设立公共图书馆发展社会基金，或者向公共图书馆发展社会基金进行捐赠。

表2　政府保障广州市公共图书馆体系建设的量化投入标准

	市级公共图书馆	区、镇（街）公共图书馆（分馆）	全市合计
馆舍建筑面积	10平方米／千人	37.5平方米／千人	47.5平方米／千人
馆藏纸质信息资源	1册（件）／人	2册（件）／人	3册（件）／人
馆藏纸质信息资源年新增长量	0.06册（件）／人	0.14册（件）／人	0.2册（件）／人
工作人员配备			1人／1—1.5万服务人口

第三，创新体制机制。①创新建设体制。突破"一级政府建设一级图书馆"的传统模式，广州市十一个行政区、各区域范围内体系建设主体责任全部集中到区政府，全市数字图书馆建设以及市区两级之间文献通借通还体系等事权与支出责任全部集中到市政府。②创新行政管理体制。与建设体制相对应，全市公共图书馆体系建设管理责任由市、区两级政府文化行政主管部门承担。③创新业务管理体制。全市建立中心馆/总分馆业务管理体制。其中市政府设立的广州图书馆为全市公共图书馆的中心馆，各区图书馆为区域总馆，镇、街道公共图书馆为分馆。中心馆负责履行五方面职责：负责全市公共图书馆业务的指导和协调；负责制定和组织实施全市公共图书馆统一的业务标准和服务规范；负责统筹全市公共图书馆通借通还服务网络、信息化管理系统和数字图书馆建设；负责组织全市公共图书馆工作人员专业化培训工作；开展图书馆领域的国内外交流与合作。区域总馆在中心馆的业务指导下，履行五方面职责，实现对区域总分馆体系的统一管理权：负责所属分馆的统

一管理；按照全市统一的业务标准，负责本馆和所属分馆文献信息资源的采购、编目和物流配送；按照全市统一的服务规范，制定本区公共图书馆（室）和服务网点的服务规范；负责本馆和所属分馆工作人员的统筹调配；开展图书馆领域的国内外交流与合作。④建立服务专业化分工机制。规定所有公共图书馆提供基本服务的范围为五个方面：文献信息资源的阅览、外借、查询、参考咨询等服务；政府公开信息的查询服务；开展全民阅读推广活动和信息素养教育，举办公益讲座、展览、培训等社会教育活动，为公众终身学习提供条件和支持；提供学习、交流和相关公共文化活动的空间、平台；其他基本服务。此条规定也包含了为适应社会发展和公众需求的变化，要求公共图书馆在功能方面予以拓展的内容。规定部分公共图书馆（主要是中心馆、区域总馆）应当根据自身的业务能力提供专题信息服务、国家机关决策信息服务、地方文献与地方历史文化研究服务等。镇、街道分馆只负责提供基本服务。⑤创新宣传推广机制。规定每年"世界读书日"所在的四月作为"广州读书月"，以品牌性、全市性活动作为推广手段，利用、整合各种主体、各种资源、各种活动进行传播推广；阅读推广主体强调文化行政主管部门的主导和参与。建立统一形象识别系统，将系统纳入路标、路牌、公共交通等城市公共标志体系，以建立标识、规范标识、便利指引为基础，提高服务"能见度"，进而达到营造氛围、推广阅读的目的。由条例设计形成的全市公共图书馆体系，可简单概括为：全市建立一个中心馆/总分馆体系；市、区两级政府负责建立全市公共图书馆体系；市、区、镇街三级公共图书馆（分馆）建设达到法定（四项）标准；市、区、镇街三级公共图书馆（分馆）服务以各种形式向第四级即村、社区延伸。

第四，时间表与投入测算。根据《广州市公共图书馆条例》规定，全市公共图书馆中心馆总分馆体系应于2020年全面推进完成。同时根据2014年物价水平测算，到2020年，全市约需投入21亿元，其中市级约需投入约6亿元，各区投入约15亿元。

3.3 实施进展

3.3.1 配套制度建设基本完成
制定政策法规和规范性文件8个，重点文件有：
2015年制定《广州市"图书馆之城"建设规划（2015—2020）》，明确四大保障计划，六大支撑机制，重点规定了公共图书馆分馆的最低面积标准，以保障发挥图书馆功能、保障专业化服务的最低空间条件：在常住人口达到10万以上的镇设立面积不少于1000平方米的公共图书馆分馆，在常住人口少于10万的镇（街道）设立面积不少于500平方米的公共图书馆分馆。

2017年制定《广州市公共图书馆服务规范》。通过规定服务原则、服务资源与条件、服务内容与方式（包括开放时间、注册政策、借阅规则等）、服务保障与监督等内容共45条，推动实现全市公共图书馆服务的标准化、均等化。

2017年制定《广州市公共图书馆第三方评估管理办法》。

2018年发布《广州市文化广电新闻出版局关于全面推进我市公共图书馆总分馆制建设实施意见》。该制度重点之一在于提出了全市公共图书馆体系建设到2020年需要达到的五项效能指标，并通过此项规定，内在要求公共图书馆在发展体系的同时，同步实现功能转型。五项效能指标见表3。

表3　广州市公共图书馆体系2020年效能目标

指　　标	2020年目标值
注册读者率	30%
人均外借纸质信息资源	2.3册（件）
人均访问图书馆	1.8次
图书馆活动公众参与率	50%
人均利用数字信息资源	4.5篇／册次

2019年制定《广州市公共图书馆与社会力量合建分馆工作指引》等。

制定业务规范6个：包括《广州市公共图书馆馆长联席会议章程》《广州市公共图书馆业务统计工作规范》《广州市数字图书馆管理办法》《广州市公共图书馆区域应用信息化管理系统建设与管理办法》《广州市公共图书馆通借通还物流管理办法》《广州市公共图书馆统一借阅规则》等。

制定通借通还技术标准4个。

3.3.2 政府保障投入与服务效能均实现显著增长

表4 2014—2018年广州市公共图书馆体系建设政府保障与服务效能

	2014年	2015年	2016年	2017年	2018年	增长率
公共图书馆数量	—	87	122	156	191	119.54%
图书馆镇街覆盖率	—	46.47%	57.65%	72.35%	80.59%	34.12%
千人均建筑面积/平方米	19.14	20.41	22.35	23.89	27.23	42.27%
人均纸质信息资源藏量（册/件）	1.18	1.24	1.33	1.49	1.64	38.94%
年人均入藏纸质信息资源（册/件）	0.181	0.096	0.135	0.182	0.198	9.28%
每名工作人员服务常住人口数（万人）	—	1.32	1.13	1.16	1.08	18.18%
人均公共图书馆常规经费（元）	19.92	20.81	27.97	31.88	30.26	51.93%
人均文献购置费（元）	5.35	3.84	6.19	8.39	6.28	17.27%
读者人均到馆次数	0.97	0.95	1.15	1.44	1.63	67.86%
人均外借文献量（册次）	0.89	1.02	1.56	1.82	1.92	115.31%
注册读者率	11.83%	13.82%	16.02%	18.71%	21.30%	9.47%
每万人参加读者活动人次	—	1308	2549	3481	4064	210.81%
数字资源浏览、下载量（万次）	—	—	—	5416.24	8678.84	60.24%

说明：千人均建筑面积项目中，2014年为市、区两级图书馆馆舍面积，未含镇街图书馆情况，2015年起为全市公共图书馆馆舍面积；人均公共图书馆常规经费中未含图书馆馆舍建设经费。

政府保障投入中，自条例实施以后，图书馆设施建设即进入快车道。建设项目情况见表5。

表5 2015年以来市、区两级公共图书馆新增馆舍建设项目

序号	图书馆名称	新改扩建面积（平方米）	备 注
1	广州科技图书馆	新馆：60 000	2017年立项
2	广州市少年儿童图书馆	改建：10 300	新馆舍由市馆原馆舍移交改造，2016年开放

序号	图书馆名称	新改扩建面积（平方米）	备注
3	黄埔区图书馆	新馆：15 684	2015年底建成开放；对二分馆进行改造
4	从化区图书馆	扩建二期：16 000	2016年完成开放，为区少儿馆
5	海珠区图书馆	改建樱花街分馆：4000	由市少儿馆原馆舍移交改造，2017年开放
6		新文体中心馆：10 000	2018年开始建设
7	番禺区图书馆	新馆：29 800	2016年奠基，2020年建成开放
8	南沙区图书馆	新馆：25 000	2014年12月动工，2019年开放
9	花都区图书馆	新馆：16 000	2017年动工，2020年投入使用；旧馆将改造为区少儿馆
10	白云区图书馆	新白云新城馆：8000	2017年动工，2020年投入使用
11	越秀区图书馆	改建少儿馆：4700	由市少儿馆原馆舍移交改造，2019年开放
12	天河区图书馆	新馆：（初步计划）70 000	纳入区政府工作报告，进入立项程序
	合计	269 484	新改扩建馆舍项目共计12个，其中完成4个，在建7个，进入立项程序1个

由上述情况可见，无论政府保障投入，还是服务效能，广州市公共图书馆体系建设均取得显著进展。

3.3.3 社会力量积极参与

2015年以来，社会力量积极参与广州市"图书馆之城"建设，合作共建机制基本形成。各种社会主体基于自身商业利益及履行社会责任两方面动机，积极参与体系建设；主要负责保障馆舍、人员等要素投入，负责分馆建设、日常运营等。政府与图书馆方基于拓展公共服务动机推动合作，负责保障文献信息资源投入，负责技术平台、数字图书馆接入、人员培训等工作。几年来，社会力量参与成效显著，投入大量资源，服务效益初步显现。据统计，截至2018年，社会力量参与合建分馆达到41个；空间资源投入约2.59万平方米，配备专职人员63人，资金投入超过4000万元；2018年接待读者超过145万人次，外借文献超过50万册次。

3.3.4 体系化管理基础框架基本形成

总体上按基本制度设计推行。行政体系化管理方面，市、区两级政府文化行政主管部门积极履行法定职责，大力推进制订并组织实施配套制度、发展规划、年度计划、实施方案等工作，争取经费、人力资源投入保障，协调各相关主体支持，组织实施经费资助、人才培养、广州读书月宣传、统一标识、第三方评估等项目，配合人大开展执法检查等工作。

业务体系化管理方面：广州图书馆作为中心图书馆，2015年组建职能部门和项目团队负责推进全市图书馆体系建设；积极发挥专业调研、业务规划、统筹管理、指导协调作用，推动制订与实施全市公共图书馆统一的业务标准和服务规范，并推动制订地方标准；建设运营信息化管理系统、市区两层通借通还物流系统、数字图书馆三个技术平台，和数字图书馆、"送书上门"两个服务；建立并实施新从业人员的入职培训、业务骨干的继续教育；建立每季度一次的馆长联席会议作为体系业务管理协调机制；建立规范的业务统计与年度报告制度，每年发布年度报告，扩大"图书馆之城"体系建设影响，争取各方支持，接受社会监督；建设与不断完善由16个分馆、7个自助图书馆、1个汽车图书馆组成的示范图书馆体系，为完善全市图书馆体系的服务与管理，在分馆需求调查、人员统一配置、活动功能拓展、服务效能提升等各方面先行探索；探索全市公共图书馆联合采购文献信息资源等。

各区馆初步实现区域总馆职能，包括：11个区域总分馆体系全部实现纸质文献信息资源的统采统编、统一物流配送、通借通还、标准化服务；7个区域总馆设有专门负责区域总分馆体系建设的职能部门，7个区域总馆配备专职或者兼职工作人员负责区域总分馆体系建设，8个区域总馆设有专项经费支持区域总分馆体系建设，3个区实现由区域总馆向分馆直接派驻工作人员等。

3.3.5 基于体系化建设基本内涵的进一步分析

前述分析主要基于广州的基本制度设计。我们还可基于一般意义上的体系化建设基本内涵再进一步考察广州模式，亦可见其显著进展。

以相关指标衡量，广州市公共图书馆体系化程度表现为：2018年设施与服务（对应镇街层次）覆盖率达到80.59%；完成专业化改造或新建达标的镇街分馆、与社会力量分馆2018年底达到85个，实现设施与资源配备标准化，加上市、区两级公共图书馆，全市共有达标图书馆或分馆共104个；数字图书馆体系于2015年、送书上门体系于2018年实现广州市域全覆盖；外借文献量区域以下层面占全市总量的比重从2014年的28.43%提升到2018年的35.28%，接待公众访问量从39.64%提升到54.39%；全市统一借阅规则（免押金注册、统一外借册次等）从2017年开始实现；与服务效能指标相适应，全市公共图书馆总体上形成由传统图书馆服务、公共交流活动、数字图书馆服务等三方面组成的规范服务结构。全市构建形成的中心馆/总分馆体系运行效率提升明显，整个体系的产出，以外借文献量指标计，册均成本从2014年的22.29元下降到2018年的15.73元，效率提升29.43%；以接待读者量指标计，人均成本从20.53元下降到18.58元，效率提升9.50%；加上大量增加的读者活动、数字图书馆服务、注册读者等指标，则效率提升更为显著。

3.4 展望

2020年广州市将基本实现"图书馆之城"建设目标，即在全市街镇以上层面实现专业化的公共图书馆服务保障，全市常住人口平均每8万人拥有一座公共图书馆（分馆），公共图书馆建设水平跨上新台阶，服务效能实现显著提升。2020年也将启动第二个"图书馆之城"建设五年规划的编制工作。预计2021—2025年，全市"图书馆之城"建设将转到以全面提升服务效能为重点，实现服务功能进一步完善，服务保障水平大幅提升，接近香港、新加坡等发达地区水平。

在全国公共图书馆服务体系建设的框架内，广州模式作为中国体制下体系建设的比较理想的模式之一，具有较多的参考借鉴意义：第一，就总体而言，广州模式具有贯彻落实《中华人民共和国公共文化服务保障法》《中华人民共和国公共图书馆法》的典范意义，它在实质上落实了这两部法律在服务体系建设方面强调的政府保障责任、县域总分馆体系建设、服务效能提升等三个核心问题，并很好地实践了国家立法、地方配套、政府投入、行业运营、社会参与、效能提升与作用发挥的体系建设基本路径。第二，广州模式较好地体现了公众需求引领、政府保障投入、行业运营服务，以"三驾马车"驱动体系建设的基本逻辑模式，这也是推动体系建设的理想模式。第三，广州模式通过地方立法予以保障，有条件很好地解决体系建设中的行政体制创新创设，即县区总分馆体系单一建设主体、中心馆/总分馆管理体制问题，及体系建设保障的可持续性问题。第四，广州模式通过实践进展充分体现在目标定位上具备显著的科学性、可行性，如果对应《中华人民共和国公共图书馆法》的制度设计，其目标定位也可解读为分两步走策略，即率先在镇街层次实现专业化服务保障，而村居层次的服务除通过镇街以上图书馆服务适度延伸外，总体上放在下一阶段考虑。第五，政府保障标准量化及尽量与国际标准接轨，是广州模式制度设计的主要亮点之一，与全国大部分地区政府保障虚化、不到位形成鲜明对照，提供了地方配套落实国家政策的模范路径，也充分体现"与经济社会发展水平和阶段相适应"，对全国经济相对发达地区建设公共图书馆服务体系尤其具有启示意义。第六，广州模式以中心馆为主体构建全市业务管理体系，对国家以县域总分馆制为基础模式构建公共图书馆服务体系也具有强烈的参考借鉴意义，即在县域总分馆的基础上，可以更多发挥地市图书馆、省级副省级图书馆、国家图书馆的作用，以形成行业合力，推动公共图书馆服务体系建设这一新时期战略任务的实现。第七，广州模式在体系建设的同时，同步推进功能转型和服务创新，在整个实体体系的层面推进实现图书馆新的文化中心、交流中心功能，并且实现了新功能与传统功能的有机结合、互相促进。第八，广州模式高度重视服务效能提升，并直接纳入制度设计，有利于真正实现体系建设的最终目标，发挥体系功能与作用，在服务层面真正实现普遍均等，更好满足公众需求，提升公众的获得感、幸福感。第九，广州模式作为一个城市图书馆体系在全国公共图书馆服务体系建设中也可以发挥示范引领作用。

参考文献：

[1]柳斌杰,雒树刚,袁曙宏.中华人民共和国公共文化服务保障法解读[M].北京:中国法制出版社,2017:5.

[2]IMF. World Economic Outlook（April 2019）: GDP Per Capita, Current Prices.［R/OL］.［2019-07-05］. https://www.imf.org/external/datamapper/NGDPDPC@WEO/OEMDC/WEOWORLD/ADVEC.

[3]黎难秋.美国图书馆事业与管理[M].合肥:安徽省图书馆学会,安徽省中心图书馆委员会,1989.

[4]决胜全面建成小康社会,夺取新时代中国特色社会主义伟大胜利——在中国共产党第十九次全国代表大会上的报告[EB/OL].［2019-07-05］. http://news.cnr.cn/native/gd/20171027/t20171027_524003098.shtml.

[5]金武刚.论县域公共图书馆总分馆制的构建与实现[J].中国图书馆学报,2015（5）:42-57.

[6]李国新.新阶段 新目标 新任务——《关于推进县级文化馆图书馆总分馆制建设的指导意见》解读[J].图书馆杂志,2017（3）:7-8.

[7]广州图书馆.广州市"图书馆之城"建设2018年度报告[R/OL].［2019-07-05］. http://www.

gzlib.gov.cn/ndbg/169820.jhtml.

[8]方家忠.广州图书馆:一座纪念碑式的图书馆[M].广州:广州出版社,2015:7.

[9]方家忠.论社会转型期图书馆发展的外部环境和对策[J].图书馆工作与研究,2008(11):27–29.

[10]广州市公共图书馆条例[EB/OL].[2019–07–05].http://www.gzlib.gov.cn/policiesRegulations/ 78168.jhtml.

[11]方家忠.保障 促进 规范 提升——论地方立法对广州市公共图书馆事业的作用[J].图书馆论坛,2015(8):14–21.

[12]广州市"图书馆之城"建设规划(2015—2020)[EB/OL].[2019–07–28].http://www.gzlib.gov.cn/policiesRegulations/148307.jhtml.

[13]关于全面推进我市公共图书馆总分馆制建设实施意见[EB/OL].[2019–07–28].http://www.gzlib.gov.cn/policiesRegulations/163037.jhtml.

公共图书馆服务效能评价模式

李东来（东莞图书馆）

随着覆盖城乡公共文化设施网络的日益完备，服务效能建设成为公共文化服务体系建设的核心内容。检验和衡量服务效能的重要方式是进行评价。面对我国大力倡导完善公共文化服务体系，推动文化事业繁荣发展的时代需求，公共图书馆服务效能评价既要顺应公共文化服务的发展趋势，又要兼顾公共图书馆的特点。服务效能评价是我国公共图书馆事业发展的现实需要，是推动公共图书馆事业发展的重要手段，需要从理论研究、指标研制、评价实施、技术辅助等诸多方面完善并创新公共图书馆服务效能评价，从而实现我国公共图书馆整体服务能力的有效提升。

对图书馆的评价始终存在于图书馆工作中，而有目的、有系统地将评价作为认识和检查工作状况和图书馆工作结果的重要手段和方式则是近几十年的事情。图书馆评价由专项评价开始，逐步向综合性评价演进。图书馆评价起源于馆藏评价，随后开始关注参考咨询服务、技术服务等专项服务项目评价，并逐渐转向图书馆整体服务质量、效果、效能、效率的评价以及其他综合性评价。目前，公共图书馆开展的综合性评价有两种基本模式即符合性评价与成熟度评价。本文简要回顾全国公共图书馆评估定级及卓越绩效管理模式下公共图书馆绩效评价的发展与特点，对两种评价模式进行介绍与比较，以展示我国公共图书馆评价的现实状况。

1 公共图书馆评估定级

我国图书馆行业综合性评价活动始于20世纪80年代，由教育评估引进到图书馆领域，最早在高校图书馆进行。1987年辽宁省文化厅进行公共图书馆评估基本理论和适用性调研，研究制定评估体系和评估程序，明确评估的政府组织责任和专家委员会任务，随后在全省启动公共图书馆评估，首开公共图书馆评估实践先河。1994年文化部启动全国公共图书馆评估定级工作，是以政府为主导的全国性评估定级工作。鉴于我国幅员广阔和多级行政架构的实际，分级组织评估实施，评估对象限定在省、市、县三级公共图书馆。副省级及以上图书馆的评估由文化部专业司局负责组织实施；地市级和县市级图书馆的评估由所在各省（区、市）文化厅局负责组织实施。具体实施过程中，一般要求组成专家评估组，在图书馆进行初步自评的基础上进行评估。

迄今为止，全国性公共图书馆评估进行了6次，坚持"以评促建"的基本思路，是公共图书馆实施范围最广、影响最大的评估活动。2004年第三次评估定级工作中，中国图书馆学会承担了制定各级图书馆评估标准《细则》的工作，2009年第四次评估和2013年第五次评估，中国图书馆学会除制定评估标准《细则》外，还接受文化部委托开展了评估定级前的培训工作，在评估定级工作中发挥了重要作用。2017年第六次评估，中国图书馆学会负责评估标准的研制和评估工作的实施，文化部主要负责评估的组织领导，有效结合政府和中国图书馆学会的职能优势，形成良好的配合。全国公共图书馆第六次评估是公共图书馆事业发展进程中的一次重大突破和改变，实现了公共图书馆评估主体的多元化，发挥第三方评估主体的积极作用，发挥行业协会对图书馆事业的推动与指导作用，同时实现了文化部政府职能转移。

这种全国范围数千图书馆参与的、大规模的图书馆评估，也是具有中国特色的，国外鲜有匹敌。公共图书馆评估不纠缠于理论模式，偏重实用性导向，是为鲜明特征。公共图书馆评估已有30年，这也是中国图书馆事业迅猛发展的30年。从评估内容上看，我国公共图书馆评估围绕公共图书馆的设施与资源建设、业务工作和研究、人员管理等方面展开。前四次评估一直沿用"办馆条件—基本业务建设—读者服务工作—业务研究辅导和协作协调—管理—表彰、奖励"的基本框架，在二级指标和三级指标中根据图书馆现实情况不断增加新指标，以读者服务工作为例，第二次评估增加"利用计算机和网络开展服务"等二级指标，第三次评估增加"社会教育与用户培训"等，第四次评估增加"免费开放程度"等。第五次评估对一级指标做了较大调整，将"办馆条件"划分为"设施与设备""经费与人员"，将"管理"与"表彰、奖励"合并为"管理、表彰"。第六次公共图书馆评估的主要特点是引入科研团队，对评估进行理性思考和框架设计，同时增强评估数据和资料的可控性，依托技术平台规范和统筹评估实施。第六次公共图书馆评估标准以评估理论、公共文化服务理论以及服务绩效评估等相关理论为依据，结合公共图书馆实际情况，构建"服务效能—业务建设—保障条件"的新基本框架，将服务效能作为最重要评估内容。服务效能体现社会层面，考察公共图书馆基本条件和业务建设共同发挥对外功能的实现效果。重点在服务能力和图书馆作为系统的输出结果。业务建设体现图书馆层面，考察公共图书馆基础业务建设。重点在资源与管理，评估图书馆的业务能力和业务状况。保障条件体现政府层面，考察公共图书馆基本条件的建设和保障。重点在人、财、物，评估政府的保障能力和保障状况。采用加分制的分值设置，第六次公共图书馆评估不仅设置基本分项，而且增加了加分项。在基本保障、业务建设和服务方面表现突出、有创新的都将得到加分。一方面鼓励公共图书馆在做好基础性工作之外有所创新和突破，另一方面体现和解决东中西部差距的问题。

我国公共图书馆评估是以基础建设为主的投入导向评估，对公共图书馆的服务产出及服务效果绩效评价重视程度不够，尤其外部满意所占比重很小。具体体现为经济指标比重较大，效率指标有待完善，效果指标考察不足，公平指标尚未量化。第六次公共图书馆评估注重以服务为导向，加强推进绩效评估，但仍需在如何引入成效评估，加强评估结果应用等方面继续探索与实践。

图书馆评估研究也随着评估工作的开展而呈现不断发展的态势。尤其是每次评估期间，对评估指标体系的研讨和建议，评估过后各地图书馆对评估成效的汇总分析，都成为评估研究热点。

同时也应该看到，我国公共图书馆评估实践以行业自评为主，并逐步引入读者评价、第三方评估，但总体上社会参与度仍然低，评估结果的社会公信力与影响力远远不够。公共图书馆评估定级属于符合性评估，一旦通过最高一级的评定后就缺少了进一步的评估目标，不利于图书馆的可持续发展。

2 卓越绩效管理模式下的公共图书馆绩效评价

卓越绩效管理模式为公共图书馆提供了先进的管理理念和评价方法，将这一共性标准与图书馆个性发展相结合，可以推动图书馆行业评估从符合性等级评价转向成熟度评价，建立图书馆评估的长效机制，从而促使图书馆事业不断向前发展。

我国颁布的国家标准《卓越绩效评价准则》（GB/T 19580–2004和GB/T 19580–2012），规定了卓越绩效评价要求，是卓越绩效评价的主要依据；《卓越绩效评价准则实施指南》（GB/Z 19579–2004和GB/Z 19579–2012），是标准配套的指导性技术文件，为理解和应用准则提供指南。采用国家标准，将之积极引入到公共图书馆，是提升图书馆工作水平，对接社会需求与期待，完善图书馆评价的重要途径。按照国家标准要求，由图书馆根据环境条件、自身发展、同行参照等自行确定发展战略目标，不断迭代升级，以实现卓越绩效追求。目前，已经有东莞图书馆、深圳市龙岗区图书馆、深圳图书馆导入了卓越绩效管理，并获得了相应的政府质量奖，取得了初步的新评价模式探索成效。下文以东莞图书馆为例简述之。

东莞图书馆采用"按序导入"路径，从领导力打造、战略发展、用户服务、资源激活、过程管理、绩效考核和评价、服务效益输出等七个方面全面实施卓越绩效管理，使各项业务工作逐步得到提高和改进，服务质量和服务效果不断提升，并以优异的成绩获得2012年东莞市政府质量奖。图书馆遵循PDCA的原则，建立了完善的绩效改进系统；以"战略目标"为依据，利用关键绩效指标评估体系，借助信息平台和管理手段，采用季度考核、年终评优、满意度测评等办法，对包括高层、中层、员工的业务绩效进行定期评估和持续改进。

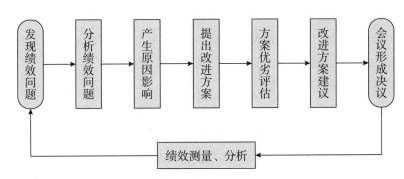

图1 绩效改进系统图

东莞图书馆以组织发展目标为指导，立足于图书馆实际，将卓越绩效评价方法导入公共图书馆评价工作之中，构建科学的绩效考核与评价体系。首先，设立关键绩效测量指标。东莞图书馆在运用平衡计分卡原理时结合自身实际从资源设施、利用与服务、效率效能、影响与发展第四个方面来构建绩效指标体系，共设计了137个绩效指标。其中，资源设施类绩效指标14个，主要关注图书馆环境对用户的吸引和满足；利用与服务类绩效指标70个，主要关注图书馆利用情况和效益产出；效率效能类绩效指标25个，主要关注图书馆各项工作、服务和管理过程的绩效；影响与发展类绩效指标28个，主要关注图书馆的成长、发展及事业影响力。同时根据每个岗位的工作特点，以部门为单位设立相应的关键绩效测量指标及其测量周期，以月、季度、半年以及年为时间节点，针对关键绩效测量指标的完成情况进行考核，分析存在问题，找出解决办法，总结提升上一阶段好的经验和做法。其次，制定内部运营和对外服务的绩效评估分析制度。通过工作检查记录、值班馆长日志、业务统计报表以及图书馆基本情况年报等对图书馆的绩效指标进行测量、跟踪，及时发现问题。为确保绩效测量系统与业务发展需要保持同步，图书馆规定网络部、办公室、业务部等综合部门共同负责绩效测量系统的建立和维护。图书馆绩效测量系统评价的内容包括绩效系统的设置、测量分析的方法、软硬件系统等，并根据不同的内容确定不同的要素和评价标准。最后，建立绩效测量系统持续优化机制。全馆的绩效评价及绩效改进工作由业务部和办公室两个部门共同承担，部门的绩效考核由高层领导团队根据部门年度目标责任计划书进行督导、评价和改进，个人的绩效评价、改进由部门负责人对照岗位说明书进行跟进、指导。考评改进小组定期对绩效考核目标和指标进行审视，并根据工作重点增删和修改其中的部分指标，考核过程强调双向沟通和动态调整，被考核部门可提出绩效目标和指标的修改建议，经业务部及办公室研究、高层领导团队通过后采纳，以保证图书馆的绩效测量系统能适应业务的需要，积极应对内外部的变化，与业务需要和服务战略目标保持一致。

开展图书馆领域卓越绩效评价体系的探索和研究，可以丰富和完善我国图书馆领域的评估手段和方法，转变以前评估标准中"重符合性"评价的局限，消除重"基础设施和资源评估"、轻"服务绩效输出"的弊端，从而实现图书馆行业评估手段的科学化。卓越绩效管理模式下的公共图书馆绩效评价是基于事实和数据的评价，形成成熟度评价准则，体现快速反应和敏捷性，关注结果效益和价值创造，推动了图书馆的价值创造和效益提升。

3 公共图书馆服务效能评价的标准与规范

服务绩效必须建立在测量和检验的基础之上，因此标准与规范是服务效能评价与提升的重要内容。

考查国际图书馆界相关的评价标准，从以下三个主要的国际标准演进可以看出图书馆界对于服务效能评价发展脉络和走向。

（1）国际标准ISO 2789：1974 International library statistics（1974-02），图书馆统计。随后在1991、2003、2006和2013年进行过4次修订，最近版本为ISO 2789：2013 Information and documentation-International library statistics（2013-09），是有关图书馆数量统计的国际标准和统计工具，提供馆藏规模和服务、用户数量和类型、图书馆人员、设备、馆舍等图书馆投入的计量。

（2）国际标准ISO 11620：1998 Information and Documentation-Library Performance Indicators（1998-04），信息与文献—图书馆绩效指标。随后在2003、2008和2014年进行过修订。标准重视图书馆绩效，强化输入输出的平衡，以"读者为核心"来设置指标，对图书馆资源和设施质量的评估，设置诸多关于图书馆资源设施利用率的指标。在2014版的标准中，包括资源、获取和基础设施；使用；效率；潜力与发展四大类，每个类别分别从馆藏、获取、设备、员工及概况等方面设置具体指标。其指标不断调整，更具普遍的适用性，以适应新的信息环境和读者变化的需求。

（3）国际标准ISO 16439：2014 Information and documentation-Methods and procedures for assessing the impact of libraries（2014-04），信息与文献图书馆影响力评估的方法和流程。标准分析了图书馆对于个人、机构及社会等各方面的影响，并提供了用于评估这些影响的一系列专门方法。该标准可用于图书馆自身影响力发展的纵向分析，也可用于同类型图书馆之间的横向比较，有利于促进图书馆提升在科学研究、文化教育与社会经济生活等领域的价值与地位。

上述三个标准有所侧重并不断完善服务效能评价体系的支撑结构，统计标准是服务效能评价的基础，绩效标准体现了服务效能的内涵与重点，而影响力评估标准则对于图书馆服务效能的外溢影响和评估流程加以规范。标准演进与图书馆事业不断重视服务效能的发展路径相伴随。

这三个国际标准在我国都有相对应的国家标准或行业标准，《GB/T 13191-2009信息和文献　图书馆统计》，《GB/T 29182-2012信息与文献　图书馆绩效指标》，《WH/T 84-2019信息与文献公共图书馆影响力评估的方法和流程》。等同或等效采用国际标准，也说明我国图书馆事业的发展与国际趋向的同向同步，越来越重视服务效能。而2012年12月31日发布的国家标准《GB/T

29182–2012信息与文献　图书馆绩效指标》，于2013年6月1日实施，明确服务效能的导向。并且用相应的绩效指标来评估图书馆的可持续发展能力和创新能力，对公共图书馆的绩效评估与发展创新起到积极的促进作用。

我国公共图书馆评估始终重视标准的依托与建设。1993年文化部主持制定《全国公共图书馆评估标准》，包括省、市、县三级图书馆及少年儿童图书馆评估标准，其后随着图书馆功能的拓展和服务的深化，每一次评估的开展都会对评估标准做出相应的调整和修改，评估重心逐步转向对图书馆的现代化、网络化建设和读者服务的考察。2000年国家图书馆研究起草《国家图书馆绩效评估指标体系》，标志着我国图书馆绩效评价开始与国际接轨，成为一段时期内我国最有代表性和权威性的绩效指标评价体系。2015年发布并实施《中华人民共和国文化行业标准：公共图书馆评估指标》系列标准。而在每次评估实践中制定的评估标准及细则，都成为衡量和检验图书馆综合效能的依据，经历了一个不断发展和完善的过程，也成为一个不断发展的绩效评估指标体系，展现了图书馆是一个不断增长的有机体。

总体上，我国公共图书馆评估仍以行业内部评估为主，以公共图书馆评估定级活动为代表，其评估标准的建立和完善显示出规范化、国际化的趋势。

4　公共图书馆服务效能评价展望

重视公共图书馆的服务效能，体现公共图书馆的社会价值，是公共图书馆存在和发展的需要，也是国内外图书馆界发展共识和趋向。体现服务效能，需要计量、检测、评价，并以评价做导向。

目前，我国公共图书馆综合性评价的两种模式中，符合性评价的公共图书馆评估定级已经走过了30多年的历程，全国性评估也已经组织了六次，极大地促进了我国公共图书馆事业的发展。从评估自身理论与实践来看，评估定级实施的延续性较好，这与评估的体例体系结构基本上一以贯之、变动不大相关，使得大范围的全国性行业评估能够相对平稳进行。与此相对应，单一结构形态的符合性评估也已经暴露出难以充分反映现实中公共图书馆事业的发展，尤其对于比较发达地区的图书馆事业，更难以反映其不断创新发展、激励其追求卓越成长的评价宗旨。

图书馆服务效能应以读者需求为出发点，致力于读者服务内容、方式、效率的创新和改进，即服务质量的提升。卓越绩效管理模式倡导顾客驱动的卓越，以顾客满意度和忠诚度为关键绩效指标，对顾客需求进行细分，提供个性化和差异化的服务产品，并对顾客需求变化和满意度保持敏感性，对顾客需求、意见、建议等做出快速灵活的反应，这为公共图书馆以读者为中心，提升服务质量，提高读者满意度提供了可借鉴的质量管理模式。注重不同发展阶段的图书馆系统性目标实现，确定成熟度等级，可以更有针对性反映和引导图书馆服务效能的实现，更有行业发展的导向意义。目前，卓越绩效标准尚没有图书馆行业的使用指南，只有个别图书馆的引进探索，没有将行业探索的相关成果转化为具体的图书馆行业可以操作的方案，殊为可惜。

图书馆服务效能评价指标要科学、严格与规范，必须有一定的标准作为支撑。目前我国公共图书馆评估与评价指标多为经验性设置，标准研制不成熟，进展慢。新时期图书馆服务效能评价应在已有基础上，注重标准先行，积极运用绩效评价、成效评价等评估理论思维，与国际通行的以用户为中心，将图书馆服务的效果、效率、成就和价值的评价原则进行本土化结合，完善公共图书馆服务效能评价标准。在体系架构上，注重顶层设计，使得符合性评价与成熟度评价两种模式发挥各自的优势，构建衔接融合、各有侧重的新型图书馆评估体系。两种模式的互补与结合，将是新时期公共图书馆综合性评价的研究热点和实践重点。同时，建立第三方专业评估机制，采用有效手段组织、管理并高效地实施评估工作，推进服务效能评估工作常态化。

浅析公共数字文化工程融合创新发展[①]

魏大威（国家图书馆　文化和旅游部全国公共文化发展中心）

1　公共数字文化工程建设必要性

1.1　国内外公共数字文化建设概况

公共数字文化工程主要基于网络环境实现公共文化资源的数字化与网络服务。随着信息技术的不断发展，数字化与网络服务已成为世界各国提供公共文化服务的重要方向和发展趋势。在国外，数字图书馆在美国被作为"信息基础技术应用"中的挑战性课题进行部署，并从1993年开始持续立项支持数字图书馆建设研究。2013年4月，美国数字公共图书馆（DPLA）正式建成并成功上线，计划将美国所有馆藏丰富的图书馆、档案馆、博物馆和文化遗产集中到一起，免费提供给学生、教师、研发人员及普通大众使用[1]。加拿大、英国、法国等许多国家也投资研究开发自己的数字图书馆。2005年6月，美国国会图书馆向联合国教科文组织首倡建立世界数字图书馆。2009年4月，联合国教科文组织和32个伙伴机构启动了世界数字图书馆项目，世界数字图书馆网站（www.worlddigitallibrary.org）正式启用，重点对全世界现存的孤本、善本等资料进行数字化重建，目前建立了比较成熟的管理体制、资源组织机制、技术实现机制以及运行机制，全球合作伙伴已超过127个[2-3]。自2002年4月以来，我国相继实施了全国文化信息资源共享工程（以下简称"文化共享工程"）、数字图书馆推广工程、公共电子阅览室建设计划三大公共数字文化惠民工程。公共数字文化建设顶层设计不断完善，2015年1月，中共中央办公厅、国务院办公厅印发了《关于加快构建现代公共文化服务体系的意见》，要求构建标准统一、互联互

---

① 转载自《图书馆理论与实践》2019年第8期。

通的公共数字文化服务网络[4]。2017年3月，《中华人民共和国公共文化服务保障法》正式施行，明确提出"国家统筹规划公共数字文化建设"[5]。2017年8月，原文化部印发了《"十三五"时期公共数字文化建设规划》，成为我国首个公共数字文化建设五年规划[6]。2019年4月，随着文化和旅游部向各省、国家图书馆、文化和旅游部全国公共文化发展中心（以下简称"发展中心"）印发《公共数字文化工程融合创新发展实施方案》（以下简称《实施方案》），标志着公共数字文化工程融合创新发展工作正式启动[7]。2012年以来，学术理论界许多学者从公共数字文化服务体系建设、技术架构、数字资源建设、服务推广以及地方创新实践等方面进行了系列论述，取得了较好的研究成果。

1.2　我国公共数字文化建设成果与基础

经过17年的建设，发展中心、国家图书馆会同各地图书馆、文化共享工程分支中心、文化馆，从基层群众文化需求出发，为公共数字文化工程奠定了坚实的工作基础。

（1）建立了完善的六级服务网络体系。文化共享工程建立了覆盖城乡的服务网络体系，包括1个国家中心，33个省级分中心，333个地市级支中心，2843个县级支中心，32 179个乡镇基层服务点，与中组部全国党员干部现代远程教育工程和农村中小学现代远程教育工程联建70万个村（社区）基层服务点。全国已建成公共电子阅览室61 758个，其中乡镇32 719个、街道3668个、社区25 371个。十八大以来，针对基层服务点设备年久失修老化严重问题，通过实施边疆万里数字文化长廊建设和中西部贫困地区公共数字文化服务提档升级项目，对22个中西部省份的3866个乡镇服务点、14 136个数字文化驿站进行了升级、改建。数字图书馆推广工程建立了"以专网为主干、以虚拟网为补充"的"国家—省—市—县"四级数字图书馆公共文化服务一体化网络，覆盖了包括少儿馆在内的41家省级图书馆、485家地市级图书馆、2740家县级图书馆。

（2）建设了丰富的数字资源。文化共享工程联合各省建设中华优秀传统文化、全民艺术普及、精准扶贫专题数字资源780.8TB，以此为基础，针对特定服务人群文化需求，定制推出了音频、大众美育、社区文化生活、百姓戏曲等资源定制产品。数字图书馆推广工程按照"共知、共建、共享"的原则，在全国400余家省市级公共图书馆开展了现代文献、民国时期文献、善本古籍等文献的数字化和元数据集中仓储建设，目前累计建设政府公开信息数据1447万余条、地方图书数字化资源415万余页、报纸数字化9万余版，全国数字资源总量超过22 414TB，建立了中国盲人数字图书馆、中国残疾人数字图书馆和国家少儿数字图书馆。

（3）形成了有力的技术服务平台支撑。发展中心在国家公共文化数字支撑平台基础上推出了国家公共文化云，并提供手机端服务，截至2018年底，累计发布音视频资源11 993条，发布文化场馆1036个、文化活动4461个，设置地方专区49个，与9家地方文化云开展对接；中国文化网络电视"共享直播"纳入云端服务，成为各地特别是文化馆系统开展群众文化活动、演出、培训的热门展示、宣传新媒体渠道，累计播发各地群众文化活动、专题讲座等670场，点击量达到2.07亿人次；结合文化和旅游部公共文化服务重点工作，云端对接开通了文化馆评估系统、示范区群众满意度调查系统、"阳光工程"文化志愿者管理系统、公共文化交流系统等应用，发挥了网络管理支撑作用。数字图书馆推广工程运行管理平台、统一用户管理系统、唯一标识符系统等各类数字图书馆业务平台投入使用，其中网络书香资源检索平台部署129家图书馆，中国政府公开信息整合服务平台建立分站252家，实名用户超过1313万人，全国各地读者实现单点登录，建成数字图书馆移动阅读平台，已在全国410家公共图书馆建立分站，为读者提供随时、随地、随身的便捷服务。此外，数字文化馆建设启动试点，全国已有五批次88家单位开展项目试点，相继搭建了数字文化馆平台，具备网络培训、艺术资源点播、线上活动、志愿者服务等基本功能，累计发布艺术普及资源96 486部/集，开展线上线下结合活动842场，服务了1547万人次。

（4）取得了显著的基层惠民服务成效。公共数字文化工程通过走进农村、走进社区、走进军营、走进学校、走进企业，面向基层群众推送丰富的数字文化资源，每年服务上亿人次，不断满足基层群众"求知识、求富裕、求健康、求快乐"的基本需求，初步缓解了农民群众看书难、看戏难、看电影难的问题。针对少数民族群众、少年儿童、农民工、下岗职工、老龄群体、残障人群等重点服务对象实际需求，开展多种形式的专项数字文化服务。

（5）培养了一支专业的人才队伍。发展中心、国家图书馆联合各省图书馆、分中心、文化馆，采取现场集中培训、网络远程培训等方式，面向各市县及乡镇基层，培训专兼职人员近千万人次，公共数字文化各级服务阵地上形成了一批专业化的人才队伍。

1.3 公共数字文化建设目前存在的不足

调查显示，随着信息技术的不断发展以及人民群众在移动互联网环境下获取信息方式的变化，当前公共数字文化建设也凸显不足。

（1）管理统筹不够。工程原有的工作机制和机构分工安排没有跟上机构改革的步伐，导致三大工程分别由发展中心、国家图书馆直接联系各省图书馆、分支中心、文化馆具体实施，缺乏整体管理与统筹协调。

（2）平台建设存在"孤岛"现象。文化共享工程分支中心网站和数字图书馆、数字文化馆平台之间相互独立，大部分缺少联通。由于平台众多，群众不知从哪个平台获取服务，公众关注度分散。传统的网站服务平台急需向手机端服务转型。

（3）资源建设体系化、针对性不强。工程资源建设欠缺总体规划，在内容、形式、服务模式等方面无法适应移动互联网、新媒体的飞速发展，适用性、新颖性不强，许多资源点击量少；各地资源建设水平不均衡，文化馆资源建设刚刚起步，资源建设开放度不够。

（4）服务效能有待提升。随着手机上网服务的普及，工程提供的阵地服务效果不再凸显，城镇群众对工程的知晓度不高，服务活动参与率有限。

（5）社会力量参与不够。工程尚未与社会力量在平台联通、资源共享、活动联办等方面开展全方位合作，离"用好社会化平台"还有较大差距。这些发展瓶颈的显现，令工程建设亟须融合发展、转型升级。

2 公共数字文化工程面临的新形势、新要求

随着中国特色社会主义进入新时代，我国社会主要矛盾已经转化为人民日益增长的美好生活需要和不平衡不充分的发展之间的矛盾。进入新时代，人民对美好生活的需要离不开文旅融合的滋养，离不开公共数字文化带来的均等化与便捷性。新时代的技术创新变革、文旅融合发展与供给侧结构性改革以及移动互联网给人们生活方式带来的巨大转变，为公共数字文化工程带来了新形势、新要求。

2.1　技术变革给公共数字文化服务带来的机会与发展空间

在数字时代，万物互联进程不断加速，5G、大数据、云计算、物联网、人工智能等新技术不断涌现，技术迭代升级、数据化、融合重组、分享、连接、颠覆成为数字时代的鲜明特征。技术快速迭代升级带来软件版本的不断升级，工程所需的服务平台可以迅速应用这些最新技术，实现弯道超车，如文化馆在建设数字体验馆中引入的虚拟现实技术，给用户带来了时代感很强的服务体验。接入互联网后，行业发展呈现数据化特征，从数据到信息到知识到智慧的生态链条正在形成，如依托图书馆系统的元数据，可以加工生成文化信息，进而梳理形成某类有用的知识，海量知识可以给读者带来智慧服务。"快鱼吃慢鱼"，带来行业的剧烈融合重组，支付宝、微信的应用普及，对银行支付、传统通信带来了深刻革命，重构了新的生态系统，也给我们的工作带来了极大便利，如图书馆借助蚂蚁信用开展免费借还书服务，文化馆依托微信平台快速建立微信服务号，让艺术普及服务迅速进入手机端。5G技术将实现大容量音视频资源的快速、高效推送，网络直播群众文化活动将成为常态。

2.2　群众获取信息的需求与习惯发生了深刻变化

中国互联网络信息中心（CNNIC）2019年2月发布的第43次《中国互联网络发展状况统计报告》显示，截至2018年12月，我国网民规模达8.29亿，我国手机网民规模达8.17亿，网民通过手机接入互联网的比例高达98.6%，新闻客户端和各类社交媒体成为基层群众特别是年轻人的第一信息源，而且每个人都可能成为信息源[8]。依赖手机上网获取信息、发布信息、交互服务，已经成为人民群众除了衣食住行之外的基本生活需要。因此，突出移动交互式服务，线上线下结合，给用户带来良好的应用体验，是推进工程融合发展的紧迫需要。

2.3　文化和旅游融合发展带来的新要求

随着2018年4月文化和旅游部的挂牌组建，我国文化和旅游融合发展正式拉开帷幕。为提升文化和旅游公共服务的覆盖面和实效性，需要坚持"政府主导、社会参与、重心下移、共建共享"的基本原则，推动基本公共文化服务标准化、均等化；坚持"补齐短板、融合共享、全域覆盖"，推动旅游公共服务转型升级。公共数字文化工程依托"互联网+公共服务"优势，可实现文化和旅游公共服务资源的加速汇聚，通过手机端应用，快速融入群众的文旅生活，让文旅资源和服务可查询、可收看、可预订、可体验、可互动、可评价，提升用户服务的获得感与幸福感。如，按照文旅融合发展思路，云南省推出"一部手机游云南"项目，整治旅游行业乱象，推动旅游产业升级，利用云计算、大数据、人工智能等技术，为云南打造一个智慧、健康、便利的智慧旅游大数据平台，增强游客在云南旅游的舒适度、体验感、便捷性和自主性。

面对新形势、新要求，推动公共数字文化工程在新时代的转型升级势在必行，需要实现从建设站点、配发设备、创建资源向资源汇聚、平台打通、移动服务、业态创新、机制创新的全面转型。

3 公共数字文化工程融合创新思路

3.1 推出统一的服务界面

据统计，文化共享工程、数字图书馆推广工程针对特定项目和服务对象，推出了几十个服务界面，比如心声·音频馆、大众美育馆、社区文化生活馆、百姓戏曲馆、公共文化交流系统、中国文化网络电视、数字图书馆移动阅读平台等，这些服务界面有的支持电脑网页端访问、有的基于微信开展服务、有的以APP形式运行，各自发挥作用。为了面向用户提供统一、便捷的访问服务，公共数字文化工程需要整合推出统一的基层服务界面，基于宽带互联网改版推出工程门户网站"国家数字文化网"，基于移动互联网推出以"文旅e家"命名的微信、微博、APP客户端并适配大屏终端和电视终端安装使用，让用户可以在多种终端上获取工程统一的服务入口，"一站式"获取工程资讯、文化直播、数字资源、文化活动、文化场馆等集成式、线上线下结合服务。全国统一的基层服务界面提供后台管理功能，各地可自主定制本地需要的专题资源，也可上传发布本地建设的地方特色数字资源和服务项目。

3.2 搭建互联互通的平台

为做好工程融合创新发展平台建设，为公共数字文化服务提供支撑，在对公共数字文化工程现有平台进行梳理基础上，结合应用现状与技术发展趋势，研究设计公共数字文化工程技术体系框架（见图1），该体系框架主要由六部分组成。

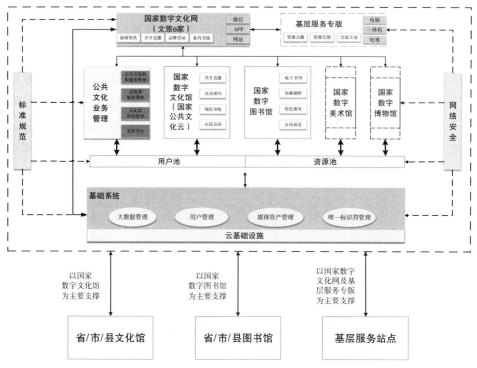

图1 公共数字文化工程技术体系框架

（1）工程门户网站与用户服务界面。国家数字文化网作为工程门户网站，公共数字文化工程两微一端和基层服务终端构成用户服务界面，直接向公众提供公共数字文化资源与服务。

（2）图书馆与文化馆行业深度服务系统。由国家数字图书馆、国家数字文化馆构成的深度服务系统，分别提供相关领域的专业化、个性化服务，图书馆原有的、面向专业人群的服务界面继续发挥作用。国家数字图书馆、国家数字文化馆已有的精品数字资源、资源发布系统、资源服务系统可为公共数字文化服务提供资源和技术支持。这一架构未来可扩展至博物馆、美术馆等机构。

（3）公共数字文化用户池和资源池。通过用户管理系统、唯一标识符等系统，将公共数字文化的数字资源、用户信息汇聚成用户池和资源池，对终端服务界面和各系统专业服务提供用户支持和资源支持。用户池和资源池同时承担记录用户行为与资源利用记录的任务，为大数据分析提供基础。

（4）基础系统与云基础设施。由用户管理、唯一标识符管理、媒资管理、大数据分析等构成的基础系统。通过基础支撑平台管理公共数字文化工程的用户、资源、数据，支撑公共数字文化工程的运行和服务。云基础设施提供基于云计算技术的计算资源、存储资源、网络资源。

（5）工程标准规范和网络安全。标准规范包括公共数字文化资源标准、技术标准、服务标准、管理标准。公共数字文化服务具有鲜明的信息化、网络化特征，网络安全、数据安全、意识形态安全至关重要。

（6）智能分发与服务。通过网络连接到各级数字图书馆、数字文化馆和基层服务站点，利用技术手段提供资源智能终端服务，获取并分析各级公共数字文化服务数据。通过数字图书馆专网、虚拟网以及互联网等多种方式，实现与各级数字图书馆、数字文化馆和基层服务站点的连接。

3.3　汇聚形成数字文化资源总目录

《实施方案》要求统筹工程资源建设和服务推广工作，公共数字文化工程需在现有资源建设成果基础上，采取新建、定制与改造等多种方式，重点建设中华优秀传统文化资源、全民艺术普及资源、全民阅读资源、文化精准扶贫资源、文化旅游资源等，着力丰富移动互联网适用资源。经梳理统计，截至2019年5月底，公共数字文化工程大约形成了视频95 613小时、音频94 835小时、中文图书472万种、中文期刊1.541万种、报纸630种、图片52万张、工具书100种、网络资源1847万条、元数据170万条等数字资源，以此为基础，可梳理形成公共数字文化工程数字资源总目录。具体工作安排如下：

（1）核对数据、完善总目录。联合各省图书馆和文化馆，对照统计项目，调查统计各地公共数字文化资源建设情况，发展中心和国家图书馆汇总全国数据后，进行集中统计与分析，完善资源总目录。

（2）制定资源分类标准，形成资源服务目录。发展中心和国家图书馆根据资源总目录，制定工程资源分类标准，根据资源分类、服务对象、数量、版权等情况和基层需要，形成多个基本服务目录，比如综合版、扶贫版、少儿版、艺术普及版、文化志愿服务版、乡村少年宫版、新时代文明实践版、中华传统文化版等不同服务目录，面向社会发布。

（3）结合元数据仓储建设，实现资源元数据的统一检索、统一管理与集中调度，为用户提供一站式的资源获取服务。

（4）制定资源总目录和服务目录更新机制，不定期推出专题服务目录，丰富资源目录应用。各地可根据服务需要，从目录中挑选资源并调取使用。

4 在融合发展中注重创新

4.1 注重管理创新

文化和旅游部《2018年文化和旅游发展统计公报》数据显示，截至2018年底，全国共有公共图书馆3176个，公共图书馆从业人员57 602人；全国共有群众文化机构44 464个，其中乡镇综合文化站33 858个，全国群众文化机构从业人员185 637人[9]。实践证明，覆盖全国的六级服务网络组织体系，是有效推进工作的法宝，是一种独有的组织优势。实现公共数字文化工程转型升级，关键在于工程实施主体能否在转型中成为公共数字文化服务的推进者、革新者、颠覆者和引领者。图书馆和文化馆行业是推动公共数字文化工程融合创新发展的两大主力军，必须牢牢依靠这两大主力，以工程融合创新发展为牵引，发挥好中国图书馆学会和中国文化馆协会的行业引领、行业协调、行业管理作用，加强理论研究和业务交流，推动图书馆行业的数字图书馆建设迈向智慧化，带动文化馆行业的数字文化馆建设迈入快车道，最终让基层群众共享公共数字文化带来的"一站式"服务。

4.2 注重服务创新

以用户为中心，是公共数字文化工程的服务宗旨。在数字时代，用户的数字文化需求和获取方式发生了深刻变化，基层群众普遍习惯通过手机"一站式"获取公共文化服务。针对用户实际需求，《实施方案》提出了"统一称谓、统一标准、统一平台、统一界面、统一目录、统一培训、统一推广"等7个"统一"举措，就是为了方便基层群众登录一个界面，即可"一站式"获取公共数字文化资源与服务，获得良好的线上线下融合服务体验，提升服务效能。如，2017年以来，发展中心联合各省文化馆策划实施了"百姓大舞台"品牌项目，依托互联网，各地举办的品牌性群众文化活动、演出、培训，通过直录播方式进入"云端"，服务受众大幅增加，很受欢迎，仅2018年就推出了226场网络直录播，在国家公共文化云的收看量超过5000万人次，统一的直录播发布界面和收看入口，聚拢了大批用户，为各地的精彩节目带来了"客流"，单独依托本地平台无法达到这样的效果。按照《实施方案》要求，计划将国家数字文化网改版为公共数字文化工程的门户网站，并推出"文旅e家""两微一端"，为用户、行业工作者提供统一的访问入口，实现工程资讯、资源、服务的集中发布与应用。为了面向用户增强工程的品牌辨识度，三大工程对外统一称为"公共数字文化工程"，工程"两微一端"统一使用"文旅e家"作为服务品牌。

4.3 注重渠道创新

按照"开放共享、社会参与"的原则，在融合创新发展中，工程需要积极探索与阿里云、腾讯、新浪、喜马拉雅、抖音等社会化平台的合作共享，用好社会化渠道平台带来的服务增量。2018年12月，发展中心联合国家图书馆在喜马拉雅客户端开通了"文旅之声"服务账号，发布了公共数字文化工程建设的953个音频节目。截至2019年4月底，"文旅之声"粉丝量为12 366人，累计收听量为285.5万人次。在2019年世界读书日，国家图书馆开通了抖音账号，当天的活动点击量超过百万人次。国家图书馆互联网信息战略保存项目启动日，将首家互联网信息战略保存基地落户新浪。利用阿里云优势，有利于实现工程大容量视频数字资源的网络存储与多网加速分发。此外，工程融合发展还需要正视相关传播平台的竞争性挤出效应，比如"学习强国"平台给工程发展带来的启示与挑战，要求工程主动对接"学习强国"，借力推广工程独有的资源与服务。

当前，推动公共数字文化工程融合创新发展，具有网络体系、数字资源、技术平台、服务受众、人才队伍等多方面坚实工作基础，紧跟数字时代发展趋势，顺应新时代人民群众数字文化需求，是认真贯彻落实习近平总书记系列重要指示精神、助力文化和旅游融合发展的有力举措，势在必行。推动工程融合创新发展必须牢牢守住正确的政治方向，确保意识形态安全和网络安全，坚持"能融则融、宜融尽融"，创新思路，以用户为中心，聚合图书馆和文化馆行业力量，持续优化工程在标准、平台、资源、服务、大数据等方面的产品供给，用好社会化渠道与平台增量，提高覆盖面和适用性，增强人民幸福感和获得感。

参考文献：

[1]刘博宇.DPLA对公共图书馆数字化项目发展的启示[J].图书馆学刊,2013(11):141-143.

[2]秦雪平.图书馆、档案馆与博物馆数字资源整合研究——以世界数字图书馆为例[J].情报探索,2013(1):69-72.

[3]王风珠.世界文化的展示与交流世界数字图书馆（WPL）网站开通及启示[J].图书馆建设,2009(11):90-92.

[4]关于加快构建现代公共文化服务体系的意见[EB/OL].[2019-04-14].https://baike.so.com/doc/2549/984_26527103.html.

[5]中华人民共和国公共文化服务保障法[EB/OL].[2019-04-14].https://baike.so.com/doc/24643627_25532075.html.

[6]"十三五"时期公共数字文化建设规划[EB/OL].[2019-04-28].https://baike.so.com/doc/26643046_27915734.html.

[7]公共数字文化工程融合创新发展实施方案[EB/OL].[2019-04-16].http://zwgk.mct.gov.cn/outo255/201904/t20190422_843023.html?keyworkds=.

[8]中国互联网络发展状况统计报告[EB/OL].[2019-04-28].https://www.199it.com/archives/839540.html.

[9]中华人民共和国文化和旅游部2018年文化和旅游发展统计公报[EB/OL].[2019-06-10].https://news.cn.net/c_826536.

交流互鉴，开放合作

——上海图书馆跨区域合作探索与实践

陈　超　马　春（上海图书馆　上海科学技术情报研究所）

近年来，图书馆区域合作在世界各地如火如荼地开展并取得积极的实效。其中，图书馆联盟作为区域合作的组织，对图书馆数量、区域地点、文献类型、用户需求等有一定要求，可在成员馆之间建立、发展、执行资源共享[1]。它在实现资源共享、促进专业化发展、提升创新能力以及降低运营成本等方面具有优势和特色，越来越成为国内外图书馆区域合作的主流趋势。

1　联盟是图书馆区域合作的主流趋势

20世纪70年代，由于通货膨胀、预算锐减和网络发展等因素，美国许多图书馆纷纷参与各种资源共享计划，资源共享成为美国图书馆学界研究的热点，提出了"图书馆资源共享"（Library Resource Sharing）等专业术语。图书馆联盟是资源共享理念发展的产物。随着第一代互联网ARPANet的开发和运用，多数图书馆开始联机自动化系统的开发，建立本地的计算机系统和网络，使得图书馆寻求机构间的协作以获得新的发展生机成为可能，成为美国图书馆联盟蓬勃发展的一个重要契机。

据国际图书馆联盟非正式组织ICOLC（The International Coalition of Library Consortia）的统计数据，截至2019年，全世界在ICOLC注册的图书馆联盟有近200个，遍及北美、南美、欧洲、大洋洲、亚洲和非洲[2]，如美国大学图书馆国际联盟（American International Consortium of Academic Libraries, AMICAL）、欧洲的爱沙尼亚图书馆网联盟（Estonian Libraries Network Consortium, ELNET）、马来西亚的网络电子资源联盟（Malaysian Online E-Resources Consortium, MOLEC）等。其中，美国的图书馆联盟数量最多，其特点是遍布各州、数量众多、类型齐全、

以地域为中心建立（见表1）[3-4]。

表1 美国主要图书馆联盟概览

联盟名称	成立时间	联盟类型	成员馆数量和类型
波士顿图书馆联盟（BLC）	1970年	跨州跨系统	马萨诸塞州、康涅狄格州、罗得岛州和新罕布什尔州的18个研究图书馆，涵盖公立和私立大学、国家图书馆等
科罗拉多州图书馆联盟（CliC）	1976年	同州跨系统	科罗拉多州451个成员馆，涵盖高校、公共、中小学、专业图书馆
华盛顿研究图书馆联盟（WRLC）	1987年	同州同系统	华盛顿地区9所大学图书馆
奥比斯图书馆联盟（OCA）	1993年	跨州同系统	俄勒冈州、华盛顿、爱达荷州37家学术图书馆
佐治亚州图书馆联机教育系统（GALILEO）	1995年	同州跨系统	佐治亚高校系统（USG）、公立K-12学校、公共图书馆、技术学院等2000多个机构组成
俄亥俄州图书馆与信息合作网络（Ohil LINK）	1996年	同州跨系统	俄亥俄州121个成员馆，涵盖州立图书馆、公立大学、独立学院图书馆等
宾夕法尼亚大学图书馆联盟（PALCI）	1996年	跨州跨系统	宾夕法尼亚州、新泽西州、西弗吉尼亚州和纽约的近70个成员馆，涵盖公立大学、ARL院校、州立图书馆等
印第安纳高校图书馆联盟（ALI）	2003年	同州同系统	印第安纳州72个成员馆，涵盖研究、法律和医学、神学院和本科院校图书馆
伊利诺伊州学术图书馆联盟（CARLI）	2005年	同州同系统	伊利诺伊州134个成员馆，涵盖公立学校、私立学校及专科学校图书馆
马萨诸塞州图书馆系统（MLS）	2010年	同州跨系统	马萨诸塞州的1587个成员馆，涵盖公共、学术、大专院校及专业图书馆

上述联盟的服务内容中，100%开展馆际互借、文献传递和技术支持服务，90%提供书目集成管理系统，80%组织成员馆进行电子资源合作采购，60%的联盟合作开展数字资源建设和保存，50%的联盟关注图书馆员继续教育，30%的联盟建有物理馆藏的联合仓储书库。除以上传统服务外，它们还开展了数据统计服务、需求驱动采购、机构知识库等新兴服务。

电子资源合作采购。Ohio LINK是美国区域图书馆联盟的典范，电子资源合作采购是其较大的一项服务，为成员馆带来了巨大的经济效益。Ohio LINK 的联合采购主要包括电子期刊、电子图书和数据库，共享资源4600多万件，包括100个数据库、10 000多种学术期刊、超过10万本电子图书和58 000篇学位论文等，仅2016年下载量就超过1200万。

数字资源建设和保存。CARLI在数字化资源建设方面开展了大量工作，建设了多项数字化特色资源项目。CARLI Digital Collections即CARLI数字资源项目，2006年建立，整合了CARLI成员馆的特色数字馆藏，包括艺术图片、印刷品、手稿资料、录音和地图等，除了Saskia艺术图片库和Sanborn地图库只提供给CARLI成员机构使用外，其他资源均可供全世界学者浏览、搜索和使用。

图书馆员继续教育。BLC为成员馆的馆员和工作人员提供专业培训机会，2016年6月，BLC决定创建馆员发展特别小组，工作组完成了"BLC Leads"的项目计划，并于2017年春季开始实行。CARLI通过联合图书馆管理系统（I-Share）每年都有系统的培训计划，针对不同主题，提供多种培训。

馆际互借与文献传递。MLS馆际互借与文献传递服务的目标是最大限度提升全州文献传递协作的效果，它给近600个图书馆提供文献传递服务，其馆际互借图书的运送由Optima Shipping公司负责。2017财政年度，MLS共提交22 908笔馆际互借与文献传递申请，成功运送17 332笔，满足率76%。

联合仓储。WRLC的联合仓储设施建在大学校园的一个自由开放的空间。图书、视听资料或缩微印刷品和档案盒均可以检索，通过在成员馆建立馆藏关联数据，以此产生协同效应。为了在最小面积内存储最大数量的文献，存储的资料都是按尺寸分类排序。文献存放在档案盒里，到2017年底共计存储2 830 560卷67 035个档案盒，超过1200万件馆藏。

2　国内公共图书馆跨区域合作探索与实践

国内图书馆联盟主要在2000年以后中国高等教育文献保障系统（CALIS）和全国文化信息资源共享工程的实施背景下兴建起来，其中，公共图书馆在资金来源、服务人群、服务目标上具有高度一致性，因此在区域合作上具有其他行业无法比拟的基础优势。近年来，我国在公共图书馆区域合作进程中取得了显著成效，以下介绍几个主要的公共图书馆跨区域合作案例及其做法[5-8]。

2.1 粤港澳图书馆合作

2002年11月，广东省文化厅、香港特别行政区民政事务局和澳门特别行政区文化局在香港举行第一次粤港澳文化合作会议，三地图书馆之间的合作交流正式开启，包括：每年举办粤港澳文化合作会议，公共图书馆合作交流小组参与业界交流，积极推动项目实施；实现粤港澳书目统一检索，读者可在图书馆网站上直接搜索包括深圳图书馆、广东省立中山图书馆、香港公共图书馆、澳门大学图书馆及澳门公共图书馆的书目信息及馆藏信息；广东省立中山图书馆开发联合参考咨询系统实现粤港澳三地图书馆网上参考咨询合作；通过组织讲座、展览巡展、参观访问等方式，开展读者活动联动；馆员通过各种论坛、讲座、大型学术活动等加强学术交流，如粤港澳三地图书馆公共服务论坛、公共图书高峰论坛等；加强地方文献资源互通共享，设立"地方文献特藏"专区等。

2.2 长江三角洲图书馆联盟

2005年11月，长江三角洲图书馆联盟正式成立，包括浙江省、上海市及江苏省三省市的100多家图书馆。联盟定期举办相关活动，如读者服务学术交流活动、长江三角洲地区公共图书馆征文活动及各馆图书馆同人互相参观交流活动等。十几年来，这个联盟的运行方式更多是"隐形"的，馆际互借、参考咨询、讲座展览等多个服务、业务领域内一直有联动项目在长三角区域内持续发展，然而"联盟"的知名度并不大。总体而言，因为没有资金和机制保障，没有一个统一的检索平台，属松散型联盟，其地位和作用没有得到广泛的认知。

2.3 珠江三角洲数字图书馆联盟

2010年4月，珠江三角洲数字图书馆正式启用，它是国内第一个由公共、教育、科研三大系统图书馆组成的跨系统联盟，突破了传统图书馆行政管理上的界限，有效地整合资源，提高资源的使用效率。联盟建立了我国第一个地区性跨系统文献资源共享平台——广东省文献资源共建共享协作网，通过联合编目的建设实现馆际间文献信息的共享服务。除此之外，由广东省立中山图书馆牵头，联合福建、云南、广西、湖北等16个省（自治区、直辖市）的40多个公共图书馆建立"联合参考咨询网"，大力开展联合参考咨询和远程文献传递服务。

2.4 "中三角"赣湘鄂皖四省公共图书馆联盟

2013年5月，江西、湖南、湖北、安徽四省图书馆界在湖北武汉成立"中三角"湘鄂皖赣四省公共图书馆联盟。联盟内的423家公共图书馆的馆藏总量达6394.7万册，均可为各省读者共享。联盟成立以来，联合举办了四省名家巡回讲座和作品联展等服务活动，如"湘鄂赣皖历史文化名人解读四省巡讲——屈原四人谈"、湘鄂赣皖风光摄影作品联展、"清风雅韵——湘鄂赣皖四省联盟廉政文献巡展"以及非物质文化遗产联展活动等，并深化联合调研与馆员交流培训。除此之外，该图书馆联盟还共建公共图书馆联盟网站，网站提供统一检索平台、联合参考咨询、统一认证查询以及联合目录查询等服务。

2.5 京津冀图书馆联盟

2015年11月，首都图书馆、天津图书馆、河北省图书馆在石家庄签署合作协议，正式成立京津冀图书馆联盟。在阅读推广方面，举办了京津冀阅读推广交流展示活动，如京津冀"守望青春，我与图书馆故事"阅读推广交流展示活动，京津冀三地青少年经典导读阅读推广活动等。在优秀展览资源共享方面，举办了《百名摄影师聚焦香港》精选图片展"三馆巡展、京津冀书法绘画名家主题创作作品邀请展等活动。联盟积极开展非遗保护领域的合作并加强古籍、地方文献的保护工作。此外，该联盟还成立了"京津冀图书馆人才交流"项目。2018年6月，联盟工作会议在天津图书馆召开并吸纳了天津市少年儿童图书馆加入。

3 上海图书馆积极构建三个层面的区域合作网络

近年来，上海图书馆以"世界级城市图书馆"为目标，以"积淀文化，致力于卓越的知识服务"为使命，致力于以知识导航为核心、图情业务并重的知识服务体系建设，积极拓展区域合作，积极构建以"上海之窗"文化交流项目为代表的国际合作、以长三角图情服务高质量发展战略合作为代表的国内合作，和以上海市中心图书馆系统为代表的全市合作的区域合作网络。

3.1 国际合作

3.1.1 "上海之窗"文化交流项目

2002年起，上海图书馆实施"上海之窗"文化交流项目，它是"中国图书对外推广计划"（CBI）的一个组成部分，通过向境外图书馆及藏书机构捐赠由中国国内出版的正式出版物，并举办主题活动，全方位对外介绍中国文化。赠书题材涵盖中国与上海的古代与当代艺术、经济、人物、哲学、文学、文化与民俗传统、历史等；语言版本主要为中文、英文或中英对照。截至2018年底，全球6大洲72个国家和地区的168家机构开设有"上海之窗"，基本覆盖"一带一路"沿线国家，共计捐赠纸质图书近12万册。在"上海之窗"网站可读的电子图书近3万种，以及包括"中华家谱"和"上海图书馆开放数据一览"等在内的多个上海图书馆自建数据库。项目先后获得上海市第八届"银鸽奖"项目类三等奖、第十一届"银鸽奖"项目类二等奖和2011年度上海市对外（港澳台）文化工作优秀项目等殊荣。

3.1.2 国际图书情报双论坛

上海国际图书馆论坛（Shanghai International Library Forum, SILF）是上海图书馆于2002年为纪念建馆50周年而创办，此后每两年举办一届，迄今已成功举办九届。每届论坛都收到来自数十个国家和地区的论文上百篇，数百位国内外图书情报领域的专家学者和研究人员与会交流，时任国际图书馆协会联合会（IFLA）主席、中国国家图书馆馆长、学界大咖等均作主旨报告。竞争情报上海论坛创办于2003年，2011年起每两年举办一届，至今共举办了五届，论坛吸引了来自美国、法国、日本、英国、印度、阿根廷等近百位国内外知名竞争情报专家和行业专家在论坛发表主题演讲。经过多年持之以恒的努力，两个国际论坛已成为上海图书馆拓展对外交流与合作，彰显国际影响力的图情双品牌，也被纳入《关于全力打响"上海文化"品牌　加快建成国际文化大都市三年行动计划》。

3.1.3 馆际互借

上海图书馆依托丰富馆藏资源和协作网络，为海内外用户提供各种类型和载体的文献查寻、广域检索、馆际互借和最终传递，提供先进IT技术支持的人性化文献服务，按需提供文献。服务内容有：文献传递、剪报服务、检索咨询、翻译服务、馆际互借、舆情监测、iDoc文献搜索等。馆际互借方面，上海图书馆与OCLC、德国文献服务系统（Subito）等境外22家文献机构建立了合作关系，并于2015年成为OCLC馆际互借排名前20的大陆地区的唯一一家非国家馆的公共图书馆。

3.2 国内合作

3.2.1 长三角图情服务高质量发展战略合作

2018年9月，上海图书馆、南京图书馆、江苏省科学技术情报研究所、浙江图书馆、浙江省科技信息研究院、安徽省图书馆、安徽省科学技术情报研究所在上海举行长三角图情服务高质量发展战略合作联席会议暨签约仪式，在阅读推广、讲座展览、古籍保护、决策咨询、课题研究等方面达成合作意向。联盟除深化已有的"长三角地区公共图书馆公益讲座共建共享联盟"和"长三角地区有声阅读联盟"之外，还探讨建立"长三角地区图书馆信用服务联盟"。合作项目上，联合举办了包括面向社会大众的阅读推广活动—长三角地区阅读马拉松大赛，面向广大读者的参考咨询服务—长三角地区网上联合知识导航站，以及面向图书馆行业研究的《长三角城市群公共图书馆发展报告》等。

3.2.2 讲座展览联盟

"上图讲座"始于1978年，历经四十多年，发展为以都市文化讲座和宏观时政信息讲座为核心，涵盖六大板块十八个讲座系列，每年吸引和集聚200多位海内外名家、名人，共举办公众讲座近3500场，直接听众超过150万，被公众称为"城市教室""市民课堂"。上海图书馆牵头成立的"长三角公共图书馆讲座资源共建共享网络"已有全国30个省、直辖市的170家公共图书馆加盟，免费发送讲座光盘，组织区域性和全国巡讲。"上图展览"自1996年新馆开放以来，经过20多年的不断发展，已逐渐成为沪上举办艺术展览的热门展馆。2018年，"上图展览"深化开展全国图书馆展览资源共建共享，赴10个省市自治区的21家兄弟图书馆举办了41场巡展活动，累计参观人数18万人次。

3.2.3 网上联合知识导航站

2001年6月，上海图书馆率先在国内图书馆界推出"网上联合知识导航站"，实现了公共图书馆、高校图书馆、专业图书馆之间的文献与人才资源的合作共享，2003年又提出"网络与阵地并重，研究与服务齐飞"的服务理念，将日常文献管理工作与参考咨询工作并轨，建立并完善了图书馆员参考咨询队伍，服务个性化的研究需求。2005年，导航站推出英文平台，进一步扩大了境外读者服务范围。2007年，导航站荣获全国第十四届群星（服务）奖。平台现有来自7个国家和地区、49家图书馆和科研院所的130位专家加盟，并在国内率先联合美国纽约皇后区公共图书馆、新加坡国家图书馆和港澳地区图书馆为境外华语读者提供图书馆联合参考咨询服务。

3.2.4　公共数字文化研究应用

作为全国唯一一家入选文化部公共文化研究基地的图书馆，上海图书馆聚焦公共数字文化，2016年起连续三年举办全国开放数据应用开发竞赛，共吸引241个团队、660人次参加，以家谱开放数据为媒，持续推动开放数据的研究与应用合作。2017年4月，申报的"2016开放数据应用开发竞赛"在全球11个国家65份申报作品中脱颖而出，被国际图联授予第14届IFLA BibLibre国际营销奖，成为该奖项2001年运作以来国内首次进入前三名的公共图书馆。

3.3　全市合作

3.3.1　中心图书馆"一卡通"服务体系

2000年12月，上海市中心图书馆建设正式启动，由市、区（县）、街道（乡镇）三级公共图书馆共同投入、共同建设、全民共享，体现公益性、基本性、均等性、便利性，成为上海公共文化服务体系建设的有效载体和行业品牌。到2010年，中心图书馆"一卡通"实现全市街镇图书馆全覆盖。2017年，中心图书馆系统已涵盖239家公共分馆，超过纽约公共图书馆系统216个地区图书馆分馆；系统全年外借图书流通6510.2万册次，超过纽约公共图书馆系统的5100.9万册次。经过近二十年的发展，中心图书馆建设实现了同城"四个一"，即"一城、一网、一卡、一系统"的发展目标，形成的单一城市、单一系统图书借阅流通规模居世界前列。这项上海首创的图书馆服务理念被推广到全国多省市公共图书馆，结合当地实际不断实践。

3.3.2　行业情报发展联盟

2010年9月，上海图书馆牵头成立上海行业情报发展联盟，至2018年共有联盟成员38家，提供包括科技查新、市场调研等在内的19类情报服务，每年实现数百项在线委托服务。同时，联盟形成"一年两周"的科技情报科普宣传工作机制和活动载体，即"科技情报与百姓生活"主题展、科技情报服务宣传周系列活动。另外，上海图书馆联合市经信委发起成立"上海新兴产业情报研究联盟"，联盟单位12家，集聚全市各类情报研究力量，围绕国内外新兴产业发展，为政府在产业政策制定、经济运行宏观管理、产业化项目推进等方面提供情报决策支持。

4 下一步发展思考

"十三五"期间，上海图书馆实施"智慧、包容、互联"（Intelligence inclusiveness interconnection,"3i"）转型战略，全面构建图情一体化知识服务体系。未来，上海图书馆将继续坚持公益方向，深化与外部机构的协作，扩大地区同行业交流，强化区域图情联动合作机制，推动全市、国内和国际三个层面区域合作的创新发展[9]。

4.1 推进中心图书馆体系建设

完善上海市公共图书馆体系建设，不断明确与强化上海图书馆在中心图书馆体系中的定位。稳步推进大型居住区公共文化服务配套图书馆网络建设，探索构建服务网络向纵深延展的新机制、新模式；稳妥推进中心图书馆"一卡通"服务系统能级提升，深化主题图书馆建设，构建复合型主题图书馆体系；加强数字阅读推广、讲座展览等服务资源共建共享力度，优化电子资源联合采购模式；优化中心图书馆各类指标的统计分析、数据管理与服务工作。

4.2 夯实行业情报联盟建设

强化学术研究、项目合作、咨询培训等，加强组织建设，激发联盟会员单位的积极性，提升联盟会员单位的情报研究与服务能力，增强社会情报意识，培育地区情报服务市场。以"科技活动周"和"科技情报服务宣传周"为抓手，聚焦"科技情报与百姓生活"和"科技情报与前沿科技"两大主题，巩固"一年两周"的科技情报科普宣传工作机制和活动载体，加强科技情报特色科普品牌创建。

4.3 深化长三角图情服务高质量发展战略合作

深化在阅读推广、讲座展览、古籍保护、决策咨询、课题研究等的战略合作，推进区域城市阅读一卡通，并拓展合作领域，加强人员交流，为长三角地区文化和科技、经济与社会发展提供便捷、强大、切实、有效的图情服务支撑，让图情服务更高质量地辐射全国，更好地服务全国发展大局。

4.4 加强图情研究服务的合作交流

加强"上海国际图书馆论坛（SILF）""竞争情报上海论坛（SCIF）""中日图书馆学论坛"等国际会议、学术交流平台建设，跟踪国际图书情报学术主流，及时共享研究成果。深化与国际图联等国际图情组织的合作，加大宣传推广，吸引全球更多的图书馆、情报机构与馆所开展交流与合作。

4.5 打造有影响力的国际文化交流平台

围绕国家战略和图情事业发展需要，持续加强"上海之窗"国际合作网络与品牌建设。进一步拓展合作内容，将务实合作的伙伴数量保持在100家左右；举办馆藏中国优秀图书、书法、美术、摄影、民间艺术等作品海外系列巡展；增加电子赠书品类，提高远程数字服务质量；完善并维护好多语言网络平台，加大宣传力度和互动频率，为全球读者提供多方位、多角度的便捷服务。

未来，上海图书馆将以上图东馆建成开放为契机，致力于打造全媒体时代无所不在的综合性研究型公共图书馆；智慧时代的文化中心、信息中心、知识中心、情报中心；大阅读时代充分展示国际文化大都市气质和形象的多元化复合型现代图情服务体系；最终建设成为世界级城市图书馆——城市的文化地标、阅读灯塔，读者的阅读天堂、精神家园。

参考文献：

[1]MORGAN E L. Resource Sharing and Consortia, or Becoming A 600-pound Gorilla[J]. Computers in Libraries, 1998（4）:40-41.

[2]The International Coalition of Library Consortia[EB/OL]. [2019-06-05]. https://www.icolc. net/.

[3] 孙波,刘万国,倪煜佳,等.美国典型区域图书馆联盟研究[J].现代情报,2018（3）:116-123.

[4]赵乃瑄,冯君.美国区域图书馆联盟运行现状研究与启示[J].图书情报工作,2017（7）: 6-11.

[5]粤港澳图书馆合作[EB/OL]. [2019-06-05]. https://www.szlib.org.cn/libraryNetwork/view/ id-6.html.

[6]余胜英.粤港澳公共图书馆区域合作新趋势[J].图书馆理论与实践,2012（4）:59-62.

[7]张甫,吴新年,张红丽.国内区域图书馆联盟建设与发展研究[J].情报杂志,2011（8）:138-143,162.

[8]云珊.我国公共图书馆跨区域联盟存在的问题及对策[J].图书馆学刊,2018（12）:28-32.

[9]陈超,马春.上海图书馆（上海科学技术情报研究所）"十三五"发展规划概览[J].数字图书馆论坛,2016（11）:46-51.

走向深度融合

——新时代馆社店业务互鉴和协同创新的探索与思考

许建业（南京图书馆）

以国家图书馆为引领的中国近现代图书馆事业，栉风沐雨百十余年，充分履行其职业使命和时代担当，为启迪民智、传承文明、促进交流、激发创新发挥了无可替代的社会作用。正值国家图书馆110周年华诞，业界同人相聚一堂，围绕"图书馆：与时代同行"的主题展开学术研讨，共商图书馆发展大计，正是与时俱进的文化自信和馆员自觉。本人荣幸应邀参与研讨，拟就新时代图书馆与出版业、发行业在业务互鉴和协同创新方面的实践探索作些思考，以求教于方家。

1 馆社店业务合作的历史渊源与基本认知

1.1 馆社店业务合作的历史渊源

图书馆与出版社和书店的业务合作历来已久。从新书征订采购到书目数据提供服务，从报刊发行业务到电子书刊及数据库代理服务，从单独采购到公开竞标，从自主采购到馆配市场服务，从单纯业务开展到系统平台对接，图书馆与出版社、书店在不断磨合与调适中一路同行。作为整个文献信息资源建设与服务链的组成部分，图书馆事业与出版发行业各自担当着定位不同却又高度关联的角色[1]，在当下"互联网+"的发展背景下，馆社店合作正成为跨界融合、创新共赢的必然之举。

1.2 馆社店合作发展的基本认知

从信息资源供给的视角来考察，图书馆、出版社和书店均是阅读服务的供应方，馆社店的业务互鉴和项目合作，本质上是阅读资源供给侧结构性改革的探索与创新。进入新时代的中国公共文化服务，当以"加快建设学习型社会、大力提高国民素质、提升国家文化软实力"为目标，馆社店共同作为落实和开展全民阅读的重要阵地，通过强化信息资源、技术平台、人员培训、合作机制等要素的协同整合，以期实现推动、引导、服务全民阅读的重要任务。随着移动互联技术与大数据产业的飞速发展，阅读形态正在发生着深刻变革。阅读介质间的互鉴融合、馆社店功能的迭代重合、阅读诉求的多元取向，客观上要求馆社店三方打破原有业务边界，强化对接互动意识，搭建数据共享平台，实现服务融合发展。图书馆应更加高效地发挥各类读者群体的价值，出版社则需不断提供更加优质多样的出版物，书店通过持续优化服务布局和空间体验，三方携手推进出版发行业态的多元化发展和社会阅读方式的多样化呈现，谱写新时代馆社店深度融合、协同发展的壮丽篇章。

2 馆社店业务合作与项目协作的近期实践与初步分析

2.1 以"你阅读，我买单"项目为代表的馆（社）店业务合作

随着现代公共文化服务体系建设的推进，本着"文化惠民、精准服务"的要求，我国公共图书馆界积极探索，实施系列业务整合和服务创新项目，充分发挥其社会职能，赢得了良好的社会反响。以"你阅读，我买单"为典型代表的馆店业务合作项目，就是通过开展用户驱动采购（PDA）服务的方式，努力优化读者体验，以提升图书馆事务的公众参与度的一项创新举措。据不完全统计，截至2018年，不同程度地开展"你阅读，我买单"业务活动的县级以上图书馆近1000家，约占全国公共图书馆总数的30%。以江苏省为例，全省109家县级以上公共图书馆中，开展过此项业务的图书馆超过70家。

作为江苏省馆的南京图书馆，自2015年底启动实施"陶风采"服务暨惠风书堂项目以来，年均投入经费400万元，年均读者荐书18万册，先后与江苏凤凰出版传媒股份有限公司、江苏凤凰新华书店集团有限公司签订战略合作协议，成为借鉴内蒙古图书馆彩云服务经验[2]、体现江苏特色和南图特点的跨界合作成功范例，就实施规模、运营效果和社会效益而言，是迄今国内公共图书馆中类似业务中最具影响力且惠民力度最大的服务项目。就全国而言，以"你

阅读，我买单"为代表的馆（社）店业务合作项目实施已逾6年，正是借助用户驱动采购（PDA）方式，实施信息技术服务前置，高度对接读者需求，整合业务流程、盘活文献资源、优化馆藏结构、提升服务效益，引导文化消费，初步实现了资源共享、融合共赢的目标。毋庸置疑的是，此类项目的成功运行，客观上增加了馆社店的工作量和服务量，技术平台与系统维护的压力显著加大，对馆社店原有业务与服务流程形成影响。因此，积极筹措跨界合作的专项经费支持、不断吸引业界和社会的广泛关注、加强合作各方的可持续能力建设、完善合作发展的相关配套政策，应该成为走向深度融合的关键举措。

2.2 以国图出版社等为代表的图书馆特色馆藏整理与出版发行

在全国图书馆系统中，仅有国家图书馆和上海图书馆设立了出版社。尽管只占全国500多家出版社的不足0.4%，国家图书馆出版社和上海科技文献出版社仍然发挥了图书馆领域专业出版机构的作用。特别是近些年来，以国家图书馆出版社为代表，联合部分国家级、省级和高校出版社，配合国家重大文化发展战略，系统整理和出版了图书馆特色馆藏资源，包括中华古籍善本再造工程、中国近代文献保护工程等，对于传承中华优秀传统文化、讲好中国故事、促进中华优秀文化走出去，推动不同文明之间的互鉴交流，起到了良好的作用[3]。从图书馆学术研究和事业发展角度看，集数十年专业文献出版经验与实践功力，国家图书馆出版社着实担当了国内图书馆学情报学专业领域核心出版机构的角色，正可谓嘉惠图林，功在长久。

随着全面深化改革的推进，政府、市场和社会职责定位将进一步明确。优化资源配置、实施业务重组、提升服务效能，正在成为图书馆事业和出版发行业面临的共性问题。因此，我们需要加强面向融合发展和协同创新的战略研究，做好实施策略和路径选择的顶层设计，开展有效的试验总结和分步推广，鼓励图书馆内设立特色资源编辑业务，出版社内设立信息产品发行业务，新华书店开设主题阅读空间，社会资源参与文创产品开发和阅读休闲消费等举措，实现馆社店三方打破原有壁垒、走向深度融合、切实体现以人民为中心服务理念的实践自觉。

2.3 以城市书房为代表的地市级公共图书馆总分馆体系建设项目

图书馆总分馆制建设是国家公共文化服务体系建设的重要组成部分。随着

《中华人民共和国公共文化服务保障法》和《中华人民共和国公共图书馆法》的陆续施行，各级公共图书馆立足馆情实际，主动作为，以点带面，创造性地开展工作，深入推进总分馆制建设，取得了不俗的发展成绩。总分馆制目前主要实施重点是面向县级图书馆与文化馆，江苏张家港市图书馆以"24小时图书馆驿站"项目实施为代表，率先在全国县级市实现了区域图书馆服务点的全覆盖。随着城市化进程的加快，需要在地级市域范围内有效统筹图书馆服务。浙江省温州市图书馆和江苏省扬州市图书馆牵头的"城市书房"项目建设，历经近五年的发展，通过政府主导、社会参与、统一标准、营造品牌、整合资源、健全机制等做法，正在成为全国地市级馆总分馆制开拓创新的业务标杆和工程示范。

以城市书房为代表的图书馆总分馆体系建设，其本质上旨在本区域范围内阅读资源的合理配置和阅读服务的均衡开展，为最终实现城乡一体的基本公共文化服务便利化、均等化、标准化和规范化奠定基础。因此，在城市书房建设中，因地制宜特色鲜明、资源配送平台统一、阅读空间贴近市民，这一切都需要我们图书馆人充分关注与之相关的整合要素，包括借鉴出版社和书店在资源配置和服务营销方面的成功经验。

2.4　由《图书馆报》承办的全民阅读年会和图书馆文献资源建设研讨会项目

《图书馆报》作为国内唯一的以报道图书馆领域阅读实务和业务活动为主的专业周报，隶属于中国出版集团公司，由新华书店总店主办。其前身是新华书店系统的《新华书目报》，顾问和编委皆由出版发行和图书馆界的学者和业者组成。随着全民阅读的蓬勃开展，特别是学习型社会建设的推进，通过搭建馆社店之间的交流平台，该报近些年来的实践着实印证了办报宗旨即打造"馆社之桥、人文之魂、阅读之美、书香之园"。除了首页风采外，业界声音、特别关注、特别策划、人物访谈、馆长访谈、作家访谈、业界动态、海外馆情、图林漫步、书评园地、精彩阅读、书里书外、馆建风采、广告专版等栏目各具风格，正成为馆社店行业影响力不断提升的专业媒体，吸引着一大批图书馆员、出版发行工作者和广大读者。

除了常规信息报道外，《图书馆报》还积极组织并参与馆社店领域专业活动，不断提升社会阅读的影响力。其参与承办的由出版界和图书馆界共同举办的全民阅读年会和全国图书馆文献资源建设研讨年会，便是其中最具代表性的业务活动项目。在新华书店系统中因时因地营造阅读新空间，例如在北京王府井书店中设立图书馆服务，成为创新服务的新亮点[4]。鉴于该报的独特定位，作为跨界合作的纸质信息载体，我们认为，打造更具吸引力的融媒体服务平台应是其今后面向馆社店业务深度融合的主攻目标。

3 馆社店业务互鉴和协同创新的路径选择与对策思考

3.1 新时代馆社店业务互鉴和协同创新的价值目标

经过改革开放四十年的持续发展，党的十九大作出了"中国特色社会主义进入新时代"的重大判断。进入新时代，我国社会主要矛盾已经转化为人民日益增长的美好生活需要和不平衡不充分的发展之间的矛盾。随着党和国家机构改革的全面深化和高效推进，公共图书馆面临着文旅融合发展要求下的精确定位和业务重整，出版与发行业同样面临着新闻出版管理新隶属体制下的准确定位和业务调适。在这样的发展背景下，突出以人民为中心的服务理念，凸显"诗与远方"的有机结合，展现阅读新空间的泛在便捷，引领全民阅读深入和学习型社会建设，无疑是馆社店跨界互鉴和协同创新的根本价值。

从图书馆的视角看，馆社店合作项目的陆续开展，如果最初还是基于解决文献利用率过低的被动之举，那么随着国家对公共文化服务的持续重视和加大投入，现已成为图书馆界主动作为的内生动因。文献信息资源作为图书馆事业发展的根基条件，其建设直接关系到馆藏质量与服务水平，构建并完善与其使命和任务相适应的馆藏体系，始终应是图书馆人孜孜以求的理想目标和价值追求。因此，努力形成馆社店深度合作机制，有机整合三方的读者数据、空间利用、资源内容、经费安排、活动平台、技术系统，应是今后实现协同创新的目标所在。

3.2 新时代馆社店业务互鉴和协同创新的路径选择

随着文旅融合和出版发行转隶改革的深入，新时代馆社店业务互鉴和项目合作前景广阔，图书馆面向社会的合作与协作对象广泛多样。作为公共文化服务与社会教育服务的主阵地，图书馆将努力承接政府赋予的公共服务职能，依照《中华人民共和国公共图书馆法》的要求进一步开门办馆，引导社会力量参与图书馆管理与业务建设，鼓励社会志愿者更多参与图书馆基本服务与阅读推广活动。通过对包括社店伙伴在内的各类合作项目的适时梳理与系统总结，图书馆界势必能为更多的后续跨界融合项目提供可资借鉴的参考路径和实操方案。

就协同创新路径而言，图书馆界应充分发挥其职业特长，特别是在公共文化服务领域信息技术应用上的相对优势，运用大数据、云平台和人工智能等技术，在尊重知识产权和保护个人信息安全的前提下，做好馆藏、读者、活动和管理的数据挖掘与系统分析，从而为实施与出版社和书店之间的合作项目，提供协同创新所需的精细化数据与服务平台。就出版社而言，通过开放数据接口与资源平台，可以更加针对性地组织选题内容和组配编辑队伍，实现精准编辑与按需出版。就书店而言，通过信息共享平台与战略合作协议，能够实现图书发行的准确定制，提升即时阅读体验与分众服务的精准性。此外，图书馆业务系统与编辑出版及发行系统的匹配响应与技术交流，合作项目中的服务端口对接，馆社店操作人员与管理人员的系统培训，都是在路径选择后各方需要持续跟进和不容忽视的方面。

3.3 新时代馆社店业务互鉴和协同创新的对策思考

业务互鉴和协同创新是新时代馆社店行业合作共赢的重要方法与手段。在馆社店合作前期实践中，我们深刻地意识到各方均需积极响应、主动对接、勇于担当、打破思维定式。具体包括：①确立跨界思维、超越本位、打造利益共同体为目标，以开放共享促业务融合；②提升员工综合素质，增强业务本领，以适应服务新业态的要求；③围绕公共文化服务体系建设中产品与服务的信息化、智能化、数字化要求，增进与信息技术、教育培训、媒体传播等行业的对接交流。

作为新时代的文化工作者，特别是图书馆管理者和研究者，我们应更加关注文旅融合发展新背景下图书馆事业如何更好地满足人民群众新期待的现实问题。图书馆在融合发展的大潮中，必须清晰明确自身定位，充分发挥其在保存文化遗产、开发信息资源、开展社会教育、提升文化素质方面的独特作用。因此，我们需要系统思考如下要素的对应关系：文化与科技的融合，事业与产业的协同，管理与服务的对接，实体与虚拟的匹配，业内与业外的协作，资源与平台的整合，线上与线下的统筹，内容与形式的统一，培训与实操的结合，创意与产品的衔接，空间与时间的转换，战略与战术的对应[5]。行百里者半九十，让我们齐心协力，以更加开放、包容、科学的态度和勇于尝试、主动担当的精神，鼓励和推进以馆社店融合发展为代表的文献信息资源建设、共享与服务新模式的探索与创新。

参考文献：

[1]许建业.基于馆店社合作的图书馆精准服务之探索与思考——以南京图书馆"陶风采"服务暨惠风书堂项目为例[J].新世纪图书馆,2017(1):25-27.

[2]韩冰,李小秋.内蒙古图书馆'彩云服务'探究[J].图书馆论坛,2016(3):65-69.

[3]国家图书馆出版社[EB/OL].[2019-07-13].http://www.nlcpress.com/ProductZZSBList.aspx.

[4]白玉静.馆店融合,打造全民阅读共享空间:北京市第一家书店图书馆——王府井图书馆开馆[N].图书馆报,2018-07-06(7).

[5]许建业.跨界、融合、创新是文献资源建设的新方向[N].中国出版传媒商报,2016-04-08(15).

论江南文化与中国国家图书馆的创始与发展[①]

王世伟（上海社会科学院信息研究所）

从1909年至2019年，中国国家图书馆已经走过了110周年的发展历程，综观这一现当代中国乃至世界图书馆发展史上的重要事件，我们可以从文化自身的内因及其相互联系来深入探寻其发展的密码，剖析其中持续发展和不断出新的文化基因、文化资源、文化动能，而其中一个重要的文化要素就是江南文化。要讨论江南文化与中国国家图书馆的创始与发展的命题，首先要搞清楚"江南"一词的概念、范围以及江南文化的特点。

"江南"是一个动态且多名称的历史地理概念。"江南"的历史地域范围在秦代已经出现。《史记·秦本纪》记载：秦昭襄王"三十年，蜀守若伐楚，取巫郡，及江南为黔中郡"[1]。《汉书·地理志》也曾记载："楚有江汉川泽山林之饶；江南地广，或火耕水耨。民食鱼稻，以渔猎山伐为业，果蓏蠃蛤，食物常足。"[2] "黔中郡"在今湖南西部，为当年楚国江南地域。可见，秦汉时期的"江南"地域主要指现在的长江中游以南的湖北湖南地区。同时，现今所指的江南地区在历史上也或称为"江东""江左""江表"，但地域范围大小或有相异之处。中国历史地理学者周振鹤曾对"江南"地域的历史沿革进行了专门的考证，认为较确切的"江南"概念到唐代才最终形成，其最准确的含义是专指长江以南地区；两宋时期，镇江以东的江苏南部及浙江全境被划为两浙路，这是江南地区的核心，也是狭义的江南地区的范围[3]。本文讨论的江南文化就是采用这一定义。唐代至明清时期的江南地区成为经济繁荣兴盛的代名词，所谓"塞北江南"正是这样一种经济和文化现象的生动比喻，而王安石"春风又绿江南岸"的诗句又给人们带来了多少江南文化极具想象力的丰富意境。在历经千年的经济发展基础上，江南地区逐步形成了具有地域特征的江南文化。

---

① 转载自《图书馆杂志》2019年第9期。

135

江南文化具有怎样的文化特质，曾经有过许多讨论和研究。在2007年5月，曾对具有代表性江南文化的上海城市精神进行过新的提炼和概括，这就是"海纳百川、追求卓越、开明睿智、大气谦和"[4]。也有学者认为上海作为江南文化的核心都市，其海派文化具有开放、包容和开新三大特质[5]。无论对江南文化的讨论和概括有所不同，但江南文化所折射出的开放、出新、包容、多元、睿智、务实、诚信、精致等文化特质，是为人们所认可并称道的，这也成为中国国家图书馆起步开篇并持续发展的重要文化源泉和丰厚文化滋养。

1　江南文化为国家图书馆提供了创始的文化土壤

在国家图书馆创立之前，江南文化已孕育了近代图书馆的诞生，在上海和江浙等地展现了公共图书馆的初现曙光，为国家图书馆的创立开出了一个全新的局面并营造了良好的文化环境。这一时期作为江南地域的上海、浙江、江苏等地所形成的公共图书馆为国家图书馆的创立形成了持续的助推力，按地域和时间划分，主要可分为三波浪潮。

1.1　西方传教士和侨民等在上海创办图书馆的第一波助推浪潮

18—19世纪，天主教在江南地区得到了广泛传播。1842年7月，法国耶稣会士南格禄等进入上海，并随身携带了一些与传教有关的图书文献，上海徐家汇藏书楼开始酝酿建立。曾经担任南京教区的惠大司牧在1933年所撰《徐汇纪略》中记载："明末清初，天主教传入中国后，利玛窦（1552—1610）等研究中国文化，对于中国书籍，即已注意，逐渐收集，便为教士研究之需。……1842年耶稣会传教士重来中国，其文化重心，移至上海徐家汇。"[6]胡道静（1913—2003）曾对上海图书馆史上这一时期的"曙光初现"和"黎明时代"进行过介绍："1847年（清道光二十七年）耶稣会传教士定居于徐家汇时，他们就开始搜集图书以供参考，后日著名的天主堂藏书楼这就是它的起点。二年后，英租界中的西侨们所组织的上海图书馆也有了它的开端，这是上海最早的公共图书馆。1871年（同治十年），亚洲文会北中国支会会所落成，里面包含了一个以收藏东方学图书著名的图书馆，这是最早的专门图书馆。……到1901年（光绪二十七年）上海才有第一所为谋华人读者便利的图书馆成立，那便是格致书院藏书楼；它的创办人傅兰雅（Dr. John Fryer）是英国人，理事者潘慎文（Rev. A. P. Parker）是美国人。……又五年后，国学保存会的藏书楼成立了并且公开，这才是国人经营的第一所图书馆，那后来成为上海最伟大的公共图书馆'东方图书馆'则于1904年（光绪三十年）开始在孕育中了。"[7]《申报》在1877年3月22日（光绪三年二月初八日）刊载了一条标题为"藏书便读"的短新闻，记载了这一时期在上海出现的具有历史意义的公共图书馆的有关信息："本埠西人设有洋文书院，计藏外国书约有万卷，每年又添购新书五六百部。阅者止须每年费银十两，可随时取出披阅，阅毕缴换，此真妙之法也。中国果能仿而行之，则寒儒所费无多而人人可称饱学矣。现计在书院挂号看书者已有一百五十六人云。"[8]

在开放多元、海纳百川的江南文化滋养下逐步起步的上海近代公共图书馆发展的黎明曙光，其影响力也是由少到多，由近及远，对江浙公共图书馆和国家图书馆的创始发展提供了重要的前期铺垫和借鉴。

1.2　在浙江绍兴创办古越藏书楼的第二波助推浪潮

古越藏书楼的创始人徐树兰（1837—1902）为浙江绍兴人。《古越藏书楼书目》中附有《古越藏书楼章程》，其第二章"宗旨"向世人表明了藏书楼开办的志向："本楼创设之宗旨有二：一曰存古，一曰开新。"[9]同为江南文化人的张謇（1853—1926，江苏南通人）于1904年撰有《古越藏书楼记》，从全球视野对古越藏书楼的意义进行了评述："泰西之有公用之图书馆也，导源于埃及、希腊，迨罗马而益盛。今则与学校并重，都会县邑具有之。无惑乎其民愈聪，国愈丰。籀我国之图籍，列州郡盖亦二百五十有奇矣。使各得一二贤杰，举私家所藏书公诸其乡，犹是民也，何必不泰西若。"[10]字里行间，表达出江南文化人不甘国家落后、顺应世界发展潮流、有所责任担当的文化使命感。值得称道的是，徐树兰在1902年创办古越藏书楼并于1903年对外开放之后，于1904年（清光绪三十年）迅即向上呈交了《为捐建绍郡古越藏书楼恳请奏咨》[11]，在这一奏请咨文中，徐树兰将藏书楼事业提高至关涉国势强弱的高度，指出："窃谓国势之强弱，系人才之盛衰；人才之盛衰，视学识之博陋。涉略多则见理明，器识闳则处事审，是以环球各邦国势盛衰之故，每以识字人数多寡为衡。……泰西各国讲求教育，辄以藏书楼与学堂相辅而行。都会之地，学校既多，又必建楼藏书，资人观览。英、法、俄、德诸国收藏书籍之馆，均不下数百处。"咨文中还列举了英国博物院和日本文库及图书馆的例子，指出这些国家由于重视兴办图书馆，“一时文学蒸蒸日上，国势日强，良有以也”。徐树兰在古越藏书楼开放的第二年即上奏咨文，着力“恳请奏咨立案事”，充分展现出江南文化人办事“以垂永久”的睿智眼光和奏咨“立案施行”的务实作风。古越藏书楼的创建以及上呈的咨文，成为继上海近代图书馆创始后江南文化对国家图书馆设立的又一波助推浪潮。

1.3 在江苏南京创办江南图书馆的第三波助推浪潮

1907年11月在江宁（今南京）创办的江南图书馆，成为20世纪初期最具影响力的省市公共图书馆，也是江苏地区第一家公共图书馆，其实际的创办人为缪荃孙。缪荃孙（1844—1919）为江苏江阴人，其个人收藏名之为“艺风堂藏书”。据江南图书馆筹建人之一、江南图书馆坐办陈庆年的《横山乡人日记》记载：1907年11月2日（农历九月二十七日），“夜过浭阳（端方祖籍河北浭阳，此处借指端方其人），知已照会致艺风（缪荃孙的号）师，嘱总办图书馆事，月致三佰金”。国家图书馆收藏的缪荃孙自撰《艺风老人年谱》抄本也曾记载：“光绪三十三年（1907年）丁未，年64岁。午帅（端方）奏派主图书馆事。十月，偕陈善余（陈庆年）赴浙，购八千卷楼藏书，以七万元得之。丁氏书旋陆续运江宁。”[12]可见，江南图书馆有史可稽的创办的确切时间应是1907年11月2日（农历九月二十七日）。缪荃孙受端方委派出任江南图书馆监督后的当年，即购入清末四大藏书家之一的丁氏八千卷楼藏书，馆藏日丰。由于缪荃孙对机遇的及时把握和处事的干练务实，使八千卷楼的古籍善本适时入藏江南图书馆，可谓古籍之幸事。缪荃孙作为江南文化人，其图书馆管理水平与成就迅即为业界内外所关注。当时的清政府学部认为，各省设立的图书馆中，“江南最为完备，经费颇省，来阅览者亦多”[13]。

这一时期江南地区创办的公共图书馆还有1900年杭州郡绅邵章、胡焕呈文并经杭州知府朱启凤核准创办的杭州藏书楼，被认为是浙江官府创办公共图书馆之滥觞[14]；1903年由浙江学政张亨嘉和浙江巡抚聂缉椝商定在杭州藏书楼基础上又扩建成浙江藏书楼（1909年改浙江图书馆），成为浙江具有一定规模的官办公共图书馆[15]。从1901年至1910年，中国各省市纷纷筹建开办图书馆。据统计，清末各省主要官办公共图书馆达到了20家[16]。江南图书馆的创立与当时各省市创办的公共图书馆一起，成为助推国家图书馆设立的第三波浪潮。

1.4　江南文化人对世界图书馆的考察、译介和推广

在国家图书馆创办前的半个世纪，在睁眼看世界的发展进程中，中国开始翻译和介绍西方图书馆。据统计，从1840年至1899年间，曾在《教会新报》《万国公报》等18种报刊上先后发表了32篇翻译介绍国外图书馆的文章；从1900年至1909年间，又在《教育世界》《教育杂志》等36种报刊上发表了43篇更为具体的各国图书馆的翻译介绍文字[17]。在这两段历史时期中发表的译介文字，在江南地区特别是在上海创刊和编辑发行的报刊在前一时期占三分之二，后一时期则占近半数；参加的译介者除传教士和西方外交使臣外，也有江南文化人士，如出生于上海嘉定南翔、担任《万国公报》编辑的蔡尔康（1852—1922）等[18]。此外，在洋务运动的推动下，中国有多位使臣考察了世界各国，这些均为国人带来了欧美和日本等国公共图书馆服务与管理的新机制、新形态、新方法，令人耳目一新。其中包括了王韬（1828—1897），他是江苏长洲（今苏州）人，曾在上海英国教会办的墨海书馆工作，并先后考察法、英、俄、日等国，著有《漫游随录》，其中有各国博物院、图书馆的详细记录。有学者认为，"在晚清的出洋人员中，王韬对西方图书馆考察最为详尽，称得上是中国真正考察西方图书馆的第一人"[19]。这也在一定程度上证明了江南文化人在清代末期和民国初年对世界图书馆考察、译介与推广中所起到的重要作用，也为国家图书馆的创立提供了开阔眼界、理念更新、信息咨询、文化推广和舆论宣传的功效。

1.5　江南文化人对设立京师图书馆的奏请起到关键作用

在对西方图书馆考察与介绍过程中，越来越多的有识之士开始对西方图书馆有了亲身的体验，对中国创办公共图书馆有了全新的视野，而包括江南地区在内的各省立图书馆的开办与设立更是起了直接的助推作用。罗振玉（1866—1940，浙江上虞人）于1906年在《教育世界》第130号上刊载的《京师创设图书馆私议》一文，被认为是开启了创设京师图书馆的序幕[20]，对孕育而生的京师图书馆起到了非常关键的作用[21]。罗振玉出生于江苏淮安，是在江南文化环境中成长的学者。他的《京师创设图书馆私议》的字里行间，充分体现出江南文化的诸多基因，其所提出的咨询建议，不仅具有文明进步的开放视野和从无到有的开新精神，而私议中的六条具体建议，从建筑选址到文献采访，均提出

了较为翔实的路线图和时间表，表现出江南文化人办事务实和精致的作风[22]。

从江南文化为国家图书馆提供创始的文化土壤的维度加以审视，其中不仅有江南地区公共图书馆创始先行的实践，而且有江南文化特质所起的重要作用，这些特质包括在这一过程中所折射出的学习借鉴西方图书馆事业发展的开放胸怀、不拘旧式而存古开新的创新理念、海纳百川包容多元的开明境界、以人为本尊重人才的管理旨趣、注重求实处事精致的做事风格等，这些都为国家图书馆的设立提供了可资启发的思路和可资借鉴的案例。国家图书馆百年庆典之际编撰出版的《中国国家图书馆馆史》第一章即为"顺情应势　京馆诞生"，认为："在清王朝行将灭亡、旧民主革命即将爆发之际，中国国家图书馆前身京师图书馆，以西方国家方兴未艾的图书馆运动为遥响，与国内开化风气、图新求变的时代大势相呼应，在中国藏书事业长期发展的基础上应时而生。"[23]这里讲的"图书馆运动""时代大势""发展基础"等，无不打上了江南文化的深刻烙印。

2　江南文化为国家图书馆注入了重要的发展资源

图书馆服务离不开两大资源，即人才资源和文献资源。从国家图书馆的创始和发展的110年的历程中，我们可以看到江南文化为国家图书馆发展注入了持续不断的人才和文献的丰厚资源。

2.1　江南文化所提供的人才资源

从人才资源而言，即使就狭义的江南文化地域予以审视，江南文化人群体为国家图书馆的发展持续地提供了举足轻重的核心人才资源，使国家图书馆从创始之初至以后百多年的发展，持续不断地接受了来自江南文化的人才滋养。

在国家图书馆110年历任馆长名单上，有几位江南籍文化人在重要的时间节点上担任了馆长职务，并在管理中发挥了卓越的无与伦比的领导才能，为国家图书馆发展史留下了精彩的篇章。

2.1.1　京师图书馆首任馆长缪荃孙

作为江苏江阴人的缪荃孙于1909年9月至1911年8月就任京师图书馆首任馆长。缪荃孙有着从事教育事业和出访东洋考察的经历，并曾于1907年受聘出任江南图书馆总办。两年后的1909年，缪荃孙便在时局多变、经费艰难的环境下成为京师图书馆的首任馆长。即将上任之际，罗振玉曾多次给缪荃孙去函催促，诺以"月三百六十金"的薪酬，表达出各方"盼长者甚殷"的急切心情，指出"盖长者一日不至，则图书馆一日无观成之望""都中图书馆仍无影响，非姻伯到此，恐无着手之望"云云，足见当年社会对缪荃孙担任京师图书馆首任馆长的期盼与厚望[24]。从1910年9月至1911年9月短短一年的实际在京师图书馆任职中，缪荃孙表现出了出色的图书馆管理智慧和富有远见的图书馆专业水平。《中国国家图书馆史》言简意赅地对缪荃孙在任职期间的业绩进行了评述："在这一年里，缪荃孙除了履行监督的管理职事，还编制了《清学部图书馆善本书目》和《清学部图书馆方志目》。《清学部图书馆善本书目》八卷，收录了方志以外京师图书馆所藏各种善本书，开近代图书馆编制善本书目之先河。《清学部图书馆方志目》四卷，著录各省、府、州、县志1676部，收录了当时京师图书馆所存的方志。这两部书目不仅为整理和保存京师图书馆的藏书发挥了至关重要的作用，也为后来各公共图书馆编辑馆藏书目树立了良好的典范。"[25]对于缪荃孙先后主持南北两大图书馆的建设，张元济多所赞誉："都中图书馆待鸿硕经始，而金陵所构复得长者观成。北礨南金，皆供掌录，斯又何如盛事耶！……南北两馆先后建设，后生小子得闻先圣之遗绪，识固有之文明，不致徇外而忘己，皆老前辈之赐也。"[26]

2.1.2　担任北平图书馆馆长十多年的蔡元培

作为浙江绍兴人的蔡元培（1868—1940）于1929年8月至1940年3月就任国立北平图书馆馆长。蔡元培时任中央研究院院长，在北平的时间不多，尽管如此，他在馆长任职期间也为国家图书馆的建设起到了他人无可替代的作用。如"他在任大学院院长期间，署名批复将居仁堂拨给北平图书馆作为馆舍；同时，以大学院名义促请财政部将养蜂夹道迤西公府操场拨归北海图书馆作为新馆建筑基地，使新馆建设得以顺利进行"。蔡元培任馆长期间，北平图书馆馆务建设在调整组织机构、制订和修订制度、多方采集文献、确定著录分类方法、编制目录索引、加强读者服务工作、促进出版发行、开展国内外交流等方面都取得了长足的进步，特别是1931年文津街新馆的落成开放，成为中国国家图书馆发展史上的一件盛事，被誉为"美奂美仑，在中国是唯一富丽堂皇的图书馆，在世界国立图书馆中也是别具风味的一所图书馆"[27]。

2.1.3　中国图书馆事业改革开放的先行者刘季平

作为江苏如皋县（今如东）人的刘季平（1908—1987）于1973年11月至

1981年2月的近八年间就任北京图书馆馆长。刘季平早年曾就读于江苏如皋师范的初师与高师，后又就读于陶行知先生创办的南京晓庄师范[28]，从小受到了江南文化的熏陶。刘季平就任馆长期间，适逢中国图书馆事业百废待兴、改革起步之际，他在筹组原文化部图书馆事业管理局、创建中国图书馆学会、推进北京图书馆新馆建设、组织编纂《中国古籍善本书目》、开展与国际图书馆界的交流合作等方面，均做出了重要贡献，堪称中国图书馆事业改革发展的先行者[29]。回顾历史进程，我们可以看到，刘季平馆长任职期间，开启了中国图书馆事业发展的历史方位和崭新境界。这一新历史方位和崭新境界，是以大视野开启中国图书馆事来走向奋起直追的新起点，是以大格局谋划中国图书馆事来走向科学管理的新起点，是以大战略协调中国图书馆事业走向开放共享的新起点，是以大趋势推动中国图书馆建筑走向新馆建设的新起点，在国家图书馆发展史上取得了许多具有开创性意义的重要突破和进展，为改革开放初期的中国图书馆事业发展书写了浓墨重彩的历史篇章[30]。刘季平图书馆的管理理念与实践，体现出江南文化开放、出新、睿智的特质。

表1 中国国家图书馆历任江南籍馆长一览表[①]

姓名	籍贯	任职时间	备注
缪荃孙	江苏江阴人	1909.9—1911.8	任京师图书馆监督
夏曾佑	浙江钱塘（今杭州）人	1913.2—1918.1	以教育部社会教育司司长代行馆长职，1915年8月专任馆长
袁希涛	江苏宝山（今属上海）人	1918.1—1919.11	以教育部次长兼任
马叙伦	浙江杭州（原籍会稽）人	1922.10—1922.12；1924.12—1925.3；1929.5—1929.8	曾三次任教育部次长，三次兼任职馆长
蔡元培	浙江绍兴人	1929.8—1940.3	任北平图书馆馆长
冯仲云	江苏武进人	1953.4—1954.9	任北京图书馆馆长
丁西林	江苏泰兴人	1955.12—1973	以文化部副部长兼任
刘季平	江苏如皋（今如东）人	1973.11—1981.2	任北京图书馆馆长

① 注：据《中国国家图书馆史（1909—2009）》（国家图书馆出版社2009年）有关内容编制。

江南籍文化人群体在京师图书馆创办初期、抗日战争时期、新中国成立初期以及改革开放初期等中国图书馆事业发展的关键时期担负起了国家图书馆管理的重任。需要指出的是，江南籍文化人群体不仅成为国家图书馆馆长，而且许多人担任了副馆长、图书馆主任和业务部门主任，如张宗祥（1882—1965，浙江海宁人）于1918年至1921年以教育部视学兼任京师图书馆主任；徐鸿宝（1881—1971，字森玉，浙江湖州人）于1922年至1937年先后以教育部佥事兼任图书部、采访部、善本部和金石部主任；杨讷（1935—2019，上海人）1988年至1991年任北京图书馆副馆长，为元史研究专家；孙蓓欣（江苏吴江人）1991年至2001年担任国家图书馆副馆长，1993年当选国际图联执行委员会委员；顾犇（江苏苏州人）2004年起担任编目部主任，2007年成为传统文献资源建设首席专家和学术带头人。还有众多的学者成为国家图书馆重要的业务骨干，下面的所列仅是部分江南籍学者群体的一览表，但也足以显现出江南籍文化人在国家图书馆人才资源建设发展轨迹中起到的重要作用。

表2　中国国家图书馆江南籍学者群体一览表（部分）[1]

姓　名	籍　贯	任职时间	备　注
蒋复璁	浙江海宁人	1926年起	任职北海图书馆
马裕藻	浙江鄞县人	1928年起	任北平图书馆筹备委员会成员
马　衡	浙江鄞县人	1928年起	任北平图书馆筹备委员会成员
刘　复	江苏江阴人	1929年起	任北平图书馆委员会成员
钱稻孙	浙江吴兴人	1929年起	任北平图书馆舆图部主任
刘国钧	江苏南京人	1929年起	任北平图书馆编纂部主任
赵万里	浙江海宁人	1929年起	任北平北海图书馆馆员
刘　节	浙江温州人	1931年起	任北平图书馆编纂委员
王　庸	江苏无锡人	1931年起	任北平图书馆编纂委员
张秀民	浙江嵊县人	1931年起	到北平图书馆任职
谭其骧	浙江嘉兴人	1932年起	到北平图书馆任职
马　廉	浙江宁波人	1933年起	任北平图书馆编纂委员

---

[1]　注：据《中国国家图书馆史（1909—2009）》（国家图书馆出版社2009年）有关内容编制。

姓名	籍 贯	任职时间	备 注
顾颉刚	江苏苏州人	1931年起	任北平图书馆购书委员会中文组成员
丁文江	江苏泰兴人	1931年起	任北平图书馆购书委员会西文组成员
王守竞	江苏苏州人	1931年起	任北平图书馆购书委员会西文组成员
顾子刚	上海人	1931年起	任北平图书馆购书委员会西文组成员
叶企孙	上海人	1933年起	任北平图书馆购书委员会西文组成员
孟 森	江苏武进人	1934年起	任北平图书馆购书委员会中文组成员
顾毓琇	江苏无锡人	1936年起	任北平图书馆购书委员会西文组成员
钱存训	江苏泰县人	1938年起	任北平图书馆上海办事处职员

在当年北平图书馆延揽专业人才政策下，一时专家学者云集，"馆内人才济济，既有学有所成的博学鸿儒，也有初露头角的青年俊彦，互相砥砺，各尽所长，形成浓厚的学术风气，研究成果丰硕，蔚为学术重镇"[31]。许多江南籍学者在图书馆这一学术重镇中分别开启了自我的学术生涯，懂得一点学问的路子，在安心工作中开辟了自己的专业研究领域并致力于为读者提供高质量的服务。

在20世纪70年代开始设计建造的北京图书馆新馆的设计队伍中，也活跃着江南文化人的身影。1976年1月，北京图书馆新馆设计曾组成了三个设计小组，第一组的五位建筑老专家中，就有两位是江南籍的：戴念慈（1920—1991，江苏无锡人），吴良镛（江苏南京人）；第三组就是上海民用建设设计院和同济大学合作的设计小组。北京图书馆新馆建筑所展现的院落式建筑、缀以方亭游廊等建筑设计元素、"馆中有园　园中有馆"的独特设计风格中，人们可以发现其中江南文化的元素。无独有偶，在国家图书馆二期工程的设计竞标中，由德国KSP恩格尔—齐默尔曼建筑设计有限公司、华东建筑设计院有限公司联合设计的5号方案被确定为最终中选方案，其中建筑周边就融入了"水"这一江南文化的灵魂要素。江南设计人才使国家图书馆前后两个新馆均散发出江南建筑文化的气息。

在对百年传承的国图精神的总结中，不论是不遗余力的搜采精神的徐鸿宝，还是恪守职责的守护精神的赵万里，不论是甘为人梯的奉献精神的张宗祥，还是爱岗敬业的道德精神的张秀民，这些江南文化人为国图精神的培育，都起到了添砖加瓦的作用，江南文化的文脉与国图精神在国家图书馆一百多年的发展进程中逐渐贯通。

2.2　江南文化所提供的文献资源

从文献资源而言，江南文献之林成为国家图书馆文献典藏的重要来源。罗振玉在《京师创设图书馆私议》中开篇明义，指出了图书馆之于文化传承之重要意义："保固有之国粹，而进以世界之知识，一举而二善备者，莫如设图书馆。方今欧、美、日本各邦，图书馆之增设，与文明之进步相追逐，而中国则尚阒然无闻焉。"[32] 从20世纪初京师图书馆初创至21世纪第二个十年的一百多年的发展历史上，江南文化为国家图书馆的文献馆藏提供了源源不断的滋养，这里有藏书楼的整体入藏，也有私人的持续捐赠，既有图书馆采访与调拨，也有呈缴与寄存等各种形式。

2.2.1　浙江归安姚氏藏书

京师图书馆初创之时，面临着采集文献的艰巨任务，而其中的善本秘籍则至为难得。当时两江总督端方有感于江南文献之流失，曾有《奏江南图书馆购买书价请分别筹给片》，指出"东南各省，夙称文物荟萃之区，虽经兵燹之摧残，不少搢绅之藏弆，不胫而走，时有所闻。自应代为购求，冀以免流失，而资补助"。在奏文中，端方也详细地列举了采进归安姚氏藏书的有关文献详情，"当经饬由藩、学两司会同购定浙绅姚氏藏书一千零一十一种、皖绅徐氏藏书六百四十一种，两项书籍计其十二万九百余卷。分装一百八十箱，共编目录一份，于光绪三十四年（1908年）十二月，委员领赍解送学部验收"[33]。可见，在国家图书馆创始前后，作为江南文献的归安姚觐元的咫进斋藏书已为京师图书馆所采进。陈垣在1929年1月10日北平图书馆居仁堂开馆典礼上对本馆藏书中的善本介绍中专门提到了姚氏藏书："本馆所藏善本……又有陆心源捐国子监本，及端方咨送南陵徐氏藏书，归安姚氏咫进斋，全数约有三万余册，内有《永乐大典》八十余册。"[34] 可见姚氏藏书在当年北平图书馆藏善本中的独特地位。

2.2.2　江苏常熟瞿氏藏书

作为清代末四大藏书楼之一的常熟瞿氏藏书也为当年的京师图书馆所关注。据存世京师图书馆档案中《学部为送瞿氏书籍抄本五十种咨京师图书馆文》记载，铁琴铜剑楼瞿启甲（1873—1940）在1909年禀称，在京师图书馆择定地方、开工建筑的情况下，学部曾"饬令将常熟瞿氏酌量呈献之图书馆，嘉惠士林。旋蒙图书馆监督缪将书目详加选择，就其中之孤本或抄本；外间鲜流传者，摘出七十一种，嘱即精抄，并益以旧刊本，足成百种，俟抄毕一并呈进。"后因存在原书鲁鱼、写手极少等问题，抄书事宜进展缓慢，两年仅得半数。在学部电函催缴下，瞿氏"爰将抄成之三十七种，暨元明及汲古阁等旧刊本十三种，合成五十种，一律装订完备，随开书目，详细注明影本图章，呈交监督缪解储京馆……其余一半，再当添觅写生，赶速办理，一俟完竣，随时呈进"[35]。又据国家图书馆藏抄本《艺风老年年谱》记载，宣统三年（1911年），缪荃孙正供职于京师图书馆，"三月，派回江南，催瞿氏进呈书。五月，旋京，并解瞿氏书五十种"[36]。这样，江南著名的铁琴铜剑楼的部分孤本精抄，在学部电催和缪荃孙亲自选择监督下，得以入藏初创的京师图书馆。1935年北平图书馆将这批影抄瞿氏进呈书一并入藏新设立的善本乙库，1936年北平图书馆馆务报告专门提及此事，"瞿氏铁琴铜剑楼影抄进呈各书亦全部提入此库，此系本馆初创时经缪筱珊监督躬赴江南采购书籍，选定瞿氏精本百种传抄进呈者，当时仅钞成50种，虽为时不远，然所抄俱为珍本秘籍，而行款又悉照原书，自非普通抄本所能比拟也"[37]。

1951年，文化部文物局拨交北京图书馆瞿氏捐赠铁琴1张、铁琴铜剑楼匾额1方、善本书20种及收购善本书190种；1954年，又拨交收购瞿氏善本图书120种[38]。瞿氏后人瞿凤起（1907—1987）在1982年所撰《先父瞿良士先生事略》中写道："遗命书勿分散，不能守则归之公。新中国成立，经济苍、旭初两兄同意，归诸北京图书馆，遂先父之志也。……铁琴铜剑楼藏书，肇始于高祖荫棠先生，及余五世，已越一百五六十年，私家收藏，经历之长，仅次于四明范氏天一阁，并得有妥善归宿，可告无罪于先德矣。"[39]这样，作为清代末年四大藏书楼之一的江苏瞿氏"铁琴铜剑楼"藏书，其归属典藏终于尘埃落定。

2.2.3 浙江绍兴李慈铭越缦堂遗书

在京师图书馆的初创时期，于1928年还曾通过购买形式入藏了江南著名藏书家李慈铭［1830—1894，浙江会稽（今绍兴）人］的《越缦堂遗书》九千余册。虽未齐全，然李氏藏书多初印原刻，每书皆有校注，经史要籍尤详[40]。1928年5月出版的《北京图书馆月刊》对此记载得更为详尽："李越缦藏书：会稽李爱伯先生（慈铭）为同光著名学者，于史学致力尤勤。其藏书共九千一百余册，内中手批手校之书，共二百余种，约二千七百余册。考证经史，殊为珍贵。本馆经地方当局之介绍，全部收入，另将李氏批校文字，编为读书札记，布于本刊。"[41]

2.2.4　浙江吴兴蒋氏密韵楼旧藏

1931年至1932年，北平图书馆曾分别购得浙江宁波范氏天一阁、江苏常熟毛氏汲古阁、常熟陈氏稽瑞楼旧藏方志200余种，大多为旧刻孤本。1932年，又购得浙江吴兴蒋氏密韵楼旧藏明代别集600余种，其中五分之三为《四库全书》未收，五分之一不见于《千顷堂书目》[42]，足以表明蒋氏这批旧藏的文献价值。

2.2.5　浙江海盐朱希祖藏书

北平图书馆于1932年购入朱希祖（1879—1944，浙江海盐人）旧藏明清戏曲书籍500余种，其中一半为晚清升平署抄本，是研究戏曲史的重要资料。1949年以后，朱氏后人朱偰将部分南明史书籍及部分宋刻本出售给北京图书馆。《辛亥以来藏书纪事诗·朱希祖》有云："书坊谁不颂朱胡，轶简孤编出毁余。勿吝千金名马至，从知求士例求书。"诗注云："海盐朱逖先希祖，购书力最豪，遇当意者，不吝值。尝岁晚携巨金周历书店，左右采掇，悉付以现。又尝预以值付书店，俟取偿于书。故君所得多佳本。自大图书馆，以至私家，无能与君争者。君所得乙部居多，尤详于南明，兼及万历以后诸家奏议文集，遇古本及名人稿本亦未尝不收也。"[43]可据此了解朱氏购藏文献的气魄和特点。

2.2.6　上海顾子刚藏书

顾子刚（1919—1984）出生于上海，早年毕业于上海的圣约翰大学史学系，自1928年从清华大学图书馆转任北平北海图书馆工作后，一直在国家图书馆工作，是一位为国家图书馆馆藏资源建设做出突出贡献的江南学者。1950年4月，顾子刚捐献所收藏的《永乐大典》3册，同年8月再次捐献《永乐大典》2册，成为1949年新中国成立后第一个私人向国家捐赠《永乐大典》的人，起到了很好的示范效应。有学者曾整理统计了《顾子刚捐献古籍文献目录》，可据以了解顾子刚自1930年以来多次捐献的古籍文献的相关信息[44]。

2.2.7　江苏常熟翁氏藏书

常熟翁氏藏书可以追溯至常熟翁氏的十四世祖翁心存（1791—1862），翁心存之后，先后经历了翁同书（1810—1865）、翁同龢（1830—1904）、翁之廉（1882—1919）、翁之熹（1896—1972）、翁万戈（1918—）等世代传承收藏。翁万戈曾述及常熟翁氏藏书："翁氏藏书到我成长之后，交到我的手中。所以从我高祖翁同龢到现在，这一部分古籍，已经守藏五世，少数的书从高高祖翁心存算起，那就有六世了。"翁氏藏书的精品曾由翁万戈于1949年初由上海运到美国，翁万戈的本生父亲翁之熹则将留存在国内的翁氏藏书中的善本2413册于1950年全部捐给北京图书馆，其中有明抄本《北堂书钞》等[45]。

2.2.8　上海潘氏宝礼堂藏书

潘宗周（1867—1939），字明训，是广东南海人，但其1919年到上海后曾任上海公共租界工部局总办，其宝礼堂所藏宋元善本亦曾珍藏于上海工部局的保险柜中，故潘氏被称为上海藏书家；又因购藏有传为海内孤本的南宋三山黄唐所刊《礼记正义》，因颜其斋为"宝礼堂"。《辛亥以来藏书纪事诗》中记载："南海潘明训，少时供事洋行，现充英工部局总办。喜储宋椠，初以百种为限，闻近已逾限矣，并闻眼识甚高，元明以下蔑如也。"[46]其"百宋何妨又一廛"的藏书几与"北杨南瞿"相颉颃。浙江海盐张元济（1867—1959）和徐鸿宝曾为潘氏藏本进行审定，张元济还撰写有书录解题。宝礼堂所藏宋元本111部、1088册在抗日战争时期曾在英国驻上海文化机构的帮助下由英国军舰运往香港存入汇丰银行保存。在北平图书馆1947年巨款求购未果后，经江南文化人郑振铎（1898—1958）和徐鸿宝之子徐伯郊（1913—2002）的联系、筹划与奔走，潘氏后人于1951年将这批珍贵藏书无偿捐献给了国家并由北京图书馆典藏，这一义举被称为20世纪50年代最令人称道的一次私人捐赠[47]。

2.2.9　上海涵芬楼《永乐大典》21册旧藏

商务印书馆董事会记录簿曾详细记载了1951年6月2日开会讨论《永乐大典》的捐赠事宜及其重要的文献价值：商务印书馆董事会第505次会议召开。会议通过张元济等署名的善本书保管委员会拟将公司所藏《永乐大典》捐献政府的提案。提案云："本公司旧日涵芬楼及东方图书馆藏书闻名世界。自经'一·二八'兵燹以后，烬余之数不逮百一，至为可痛。兹查有《永乐大典》，为十四世纪吾国有名之官书，在文化上极有价值。频经劫乱，毁佚殆尽。本公司前经搜得二十一册，幸尚保存。谨按二十一册之中，所录有《湖州亲领各县志乘》，有《冀州疆域沿革》，有《元一统志》，有《周易兑卦诸家解说》，有《孟子诸家注》，有《骨蒸证治》，有《寿亲养老书》。尤以《水经注》前八卷之四册，卷次联贯，最为难得。清代《四库·水经注》即从此出，亦即武英殿聚珍版《水经注》之底本。其后七卷现由北京大学收藏，可以完全配齐。我公司本努力文化之旨，似宜将珍籍捐献政府典藏，以昭郑重。兹特向贵会建议，敬请公决。如蒙通过，再由公司具呈，献与中央人民政府，恳其收纳。"董事会后，张元济连续数日致函商务印书馆善本保管员丁英桂（1901—1986），嘱咐有关《永乐大典》表签书写、用纸装帧等事项，并交代"一切手续完毕后，乞将全书送下一阅。此生不能再与此书相见，临别不无余恋也"。字里行间散发出的江南藏书家的情怀心境，令人感动[48]。

2.2.10　祁阳陈澄中藏书

陈清华（1894—1978，湖南祁阳人），字澄中，出生于江苏扬州，青少年时在扬州和上海就读，并定居于上海，并曾在上海教书并多年就职于中央银行和农民银行，故也可归为江南文化人。陈清华于20世纪30年代曾以巨款购得得南宋初刊台州本《荀子》和宋廖莹中刊《河东先生集》和《昌黎先生集》等孤本秘籍，与藏家周叔弢（1891—1984）有"南陈北周"之誉。陈氏藏书曾三次售归入藏国家图书馆。第一次是1955年，在时任文化部文物局长郑振铎的关心下，经由徐鸿宝、赵万里、费彝民（1908—1988）、徐伯郊等洽商经办，成功地从香港购回了陈氏所藏的第一批善本83部，其中包括了河东、昌黎二集以及北宋刻递修本《汉书》等精品。第二次是1965年，在周恩来总理的亲自过问下，同样是由赵万里南下接洽收购，经两年之久，于1965年11月13日将第二批收购的善本24部由香港运送至北京，其中包括了南宋初刊台州本《荀子》。第三次是2004年，陈澄中于1978年去世后，其藏书由其妻和子女继承。2004年，嘉德国际拍卖有限公司征集到陈清华留存其子陈国琅的善本古籍23种、画轴1件及收藏印18枚，由陈国琅送回内地，至此，陈氏藏书的海外遗珍全部得以入藏国家图书馆[49]。陈国琅保存的陈氏藏书，就是当年陈氏携港的剩余部分，"内中宋元佳刻、黄跋毛抄居其太半，均为罕见珍本"，其"能留之乡梓，此乃国家文化学术之福祉也"[50]。

2.2.11　庐江刘体智藏甲骨金拓

刘体智（1897—1962，安徽庐江人），因其长期居住上海，并在上海建有"小校经阁"藏书楼，故也可归于江南文化人。刘体智博学多才，雅好收藏，自1935年辞去银行总经理职务后，即埋首于文字音韵与文物考古之中，其甲骨收藏曾多达近3万片，被郭沫若（1892—1978）誉为"海内外之冠"，又曾聚钟鼎六、七千器，被同为收藏家的福开森（1866—1945）赞为"民国以来收藏青铜器最多的人"。1931年，刘体智就曾捐赠北平图书馆吉金拓片437份[51]。据文化部的《庐江刘氏善斋藏甲骨清册》记载，刘体智所藏甲骨150箱于1953年售归国家，于1953年9月运至北京，先由中国社会科学院整理，后于1958年8月由文化部拨交北京图书馆，经对照清点，甲骨计150木盒（附红木盒座

12个），共计28 447片，拓本目录18册[52]。目前在国家图书馆地库里存放有35 651片甲骨，其中数量最大的就是刘体智旧藏甲骨，占国家图书馆现藏甲骨数量的80%，成为国家图书馆甲骨收藏的精华部分。

2.2.12　北京图书馆专藏中的江南学者作家手稿

北京图书馆于1954年建立了著名学者和作家的手稿专藏，收录了许多当代作家和学者的著作手稿，其中江南作家学者中有鲁迅（1881—1936，浙江绍兴人）、茅盾（1896—1981，浙江桐乡人）、朱自清（1898—1948，江苏扬州人，原籍浙江绍兴）、巴金（1904—2005，祖籍浙江嘉兴）、冯雪峰（1903—1976，浙江义乌人）、艾青（1910—1996，浙江金华人）、袁水拍［1916—1982，江苏吴县（今苏州）人］、吴晗（1909—1969，浙江义乌人）、胡华（1921—1987，浙江奉化人）、卞之琳（1910—2000，江苏海门人）、丰之恺（1898—1975，浙江桐乡人）等的手稿和翻译稿都先后入藏[53]。

2.2.13　江南文献的采访、征求、呈交、寄存与调拨

在京师图书馆成立之初，曾通过呈交函文，并通过教育部颁发政府文件和法规等方法以加强文献采集，其中也包括了对江南地方文献的采访。如1913年6月25日的《京师图书馆为催收各省官书致教育部社会教育司司长函》，1916年2月的《京师图书馆呈请教育部规定全国出版图书在内务部立案者应以一部交国立图书馆庋藏文》，1916年3月6日的《教育部请饬内务部将立案之出版图书分送京师图书馆庋藏文》，1916年10月3日的《教育部咨各生省区饬属征取最新志书迳行送部文》，1916年10月4日的《京师图书馆呈教育部请征集全国地志金石搨本文》，1916年10月5日的《教育部咨各省区徵求各种著名碑碣石刻等拓本文》，1917年3月30日的《教育部咨内务部请申明前案通行京内外，饬将禀报立案之出版图书分送京师图书馆文》[54]。1917年7月，京师图书馆呈文教育部，请咨湖北、江苏、浙江等省行政公署，向所属官书局征求印行图书，教育部认为"此请自为广征图书，嘉惠士林起见"，同意转咨征书发馆入藏。1919年1月，京师图书馆呈请教育部准按拟订的《征求书籍简章》向各省图书馆和学校及公私藏书家广征书籍。正是在以上一系列征书举措的持续推动下，京师图书馆形成了"辇输典籍，以相赠遗者不绝于途"的可喜局面[55]。1929年，国立北平图书馆与北平北海图书馆合组，合组后的国立北平图书馆多次致函教育部，要求修改或采取变通方法以落实新出图书呈缴法令，1931年4月8日，教育部复函同意并分别咨令各省市教育厅局将呈缴新书检出一份，

径寄北平图书馆[56]。1955年4月25日，文化部颁发《中华人民共和国文化部关于征集图书、杂志样本办法》，1956年7月12日，文化部又发文修订了《全国报纸缴送样本办法》[57]。

在20世纪30年代，北平图书馆历年的馆务报告曾记录了所采购的许多江南地区的珍贵文献。如1930年7月，北平图书馆曾专门派员赵万里赴江南地区的宁、沪、苏、杭各地采访古书。当时江南书价较廉，且多善本。此行所获甚多，业经运平，编目后即可供众阅览。如1931—1932年度"前后收得范氏天一阁、毛氏汲古阁、陈氏稽瑞楼旧藏明地志六十余种，无一非孤本旧椠"；有被誉为"史学之瑰宝，天壤之秘籍"的吴兴刘氏嘉业堂所藏徐氏稿本《宋会要》。又如1932—1933年度采购"四明范氏天一阁等旧藏之明代别集等，有诸多文献为《四库全书》和明代《千顷堂书目》所未收，其为秘籍可知矣"，还有不少为现存天一阁书目著录而散失者；同年还采购了常熟毛氏汲古阁、陈氏稽瑞楼旧藏之明地志150余种，"此次新购诸志，无一非绝无仅有之秘籍……自是，馆藏明地志总得550余种，实从来未有之新纪录也"；同年度还采购了海盐朱氏旧藏之明清戏曲书，成为近代戏曲史之重要史料。再如1934—1935年度采购了季振宜（1630—？，江苏泰兴人）旧藏《无冤录》一书，"后附宋傅霖《刑统赋》一卷，亦秘籍也"。即使在抗日战争期间，北平图书馆采访江南文献的步伐也没有停止，如1940年曾采访了清康熙刻本《松江府志》、清嘉庆刊本《扬州府图经》、明万历刊本《常熟文献志》和《常熟水利全书》等[58]。

20世纪60、70年代，北京图书馆也曾多次收购、调拨了江南文献。如1961年，文化部拨交了郑振铎抗战期间在上海抢救的一部分珍贵古籍，其中有清代江南学者何焯［1661—1722，江苏长洲（今苏州）人］、黄丕烈［1763—1825，江苏吴县（今苏州）人］、顾广圻［1766—1835，江苏元和（今苏州）人］等诸名家校跋的书籍，以及不少明清史料和明代戏曲等比较罕见的善本书籍。1962年，国家图书馆收购了浙江萧山朱氏遗藏明清名家抄校文献200余种1000余册。1973年1月，原京师图书馆馆长夏曾佑的亲属胡汝逸来函捐赠《夏别士先生诗稿》[59]。1973年12月，北京图书馆曾派人到浙江、江苏、上海采购入藏了一批革命文献和宋、元、明、清各代旧刻精抄、碑帖拓本、地图等共计227种423册又95张[60]。

同时，江南地区学者和图书馆以及政府机构也曾向北平图书馆赠书或寄存文献，如1931—1936年的各年北平图书馆馆务报告中就记载了当时向北平图书馆赠书的重要机构有上海大夏大学、上海商务印书馆、上海市教育局、上海市立图书馆、上海中华书局、上海兰社、上海市政府、浙江省立图书馆、江苏省政府等，学者中如叶景葵（1874—1949，浙江杭州人）惠赠之张氏父子《谐声谱》（向无刊本）；张元济赠影印《永乐大典》本《水经注》4册等[61]。1975年11月，张秀民（1908—2006，浙江嵊县人）向其工作了近半个世纪的北京图书馆捐赠了明清刻本古籍3种[62]。1958年11月，北京图书馆接收了郑振铎家属捐赠的"西谛藏书"，共17 224部，94 441册，赵万里曾主编了《西谛书目》（文物出版社1963年）[63]。也有江南文献寄存的例子，如1929年11月，上海商务印书馆将所购藏的藏文大藏径《甘珠尔》全部寄存国立北平图书馆。又如浙江金华人施复亮（1899—1970）于1932年度寄存了主要为政治经济类著作的日文图书580册[64]。

国家图书馆发展史上这些征书、呈书、调拨、接受捐赠和寄存的举措，不仅成为国家图书馆馆藏不断发展的坚实基础，也奠定了21世纪国家图书馆馆藏书跻身全球国家图书馆前列的文献基础。

2.3　江南文化人对国家图书馆馆藏书目编制的贡献

江南籍学者在国家图书馆馆藏书目编制方面也做出了杰出的成就。早在京师图书馆创办初期，馆长缪荃孙就编有学部图书馆善本书目，印在《古学丛刻》中，成为国家图书馆善本书目最早出版者，夏曾佑即在此基础上主持编纂了《京师图书馆里善本书目》[65]。其他各类主题书目甚多，如王庸《国立北平图书馆藏清内阁大库舆图目录》（1932），余绍宋（1883—1949，浙江龙游人）《书画书录解题》（1932），王庸等《国立北平图书馆中文舆图目录》（1933），赵万里《北平图书馆善本书目》（甲编）四卷（1933年），谭其骧《国立北平图书馆方志目录》（1933年），谭其骧从父谭新嘉（1874—1939，浙江嘉兴人）《国立北平图书馆方志目录二编》（1936）等[66]。20世纪60年代开始启动的《民国总书目》就是以上海图书馆的藏书为基础开始编辑的，并曾将分存在上海图书馆和上海辞海编辑所制成的分类卡片移交北京图书馆[67]。从1978年至1995年编辑出版的《中国古籍善本书目》由刘季平任编委会主任，顾廷龙（1904—1998，江苏苏州人）任主编。北平图书馆当年还进行了善本书库及普通书库的调整，由于善本书库与普通书库中的文献往往互有混杂，善本库或藏有普通书籍，而普通书库中多有可提入善本书库的情况。1929年曾由徐鸿宝、赵万里从事审查，分别优劣后另行插架[68]。

2.4 江南地区成为国家图书馆文献珍本保存地

抗日战争时期，江南地区的上海和南京曾作为国家图书馆贵重书籍的南方寄存地，为暂时保存国家图书馆的善本图书发挥了当时江南地域的优势。其中江南学者发挥了重要的作用。如钱存训（1910—2015）在抗日战争期间曾任北平图书馆上海办事处职员，在太平洋战争爆发前的1938—1941年数年中，积极主动地以各种方法和途径收集各类抗战史料以及沦陷区内散佚的善本旧抄，使不少珍贵文献入藏了国家图书馆。徐鸿宝则在存沪善本办理运美事宜中，与王重民一起先期进行了认真的甄选和精心的保存，并在钱存训夫妇的鼎力协助下，使其中的精选善本经上海海关分批运往美国首都华盛顿国会图书馆保存。钱存训还于1946年参与了1936年南运暂存于故宫博物院南京分院的内阁舆图工作。钱钟书（1910—1998，江苏无锡人）与陈贯吾（1894—1988，江苏苏州人）则作为抗战时期北平图书馆上海办事处职员分别主编了英文和中文的《图书季刊》。1946年，胡厚宣（1911—1995）曾将所藏甲骨让予北平图书馆，当时"经手人是在上海北图办事处的钱存训先生"[69]。

江南籍学者张其昀（1900—1985，浙江宁波人）对20世纪30年代的北平图书馆的丰富馆藏及其研究出版有如下的评述："北平图书馆规模之大，文籍之盛，号称全国第一，是馆特长不仅在网罗新旧图籍，宏夸其富，而尤在注意学术研究，尽其鼓励之方，隐为中国出版界之中枢，此世人所共见也。"[70]

2.5 国家图书馆对江南文化的支持帮助

在江南文化为国家图书馆提供文献资源的同时，国家图书馆也为江南文化的发展提供了许多帮助。有两件典型案例值得一提。

一是京师图书馆为商务印书馆提供文献影印的便利。由于京师图书馆所藏善本各书最为难得，外间均未传抄，学者难以窥见和利用。当年的商务印书馆便呈文教育部，"拟择影印行"，"以广流传"。于是1918年9月4日，《教育训令京师图书馆据商务印书馆呈请影印该馆古籍，应由该馆按照前订规则办理文》[71]。而作为互利共赢的举措，1919年1月，京师图书馆与商务印书馆双方签订了《印书免费契约》，商务印书馆得以影印京师图书馆馆藏文献，作为回报，商务印书馆定期向京师图书馆送书若干种，积久也颇为可观[72]。

二是文澜阁《四库全书》据文津阁作底本补抄完整。尽管《四库全书》江南三阁（杭州文澜阁、扬州文汇阁、镇江文宗阁）在遭受兵燹后唯文澜阁岿然独存，然大部已毁，仅存四分之一。丁丙（1832—1899，浙江钱塘人）曾于1882—1888年期间主持了历时七年的补抄工程，在此基础上，曾任浙江图书馆馆长的钱恂（1853—1927，浙江吴兴人）又承担起抄补使命，出面呈请国家批准，商借以文津阁本作补抄底本，在北京专门设立了补抄文澜阁四库全书馆，并在杭州设立分馆校理，这就是历时八年（1915—1923）的"乙卯补抄"。曾经出任京师图书馆主任的张宗祥自京返浙任浙江省教育厅厅长后，在钱氏的基础上，继续补抄工程，这就是历时两年（1923—1924）的"癸亥补抄"[73]。张宗祥曾撰文介绍补抄文澜阁《四库全书》的史实，详细记载了当年的补抄过程[74]。正是在京师图书馆的鼎力支持和帮助下，文澜阁本得以趋于完整，文澜保书工程也得以全面完成。

国家图书馆也为江南籍学者的著作整理出版提供了平台。如时任北平图书馆馆长的蔡元培，曾在1920年发起石印部分《越缦堂日记》的基础上，于1933年又编辑续印《越缦堂日记补》13册[75]。1931年，北平图书馆曾斥资4000元从浙江湖州嘉业堂购取了浙江上虞人徐松（1781—1848）在清代嘉庆年间未及完成的《宋会要辑稿》，组成专门编印委员会进行整理校勘，并得到哈佛燕京学社的专项经费资助，于1936年由大东书局影印成书。王重民（1903—1975）则集辑了江苏阳湖学者孙星衍（1753—1818）有关文献成《孙渊如外集》，于1932年由国立北平图书馆出版。这是整理已故江南学者学术成果的例子。又如，浙江龙游人余绍宋（1883—1949）曾于1932年出版了《书画书录解题》，浙江温州人刘节（1901—1977）于1935年出版了《楚器图释》等，都成为有分量有影响的学术成果。以上这样的例子不是个别的[76]。

此外，国家图书馆的藏书也为江南地区的文化展览提供了文献支撑。如1924年7月，京师图书馆曾将馆藏的晋唐宋元珍本古籍、《四库全书》中的精品摹绘以及少数民族文献等参加了在南京贡院旧址举办的"全国教育品展览会"；1935年，北平图书馆以馆藏有关江苏及南京的历史地图选送镇江图书馆展览，1936年，将馆藏样式雷圆明园、万春园、长春园等处工程图样，选送上海中国建筑展览会展览。1987年10月北京图书馆举行新馆开馆典礼之际，也曾为江南学者巴金举办了"巴金文学创作生涯60年"展览。

3　江南文化为国家图书馆提供了改革创新的参考借鉴

江南文化具有开放、开新、包容的文化特质，而处于江南文化核心都市的上海更是最鲜明地体现出这样的文化品格，这种江南文化的禀赋成为改革开放以来江南地区图书馆事业发展进步的生动写照。肩负改革开放排头兵和创新发展先行者使命的上海图书馆、杭州图书馆、苏州图书馆、嘉兴图书馆等均在20世纪末和21世纪初在公共图书馆事业上迈出了创新的步伐。其中上海图书馆1995年与上海科学技术情报研究所实现了图情机构的合并，这一改革的大手笔为上海图书馆事业的发展注入了新动能，并推出了一系列令中国图书馆业界耳目一新的创新举措。南方改革的春风吹遍了大江南北，寓含着江南文化的江南地区图书馆创新之潮为中国国家图书馆在新环境下奋力前行提供了借鉴和启示。

1998年起，国家图书馆管理团队努力创新管理机制，在人事制度、业务格局、分配制度等方面提出了深化改革的整体设想和部署。《中国国家图书馆史》曾记录了这段历史："1998年2月，以党委书记、副馆长周和平为团长的考察团，赴上海图书馆进行学习、考察和交流，双方就上图业务、人事、分配制度的三大改革、文献开发、读者服务以及物业管理、人才吸纳与员工培训等方面进行了全方位、深层次的交流。"[77]《中国国家图书馆馆史资料长编》（下）也曾记载了有关信息："1998年3月10日，北图提出深化改革的设想、建议和部署。3月10日，在多功能厅召开赴上海图书馆学习考察汇报会。"[78]在深化改革开放的进程中，国家图书馆借鉴了江南地区图书馆服务创新的一些新举措，持续改进完善读者服务，1998年2月和1999年2月，国家图书馆先后实施了全年每天开放和节假期开放的服务举措，并延长了每天的服务时间；1998年5月，国家图书馆新设立了剪报服务中心、文献提供中心等业务部门，进一步提升了图书馆大众服务和专业服务的质量[79]。2003年前后，国家图书馆又提出了人才兴馆、科技强馆、服务立馆的三大发展战略，为国家图书馆的创新发展带来了全新的气象。

"唯有相见胸次广，乃能同心力万钧"，这是刘季平馆长1979年在南昌参加《中国古籍善目书目》编辑工作会议时鼓励编纂人员引用的诗句[80]。综观国家图书馆110年发展历史，我们多少感悟了人类文化发展的密码，即文化发展的源泉动力往往在文化发展的整体关联的架构中可以找到。登高回望，我们可以追溯江南文化人对中国国家图书馆事业的群体追求，可以领略国家图书馆发展轨迹中江南文化在百多年马拉松般的文化接力，可以发现江南文化及其跨域的交流交融在图书馆事业前行中的驱动力量，可以认知江南文化高地对国家图书馆文化高峰所起到的积淀作用以及国家图书馆文化融合力的博大胸怀和凝聚力量。

　　"江南文化与中国国家图书馆的创始与发展"这一命题在学术研究上的启示是，在图书馆史的研究中，我们应当更加注重文化研究、整体研究和基础研究。江南文化所生长发扬的苏浙沪地域与首都北京虽然远隔千里，但文化整体性的聚合关联所释放的创造力和推动力却让人惊叹，使人感悟到在图书馆事业的发展进程中，有着文化共同体的整体性发展逻辑。无论是国家图书馆的创始起步与之后的百多年的发展，我们都可以看到内中所流淌着的江南文化的血液，都可以看到内中所呈现出的江南文化的勃勃生机；而江南文化通过以国家图书馆为发展载体也得以跨域传承和留存记忆，文化生命力在更大范围内得到了散发与延续。实际上，江南文化的巨大力量，何止是对国家图书馆的发展，对中国古籍事业的发展，对江南地区图书馆事业的发展，乃至对中国学术事业的发展和社会文明的进步，同样可以深入探究其中地域文化的密码。推而广之，中国各大地域文化，如齐鲁文化、中原文化、楚文化、巴蜀文化、岭南文化等与图书馆事业发展存在着怎样的内在逻辑，都值得我们去进行探索和研究。

参考文献：

[1]司马迁.史记:第1册[M].北京:中华书局,1982:213.

[2]班固.汉书:第6册[M].颜师古,注.北京:中华书局,1962:1666.

[3]周振鹤.释江南[M]//钱伯诚.中华文史论丛:第49辑.上海:上海古籍出版社,1992:141–147.

[4]开明睿智才能进一步海纳百川——"习近平在上海"系列报道之二[EB/OL].[2019–03–14].https://www.jfdaily.com/journal/2017–09–27/getArticle.htm?id=237148.

[5]周武.中共何以在上海且只能在上海创建？与这种文化密不可分[EB/OL].[2019–03–11].https://web.shobserver.com/wx/detail.do?id=137615.

[6]黄建国,高跃新.中国古代藏书楼研究[M].北京:中华书局,1999:259.

[7]胡道静.上海图书馆史[M].上海:上海市通志馆,1935:1–3.

[8]藏书便读[N].申报:第1503号（大清光绪丁丑二月初八日）,1877–03–22（2）.

[9]古越藏书楼章程[G]//李希泌,张椒华.中国古代藏书与近代图书馆史料(春秋至五四前后).北京:中华书局,1982:113.

[10]张謇.古越藏书楼记[G]//李希泌,张椒华.中国古代藏书与近代图书馆史料(春秋至五四前后).北京:中华书局,1982:111.

[11]徐树兰.为捐建绍郡古越藏书楼恳请奏咨[G]//李希泌,张椒华.中国古代藏书与近代图书馆史料(春秋至五四前后).北京:中华书局,1982:112-113.

[12]《南京图书馆志》编写组.南京图书馆志[M].南京:南京出版社,1996:3.

[13]学部致两江制台该省图书馆希极力维持电[G]//李希泌,张椒华.中国古代藏书与近代图书馆史料(春秋至五四前后)[G].北京:中华书局,1982:147.

[14]顾志兴.浙江藏书史:下册[M].杭州:杭州出版社,2006:842.

[15]同[14]:590-591.

[16]任继愈.中国藏书楼:叁[M].沈阳:辽宁人民出版社,2001:1558.

[17]平保兴.晚清外国图书馆学报刊译介史论[J].山东图书馆学刊,2019(1):34-40.

[18]陈玉申.晚清报业史[M].济南:山东画报出版社,2003:22.

[19]韩永进.中国图书馆史:近代图书馆卷[M].北京:国家图书馆出版社,2017:23.

[20]同[19]:64.

[21]李致忠.中国国家图书馆史(1900—2009)[M].北京:国家图书馆出版社,2009:7.

[22]罗振玉.京师创设图书馆私议[G]//李希泌,张椒华.中国古代藏书与近代图书馆史料(春秋至五四前后)[G].北京:中华书局,1982:123-124.

[23]同[21]:1-9.

[24]顾廷龙.艺风堂友朋书札:下册[M].上海:上海古籍出版社,1980:1000-1002.

[25]同[21]:12.

[26]张人凤,柳和城.张元济年谱长编:上卷[M].上海:上海交通大学出版社,2011:269,274.

[27]同[21]:43-60.

[28]刘鲁.生逢乱世提头走路竟然走过来了[G]//国家图书馆.刘季平与中国图书馆事业发展论文集.北京:国家图书馆出版社,2018:113.

[29]国家图书馆.刘季平与中国图书馆事业发展论文集[G].北京:国家图书馆出版社,2018:前言.

[30]同[29]:16-17.

[31]同[21]:69.

[32]同[22]:123.

[33]两江总督端方奏江南图书馆购买书价请分别筹给片[G]//李希泌,张椒华.中国古代藏书
与近代图书馆史料(春秋至五四前后)[G].北京:中华书局,1982:146.

[34]李致忠.中国国家图书馆史资料长编:上册[G].北京:国家图书馆出版社,2009:72.

[35]学部为送瞿氏书籍抄本五十种咨京师图书馆文[G]//李希泌,张椒华.中国古代藏书与近
代图书馆史料(春秋至五四前后).北京:中华书局,1982:138-139.

[36]缪荃孙.筹办江南图书馆、京师图书馆纪事[G]//李希泌,张椒华.中国古代藏书与近代图
书馆史料(春秋至五四前后).北京:中华书局,1982:141.

[37]国立北平图书馆.国立北平图书馆馆务报告(民国二十四年七月至二十五年六月)[M].
北平:国立北平图书馆,1936:22.

[38]同[21]:166.

[39]瞿良士.铁琴铜剑楼藏书跋集录[G].上海:上海古籍出版社,1985:363-365.

[40]伦明.辛亥以来藏书纪事诗(附补校)[M].上海:上海古籍出版社,1999:12.

[41]同[34]:80.

[42]同[21]:75.

[43]同[40]:75.

[44]赵爱学,林世田.顾子刚生平及捐献古籍文献事迹考[J].国家图书馆学刊,2012(3):94-
101.

[45]王世伟.常熟翁氏家族及其世藏古籍善本[M]//王世伟.历史文献研究.北京:国家图书馆
出版社,2008:124.

[46]同[40]:109.

[47]傅璇琮,谢灼华.中国藏书通史:下册[M].宁波:宁波出版社,2001:1350.

[48]张人凤,柳和城.张元济年谱长编:下卷[M].上海:上海交通大学出版社,2011:1360-
1361.

[49]陈红彦.陈清华郇斋藏书三次"回收"国家图书馆[EB/OL].[2019-04-22].http://art.people.
com.cn/GB/41389/9831033.html.

[50]丁瑜.郇斋携港藏书回归知见杂记[M].//中国嘉德国际拍卖有限公司.祁阳陈澄中藏
书——海外遗珍[M].北京:中国嘉德国际拍卖有限公司,2004:序.

[51]同[21]:76

[52]赵爱学.国家图书馆的善斋旧藏甲骨及其著录[M]//文津学志:第十辑,北京:国家图书馆
出版社,2017:355-358.

[53]同[21]:164.

[54]李希泌,张椒华.中国古代藏书与近代图书馆史料(春秋至五四前后)[G].北京:中华书局,1982:203-223.

[55]同[21]:29-30.

[56]同[34]:159.

[57]同[34]:407-409.

[58]同[34]:314.

[59]同[21]:241.

[60]李致忠.中国国家图书馆史资料长编:中册[G].北京:国家图书馆出版社,2009:611.

[61]同[34]:228-231.

[62]同[60]:612.

[63]同[60]:457,553.

[64]同[21]:47,77.

[65]同[34]:179.

[66]同[21]:80-81.

[67]同[21]:277.

[68]同[34]:181.

[69]胡厚宣.三代研究的史料问题[M].昆明:云南人民出版社,2005:119-120.

[70]张其昀.中国地学论文索引[G].北平:国立北平师范大学,国立北平图书馆,1934:序.

[71]教育训令京师图书馆据商务印书馆呈请影印该馆古籍,应由该馆按照前订规则办理文[G]//李希泌,张椒华.中国古代藏书与近代图书馆史料(春秋至五四前后).北京:中华书局,1982:224.

[72]同[34]:199-200.

[73]同[14]:875-881.

[74]张宗祥.补抄文澜阁《四库全书》史实[G]//浙江图书馆志编纂委员会.浙江图书馆志.北京:中华书局,2000:269.

[75]同[14]:524-525.

[76]同[21]:94-96.

[77]同[21]:368.

[78]李致忠.中国国家图书馆馆史资料长编:下[G].北京:国家图书馆出版社,2009:986.

[79]同[21]:348-349.

[80]同[29]:前言.

数字化时代的阅读：挑战与未来

徐升国（中国新闻出版研究院）

1 数字化时代国民阅读发展趋势

由中国新闻出版研究院组织实施的全国国民阅读调查项目，从1999年至今已经连续开展了十六次。从调查结果看，在这二十年的时间里，中国国民的阅读状况发生了巨大变化，体现为传统纸质阅读受到强烈冲击，数字化阅读则迅速发展，并不断变化，呈现出从单一种类到多元化的发展趋势。

1.1 成年国民综合阅读率波浪式增长

从全国国民阅读调查结果看，2018年中国18周岁以上成年国民对于包括书报刊和数字出版物在内的各种媒介综合阅读率为80.8%，较2008年首次开展综合阅读率调查的69.7%上升了11.1个百分点。由图1可以看出，综合阅读率从2008年的69.7%增长到2010年的77.1%仅用了短短两年时间，到2018年稳步爬升至80.8%，为历年来最高水平。从这一数据可以看出，十年来中国国民综合阅读率总体上呈现不断上升势头，越来越多的人加入到阅读者的阵营。这可以说是一个好消息，而我们后面的进一步调查，则可以看出国民综合阅读率的不断上升，主要来源于数字化阅读，而这则让人喜忧参半。

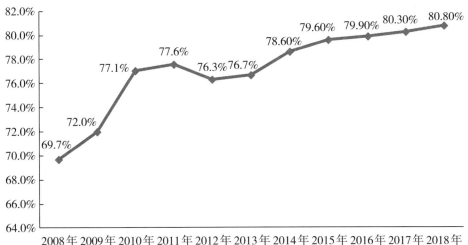

图 1　成年国民综合阅读率年度比较

1.2　纸质图书阅读水平相对平稳，但报纸和期刊阅读水平则下滑明显

1999年中国成年国民的图书阅读率为60.4%，之后几年连续走低，在2005年降至历年最低点，为48.7%。从2007年之后，成年国民的纸质图书阅读率逐渐回升，2018年图书阅读率为59.0%，与第一次国民阅读调查（1999年）的图书阅读率（60.4%）差距不断缩小。从对图书阅读量的考察来看，2005年开始图书阅读量调查，当年成年国民人均图书阅读量为4.5本。到2018年，中国成年国民的纸质图书阅读量一直处于较平稳的状态，2018年为4.67本，差别不大。

在报纸方面，2007年中国新闻出版研究院开始报纸阅读数据调查。这一年，中国成年国民的报纸阅读率达到73.8%，此后十年一直呈现持续下滑趋势。2014年全国成年国民的报纸阅读率下降到55.1%，2018年则下降到35.1%，比2007年下降了超过一半，这意味着十年间超过一半的报纸读者不再阅读报纸。

从期刊阅读率看，1999年，中国成年国民期刊阅读率为57.0%，此后虽然有个别年份偶有回升，但大体上仍呈下降趋势。2014年中国成年国民的期刊阅读率下降到40.3%，2018年则下降到23.4%，同样下滑超过一半。

从图书阅读率、报纸阅读率和期刊阅读率近年来的走势对比来看，报纸阅读率一直高于纸质图书和期刊的阅读率，但自2013年开始，报纸阅读率开始低于图书阅读率，且持续下滑，期刊阅读率也是同步下滑趋势。

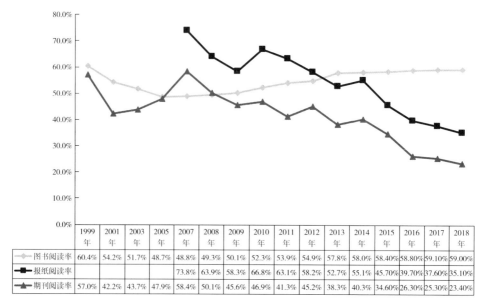

	1999年	2001年	2003年	2005年	2007年	2008年	2009年	2010年	2011年	2012年	2013年	2014年	2015年	2016年	2017年	2018年
图书阅读率	60.4%	54.2%	51.7%	48.7%	48.8%	49.3%	50.1%	52.3%	53.9%	54.9%	57.8%	58.0%	58.40%	58.80%	59.10%	59.00%
报纸阅读率				73.8%	63.9%	58.3%	66.8%	63.1%	58.2%	52.7%	55.1%	45.70%	39.70%	37.60%	35.10%	
期刊阅读率	57.0%	42.2%	43.7%	47.9%	58.4%	50.1%	45.6%	46.9%	41.3%	45.2%	38.3%	40.3%	34.60%	26.30%	25.30%	23.40%

图 2　成年国民图书、报纸、期刊阅读率对比

1.3　各类数字化媒介阅读率增势迅猛，手机阅读率超过网络在线阅读率

2008年中国新闻出版研究院开始对国民数字化阅读状况进行调查。2008年中国国民数字化阅读率为24.5%，2014年上升到58.1%，增幅达1.37倍，并首次超过了纸质图书阅读率（58.0%），2018年进一步增长到76.2%。由图3可以看出，数字化阅读方式的接触率十年来呈现出跨越式发展的趋势。可以说，在中国国民综合阅读率的提升过程中，主要增量是来自于数字化阅读，而不是传统的纸质阅读。

2008年到2018年是数字化阅读飞速发展的11年，数字化阅读方式也不再局限于网络在线阅读，手机阅读近年来在各类数字化阅读方式中占据主要地位。2018年中国有73.7%的成年国民接触过手机阅读，超过了2018年电脑网络在线阅读率的69.3%。此外，有20.8%的成年国民在电子阅读器上阅读，同时也有20.8%的成年国民使用平板电脑（Pad）进行数字化阅读，还有26.0%的国民有听书习惯。

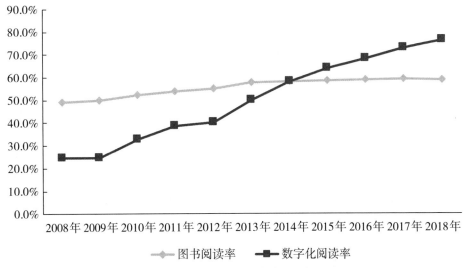

图3 数字化阅读率与图书阅读率历年变化趋势

从人们对不同媒介接触时长来看，2018年成年国民人均每天手机接触时间最长，其中，中国成年国民人均每天手机接触时长为84.87分钟，人均每天互联网接触时长为65.12分钟，人均每天电子阅读器阅读时长为10.70分钟，人均每天接触平板电脑（Pad）的时长为11.10分钟。在传统纸质媒介中，成年国民人均每天读书时间为19.81分钟，人均每天读报时长为9.58分钟，人均每天阅读期刊时长为5.56分钟。从中可见，人均每天各类数字化阅读消费时长达到171.39分钟，而书、报、刊三类传统纸质阅读时长仅为34.95分钟。人们用于数字阅读消费的时长几乎是纸质阅读时长的5倍。

1.4 成年国民的网上活动行为娱乐化和碎片化特征明显，深度图书阅读行为的占比偏低

调查发现，我国成年网民上网从事的各类阅读与消费活动中，获取信息、聊天交友、看视频、在线购物几大功能是网民在网上最主要的活动内容，而真正意义上的阅读占比相对较低。2018年有62.3%的网民将"网上聊天/交友"作为主要网上活动之一，有61.6%的网民将"阅读新闻"作为主要网上活动之一，有50.0%的网民将"看视频"作为主要网上活动之一，有41.1%的网民将"网上购物"作为主要网上活动之一，有36.5%的网民将"在线听歌/下载歌曲和电影"作为主要网上活动之一，有28.2%的网民将"查询各类信息"作为主

要网上活动之一，分别有28.0%和19.2%的网民将"网络游戏"和"即时通讯"作为主要网上活动之一，有15.9%的网民将"阅读网络书刊"作为主要网上活动之一。由此可见，互联网的娱乐消费和社交功能以及阅读碎片化新闻信息占据主要的位置，而真正的深度阅读则占比相对很低。这既与数字阅读中对深度阅读的体验不佳有关，也与网上社交及娱乐类活动十分丰富更加吸引人们注意力有关。

可以说，网民的数字化消费行为并非都是传统意义上的深度阅读行为，而是数字化时代全新的阅读与消费行为。从广义上讲，这些新型数字化阅读与娱乐消费也都是一种"阅读"行为，只不过其行为模式与传统阅读很大的差异，我们不妨称之为数字化新阅读。

2　数字化时代阅读新特征与新趋势

数字阅读体现了阅读行为方式正在发生重大变化。主要体现为阅读从之前的内容稀缺时代，进入到知识过剩甚至是知识爆炸阶段；阅读从作为一种获取知识的工具和手段，进入到成为个人娱乐休闲方式，成为人们的身体体验、心灵体验；阅读成为人们的社交工具、精神交往的连接器，人们越来越因为阅读而发生关联，进行精神上的交流和共享，阅读从个体时代走向社区时代。在这个时代，阅读呈现出如下三个新特点：

2.1　阅读的社交化与生活方式化

现在很多人喜欢分享，例如微信读书，人们常常读完要发点评。以前人们可能晒美图、晒旅游、晒美食、晒娃、打卡，现在变成晒知识、晒思想、晒观点、晒精神，人们从物的消费和交往走向精神的消费和交往。它不只是简单地体现了"分享"这一概念，更预示着21世纪人类生活方式巨大的变化，从物质时代走向精神时代，从物质消费走向精神消费，从人们之间物质的交换变成精神的交流。在这个角度上，阅读正越来越成为人们生活方式的中心，成为一个社会的主连接器。

2.2　阅读的碎片化与深度化

新时代的数字阅读，有一个变和一个不变。变是人们的阅读行为模式和阅读载体、阅读内容都在发生变化。人们不只是阅读单一形式的纸质图书。信息资源短缺时代人们如饥似渴地看书这样的一种阅读模式，正在被包括声光电、有声阅读、手机阅读、微信阅读甚至包括多媒体视频阅读在内的更多元、更立体、更丰富的新型阅读模式所替代。阅读成为人们可以随时随地开展的一种日常行为，成为人们的生活方式甚至人本身的一个组成部分。阅读也不仅仅是个人的精神消费行为，它已经进化成了人们的精神链接行为、社交行为。人在阅读中不再是孤独的个体，而是社群、精神的共振、共鸣、共享，通过相互的借鉴、吸收，来提升个体阅读的不足。

阅读的不变，是指阅读从本质上来讲，是人对信息、知识、智慧、认知、生命、世界、宇宙的一种思考，是让人从一个生物个体变成精神个体的蜕变的路径，就像毛毛虫变成蝴蝶一样，是一个羽化成蝶的过程。无论是古老的甲骨文时代、简牍时代、纸本阅读时代，抑或是手机阅读时代和社交阅读时代，阅读的本质是不变的，不仅不变，而且还在不断地加强和升级。所以我们现在做的不是减少阅读、放弃阅读，而是在人工智能时代，由于阅读功能的不断强化，人们更加自如地以阅读来提升自我，提升我们的认知，提升我们的智慧、知识，提升我们对宇宙的认知和理解，我们对阅读的要求只会越来越高。从这个角度上讲，浅表化的阅读、碎片化的阅读，是满足不了人们的阅读需求的。深度、结构化、系统性、沉浸式的阅读思考，仍然是开展阅读活动的不变之途。

在现在这样一个知识爆炸、快速升级的时代，人们普遍陷入焦虑、迷惘，并被浅表化、碎片化的知识潮流所裹挟而迷失自我。在这个过程中，一方面人们内心会从自身生命发展过程中发现阅读带来的价值，只有通过不断阅读、成长，才能跟上这样一个信息快速迭代的时代。另一方面也要求社会、知识界和阅读界有效引导、引领、服务、支持和满足人们进行深度阅读的需求，引导人们以阅读来应对变革的世界和时代。这应当是全民阅读公共服务在数字化时代的使命所在。

2.3　阅读的智能化与人机融合化

进一步思考数字化时代的阅读特征，我们还可以有更多的发现。我们阅读是读什么？文字、图片，甚至是声音。我们还可以读自然、读人，与人对话。与君一席话，胜读十年书，这也是阅读。甚至我们也可以进行自我对话。所以我们如果说阅读文字、图片、声音都可以，那我们读其他的是不是也可以？那么怎样来理解阅读的对象是什么？这个是需要深入思考的问题。举个小例子，从古至今我们读简牍，读帛书，读线装书，现在我们读屏。

读屏有一些特征，碎片化、浅阅读、跳跃式、数据化、人机交互等。当你在读屏的时候，屏也在读你。屏在记录你的信息，你的眼球轨迹、频率、时间、内容等。如果读屏算是阅读，那么，屏读人，是不是阅读行为？屏读使我们进入到一个量化自我的阶段。过去的经典阅读，主体是人，客体是书；未来的阅读，主体即客体。当书变成了主体的时候，我变成阅读的客体的时候，这种机器阅读还是不是阅读？会不会成为未来的主流阅读模式之一？数字化时代还有一种阅读，就是机器不读人，而是读机器。通过物联技术，万物互联、交换数据，这种阅读又将如何定义和看待？

数字化时代更新的阅读模式是脑机接口。随着人工智能的不断发展，脑机接口正在成为新的人机交互模式。如果知识与信息可以通过脑机接口来输入、读取、拷贝，如果智慧通过思维传感可以复制与传播，我们还需不需要从零开始通过传统阅读模式来累积知识和智慧？如果可以直接通过拷贝获得爱因斯坦的知识，我们还需要一页一页去读书吗？阅读对我们来说还有价值和意义吗？或者说传统的阅读还有意义吗？

数字化阅读，正在使人类进化成神和超人。现在有一个提法叫"生命3.0"，就是生物与机器融合为一，成为新的生命形态。当人工智能科技发展日益成熟的时候，人类也面临着进化到智人以来最大的改变。其中很多人沦为没有价值的群体，少部分人会进化成特质改变的超人。在《今日简史》一书中，作者提出，未来人类将面临三大趋势：生物本身就是算法；生命是不断处理数据的过程；意识和智能将分离。大数据环境比我们更了解我们自己，我们成为被读取的对象。从生命的角度看，人工智能，可能会改变人类作为万物的灵长，会改变人类中心主义的历史。这样一来，我们阅读的未来，必将发生更加根本性的改变。

3　数字化时代阅读空间与图书馆的未来

在数字化时代，无论是阅读设施还是阅读活动，都指向人们的阅读体验，构建人民的精神生活空间，满足人们的精神需求。通过营造氛围、气场、场景、活动，形成一种有灵魂的空间，这符合了21世纪人们消费趋势的转变。无论是书店、阅读空间，还是图书馆，都将从以书为中心向以人为中心进行转型。从而使传统的实体书店和公共图书馆都发生脱胎换骨的变化，获得新的生命力。

卖书是图书稀缺时代传统书店的核心模式。在图书过剩时代，买书不再是人们对书店的核心需求，而是阅读体验、阅读场景、阅读交往、精神的放松。总之，精神的享受和消费成为主体消费需求。这要求书店从卖书向提供阅读服务转型，如组织读书会，提供更良好的阅读场所和环境、氛围，甚至是基于人们的阅读行为来建立线上线下的消费场景。新零售、新体验、新服务，成为书店商业模式的核心发展方向，以服务为效益和利润源泉，而不是以产品销售，并以此来重构我们的商业模式。

知识过剩时代图书馆的服务方式也同样在发生根本性变化。从提供图书借阅、以图书为中心向服务于人的精神需求、实现图书馆的服务转型。现在许多图书馆，都在探索新的服务模式，例如组织读书会、读书论坛。还有的图书馆甚至更进一步，以阅读为轴心，提供更加多元的文化生活服务，例如北京市门头沟区一个乡镇图书馆，以外包形式引入第三方服务，向居民提供绘画、书法、瑜伽、舞蹈、古琴等培训，还有故事会、读书沙龙等，这些活动从周一到周日每天上午下午都有。老百姓来到这里的消费是全免费的，他们来这里的目的再也不是纯为借一本书回去阅读，而是来享受立体化文化服务。

北京东城区角楼图书馆是很小的一个社区图书馆，但是长期向各类阅读组织提供阅读活动场所，免费向公民和读书组织开放，常年有各类阅读组织将这里作为活动据点开展读书活动。此外，他们也组织各种各样的阅读文化相关活动，例如"图书馆奇妙夜"活动，孩子们在图书馆楼顶上面露天宿营搭帐篷，还有各类北京传统文化体验活动，如泥塑、画团扇、做风筝等。还有声音博物馆展览、旧京风物展等。这些是人们的精神消费的立体化，以阅读为媒介连接各类文化活动。人们来这里不是为了书和纸，而是为了精神消费。随着人们文化消费的多元化、立体化，新时代的图书馆也不能只限于图书借阅服务，而需要满足人们的社交化、多元化精神文化需求。读者来这里不是为了吃饭、打游戏，不是为了跟阅读无关的需求，而是为了与阅读相关的需求。读者探索天文和二十四节气的相关知识，为什么只能通过看纸书这种单一途径呢？为什么不能把阅读纸书和仰观天象、七夕乞巧、中秋赏月这种行为结合起来呢？这不就是更丰富的阅读体验吗？恰恰是体现了新时期人们阅读需求的变迁。

从这一点上讲，社区图书馆是与市民阅读离得最近的基础设施。社区图书馆是全民阅读最重要的渠道之一，重要性甚至远超大型图书馆。因为人民生活半径就是走路十分钟之内。开车半个小时去一个大型图书馆，是几个月可能发生一次的行为，但是社区图书馆就可能每天或每周都会去。然而社区图书馆的建设在我国没有得到应有的重视。各级政府更倾向于建设大型图书馆，以作为文化地标工程，显示形象和政绩。已经建成的一些社区公共图书馆，也还处于比较低层次的阶段。社区图书馆面积小、管理不完善、机制陈旧，服务功能主要还是围绕借书服务，开放时间和人们的上班时间重叠，不能满足社区老百姓需求，不是以阅读服务为导向。近年来，这一现象也在逐渐发生改变。

目前兴起的新型阅读空间是一种介于营利和公共服务之间的新形态。实际上阅读空间是世界上早已存在的一种形态，像巴黎莎士比亚书店，历史非常悠久。但是在新世纪移动互联网大发展的背景下，人们的消费方式变化，从以物为中心变成以精神为中心，这种新的消费模式得到迅猛的发展。新型阅读空间以贩卖人们的生活方式和场景消费为主，服务式、场景式、体验式消费占比例越来越高，销售的产品结构和利润结构和传统书店有天壤之别。在中国，从果戈里书店、歌德书店、栈桥书店，到现在的第二书房、甲骨文阅读空间、红楼藏书楼、全民畅读空间，都是不同形态新型阅读空间的代表。

新型阅读空间的迭代升级还在发生，远远谈不上完成。越来越多不同类型的新型阅读空间还在不断出现，包括禅意阅读空间、大自然阅读空间、背包客阅读空间，也包括像樊登读书会这种线上、线下结合的新型读书会。他们甚至已经不以卖书和借书为主，而是以开展知识服务、知识社交、知识分享等作为主要的产品形态和运营模式。

从发展方向看，三类阅读空间：实体书店、公共图书馆、新型阅读空间，这三种模式会相互补充、共同发展。因为它们的基础不完全相同。书店是纯粹的商业性阅读实体。新型阅读空间则基于社区阅读服务的形态而存在，能弥补有一定规模的实体书店不能深入社区服务特定人群的缺点。公共图书馆则是基础性、公益性的政府供给为主的服务形态。每一类型需要围绕自己的核心定位、核心功能，发挥核心作用才能获得更大的生存空间。三类阅读服务相互促进，共同向人们提供不同场景下的阅读服务，也使更多的阅读需求被激发出来。因为阅读的精神消费需求是没有尽头的，目前精神消费还有巨大的发展空间，需求远未被满足。

随着人工智能、物联网、脑机接口这些数字科技的进一步发展，人类面临的挑战越来越多，人类面临的机会也越来越多，这些挑战与机会，主要不是来源于体力活动，而是脑力活动。人们所需要的，是对自身知识与智慧永无休止的更新升级，终身学习成为每一个人的生存之需、发展之道。人们更多享受的是不断更新升级的精神消费。从这个意义上说，数字化时代越发展，阅读服务需求越大，阅读能力、阅读素养越来越成为每一个人的核心竞争力。阅读成为人的本质，通过阅读，每一个人都将成为更好的自己。

全民阅读的深圳实践

张 岩（深圳图书馆）

改革创新是深圳的城市标识，作为中国改革开放的前沿阵地，四十年来的飞速发展缔造了"深圳奇迹"，所创造的深圳速度、GDP、城市景观等物质财富备受瞩目，同时这座城市对文化的高度推崇与不懈追求也值得肯定。深圳人在满怀拼搏、创新、包容精神的同时，追求文化、崇尚阅读，实现了一座年轻城市从所谓"文化沙漠"到"文化绿洲"的蜕变，彰显了一座城市文化自觉与文化追求。

1 先进理念引领发展

1.1 城市建设的文化自觉

人们谈论深圳时往往存在两个误区，一是将深圳看成一个"经济动物"，二是认为深圳发展的时序是先有经济后有文化，或者只有经济没有文化[1]。改革开放四十年，深圳在创造了中国最成功经济特区的同时，也书写了"文化深圳"的城市范例，这与特区人特有的文化自觉意识是密不可分的。

文化自觉是一种在文化上的认识与觉悟，是一种内在的精神力量，是对文明进步的强烈向往和不懈追求[2]。著名作家张抗抗在2019年"4·23"世界读书日做客深圳图书馆南书房时提到，深圳有热爱阅读和崇尚文化的基因，深圳在建成之初，就植入了"热爱阅读"和"崇尚文化"的基因，深圳很早就有了"文化自觉"。从20世纪80年代深圳"勒紧裤腰带"建设的"八大文化设施"，到90年代兴建深圳书城、深圳文化中心（中心图书馆、音乐厅）为代表的标志性文化设施、深圳读书月等重大文化活动的创设与持续开展，充分体现了深圳坚持文化发展的自觉意识和践行文化理念的魄力。历届市委市政府的重视，在城市发展的关键期植入强大的文化基因。多年来，深圳人带着理想、热情、智慧和担当，脚踏实地推动全民阅读，于无声之中润化心灵，以大气压制浮躁，以品质驱逐粗俗，让这座城市因热爱读书而赢得尊重，也为深圳未来跻身全球一流城市之列赋予了深厚文化的自信和力量。

1.2 文化理念引领城市发展

"观念的领先比GDP的领先更为重要"[3]。观念是城市的灵魂，没有观念的领先，就没有高度的文化自觉，更不会有深圳文化改革创新发展的实践，观念的力量是深圳文化发展的内在动力。观念文化、文化立市是解读深圳文化的重要密码，观念作为文化在深圳这片热土上走在实践前面，不仅是因为"经济特区"肩负着特殊的历史使命，一开始就是观念的产物，更是因为深圳人"敢想敢试敢干"的改革创新精神。深圳四十年的发展中，最值得肯定的就是观念的领先。

历数经济特区成立以来，党委政府提出的一系列文化发展理念：20世纪90年代以前，深圳市委、市政府确立"物质文明与精神文明两个文明建设一起抓"的指导思想；90年代，明确提出"增创文化优势，建设现代文化名城"的战略思路；世纪之交，深圳率先提出21世纪"拼文化"的理念，赋予深圳建设国际化城市新的人文内涵，"以文化论输赢、以文明比高地、以精神定成败"成为共识；率先提出"实现市民文化权利"的理念，将文化权利的实现程度作为实现民生文化福利的出发点和落脚点；率先提出"维护国家文化主权"的理念，推进深圳在中华文化走向世界中新的更大作为；率先提出"打造创新型智慧型力量型主流城市文化"的理念，打造与建设国际化城市相匹配的城市文化新样态……在深圳经济特区成立30周年之际，深圳评选出"时间就是金钱，效率就是生命""空谈误国，实干兴邦"等震撼全国的"深圳十大观念"。而在"十大观念"中，与文化直接关联的就有两个——"让城市因热爱读书而让人尊重""实现市民文化权利"。

1.3 实现市民文化权利

"实现市民文化权利"是深圳文化发展中的重要理念。自成立经济特区以来，特别是1999年提出"文化立市"概念以来，深圳就把"实现市民文化权利"作为城市发展战略和文化战略的重要组成部分，成为"实现公民文化权利"的倡导者和先行者。

深圳是国内最早提出"实现市民文化权利"这一理念的城市，早在2000年首届"深圳读书月"闭幕后，时任深圳市文化局局长王京生在《深圳特区报》发表了《实现市民的文化权利——对首届深圳读书月的若干思考》的文章，从联合国《经济、社会和文化权利国际公约》谈起，提出"创立深圳读书月的目的就是要从读书这一最为基本的文化行为、文化权利入手，使更多的市民群众能参与到这一活动中来，享受读书的乐趣，满足求知的渴望，达到提升自我适应社会和未来之目的"。

随后深圳从理论层面对"文化权利"加以深化，提出文化权利是公民的基本权利，并参照《经济、社会和文化权利国际公约》对"文化权利"分类概括。深圳诠释的文化权利包括四个层面的内涵：一是享受文化成果的权利，二是参与文化活动的权利，三是开展文化创造的权利，四是文化创造成果受保护的权利[4]。2005年起陆续出版《文化权利：回溯与解读》等理论成果，对"实现市民文化权利"进行深度探讨和研究，成为全国较早广泛讨论文化权利理论的城市之一。

实现公民读书求知的文化权利是党委和政府的文化责任，市民文化权利的实现程度更是决定城市文化发展成败的重要环节。在"实现市民文化权利"等基本理念指引下，从文化理念上升到文化战略，2003年1月，深圳市委市政府确立了"文化立市"战略，文化发展自此驶入快车道；2012年又提出"深入实施文化立市战略，建设文化强市"。从文化自觉、文化自信到文化自强，以全民阅读作为实现民生文化福利的落脚点，全覆盖、普惠型公共文化服务体系在深圳建立起来，"让每个市民感受到文化就在身边"。

2 阅读节庆涵养风气

2.1 缘起——深圳图书馆界的提案

深圳读书月的诞生缘起时任深圳图书馆副馆长刘楚材的一份提案。作为深圳市政协委员，在1996年和1997年的两次市政协会议上，刘馆长连续提交了关于深圳设立读书节的提案，被认为是深圳读书月的起源。但刘馆长自己认为读书月的真正缘起应该是深圳市民的"读书热"，自己只是最初的倡议人。这个提案得到了时任深圳市文化局副局长王京生的高度重视和市领导的充分肯定。这个提案在决策层中流转酝酿，"读书节"最终变成了"读书月"，以容纳各种不同层次、不同类型的读书主题活动，实实在在地在市民中倡导阅读风气。

2.2 读书节庆长盛不衰

深圳市自2000年创立并举办深圳读书月，是深圳实现市民文化权利的实践和创举，开全国风气之先河，见证了深圳作为一个梦想之城在阅读文化领域的延伸和实践。深圳读书月作为一项大型综合性群众读书文化活动，秉承营造书香社会、实现市民文化权利的宗旨，以"阅读·进步·和谐"为总主题，每年的11月1日至30日，历时一个月，通过举办数百项读书文化活动，着力于提升市民素质，建设学习型城市，2019年已是第20届。从首届的50项主题活动发展到近年的700余项主题活动，年度参与人次逐年上升，由首届的170多万人次上升至逾千万人次。作为由党委和政府推动的一项公众阅读节庆，深圳读书月已充分融入市民生活，成为深圳市民的文化庆典、城市文化名片和实现市民文化权利的重要载体，成为全国参与人数最多，持续时间最长的读书节庆，影响遍及全国。2013年10月21日，联合国教科文组织授予深圳"全球全民阅读典范城市"证书，以表彰深圳坚持不懈地推动国际化城市建设和全球文化交流合作，尤其在推广书籍和全民阅读、建设学习型城市方面为全球树立了典范。2013年12月30日版的《光明日报》以"高贵的坚持"为题报道了深圳对于全民阅读的推崇。

深圳读书月近二十年的蓬勃发展，归功于这座城市的文化选择、对全民阅读的价值肯定以及市民对阅读活动的持久热情，其成功之原因更在于其运作模式的不断创新。深圳读书月持续开展多年来，探索出了科学高效的运作机制，即"政府倡导、专家指导、社会参与、企业运作、媒体支持"，这一运作机制被誉为全民阅读活动的"深圳模式"。这种运作模式的意义在于确保了活动的公益性，保证了政府的主导性，调动了社会资源的积极性、主动性和创造性，实现了活动的多样性、持续性和有效性。正是得益于这种机制的建立健全与有效运作，深圳读书月才能不断在创新中发展，在发展中完善。凭着深圳人对全民阅读的持续热情和执着追求，深圳读书月已经成为深圳这座城市闪亮的文化标志[5]。

"城市推崇阅读，阅读改变城市"，近二十年的读书月实践，既提高了城市的影响力和文化气质，也给城市发展战略、价值观念方面提供了很多新鲜话题和思考空间。"深圳读书月"每年都有一个年度主题，起到了精神推动和阅读理念引导的作用。历年的年度主题折射出深圳人对于阅读的变化历程：最初2000年提出"实现市民文化权利"吹响了崇尚读书和文化的号角；2005年读书月的主题是"读书为乐，读书为荣"，2006年读书月主题是"让城市因阅读而受人尊重"，体现了深圳这位城市的阅读信仰，阅读也在潜移默化中改变着城市的生活方式；2012读书月主题是"阅读提升正能量"，以新的阅读理念构建城市的价值基座，满足建设和谐深圳的发展要求；2013年读书月主题是"阅读筑梦、阅读圆梦"，具有浓厚的时代色彩，将阅读与伟大的"中国梦"以及深圳这座充满梦想的城市紧密联系起来，通过阅读去筑梦、圆梦，阅读是最好的可持续发展。

2.3 深圳图书馆界——全民阅读主阵地

作为深圳读书月的主阵地，城市全民阅读的骨干力量，深圳各级图书馆每年举办各类读者活动约1.4万余场，参与市民达500余万人次，并在深圳读书月、世界读书日、公共图书馆服务宣传周等重大节点，精心策划并集中推出一系列内涵丰富亮点纷呈的重大节庆品牌活动，营造浓郁的书香环境，社会影响广泛、市民美誉度高。

深圳市图书馆界近年来致力于阅读活动常态化、品牌化，不断深化分众阅读，加强阅读推广联动，持续提升图书馆的社会影响力和辐射力。每年围绕重大节点推出系列精品活动，活动场次与参与读者人次逐年增长，仅2018年读书月期间，全市各级图书馆举办各类阅读活动650余场，其中重点活动77场，深圳图书馆活动132场。此外，各馆根据自身条件自创系列阅读品牌，如深圳图书馆共有12大系列品牌活动，包括"南书房家庭经典阅读书目"系列活动、"少儿智慧银行"系列活动、"中国传统文化年"系列活动、"深圳学人·南书房夜话"、"人文讲坛"、青少年创客成长培养计划、"思维之星"——深圳大学生思辨大赛等；大学城图书馆的"听·说"文化系列讲座、"交·享·阅"读者沙龙，少儿馆的"喜悦365""图书馆奇妙夜"；福田区图书馆的"大家讲坛""读书沙龙"；宝安区图书馆的"宝图星期讲座""宝图英语沙龙"；龙岗图书馆的"龙岗大讲堂""龙岗读书会（品书会）"；罗湖区图书馆的"真人图书馆""尚修学苑"；南山图书馆的"南图朗读者""读书沙龙"；盐田区图书馆的"海洋文化论坛"；光明新区图书馆的"光明大讲堂""寻找光明记忆"；等等。

作为城市中心图书馆，深圳图书馆近年来围绕全市中心工作，响应时代主题，策划推出系列重磅活动，如：为庆祝改革开放四十周年，深圳图书馆2018年牵头开展"40年·书影深圳"系列活动，包括"一部图书、两个展览、三个榜单、四项活动"8项内容，多方位多维度搜集、整理、挖掘、展示深圳改革开放重要城市，凝聚社会共识，推动城市文化构建，并获评十九届深圳读书月"最佳创意活动"。2019年，策划举办"庆祝新中国成立70周年"系列活动，包括庆祝新中国成立70周年主题书单、庆祝新中国成立70周年主题图书展、"我是朗读者——我和我的祖国"线上朗读活动、"我和我的祖国"征文征集活动、"阅读·深圳"经典诗文朗诵会（新中国成立70周年专场）、来深青工知识竞赛（新中国成立70周年专场）、深圳市视障人士诗歌散文朗诵暨散文创作大赛等。

深圳图书馆界近年来注重加强阅读推广联动，不仅在城市内，也扩展到城市之间、粤港澳地区。深圳读书月期间，由深圳图书情报学会、深圳图书馆主办，全市公共图书馆和高校图书馆联合承办的"阅在深秋"公共读书活动已连续举办两届，参与图书馆数量从首届的10个上升至13个，现场精心打造的15个各具特色的阅读区，年均接待读者2万多人次，向市民推荐阅读资源，宣传图书馆服务，展示图书馆风采，让广大市民读者尽览深圳的阅读之美、图书馆之美。"4·23共读半小时"活动最早于2016年4月23日由深圳图书情报学会发起，已连续举办三届，2018年在全省范围内展开，2019年4月23日首次实现粤港澳联动，在遍布粤港澳大地的"4+N"个会场同时举行。活动由广东省文化和旅游厅、深圳市文化广电旅游体育局、香港特别行政区政府康乐及文化事务署、澳门特别行政区政府文化局、澳门特别行政区政府教育暨青年局主办，四个主会场分别由广东省立中山图书馆、深圳图书馆、香港中央图书馆、澳门公共图书馆承办，四地文化首长和文化名人担任领读人并出席主会场活动；逾500个共读点，分布于社区、公园、医院、军营、工业区、咖啡馆、学校等空间，预计参与人次近2万，实际参与人次高达6万，传递"让阅读成为习惯"的理念，共同营造了多元、丰富的书香氛围。

3 服务体系保障权利

在深圳市委、市政府"文化立市、文化强市"战略指导下，深圳"图书馆之城"建设自2003年在全国率先启动，经过十六年的探索实践，建立了覆盖全市的公共图书馆网络，探索多种形式的总分馆制发展模式，实现市、区图书馆及所辖数百家图书馆统一服务，构建创新型城市街区自助图书馆网，联合打造数字图书馆时代的"深圳文献港"，深圳"图书馆之城"已成为深圳建设"学习型社会"、推动"全民阅读"的主阵地和主力军，是"广东省特色文化品牌"，是2013年深圳荣膺"全球全民阅读典范城市"的重要基础，为深圳赢得了很高的社会美誉度与文化影响力。

2016年，我们对深圳"图书馆之城"建设历程及创新成就进行较为全面的回顾、总结和提炼，研究编撰了《深圳模式——深圳"图书馆之城"探索与创新》，被市委宣传部、市社会科学院纳入《深圳改革创新丛书》（第四辑）于2017年出版。我们将"深圳模式"主要内涵归纳为：以普惠均等为价值追求，以市、区两级公共图书馆总分馆运作为架构，以"全城一个图书馆"为发展目标，以规范化、标准化为持续发展的重要保障，以服务创新和新技术应用为驱动力，全面合作与共享的区域发展模式[6]。"深圳模式"是对"图书馆之城"十多年建设成果的凝练表述，是对深圳市图书馆事业发展的回溯与总结，"图书馆之城"的"深圳模式"起步较早、理念超前、深度协作、持续推动，在全国公共图书馆服务体系建设中产生了广泛影响。

3.1　均等普惠价值追求

全民共享、均等普惠，保障公众使用图书馆的权利，是"图书馆之城"建设的价值追求，也是政府构建现代公共文化服务体系的基本要求。

深圳"图书馆之城"历次规划与相关政策均体现了均等普惠的价值追求，如《深圳市"图书馆之城"（2003—2005）三年实施方案》明确将非户籍人口列入服务对象，《深圳市建设"图书馆之城"（2006—2010）五年规划》提出"平等、开放、公益"理念，2007年市政府颁布的《深圳市民生净福利指标体系》将"人均公共图书馆馆藏图书"列入"深圳市民生净福利指标体系"。

纵横交织、覆盖全城的图书馆网点、城市街区自助图书馆与流动图书馆（站），让市民就近享受到图书馆服务，实现了图书馆服务的均等化。所有公共图书馆面向全体市民，实行无门槛入馆，免费服务，还将服务延伸到社区、企业、部队、学校、地铁、公园、餐厅以及各种特殊机构，针对不同地域、不同群体读者开展公益性文化活动，让公益普惠的图书馆服务融入市民的文化生活。

深圳"图书馆之城"致力于多元化平台建设，使公共文化服务惠及更多的市民。自助服务、数字资源馆外访问、文献传递服务、网上预借服务、移动图书馆APP、支付宝"城市服务"、微信公众号、微博平台等一系列创新举措，已构建起均等化、人性化、便捷化的公共文化服务环境和信息共享空间。

3.2 市区两级总分馆架构

深圳市的市区两级总分馆架构是以深圳图书馆为中心馆和龙头馆，市、区图书馆广泛合作，联合共建；以区级图书馆总分馆体系为主要力量，结合市级图书馆总分馆体系建设，逐步覆盖全市、互通互联的公共图书馆体系。

中心图书馆不断推进"全城一个图书馆"体系建设，构建统一技术平台，制定全市业务标准，推进一证通行、通借通还、联合采编和数字资源联采；同时，通过自助图书馆建设、建立特色分馆，不断扩大服务范围。

各区按照国家文化部和深圳市颁布的相关文件精神和指导意见，在辖区内全面探索推行各具特色的总分馆制，如罗湖"U图书馆"、福田基层图书馆全覆盖、宝安30个阅读中心等。

3.3 全城一个图书馆

"各层级图书馆+自助图书馆"模式实现了网点全面覆盖，达到每1.3万人拥有一个图书馆。至2018年底，全市各级公共图书馆达650家，其中市级馆3家，区级馆9家，街道及以下基层馆638家，布点各类自助图书馆296台（城市街区自助图书馆245台，光明区24小时书香亭51个）。

多层级、跨系统图书馆互联与共享广泛而深入。深圳图书馆作为"图书馆之城"的龙头馆和中心馆，利用技术优势搭建统一技术平台，牵头制定业务规范和技术标准，统筹推进全市图书馆统一服务，打造"全城一个图书馆"。从2004年市、区图书馆开始实施"通借通还"到2012年市、区图书馆基本实现"统一服务"，各级图书馆互通互联、资源共享与服务一体化建设已非常广泛，截至2018年底，全市共有307家公共图书馆、296台自助图书馆加入"图书馆之城"统一服务，且近年来市、区图书馆正通过书目质量控制、数字资源联合建设等不断走向深入。深圳地区公共图书馆与高校图书馆也开展了多领域合作，由深圳图书馆、深圳大学城图书馆、深圳大学图书馆联合建设的"深圳文献港"，成为图书馆界跨系统合作共享的典型案例。

3.4 立法保障和标准化规范化

深圳"图书馆之城"以法律为支撑、以规划为目标、以标准规范为基础和标杆，通过制订市级标准和业务规范，推广国家标准、行业标准，以及开展定级评估等方式，提升管理水平和服务质量，实施标准化和质量发展战略，全面提升全市图书馆事业发展水平。

深圳是国内首个出台公共图书馆地方性法规的城市，也是全国较早对全民阅读立法的城市。2018年，深圳市将《深圳经济特区公共图书馆条例》修改工作纳入立法计划之中，深圳图书馆协助原市文体旅游局牵头组织图书馆专家和法律专家，在总结有效经验、广泛征求意见、凝聚行业共识的基础上，对条例予以修订、完善，并于2019年初形成了《深圳经济特区公共图书馆条例（修订征求意见稿）》。修订征求意见稿将"图书馆之城"表述纳入法条，对事业发展中的关键问题予以明确，如全市公共图书馆体系机制，并对照先进城市对建筑面积、人员、藏书等核心指标进行量化。

深圳图书馆界注重图书馆建设、管理的规范化标准化研究。2015年开始，深圳图书馆牵头制定的3个市级标准《公共图书馆RFID技术应用业务规范》《公共图书馆统一服务技术平台应用规范》《公共图书馆统一服务书目质量控制规划》先后由深圳市技术监督局颁布；并牵头建立起5个局级业务规范，包括《网点建设与管理工作规范》《读者事务管理工作规范》《文献流通管理工作规范》《统一技术平台管理工作规范规范》《统一服务财经结算工作规范》等，推动图书馆事业科学健康发展。同时，深圳各级政府先后制定了一系列评估标准和管理规范，通过各类指标考核评估，有力推动基层图书馆建设和有效管理。

深圳市图书馆界还积极参与到国家、文化部等多项行业标准规范的制定中，如中华人民共和国国家标准《图书馆射频识别数据模型》与中华人民共和国文化行业标准《射频识别—图书馆—数据模型》《社区图书馆服务规范》《县级图书馆业务规范》《乡镇图书馆管理规范》等。

3.5 创新体制机制，破解基层图书馆发展难题

基层图书馆作为公共文化服务体系的神经末梢和基本区域单元，是当今公共图书馆事业发展的短板，更是未来公共图书馆服务体系发展的难点、关键点，新时期图书馆事业新的增长点。深圳市650家各级公共图书馆中，数量最

为庞大、最为贴近老百姓的是638家街道、社区图书馆。部分基层馆由于管理机制不顺、经费投入不足、重视程度不够，存在基础设施不健全、馆舍馆貌陈旧、辨识度不高、活力不足等问题，更有300余家基层图书馆至今尚未与全市互通互联，成为信息孤岛，成为新时期"图书馆之城"建设的短板和软肋。

创新体制机制，市、区图书馆积极探索垂直总分馆模式。笔者在2017年深圳市政协会议上提交了《创新管理机制，打通公共文化服务"最后一公里"》政协提案，建议各区政府以"创新基层图书馆管理机制"作为"文化惠民工程"试点，打破管理壁垒，统筹管理资源，推动实现以区图书馆为总馆，街道社区馆为分直属分馆的"人、财、物"垂直管理的总分馆制，并得到各区政府的积极响应。宝安区文体旅游局与财政局联合印发了《宝安区公共图书馆总分馆制建设实施方案》，实行"四个统一"（统一服务平台和标准、统一经费安排、统一人员管理、统一资源配置），建设全区统一的紧密型垂直总分馆制，区馆直接管理街道分馆和小型分馆，街道分馆直接管辖社区阅读中心和流动服务点，彻底解决基层图书馆管理不到位的顽疾；改革后街道分馆进馆人次、办证量、读者活动场次同比增长213%、810%和852%，服务绩效大大提升。龙岗、盐田等区积极跟进，龙岗区完成18个分馆的垂直管理接管工作，盐田区启动垂直型智慧总分馆建设。目前，全市初步构建了一个平台、二层架构、三级垂直、四方联动的图书馆总分馆体系。

2018年初，围绕市公共文化设施布局不均衡，基层文化设施数量、质量不高，运行机制不畅、辨识度不高的问题，深圳市文体旅游局印发《关于贯彻〈中华人民共和国公共图书馆法〉推进公共图书馆提升工程的实施意见》，开展全市基层图书馆阅读空间提升行动，编制提升行动基本条件和建设标准，按照统一标识、标准、服务、设施的要求，以前瞻性视野统筹规划、升级打造具有丰富文化内涵、较高品质的城市图书馆形象。

4 科技助力"阅读之城"

4.1 图书馆信息化的开拓者

深圳高起点建设的图书馆和灵活的用人机制，吸引了全国各地的图书馆专业人才南下，特别是高层次的技术开发人才，形成了深圳市图书馆事业发展的行业优势。深圳图书馆1986年开馆，将"技术立馆"作为重要的办馆理念，坚持走技术先行的路线，当时采用自行研制的"实时多用户计算机光笔流通管理系统"，是全国较早全面采用信息化管理的图书馆之一。1988年，深圳图书馆承接文化部"图书馆自动化集成系统（ILAS）"科研项目，引进专业人才，自主研发图书馆自动化管理系统（ILAS），开创了中国图书馆自动化管理的新时代。20世纪90年代，"图书馆自动化集成系统（ILAS）"及其配套系统"联合编目网络系统（UACN）"研制成功并在全国广泛推广，推进了深圳图书馆、本地区图书馆管理的全面信息化，更加速全国图书馆的自动化进程，被誉为"中国图书馆自动化的骄傲"。

在ILAS的基础上，深圳图书馆在业务管理信息化领域不断探索升级，从ILAS、ILASII到dILAS，开发出适用于网络环境下的大型数字图书馆应用平台，在分布式体系结构、跨平台和跨数据库应用、系统实用性和功能完备性等方面达到国内领先水平。2009年，在dILAS基础上研制完成"图书馆之城"中心管理系统（ULAS）并不断升级优化，为全市公共图书馆提供全业务流程的一体化管理，同时注重系统开放性，支撑全城图书馆服务创新和业务拓展。

4.2 图书馆智能化的领跑者

深圳图书馆是国内首家全面应用无线射频识别技术（RFID）的大型综合性图书馆。2006年深圳图书馆新馆开馆时，便率先引进并全面应用RFID技术，在此基础上研制了集精确典藏、灵活排架、文献定位导航、自动寻址归架、科学整架上架及典藏防盗等功能为一体的"RFID文献智能管理系统"（包括RFID智能书车），全面推进图书馆文献的智能化管理，荣获2项发明专利，在RFID行业和国内外图书馆界产生了较大影响。

基于深圳图书馆RFID应用的成功案例，"图书馆之城"统一服务各成员馆达成共识，全面引进RFID技术，实现全城图书馆的文献架位导航、图书自助借还、自助办证、自助复印、自助打印等，极大提高了深圳地区公共图书馆服务的智能化水平，自助借还占比超过95%。各成员馆遵循统一的RFID技术标准，采用统一的RFID读者证和RFID文献标签，有力保障了全城通借通还和全自助服务在统一服务体系内的无障碍运作。

作为引领公共图书馆智能化的另一创举，城市街区自助图书馆由深圳图书馆首创并联合企业研制，是"文化+科技"理念的重要物化成果，也是深圳公共文化服务体系建设的重要组成部分，荣获文化部第三届"文化创新奖"、第十五届"群星奖"，被列为首批国家文化创新工程。自2008年首台自助图书馆投入运行十年来，设备已升级至第五代，在全国引起了较大的反响，得到了市民的广泛认可。截至2018年底，近300台自助图书馆已覆盖全市100%的街道，累计服务读者超过830万人次，借还图书超过2080万册次。

4.3 图书馆智慧化的践行者

针对不断涌现的新技术、新媒介，深圳图书馆依托各种移动终端设备，在不断完善"图书馆之城"网站服务、电话语音服务、短信服务等平台基础上，重点打造由微信公众号、支付宝城市服务构成的图书馆移动服务平台，构建"图书馆之城"全媒体服务平台，全面覆盖各项读者业务，实现"无证"化图书馆服务、文献全流程移动服务以及全方位的移动支付服务。

为积极应对数据时代的来临和智慧城市建设，深圳图书馆以"数据驱动创新，创新驱动发展"为目标，发挥专业技术优势，持续、深入开展"大数据"研究与探索工作，搭建"图书馆之城"大数据分析与监控平台，面向全市进行系统化的数据采集、挖掘、分析与研究，实现多样化、可视化、多维度的数据服务，为向用户提供个性化、定制化、智能化、决策化的图书馆服务提供数据支撑。基于大数据挖掘与分析成果，深圳图书馆每年通过网站、媒体发布图书馆年度数据、重大节庆日数据，并通过馆内数据墙发布"图书馆之城"实时数据，推出"图书馆之城"年度阅读报告和"我的阅读时光"阅读账单等。

作为"图书馆之城"新的增长点，深圳第二图书馆的建设将引入智能立体书库系统与大型分拣系统，构建智能化文献中心，支持全市文献的智能存储与高效调配，打造大型综合性、智慧型图书馆。具体目标包括：①文献管理智慧化——运用数据分析模型驱动智能书库系统和分拣系统协同工作，提升设备利用效能，实现文献科学储存与调配。②文献服务智慧化——通过移动终端、信息发布系统，对读者提出的文献预借、调阅申请实现全自动传输和全程可视化跟踪。③空间服务智慧化——通过物联网全覆盖，实现在架文献的定位追踪和服务空间的实时感知；引入新兴技术，打造科技展厅等精品空间。④网点管理智慧化——通过网络化技术和智能化设备，构建一体化的智慧图书馆网点，实现无人值守、智慧管理、个性化导读、远程教育等。

5 开放合作凝聚力量

图书馆面向社会服务，具有天然的"图书馆+"社会纽带和平台优势，在管理与运行的实践中可以团结一切有志于公益文化的力量推动事业发展。2013年国际图联大会主题为"强大的图书馆，强大的社会：图书馆促进社会发展"，大会发布的《图书馆与社会发展宣言》强调图书馆在社会发展的参与中实现自身的价值，正深刻揭示了图书馆在推动社会发展中的参与性和重要影响。

在公共图书馆体系建设方面，深圳地区图书馆积极引入社会力量，以多种合作建设和管理方式参与到阵地延伸服务和基层图书馆建设之中，建设机关分馆、公园分馆、企业分馆等特色分馆，形成"图书馆+机关""图书馆+学校""图书馆+公园""图书馆+coffee""图书馆+企业""图书馆+社区"等丰富形态，成为政府为主导的公共文化服务体系建设的有益补充。

在阅读推广方面，深圳各级图书馆"图书馆+"的实践更加丰富多彩。广泛联合社会各界力量参与阅读空间营造、活动品牌策划、活动组织与实施等工作，依托图书馆得天独厚的平台优势与窗口效应，与非营利性组织、民间组织、企事业单位等合作举办讲座、展览等各类公益活动，激发社会各界人士的热情与能量，共促全民阅读。

以深圳图书馆为例，在体系建设、空间营造、阅读推广、服务创新、新技术应用等领域与200余家机构开展合作，合作对象包括政府机关、企事业单位、社会团体、科研机构、高等院校、中小学、各类媒体、志愿者团体等。

共建阅读基地。深圳图书馆近年来与深圳市关爱办、深圳报业集团联合创办深圳捐赠换书中心，在深圳实验学校建设首个深圳图书馆青少年阅读基地，联合港铁轨道交通（深圳）有限公司推出"M地铁·图书馆"公益阅读项目，与腾讯科技（深圳）有限公司签署战略合作协议，以科技创新与文化赋能，共同拓展城市文化项目等。

打造阅读品牌。深圳图书馆年举办各类读者活动1500场，涵盖深图讲座、深图展览、深图艺苑、深图活动四大类型，形成学术文化、传统文化、经典阅读、艺术阅读、未成年人阅读、银发阅读、数字阅读、阅读关爱、创意思维、公益培训、公益法律、现代生活等12个活动系列60余个品牌。根据2014—2017年统计数据，全馆60%以上的阅读推广活动采用了社会合作模式，深度合作实施项目数十个，如"市民文化大讲堂""阅读·深圳"经典诗文朗诵会、

"民断是非"大型思辨性公益普法活动等，活动场次、规模与影响力不断提升。

搭建阅读平台。深圳图书馆还不断推进"阅读推广孵化平台""阅读推广合作平台"和"阅读推广联动平台"三大平台建设，加强对民间阅读组织及阅读推广人的孵化培育及阅读指导，培育人才队伍，深化与各类社会机构的合作，深化业界合作，推进全市阅读资源融合共享，提升阅读推广效果。

引入志愿服务。深圳是一座志愿者之城——"来了，就是深圳人；来了就做志愿者""送人玫瑰，手有余香"是代表深圳这座移民城市和文明城市的标志性观念。作为保障市民文化成果享受权和文化参与权、调动社会力量参与公共文化建设的重要举措，深圳大力探索推进文化志愿服务，全市建立统一的"深圳文化志愿服务网"平台和运作管理机制，按照规范开展文化志愿者招募与培训工作。深圳图书馆文化志愿服务队在市文化志愿服务总队指导下，经过多年的发展已形成八大志愿服务项目，目前总人数达3724人，年度服务量突破6600人次，总受益人次突破100万，志愿服务成效显著。各级图书馆与所在辖区义工联、文化志愿服务队等义工组织密切合作，实现图书馆公益服务与文化志愿服务交互发展，全市公共图书馆志愿服务走向常态化与规范化。

参考文献：

[1]王京生.我们需要什么样的文化繁荣[M]// 李瑞琦,杨世国.文化深圳2014.北京:人民日报出版社,2015:2–13.

[2]王京生.观念的力量[M].北京:人民出版社,2012:14.

[3]杨世国.观念引领文化文化塑造深圳[N].深圳特区报,2012–11–01（A19）.

[4]尹昌龙.文化深圳从阅读开始[M].北京:中国社会科学出版社,2016:151.

[5][6]张岩,王林.深圳模式——深圳"图书馆之城"探索与创新[M].北京:中国社会科学出版社,2017:178.

融合发展与全民阅读[①]

茅院生（新华书店总店）

1 我们处于什么样的时代？

人类社会历史潮流奔腾向前、生生不息，一个重要的动力之源，正是来自一次次科技革命。20世纪90年代以来，互联网的迅猛发展，对信息的生成方式、传播方式、接收方式带来了从未有过的革命性影响。以前是"人找信息"，现在是"信息找人"。8亿网民的阵地，还在日益壮大。谁掌握了互联网，谁就把握住了时代主动权。

2019年1月25日，中央政治局集体学习把课堂搬到了人民日报社，习近平总书记发表重要讲话，强调：新兴媒体的诞生和发展，推动我们进入全程媒体、全息媒体、全员媒体、全效媒体"四全媒体"时代。推进媒体深度融合的任务从未如此迫切。

站在不同的角度，每一个人会看到不同的时代。对于出版业来说，从产业环境看这是互联网时代，从发展方式看是融合创新时代，从营销方式看是全媒体营销时代，从阅读方式看是读屏时代。

技术不断创新，海量的信息快捷地传播，在这样一个互联网时代，人人都是媒体，处处都有平台，地球任一角落发生的事件可能只需要一秒钟就传遍全球，再吸引眼球的热点也可能只有三天的热度。云计算、大数据、物联网、人工智能、5G等新技术，深刻影响着内容生产、分发、消费等各个环节，万物互联的智媒时代已然到来。在"四全媒体"时代的今天，全民阅读也进入了融合发展时代。

---

① 转载自《新华书目报》2019年9月20日。

2 为何融合——正在被重新定义的出版产业

出版社、书店、图书馆是开展全民阅读的主力军、主阵地。从产业的角度看，图书馆是出版业的重要组成部分。在互联网时代，出版业正在被重新定义，全民阅读正走在融合发展、协同共进的道路上。

2.1 今天的出版业在生产什么？如何生产？

《三联生活周刊》曾推出两期封面报道"我们为什么爱宋朝"，2018年7月周刊推出"中读"APP，以"我们为什么爱宋朝"为主题，约请学者围绕宋朝的社会风尚、生活习俗等推出10堂音频课。仅一个月，这门课就卖掉了2.8万份，收入近300万元，在当月全国知识付费课程排行榜上进入了前三名。课程成了"爆款"后，6家出版社找上门来联系出书，其中一家出版社购买版权推出同名图书，发行1.8万册；一家视频网站购买版权摄制了同名付费视频节目，支付版权费250万元；一家房地产企业也希望合作打造宋朝主题房地产项目。这一堂课创造了近800万元的产值。而这些产值，都是出版机构直接通过线上APP获取的。

今天的出版业在生产创意、知识、图书、IP等，生产方式由过去的来料加工变成了设计图纸并组织协同生产，从文字升级到图像、图像升级到声音、声音升级到视频。出版的本质是选择和传播，今天的出版本质没有改变，但出版的载体、表现形式和传播方式随着科技的发展已经发生了翻天覆地的变化。

2.2 今天的营销在哪里实现？如何营销？

互联网对传统实体书店所带来的冲击前所未有，网上购物给消费者提供了海量的商品、足不出户享受服务的消费体验，加之以各种类型的促销方式，让消费者已经无法不青睐网上购物。数据证明网上销售一直在增长。以社群营销为代表的互联网发行方式正在颠覆传统书店的营销模式。社群营销利用线上平台汇聚人群，扩散口碑，组织线下活动，增加成员熟悉程度和凝聚力，形成一种良性持续的连接模式。会员付费模式是社群用户彼此连接的前提条件。线上每天发送语音消息，培养用户共同的习惯，进一步固化会员"自己人效应"；组织线下互动，促进人与人之间的连接，增强社群的凝聚力，扩展连接关系的广度和深度。

"樊登读书会""罗辑思维"是社群营销的代表，他们的用户定位为年轻的知识分子，这群人有共同的价值观、爱好，热爱知识类产品。"樊登读书会"注册会员已经超过2000万人；"罗辑思维"开播以来超过10亿人次收听。财经作家吴晓波主持了一档"吴晓波频道"节目，并通过与其关联的"十点读书""蓝狮子出版社"进行社群图书销售。2018年"吴晓波频道"所属的巴九灵公司净利润7537.03万元，股权估值16亿元。

传统营销是单向的、被动的、一次性的，互联网营销是双向的、主动（互动）的、可持续的；传统的实体书店、图书馆在纸质出版物方面有一定优势，可以为读者提供现场体验感，品味书香，但是面对电子书、数据库、音频、视频、有声书等非纸质产品形态，实体书店、图书馆还没有找到自己的服务优势。电子书、网络文学、网上听书APP的在线销售方式，完全脱离线下门店，对我们传统书店来说，是一个巨大的挑战。出版形态和营销方式的互联网化，为全民阅读带来了挑战，也带来了机遇。

2.3 今天的读者在阅读什么？如何阅读？

2019年有一款很火的应用APP叫"学习强国"，1月1日上线，目前下载量达到1.6亿，日活排名达到全网前三。"学习强国"这一应用软件里有着海量、适时、免费的图文和音视频学习资源，用户还可以通过在线答题和积分排名等形式增强学习兴趣，让内容汲取更多样、更个性、更智能、更便捷、可持续。"学习强国"抓住了人们碎片化的生活习惯，利用精简的文章片段和精准的信息推送让用户在碎片时间里学习知识、了解时事。

从数据看，学习强国平台顺应了读者数字化阅读需求。今天除了传统意义上的"读书"外，人们从各类阅读器的图像、音频、视频传播中通过读图、听书、网上阅读、互动交流方式等获取信息，数字化阅读（包括音视频阅读）异军突起，占比越来越高。2018年图书阅读率为59%，与2017年的59.1%基本持平；报纸阅读率为35.1%，较2017年的37.6%下降了2.5个百分点；期刊阅读率为23.4%，较2017年的25.3%下降了1.9个百分点。而数字化阅读方式（网络在线阅读、手机阅读、电子阅读器阅读、Pad阅读等）的接触率达到76.2%，较2017年的73.0%上升了3.2个百分点，持续上升的趋势明显。

出版的介质越来越多元化，电子图书、有声读物等新业态构成的数字出版成为传统出版的有益补充，并逐渐把人们带入一场读、听、看、互动的盛宴。

从阅读行为调查看，2018年有38.4%的成年读者倾向于"拿一本纸质图书阅读"，比2017年的45.1%下降了6.7个百分点；有40.2%的读者倾向于"手机阅读"，比2017年的35.1%上升了5.1个百分点；有12.8%的读者更倾向于"网络在线阅读"；有7.7%的人倾向于"在电子阅读器上阅读"；0.8%的读者"习惯从网上下载并打印下来阅读"。听书成为读者新宠，成为阅读新的增长点，移动有声APP平台已经成为听书的主流选择。2018年，我国有近三成的人有听书习惯。对我国成年人听书介质的考察发现，选择"移动有声APP平台"听书的人比例较高，为11.7%；有6.4%的人选择通过"广播"听书。

这些都是阅读方式和阅读形式的变化，新老介质阅读相互借鉴和融合成为新时代全民阅读的显著特点。如果说传统中的阅读行为主要是指读书、报刊，那么今天的阅读则是读屏；过去的阅读是单向，今天的阅读则是互动、多维。阅读方式和出版介质不断变化让"出版"和"发行"这两个最基本的术语也发生着深刻的变化。

2.4 全民阅读融合发展、协同共进是现实需求

馆社店功能趋同。图书馆、出版社、书店都是以图书为载体，推广阅读、传播知识、传承文化是馆社店共同的责任。近年来，出版社营销方式更加多样灵活，出版社从新书发布、签名售书到在不同平台上开设网店，直接进入C端销售市场；图书馆以阅读空间和资源共享为阵地，深入开展文化知识讲座和送书进社区、进军营、进学校等"七进活动"，扎实推动全民阅读。书店越来越像图书馆，在书店里读书的人越来越多。馆社店如何分工合作，做专做精知识产品的生产和服务，做活做响阅读推广，不断提升全民阅读的效果，成为新的课题。

馆中有店，店中有馆。图书馆作为提供全民阅读服务的重要阵地，与新华书店的融合发展渐成趋势，"图书馆＋"的内涵不断扩展。2014年内蒙古自治区图书馆联合内蒙古新华书店首创"彩云服务"，这一"你购书，我买单"的创新模式随后在国内图书馆界引起了交流学习的热潮，得到了广泛的推广实践。2016年8月，全国首家新华书店书店与图书馆综合体在安徽铜陵惊艳亮相。在文化产业领域中，大型书店和图书馆合璧属于独创性尝试。两者之间可以相互补齐功能，新华书店的多元业态为图书馆提供了更加齐全的功能支持：轻餐简食、咖啡茶饮、学习自修、展览沙龙等功能，给市民带来全感官的体验，提

升了阅读品质，给人文环境注入更多时尚元素。而图书馆的舒适阅读空间能为新华书店本身营造出更加厚重的文化底蕴，提高其品位。2018年7月，北京市东城区第一图书馆与王府井新华书店共建王府井图书馆，充分发挥各自渠道、品牌、资源等方面的优势，开启了图书馆与新华书店合作的新模式。

馆社店三方处于信息孤岛。上游出版社的出版数据与书店的销售数据、图书馆的采访数据各自为政，无法互联互通，出版社不知道读者在图书馆读了什么书，读者找不到好书，好书找不到读者，生产、销售、仓储、图书馆管理等各环节之间信息严重不对称，形成了产业信息孤岛。打造电商、传统行业及社交销售相互结合新模式，完成传统销售线下到线上数据桥接，打破信息孤岛局面，连接人与物、人与人、人与服务，实现资源共建共享是当务之急。

3 融合什么——融合发展背景下的全民阅读创新

3.1 共生共进，产业相融

每一个生命都是依赖于一个完整的生态链才能生存，自然界能够如此生机盎然，能够给人类提供空间，就是因为万事万物共生。我们已经进入一个互联互通的新时代，处于一个无限链接的空间当中，没有人可以独立存活。企业要与外部企业、供应商、员工、客户建立伙伴联盟关系，与社会公众建立共生关系，从而在合作中取得共赢。各个相关企业将顾客的需求与高效的供应体系相连接，利用互联网技术实现合作各方的无缝对接，获得更高效率的问题解决方法。相同领域甚至不同领域的组织不再是竞争对手，而是转变为荣辱与共的命运共同体，通过合作与共享而建立起的一种整体高效的综合有机体系就是共生型组织。

从产业角度看，文化业从来就是共生型的行业，不是简单的平台型组织的联合。在互联网时代的融合发展背景下，文化业的组织形式是互为主体的共生，你是主体，我也是主体。这样的共生，打破了单向的竞争，打破了价值活动分离的模式，围绕着读者价值形成了一个理解并服务读者的产业体系。作者、出版社、书店、电商平台、图书馆、读者和更多新的参与者共同构建了一个共生的和谐生态系统。每一个行业参与者在自己生长的同时也要努力帮助别人生长。

二十一世纪出版集团将儿童绘本的出版、全国新华书店线下活动、网上答题竞赛等元素重新组合到一起打造的"中华寻宝大会",为我们提供了一个数字时代传统图书出版与线上APP、线下门店协作营销创新的优秀案例。小读者在购买图书后,可以在线上参加名为"中华寻宝大会"的知识问答,获得优胜的小读者,可以去全国新华书店线下门店参加现场知识竞赛,而这些活动反过来又能产生口碑效应,让更多的读者知晓。自2012年以来,这套书单本起印量达30万册,全系列累计销售突破1000万册的成绩,可谓打通了图书行业线上线下的任督二脉。

融合发展不是取代关系,而是产业业态的"进化";不是谁主谁次,而是此长彼长;不是谁强谁弱,而是优势互补,发挥各自优势。未来,这个世界上没有"传统企业"与"非传统企业"之分,只有"链接企业"和"非链接企业"之分。近年来,新华书店总店建设了新华书店网上商城项目,项目的核心逻辑正是利用互联网平台实现全国上万家新华书店之间的协作与共享。

3.2 读者至上,服务相融

共享经济已经成为互联网时代的热词,出现了共享住宿、共享单车、共享书店、图书馆等。共享并不是uber、滴滴等公司成功的核心因素,他们背后的逻辑是协作。这些协作在互联网工具、在线支付工具、移动通信工具大规模普及前是不可想象的图景,但是在互联网时代,很快就成为现实。皖新传媒的共享书店走在了行业前面。合肥新华书店自2017年7月16日转型为全球首家共享书店以来,已在安徽、北京、上海布局37家共享书店,APP注册用户达28.6万人,借还册数超过190万册,用户复借率达到72%。共享书店创新的阅读模式得到了读者的高度认可。

读者对于书店、图书馆的真正需求从来都没有变过,那就是提供满足他们精神需求的产品。随着人们生活水平的提高,读者不仅需要线上快捷、优质的服务,还需要线下场景式、沉浸式的体验感。书店和图书馆为读者提供的产品是服务,而服务是场景当下所感受到的氛围、情感、文化等非实体的因素,是一种非实体的体验,是一种文化交流与传播。提供产品的过程就是服务,好的服务创新,就是为顾客不断带来情感上的认同与期待。

南京先锋书店经常举办各式沙龙、讲座、论坛,不仅为读者提供了一个阅读空间,更是创造了一个社交化的私密场所,成功地建成一个以"学术、文化沙龙、咖啡、电影、展览、时尚、文化创意"为主题的品牌书店，也成为一个公共的文化交流平台。在这个公共的文化交流平台中，书店本身成为一个文化载体。

未来的新华书店是城市的文化名片、读者的精神家园，是全民阅读中心、文化产品展示中心、文化交流中心、学习教育中心，这是我们对新时代的新华书店的定位。这时候卖的不仅是图书，更多的是以图书为中心的服务。新华书店总店建了充满人文气息的"新华书店城市书房"，2018年在总店城市书房开展的各种文化活动超过了一百场，线上线下参与人数超过了20万人，已经成为北京的"文化网红"。图书是思想的一种表现形式。内心思想或创意的IP运营通过由图书内容衍生的或相关的文创产品展示出来，而其展示的最好地方就是图书旁边的书架上。我们相信，未来的新华书店当中，会越来越多展示除了图书以外的其他文化产品。

3.3　千人千面，数据相融

出版业最基础的概念是"文字"和"图片"以及在它们的基础上形成的图书。今天，文字、图片，乃至声音、视频都可以转为一个更基础的概念——"数据"。数据成为全民阅读的新起点。出版业过去的核心竞争力是优质的内容和独特的渠道，现在的核心变成了，你拥有多少读者、拥有多少内容的数据库，把数据库匹配起来，就可以实现千人千面，满足个性需求。

精准推荐。在传统书店是人找书，在大数据时代，是书找人。今日头条是大数据应用的典型范例，它所有推送的内容都是基于点击、阅读、转发、收藏等大数据而精准画像，精准推送，实现了营销的千人千面。实体书店在利用互联网及大数据技术转型上也有很多尝试。

亚马逊在西雅图开设的第一家实体书店，书架上的标签只显示：一则关于这本书的网络评论、星级评等分数、一栏条形码。想知道书的价钱，你必须开启手机上的亚马逊APP，用相机扫描条形码后，就会显示这本书在亚马逊网站上的价钱、评论等。用户到实体书店进行条码扫描动作时，亚马逊都会有相关记录。透过扫描动作，亚马逊就可以知道这个用户的喜好、考虑购买的物品，再结合消费记录、浏览记录等，可以最大限度地个性化订制发送给这名用户的讯息，保证符合他的消费习惯，进而引导购买行为。不仅在亚马逊，在京东、天猫、当当等互联网平台上每时每刻都在进行这样的个性推送。在这场竞争中，拥有数据的一方毫无疑问地会成为未来行业的主导者。

移动优先。在移动互联网时代，越来越多的用户通过手机等移动终端接受信息、传播信息。"终端随人走、信息围人转"，已经成为信息传播的新态势。稍稍往前看一步，随着5G、物联网、人工智能等技术的不断演进，移动传播必将进入加速发展的新阶段。

浙江全省173家新华书店将集体推出无人"自助购书"服务，采用"手机自助购书＋机器人导购"的形式，在选购图书过程中只需扫一扫卖场中的自助购书二维码就可以直接进入购书界面，扫描图书封底的条形码即可进入支付页面，支付方式可以通过微信支付或者会员卡支付。

4 新华书店总店推进融合发展与全民阅读实践

4.1 围绕互联网做开全民阅读

习近平总书记反复强调："我们过不了互联网这一关，就过不了长期执政这一关。"总店立足于互联网时代背景，立足于服务行业和自身转型发展需求，策划实施了一批重点新项目，形成了包括新华文创科技园、新华书店网上商城、全国大中专教材网络采选系统、国际文化传播平台、新华资本运营平台等的"一个园区、五个平台"的发展新格局。

"线上＋线下"融合，建设全国新华书店统一的网上联合发行平台新华书店网上商城。新华书店网上商城由总店发起，联合全国各省市新华书店，以资本为纽带，以技术为支撑，努力链接全国12 000家实体门店、585家出版机构、3000家公共图书馆，打造线上线下产业融合发展平台、全民阅读推广平台、文化产品垂直电商平台和出版物大数据运营平台。新华书店网上商城把全国各省市新华书店现有的库存作为商城的库存，线下门店成为读者服务中心，读者在平台上买的书由离他最近的书店配送，实现线上线下融合。

平台对接全国新华书店实体门店和图书馆之后，将实现"馆网融合"，图书馆可以通过这个平台实现网上采购；读者借书的时候上新华书店网上商城查找离自己最近的图书馆有没有书，平台还可以代读者借书还书。读者可以通过新华书店网上商城建立"我的家庭图书馆"，管理家庭藏书，与好友共同读书。将来在网上商城每家出版社一个独立营销频道，就不用再去开网店了，把书编辑出版好、宣传好，让读者知道并购买，由书店就近配送。当出版社有了书号、定价、内容简介等图书信息时就可以自动上传到网上商城，全国12 000家实体门店、全国3000家公共图书馆就可以及时看到出版社的征订信息并根据市场情况提交订单，出版社就可以实现按需印刷，实现出版供给侧改革。

2018年4月23日，新华书店网上商城正式上线。目前全国已经有204家出版社签署合作协议、31个省区市新华书店集团投资入股、25个省市新华书店实现业务系统与平台对接，上线图书100多万种，实现就近配送。2019年全年营收预计较上年增长200%。新华书店网上商城入选中宣部主题出版物营销平台、与学习强国等平台一起入选新中国成立70周年主题出版物电子书重要推广平台。

4.2　围绕品牌做响全民阅读创新品牌运营

创办新华书店网上商城读书大会，联合全国各省市新华书店举行"我和我的祖国"快闪活动，开展新华万店共读"我的祖国我的书"全民阅读系列文化推广活动。举办"新中国成立70周年优秀出版物"万店联展，年度最受欢迎图书、最受欢迎作者、最美读书人、最受欢迎出版社、最受欢迎书城系列评选。主题图书"进农村、进社区、进家庭、进学校、进机关、进企业、进军营"等。央视新闻联播、新华社、人民网、学习强国APP等中央媒体对这一活动进行了全方位的报道。

创办品牌活动。总店与行业协会广泛深入合作，打造了"国际出版企业高层论坛""全国高等教育教材峰会""全国馆社高层论坛""全国出版界图书馆界全民阅读年会"等会展平台，开展了"优秀馆配商""优秀教材经销商""金牌教材编辑"等评选活动，服务行业健康发展，总店品牌影响力明显提升。

4.3　围绕科技创新做深全民阅读

总店与华为、阿里巴巴等先进企业开展广泛合作，联手阿里云研发基于不同的阅读场景打造示范性智慧阅读空间，并逐步形成可复制、可传播的定制型阅读解决方案，打造的首个"城市书房"中的人脸识别、智能荐书、自助结算……人工智能无处不在，推动实体门店多元化、数字化、智能化的转型升级，让全国新华书店成为更懂读者的知识传递者。全国大中专教材网络采选系统建立起教材出版、发行、选购、评价的闭环，新华互联、新华国采均获评中关村高新技术企业；2019年4月23日，新华书店网上商城电子书阅读平台"新华读佳"上线运营；建立学习强国线下空间，新华书店网上商城将实现学习强国积分兑换，让读书学习更加深入人心。

通过融合发展推进全民阅读正在进入新的春天。全方位、多层次、宽领域的融合发展已成潮流，传统业务与新兴业务的融合、线上与线下的融合、文化与科技的融合每时每刻正在发生。推进产业融合，通过融合发展建立全民阅读的生态系统，创新全民阅读推广将成为社会各界参与文化建设的必由之路。

我们期待图书馆界、出版界、发行界加强沟通合作，不断改革创新，融入数字化、科技化浪潮，探索融合发展之路，研究新时代读者的阅读需求，更好地服务于读者。

我们相信，只要各方精诚合作、互相支持，全民阅读推广一定会更加精彩、更加有效，更好地满足人民群众日益增长的精神文化需求，更好地服务党和国家的发展战略，为我国文化产业的大发展、大繁荣贡献力量！

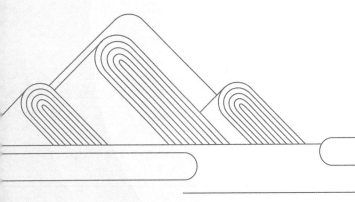

图书馆资源整合中的书目数据合并初探

——以国家图书馆"文津搜索"系统为例

才小川（国家图书馆）

1 背景

随着数字图书馆的发展，越来越多的图书馆推出了资源发现系统，为读者提供统一的资源检索途径，使读者能够方便、快捷地发现并获取图书馆的数字资源。国家图书馆与软件开发商共同研发的文津搜索系统，作为国家数字图书馆的资源搜索门户，整合了馆藏资源、自建资源、外购库等资源。然而各类印刷资源、电子资源导致数据重复量大，检索结果中不同来源库的相同数据多次出现，读者在获取全文服务时可能多次查看相同数据，面对相同数据不知哪个能够获取到全文服务。

目前，资源发现系统在图书馆领域已经得到了很好的发展，已成熟应用到图书馆的有Primo学术资源发现系统、Summon学术资源发现系统[1]、EBSCO发现服务系统、超星发现系统等[2]。百度学术搜索作为通用学术搜索引擎，整合大量学术资源，提供部分全文服务及全文服务入口。这些资源发现系统也不可避免地遇到了数据重复问题，均已通过一条数据揭示多个来源的相同资源，这种形式简化了读者甄别数据的过程，值得文津搜索系统借鉴。文津搜索系统需要在整合多来源资源的基础上，实现相同资源的合并展示，在一条数据内揭示数据的不同来源，提供不同来源的全文获取入口，方便读者检索并使用数据服务的过程。笔者在负责文津搜索系统优化项目过程中，研究并实践了书目数据合并等工作，据此来谈谈书目数据合并的实践和体会。

2 书目数据合并基础

文津搜索系统在建设过程中，同步建设了元数据管理平台，整合近160个数据库的书目数据，将异构书目数据转换为相同格式的书目数据。书目数据合并将在元数据管理平台和已转换为相同格式的书目数据的基础上进行。

2.1 系统环境基础

文津搜索系统在建设过程中，同步建设了元数据管理平台。该平台使用分布式、面向列的开源数据库HBase存储原始数据和数据清洗过程中的一些中间数据，使用Hadoop分布式文件系统（HDFS）作为存储集群，使用Hadoop分布式系统基础架构配合用于大规模数据集的MapReduce并行运算技术构建分布式计算集群，通过分布式计算集群完成数据处理、文档重要性计算、索引构建、数据挖掘等大规模计算，提高检索质量[3]。

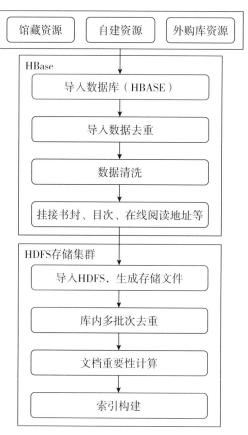

图 1　原元数据管理平台数据处理流程

元数据管理平台已经将不同来源的异构书目数据统一成相同的格式，并通过图1所示流程将数据生成可用于搜索的索引数据。书目数据处理集中在

HBase数据库中完成，HDFS存储集群中利用Hadoop软件框架、MapReduce技术完成大规模的书目数据去重、计算重要性并生成数据索引等。"挂接书封、目次、在线阅读地址等"是书目数据处理的最后一步，在此基础上增加书目数据合并过程，其中部分数据参与书目数据合并，合并结果以及未参与合并的数据导入HDFS存储集群继续参与原有的数据处理流程（如图2所示）。

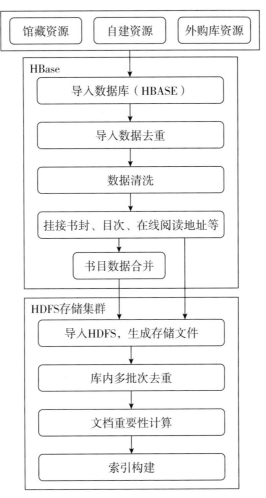

图2　现元数据管理平台数据处理流程

2.2 数据结构基础

文津搜索系统整合近160个数据库的书目数据，将异构书目数据转换为相同格式，存储在HBase数据库中，HBase是面向列存储的、非结构型、分布式数据库，具有高性能、高可靠性、可伸缩等特点。HBase中的列被组织成为列族（Column Family），在数据库中增加一列非常方便，不必提前决定记录中的所有字段，可以在系统运行时随意的添加或移除字段[4]。HBsae的这一特性为数据服务信息合并提供了基础。

文津搜索系统的书目数据信息包含基础信息和服务信息，基础信息描述资源的出版信息、内容相关信息，服务信息包含来源数据库、在线阅读地址等。书目数据合并后，将选取待合并数据中基础信息质量较高的一份作为基础信息，服务信息由待合并数据的服务信息组合而成，书目数据合并前后的服务信息。以学位论文"乳腺癌maspin、BCSG1表达情况及新辅助化疗对其表达影响的研究"举例服务信息如下。

原四条数据服务信息，按顺序数据分别来自馆藏中文资源、博士论文、知网—中国优秀博士学位论文数据库、万方—中国学位论文。

id: −4167433368343413101

dataSource: ucs01

uri:［http://mylib.nlc.gov.cn/system/application/search/display/metaDataDisplay
RedirectPage.jsp?metaData.id=654145&metaData.lId=658626&IdLib=40283415347e
d8bd013483467a760008&sysid=wenjin］

id: −1069456719733238751

dataSource: bslw

uri:［http://mylib.nlc.gov.cn/system/application/search/display/metaDataDisplay
RedirectPage.jsp?metaData.id=654145&metaData.lId=658626&IdLib=40283415347e
d8bd013483467a760008&sysid=wenjin］

id: -3596447102602342694

dataSource: cdfd

uri: [http://202.106.125.35/cnkiredirect/Redirect.htm?target=http%3A%2F%2F202.10
6.125.35%2Fcnkiredirect%2FRedirect.htm%3Ftarget%3D%252Fkcms%252Fdetail%2
52Fdetail.aspx%253Fdbcode%253DCDFD%2526dbname%253DCDFD2005%2526fil
ename%253D2005063665.nh]

id: wfxw

dataSource: -1272912775491515721

uri: [http://d.g.wanfangdata.com.cn/Thesis_Y709262.aspx]

合并为一条数据的服务信息:

datasource=ucs01, bslw, cdfd, wfxw

otherDataSourceId=[

ucs01&&&yr&&&-4167433368343413101,

bslw&&&yr&&&-1069456719733238751,

cdfd&&&yr&&&-3596447102602342694,

wfxw&&&yr&&&-127291277549 1515721]

otherDataSourceUrl=[

ucs01&&&yr&&&[http://mylib.nlc.cn/system/application/search/display/
metaDataDisplay RedirectPage.jsp?autologin=yes&metaData.id=409851&metaData.lI
d=414332&IdLib=40283415347ed8bd013483467a760008&sysid=wenjin],

bslw&&&yr&&&[http://mylib.nlc.cn/system/application/search/display/metaData
DisplayRedirectPage.jsp?autologin=yes&metaData.id=409851&metaData.lId=414332
&IdLib=40283415347ed8bd013483467a760008&sysid=wenjin],

cdfd&&&yr&&&[http://202.106.125.35/cnkiredirect/Redirect.htm?target=http%3A%2
F%2F202.106.125.35%2Fcnkiredirect%2FRedirect.htm%3Ftarget%3D%252Fkcms%2
52Fdetail%252Fdetail.aspx%253Fdbcode%253DCDFD%2526dbname%253DCDFD2

005%2526filename%253D2005063665.nh],

wfxw&&&yr&&&[http://d.g.wanfangdata.com.cn/Thesis_Y709262.aspx]

]

3　书目数据合并

3.1　书目数据合并内容选取

文津搜索系统将已整合的数据按照资源内容、对象资源格式分为图书、古文献、论文、期刊报纸、多媒体、缩微文献、文档、词条等不同分类。选取哪个分类、哪个数据库的数据进行书目数据合并，需要考虑以下几个方面。

3.1.1　数据质量

来自不同数据库的书目数据质量差别很大，主要体现在数据字段的多少、数据字段内容是否完整。数据合并的过程需要严格比对数据字段的内容，完全一致的判定为数据代表的是同一个资源，是相同数据，可以合并为一条数据。所以选取数据字段丰富、字段内容完整的数据进行书目数据合并。

3.1.2　重复数据量

文津搜索系统整合的数据库中，通过对资源内容的深入了解，包括资源类型、领域、年代、语种、数量等，对比这些资源特征，确定哪些数据库的数据范围相同或类似，选取与其他数据库重复数据量较大的数据库参与数据合并，能够得到较多的合并数据，发挥其在整体数据中的服务作用。

3.1.3　读者行为特点

文津搜索系统从2012年底上线以来，一直关注读者对数据的使用情况，解答读者使用过程中提出的问题。数据方面，图书、论文一直是读者使用量较大的两类资源；读者反馈的意见，60%以上集中在如何获取资源在线全文服务，围绕获取服务的过程提出疑问、寻求帮助。

另外，国家图书馆自建资源建设选取了很多已有的纸本资源进行数字化建设，文津搜索系统同时整合了纸本资源和自建资源，可以将这两种资源进行合并。自建资源依据数据内容特点划分为不同的数据库，数据库所在分类不同，但在建设数字对象的过程中其书目数据中保留了纸本资源的书目数据标识（MARC数据001字段），方便数据合并处理，所以将纸本资源与自建资源放在一起作为一个分类考虑。

综合考虑以上因素，对数据实际情况进行广泛调研的基础上，选取以下分类及数据库进行书目数据合并，见表1。

表1　书目数据合并涉及数据库分类整理表

纸本资源与自建资源	馆藏中文资源	中文图书	馆藏中文资源
	馆藏中文电子图书		馆藏中文电子图书
	博士论文		方正阿帕比电子书中文数据
	少儿文津奖图书		方正年鉴
	数字方志	会议论文	知网—中国重要会议论文全文数据库
学位论文	馆藏中文资源		万方—中国学术会议论文（中文）
	博士论文		万方—中国学术会议论文（西文）
	知网—中国优秀博士学位论文数据库	外文图书	馆藏外文资源
	知网—中国优秀硕士学位论文数据库		方正阿帕比电子书外文数据
	万方—中国学位论文		Ebsco电子图书数据库
期刊论文	知网—中国学术期刊全文数据库		Emerald Ebook Series回溯数据库
	维普中文科技期刊数据库		ECCO十八世纪文献在线
	龙源电子期刊		EAI美国早期印刷品
	万方—数字化期刊		EEBO早期英文图书在线
	万方—中华医学会数字化期刊		MOMW现代经济之路
	KluwerLaw Online（Journal）		MOML现代法律之路
	SAGE Journals Online全国授权回溯库		MyiLibrary电子图书
	Oxford University Press Journals牛津大学出版社期刊全文		Nineteenth Century Collections Online（NCCO）

其中，纸本资源与自建资源分类中，馆藏中文资源是纸本资源，馆藏中文电子图书、博士论文、少儿文津奖图书、数字方志是自建资源。

3.2　书目数据合并流程

若干条书目数据确认为相同数据需要对数据的多个字段进行比对，字段完全相同则能够确认为同一条数据。扩展到合并处理过程中，书目数据合并过程要通过大量数据字段的比对查找才能确定一组相同数据，将一组相同数据处理为一条数据。所以需要尽量减少单次合并过程的数据量，从而减少比对次数，提高数据处理效率；同时遵循软件开发的提高程序复用能力原则，使用通用的数据合并处理流程，当已参与合并的数据库出现新增数据或新增相同分类的数据库需要数据合并时，能够复用数据合并处理流程。

根据已选取的书目数据来源数据库，可以分为两种情况：数据库只在表中出现一次、数据库在表中出现多次。根据这两种情况，表1中的六种分类需要分为两种情况考虑。

以期刊论文为例，所有该分类下的数据库均只在表中出现一次，那么期刊论文的合并过程可以独立于其他合并过程，出现已参与合并的数据库新增数据或新增期刊论文分类的相关数据库需要数据合并时，只需要执行期刊论文的数据合并过程。类似的分类还有会议论文、外文图书。

馆藏中文资源、馆藏中文电子图书、博士论文这三个数据库在纸本资源与自建资源、学位论文、中文图书分类中多次出现，其中馆藏中文资源是纸本资源的书目数据集合，包含有多种分类的数据，馆藏中文电子图书、博士论文是自建资源，按内容分类分别是中文图书、学位论文。自建资源的书目数据中保留了纸本资源的书目数据标识（MARC数据001字段），多条书目数据通过数据标识这一个字段即可确认为相同数据进行合并，所以馆藏中文电子图书、博士论文通过纸本资源与自建资源的方式合并更方便，不需通过学位论文、中文图书的方式合并。馆藏中文资源需要参与纸本资源与自建资源、学位论文、中文图书这三个分类的数据合并，所以需要顺序执行这三个分类的数据合并，后一次合并过程需要使用前次合并过程的结果。由于自建资源能够完全合并到纸质资源中，先进行纸质资源与自建资源的合并不会增加参与后一次合并过程的数据量，所以应先进行纸质资源与自建资源的数据合并，再进行学位论文的数据合并，最后做中文图书的数据合并。书目数据合并流程见图3。

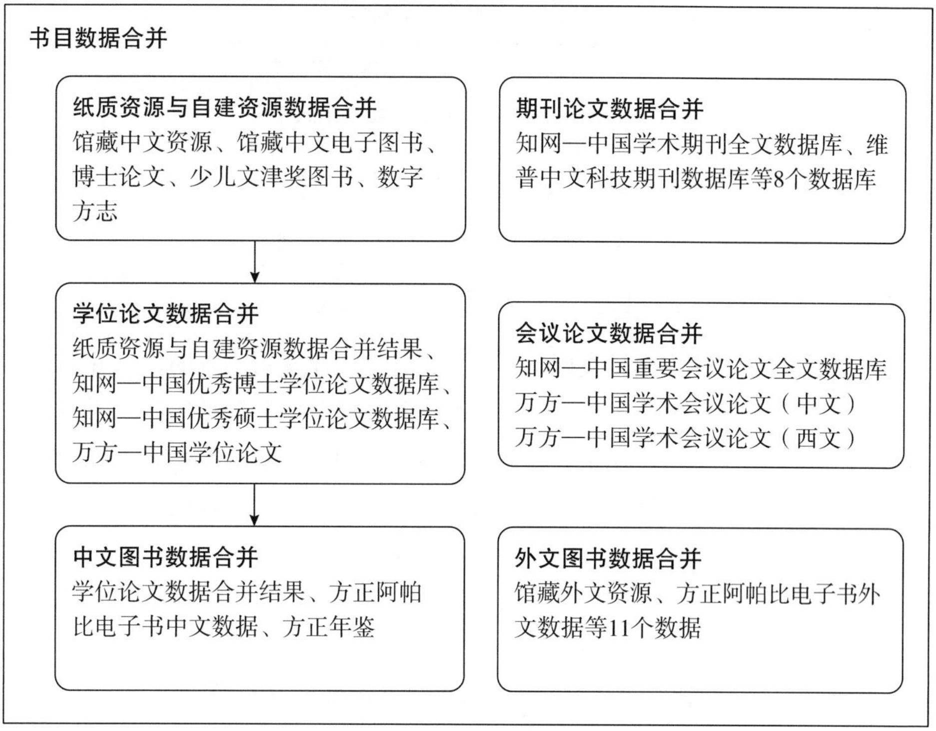

书目数据合并

纸质资源与自建资源数据合并	期刊论文数据合并
馆藏中文资源、馆藏中文电子图书、博士论文、少儿文津奖图书、数字方志	知网—中国学术期刊全文数据库、维普中文科技期刊数据库等8个数据库

学位论文数据合并	会议论文数据合并
纸质资源与自建资源数据合并结果、知网—中国优秀博士学位论文数据库、知网—中国优秀硕士学位论文数据库、万方—中国学位论文	知网—中国重要会议论文全文数据库 万方—中国学术会议论文（中文） 万方—中国学术会议论文（西文）

中文图书数据合并	外文图书数据合并
学位论文数据合并结果、方正阿帕比电子书中文数据、方正年鉴	馆藏外文资源、方正阿帕比电子书外文数据等11个数据

图 3　书目数据合并流程

3.3　书目数据合并规则

参与书目数据合并的数据来自不同的数据库，数据格式、字段编目标准不一致，经过元数据管理系统处理成统一格式以及数据清洗，能够满足搜索、展示的要求。书目数据合并对数据要求更加严格，需要将同一字段内容统一到同一种表达方式，比如如果图书是多卷册中的一册，则题名字段使用丛书题名合并单册题名来表达，10 位 ISBN 号转换为 13 位等。这些处理后的字段只在数据合并过程中使用，不涉及数据展示。

学位论文、期刊论文、会议论文的年代较短，正式出版资源的数据字段较为明确、清晰，分别设置一种规则就能够达到数据合并效果。

图书资源涉及年代较长，早期正式出版的资源不含 ISBN，70 年代开始有 ISBN，按照含 ISBN 和不含 ISBN 两种情况设置两种规则进行数据合并。

表2　书目数据合并规则

分　类	数据合并规则
图书	有ISBN: ISBN、题名、著者、出版年 没有ISBN：题名、著者、出版年、出版社
学位论文	题名、著者、年份
期刊论文	题名、著者、出版年、期刊名称、期
会议论文	题名、著者、出版年、会议名称

不同来源数据的数据分类标准不一致，导致文津搜索系统的数据分类是内容分类、对象数据格式分类并存，一级分类和二级分类并存（例如，图书是一级分类，图书分类下有专著和年鉴两个二级分类），如果两条相同书目数据的分类不一致，那么以内容分类或二级分类来确定合并后书目数据的分类。

4　数据服务

文津搜索系统使用扩展后的MergedDoc数据结构作为索引构建基础，MergedDoc数据结构原本用来存储网页数据，经扩展后也可以储存数字资源数据。合并后的书目数据，从HBase以SSTable格式导出，生成MergedDoc数据的BookRecord部分。BookRecord各字段构建数据索引中的通查检索字段、常驻检索字段，通查检索字段用于一框式检索提供检索依据，常驻检索字段用于筛选功能、排序功能，见表3。

表3　书目数据字段

通查检索字段		常驻检索字段	
字段	说明	字段	说明
Title	第一题名	MediaType	媒体类型
AllTitle	所有题名	Haveurl	是否有全文
Creator	责任者	YearInt	出版年
AllCreator	所有责任者和责任者的责任范围	FirstCreator	第一著者
Publisher	出版、发行者	Language	语种
PublisherRegion	出版地	DataSource	来源数据库
Organization	责任者机构	DataOwner	来源图书馆
Keywords	关键词	Titlepinyin	题名拼音
PaperMajor	专业	Creatorpinyin	责任者拼音

通查检索字段		常驻检索字段	
字段	说明	字段	说明
PaperField	研究领域	Publisherpinyin	出版、发行者拼音
DegreeOrganization	授予单位		
PaperFund	课题基金		
BookSeriesName	丛书名		
PeriodicalName	期刊名		
Identifer	标识符（ISBN, ISSN, CN, POST.）		
ComeFrom	载体来源		
SourceLib	馆藏地		

书目数据合并属于底层数据合并，若干条书目数据合并为一条数据，原若干条 BookRecord 只需要有一条参与构建数据索引就能达到数据搜索、揭示效果，减少了索引数据量，从而减少搜索集群服务器的内存使用量，提升硬件平台的数据揭示能力。

4.1 搜索结果列表中资源信息更集中

搜索结果列表中展示书目数据合并后多来源数据库效果，同时保留文津搜索系统原有的"查看其他版本和分册"折叠展示功能（"查看其他版本和分册"折叠展示"题名""著者"相同的数据），"查看其他版本和分册"优先展示合并后的书目数据、隐藏未合并的书目数据，如图4。

国外地方议会职权行使比较研究暨…　　　　　查看其他版本或分册
文献类型：期刊论文
著者：上海市人大常委会研究室课题组
出版年份：2006
来源：毛泽东邓小平理论研究, Studies on Mao Zedong and Den…
来源数据库：万方-数字化期刊 / 知网-中国学术期刊全文数据库
📄摘要　☰目次　📑馆藏信息　📄在线阅读

图4　包含"查看其他版本和分册"、书目数据合并两种效果的搜索结果

4.2 资源全文服务获取过程简明

文津搜索系统优化项目在搜索结果列表页增加数字资源全文服务获取的入口，缩短读者获取全文的步骤。合并后的书目数据能够在一条数据中同时提供

多个来源数据库的全文服务入口，方便读者根据数据库的使用限制选择不同的数据库获取全文服务，如图5。

图5　搜索结果列表页提供全文服务入口

4.3　相关服务需调整

使用合并后的书目数据提供服务，原有的数据更新、数据屏蔽工作需要配合合并后的书目数据进行调整。更新数据如果涉及表1中同一分类下的两个或多个数据库时，需要进行书目数据合并，其他情况只需要将更新数据入库并生成数据索引即可服务。文津搜索系统使用数据屏蔽列表对问题数据进行屏蔽，合并后的书目数据中部分数据标识已经改变，需要将数据屏蔽列表与合并后的书目数据进行比对，生成新的数据屏蔽列表，方能对问题数据起到屏蔽效果。

5　基于书目数据合并的体会和展望

在实践书目数据合并的基础上，笔者结合资源发现服务的特点，提出一些体会和展望。

不同来源的书目数据差异很大，同一个数据库中的编目标准也不够统一，还存在小部分数据字段的表达差异导致相同数据不能合并的问题，需要在使用中不断总结这些细节问题，提高字段规范性，根据不同数据源的字段差异不断完善书目数据合并规则。不同来源数据的数据分类标准不一致，还可以深入总结图书、论文分类以外的数据，如果是相同内容的数据可以调整数据分类后进行数据合并。

通过调研其他的资源发现系统可以发现，核心期刊、同行评议、领域、主题、分类还可以作为筛选搜索的依据。文津搜索系统具备筛选搜索的功能，数据内容尚不能支持以上内容的筛选搜索，还需要提高数据内容质量，提高筛选搜索功能的应用范围。

在书目数据合并的基础上，可以在不占过多系统内存的基础上揭示OA资源的全文服务入口，缓解图书馆购买数字资源服务的压力，提供给读者更多获取全文的渠道。

文津搜索系统各项服务在不断完善过程中，文津搜索系统优化项目建设过程中，首次尝试多来源的书目数据合并，并依据数据合并结果优化搜索服务，资源整合、资源搜索服务还需要不断努力完善。

参考文献：

[1]崔明,王振妘.百度学术搜索和Summon学术发现的比较研究[J].图书馆杂志,2018,37（4）:74–80.

[2]覃燕梅.百度学术搜索与超星发现系统比较分析及评价[J].现代情报,2016,36（3）:48–52.

[3]张红.基于大数据技术的资源发现平台构建——以国家图书馆"文津搜索"系统为例[J].数字图书馆论坛,2016（1）:61–67.

[4]Apache HBase[EB/OL].[2015–10–01].http://hbase.apache.org/.

国家图书馆中华寻根网系统的建设与应用

万　静（国家图书馆）

"中华寻根网"作为一个跨地域、跨国界、世界性的网站，是建立在广泛合作基础上的全球家谱数字化服务、教育和研究项目，以保存人类文明的共同记忆为最终目标，以传扬中华谱牒文化为重要目的。本系统力求建成全球华人寻根问祖的家园，团结全球华人的文化平台，宣扬中华民族悠久历史文化的窗口。

1　中华寻根网系统在图书馆的应用现状

随着技术的飞速发展，网络传播具有不受时空限制、信息量大、传播迅速快、传播范围广等优势，让中华传统文化借助现代信息技术手段呈现出更新、更宝贵的价值。因此，澳门基金会和中国国家图书馆（以下简称"我馆"）共同合作构建了"中华寻根网"，完成了"中华寻根网"一期项目的建设，实现了网络寻根、家谱在线阅览、家谱专家咨询、寻根百科、家谱编纂互动、家谱目录和全文检索等功能。

自网站开通服务以来，受到了海内外众多用户和媒体的广泛关注，得到了社会各界的认可。截至2019年3月，已拥有姓氏数据500余条、家谱书目数据3万条、家谱全文影像500余种约50万页，与家谱相关的文献6000余种约300万页。中华寻根网的二期系统建设在一期系统的基础上进一步提高检索的便利度，实现不同资源库之间的统一检索，并实现导航服务、资源的揭示服务、家谱关联关系展示、家族谱系分析和个人空间等功能。我馆进行中华寻根网系统的二期建设，不断完善网站功能，丰富线上资源，提升用户体验，提高网站的访问量和知名度。

2 中华寻根网系统平台相关技术

2.1 React技术的应用

React主要用于构建UI，可以在React里传递多种类型的参数。如声明代码，可以帮助渲染出UI，也可以是静态的HTML DOM元素，也可以传递动态变量，甚至是可交互的应用组件。React的设计思想极其独特，属于革命性创新，其性能出众，代码逻辑却非常简单，React通过对DOM的模拟，最大限度地减少与DOM的交互，可以与已知的库或框架很好地配合。

2.2 Node开发平台

Node是一个让JavaScript运行在服务端的开发平台，Node对一些特殊用例进行优化，提供替代的API，使得V8在非浏览器环境下运行得更好。V8引擎执行Javascript的速度非常快，性能非常好。Node是一个基于Chrome JavaScript建立的平台，用于方便地搭建响应速度快、易于扩展的网络应用。Node采用了一个称为"事件循环（event loop）"的架构，使得编写可扩展性高的服务器变得既容易又安全。

3 中华寻根网系统平台建设

3.1 系统架构设计

中华寻根网系统软件开发上采用J2EE软件架构、支持集群部署方法，具有高度的可扩展性。系统采用集群架构运行部署在服务器上。系统采用的硬件架构可以根据业务需求、访问量进行动态调整，可以支持动态伸缩。

寻根网系统整体架构如图1所示：

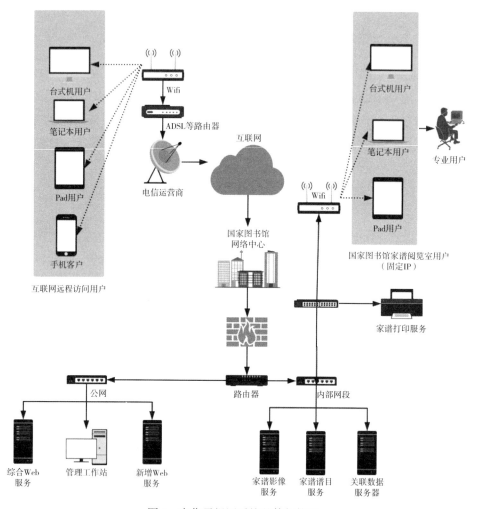

图 1　中华寻根网系统整体架构图

寻根网系统项目关系模块如图2所示：

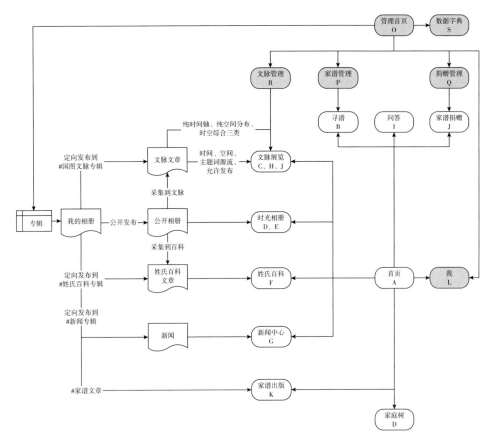

图2　中华寻根网系统项目关系模块图

寻根网数据库图如下所示：

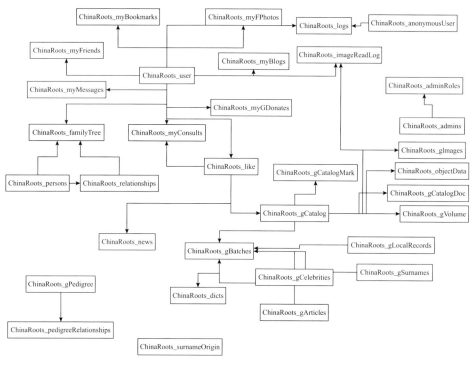

图 3 　中华寻根网数据库图

3.2 系统功能模块

3.2.1 家谱的发布拓展

（1）资源发布

寻根网平台上的资源数据包括家谱书目数据、卷目数据、家谱置标数据（人物、篇目）、姓氏数据、家族迁徙数据、家族名人、家族著述、谱系数据、全文影像等（包括一期系统平台上的全部馆藏资源数据）。本系统要求能对这些数据进行统一、操作简单的发布。

本系统发布数据的元数据类型包括MARC、Access、Excel、XML等，对象数据类型包括jpg、pdf、png等。系统需提供数据查重工具、数据发布工具、书封同步生成工具、发布过程监测工具以及发布后的任务统计工具。还需要增加对个别数据进行修改的便捷功能、补充发布书封、补充发布目录、补发元数据字段等功能。

（2）家谱对象数据展示

家谱对象数据包括家谱影像数据和家谱全文数据，提供专用的阅读器实现家谱对象数据的在线全文阅读、目录显示、翻页、放大、缩小、屏蔽打印、复制等功能，需要有防恶意下载的功能和数据版权保护功能。

对于家谱全文影像和全文矢量数据，阅读器需要提供对照同步展现和联动显示的功能。家谱对象阅读器不需要用户安装客户端和插件，应能支持IE、FireFox、谷歌、safari等浏览器，支持在手机、PAD等移动端使用。

3.2.2 资源的多维度服务

3.2.2.1 资源的揭示服务

对于各类资源数据，由于其具有不同特点，故在服务方式、展现形式上有不同要求。

（1）家谱目录数据、姓氏数据、人物数据，数字方志数据需实现导航、检索，人物关系图形展示。

（2）家谱全文影像和全文矢量数据，需要提供全文检索服务、对照同步展现和联动显示的功能。

（3）家谱置标数据，需要提供检索、高亮显示检索结果的功能。

（4）谱系数据，需要提供检索，图像化、图形化的展示功能，并且能关联到该谱系的全文图像数据和置标数据。

（5）工具书数据，需要提供检索、查阅、信息辅助等功能。

（6）家族人物数据提供检索、导航，并与家族家谱数据实现关联。

3.2.2.2 家谱关联关系展示

采用地图、时间轴的方式分析揭示家谱之间的关联关系，动态推荐相关的家谱与地方志等资源，为用户研究家谱提供信息参考。

（1）同一姓氏家谱的区域分布图

以地图的形式展示某一姓氏家谱的区域分布，在地图上标出某个区域家谱的数量，点击该区域可查看详细的家谱信息。

（2）某个家谱所在地区的其他家谱分布情况

根据某个家谱的谱籍地，以时间轴的形式展示该地区的其他家谱的分布情况。

（3）家谱相关资源的展示

展示与某个家谱相关的地方志、名人、家族著述等资源。

3.2.2.3 推荐服务

根据用户的个人信息和浏览历史记录，为用户智能推荐家谱、地方志等相关文献。系统提供后台人工推荐和智能推荐两种方式。

3.2.2.4 互动服务

（1）提供可对各类资源进行收藏、点赞的功能，可将资源分享到微博、微信等社交平台，可统计资源收藏、分享、点赞数，将排行较高的资源推荐给用户。

（2）提供家谱全文阅读的续读功能，系统记录用户上次阅读的断点，用户下次登录后可从断点处接着读。

3.2.2.5 新闻公告

在网站主页上发布与家谱工作方面的新闻动态、公告信息等。

3.2.3 姓氏源流分析

姓氏源流分析是指根据国家图书馆提供的姓氏迁徙数据（包括迁徙地点、时间及古今地名、古今时间对照等），以地图的形式动态的展示姓氏、家族迁徙图。迁徙图可根据时间先后顺序动态地画出，图上可以实现古今地名、古今时间的对照显示。点击各个迁徙节点可查看各个节点的家族情况、迁徙时间、家族家谱、地方志等信息。

3.2.4 家族空间

以家族树为核心，以馆内家谱文献为依托，构建集家族树构建、家谱分享、家庭日志、家庭照片等为一体的家族空间。只有经过实名认证的用户才能创建家族空间，非实名制用户可浏览、查看权限范围内的家族空间。家族树的创建者可邀请家族成员加入家族空间，进行家族树的构建，共享家族空间的信息；系统可分析用户间的关系，为其推荐可能存在家族关系的朋友；系统根据用户的名字、出生地自动为其推荐相关的家谱、地方志等资源。

家族空间分为个人空间和姓氏公共空间两部分，个人空间展示与个人相关的隐私信息，姓氏空间展示家族公开或个人分享的信息。

（1）家族树。家族树以树状结构体现各代之间的关系，系统提供多种家族树的风格模板，初始模板为父母、创建者和子女的三代结构，用户可根据需要灵活扩展节点，形成家族的谱系。在创建家族树的过程中，要能适应古代家谱的编辑需求，如古代一夫多妻等。

用户可对家族树节点人物进行添加、删除，上传人物头像，编辑、修改节点人物的个人资料（如姓名、性别、年龄、住址、人物介绍等）。运用日历的辅助功能记录家庭节日、生日、纪念日等，系统可自动提醒到期日期。

系统提供设置家族树的访问权限和访问范围的功能，默认情况下向家族成员开放。系统可将家族树转换为pdf、jpg等格式，提供下载、打印家族树的功能。

（2）邀请成员。创建者可通过发邮件、短信等方式邀请家庭成员加入家族空间，成为会员后即可看到家族树信息，可修改自己相关信息，添加与自己相关的家庭成员，共同维护家族树，分享家族空间内的日志、照片等资源。

系统可自动分析人物间的关系，向家族树的创建者或家族树的管理员推荐与本家族相关的人员，然后家族树管理员经过人工判断后在系统内部将其加入到家族空间。

（3）家族树谱系分析。系统将符合一定规则（如共同祖先、家族成员等）的家族树推荐给用户，自动分析家族树之间是否有亲戚、宗族关系。如果符合宗族关系，用户可发送信息给对方，建立宗族关系，经过对方同意后可将另一棵家族树中的信息融入到家族树中，形成一个大的家族树；如果不符合规则，用户和管理员也可将之前融入的其他家族树信息断开。

另外，系统可从馆藏的家谱文献中推荐关联度较高的家谱给用户，用户将这部分家谱世系拼接到家族树中。若发现不符合规则，用户和管理员也可将这部分信息断开。

（4）上传家谱。允许用户上传家谱或与家族相关的各类资料，提供上传家谱的元数据在线编辑，支持图像、文本、音视频等数据类型的上传。提供网页和客户端上传两种方式，支持断点续传，监控传输进度，对传输后的文件进行校验，保证传输的完整性与正确。

系统提供权限控制和隐私保护机制，默认情况下向同一姓氏家族成员开放文件的访问权限，可设置文件的访问、删除、修改、下载的权限。系统将上传的资源进行发布，提供在线访问的功能。

后台提供自动审核与人工审核相结合的方式，自动审核通过设置关键词过滤的方式进行；对未通过自动审核或有疑义的资料，可进行人工审核。后台提供对上传家谱存储空间的管理，可监控存储空间的使用情况，增加、删除、切换存储空间，保证存储空间的可用性。

（5）家族空间管理

权限管理：每个家族空间的创建者拥有最高的权限，创建者可根据家族空间的需要，分配家族空间管理员、维护员。

访问范围控制：用户可对创建的家族树、上传的家谱、上传的照片、发表的日志等内容的访问范围进行控制，分为仅本人可见、家族内可见、同一姓氏可见、整个网站可见等几个级别。默认情况下向同一姓氏开放访问权限。

人员管理：家族空间的创建者可对家族内的人员进行管理，包括加入黑名单、踢出家族空间等。

信息管理：家族空间的管理员和系统管理员可对家族成员发布的家谱、日志、照片中的不健康内容进行删除、屏蔽等管理。

3.2.5 常见问题与咨询

增加常见问题栏目，将一些比较具有代表性的问题，如阅览室开放时间、家谱捐赠、网站使用、家谱查询等单独列出，避免重复提问。

登录用户在线提交问题，系统自动将问题分配到后台专家进行解答，用户可在个人空间里看到咨询问题的状态，主要包括如下功能：

（1）支持让专家用户在后台看到读者上传的咨询问题附件内容，方便解答问题。

（2）任务分配功能：对读者的咨询问题能分配到几个专家用户来进行回复。

（3）能清楚看到各咨询问题的当前状态。

（4）提供读者咨询问题和专家回复的统计数据。

（5）提供管理员对咨询问题的管理，如有敏感信息可进行删除、屏蔽等。

3.2.6 家谱捐赠管理

"家谱捐赠"是我馆入藏家谱文献的重要途径之一，用户线下捐赠家谱，可在线上查询捐赠家谱的信息，下载电子捐赠证书，咨询家谱捐赠相关事宜。

（1）捐赠信息发布

系统为管理员提供捐赠信息的编辑、修改、发布、删除等功能，需支持验证码校验和非法关键词过滤，防止恶意发布信息。系统提供电子捐赠证书的制作功能，提供电子证书模板，支持管理员对电子证书的内容进行编辑，进而生成电子捐赠证书。管理员可选择捐赠信息发布的范围，包括捐赠人可见、公开可见等。

（2）捐赠信息查询

系统为用户提供捐赠信息的查询、捐赠家谱书目查询、捐赠证书编号的查询和电子捐赠证书下载。

（3）捐赠咨询

系统为用户提供捐赠咨询，用户可通过发邮件等方式向管理员进行家谱捐赠相关的咨询；管理员通过后台进行捐赠咨询的回复。

3.3 系统管理

3.3.1 后台管理

（1）用户登录认证

通过统一用户管理系统实现中华寻根网与统一用户管理系统的有效对接，从而实现统一身份认证。并将寻根网一期系统中的用户数据迁移到二期系统，实现无缝整合。另外，系统提供用户利用微博、微信、QQ等社交账户登录的功能。

（2）用户管理

系统记录从统一用户系统登录和从第三方平台登录的用户名，可对用户名进行查询、冻结、解冻等；对于冻结的用户，系统将禁止用户发布信息，同时自动下架已发布的信息；可对用户赋予、撤销角色。

（3）角色管理

系统提供角色管理功能，包括角色的建立、删除、修改，可对角色赋予、撤销权限。

（4）权限管理

系统提供资源访问权限、栏目访问权限、家族空间访问权限的管理，可根据需要添加、删除访问权限。

（5）数据管理

系统管理员可在后台对网站内所有发布的资源数据、用户行为数据等进行检索，对有问题的数据进行修改、删除，保证数据的准确性和可用性。

（6）用户上传数据管理

系统管理员可对用户上传的数据、制作的数据进行查询和管理，对不健康、敏感信息的数据可进行删除、屏蔽等。

（7）敏感词库管理

系统建立基础的敏感词库，管理员可添加、删除敏感词，为系统自动审核提供敏感词支持。由于本系统存在大量与用户的交互信息，并且存有大量珍贵资料，故容易受到外界攻击。此系统的研制应充分考虑网站安全，提供可靠的数据备份方案，防止对信息的恶意下载，防止黑客攻击。

3.3.2 统计

（1）资源发布统计

可按照日期或发布批次，统计资源发布的总量、成功数、失败数。统计每次发布数据的对象数据、元数据、目次数据等发布数量及存储容量。

（2）资源使用统计

提供按按年、月、日或具体时间段统计元数据访问、对象数字访问的总量，可统计出一段时间段内访问量较多的资源。同时根据点击量、访问量能统计出全部资源的阅读排行榜。

（3）网站访问统计

统计整个站点及各个栏目某日或者某个时间段内（如按日进行分组）用户的点击量，提供数据报表和图表显示。

（4）统计结果能同时以数据和图形的形式展现，能以 Excel、PDF、XML 等格式定制导出，并且能通过接口为其他系统调用统计结果等。

3.3.3 移动端设备的访问支持

本网站应支持移动端设备的正常访问，支持 ISO、安卓等主流移动操作系统，实现统一发布、统一管理，多终端均可展示，并且能够自适应终端进行友好显示。系统应支持 PC、手机、PAD 上的主流浏览器，如 IE 7（及以上）、火狐（FireFox）、谷歌（Chrome）、360 安全浏览器、Safari 等。

3.3.4 网站管理

（1）网站模板

系统提供至少 7 套首页面、二级页面等页面模板，管理员可根据需要自行切换页面模板。

（2）信息发布

系统提供内容管理系统，支持管理员选择页面模板、发布信息，支持文本、图片、音视频等内容的发布，可对发布的信息进行修改、删除等管理。

（3）网站栏目管理

系统提供对网站栏目的管理，管理员可对网站栏目进行增加、删除、修改等，可对网站栏目布局进行修改。

4 中华寻根网系统效果与展望

图 4 中华寻根网网站首页显示效果

4.1 中华寻根网系统效果

4.1.1 检索服务

提供中华寻根网一期已实现的简单检索、高级检索、全文检索、繁简体通检、模糊检索等功能，在此基础上进一步提高检索的便利度，实现不同资源库之间的统一检索。

（1）统一检索：系统对平台发布的家谱数据、姓氏数据、人物数据、家族名人数据、家族著述、迁徙数据、谱系数据等进行统一管理，默认情况下系统在所有资源库中实现按字段进行统一检索；另外，用户可选择需要检索的资源库，进行单库和多库间的检索。

（2）二次检索：对检索结果按姓氏、谱籍地、时间、堂号、是否有全文、资源库来源等进行二次检索；可按检索字段进行排序。

（3）高级检索：对家谱数据、人物数据等资源库提供高级检索功能，支持多字段之间的布尔逻辑检索。

（4）扩展检索：提供主题词典进行自动扩展检索，同义词自动扩展检索，检索词自动补全和提示。

4.1.2 导航服务

（1）姓氏导航：对家谱数据按姓氏进行导航，点击姓氏可列出该姓氏的名人和分布于各地的该姓氏所有的家谱文献。

（2）谱籍地导航：可对家谱数据按谱籍地进行导航，点击谱籍地可列出该谱籍地下不同姓氏所有的家谱文献。

（3）人物导航：对姓氏数据和家族名人数据，按姓氏、人名进行导航，展示相关人物的信息。

4.1.3 在线展览

（1）展览资源发布

系统提供展览资源在线编辑、发布，用户可选择展览页面模板，支持文本、图片、音视频等展览资源的发布。

（2）展览资源管理

系统提供对展览资源进行管理，可对展览的栏目、内容进行修改、删除。

4.1.4 家族空间

整合寻根网平台的家谱资源和用户上传的家谱资源，提供在线家谱制作的功能。在线家谱制作按照家谱的编辑规则提供不同风格的家谱模板，用户可在线排版、编辑家谱，打印个性化家谱，制作珍贵家族资料册等。

（1）家庭日志

系统提供家庭日志编写、修改、删除等功能，提供访问权限控制。个人撰写的家庭日志默认情况下可在姓氏空间内展示。

（2）家庭照片

系统提供家庭照片的上传、删除、修改等功能，可自动对照片的大小进行压缩，保证照片上传成功。支持单张、多张上传。个人上传的照片默认情况下可在姓氏空间内展示，家族成员可在姓氏空间内欣赏照片。

（3）个人空间

个人空间主要是将个人在寻根网上发生的各类信息进行聚合，方便用户查看与自己相关的信息。包括：我的家族树、我的家谱、我的捐赠、我的家族友人、我的咨询、我的消息、我的邀请、我的日志和我的照片。

（4）姓氏空间

姓氏空间主要是同一姓氏家族公共信息的展示，包括家族树、家族日志、家族照片、与本姓氏相关的家谱、地方志、家族名人、家族著述等信息。主要包括：家族树展示、家族日志、家族照片、家族家谱、家族名人和家族著述。

4.2 中华寻根网系统展望

目前中华寻根以家族树为核心，以国家图书馆家谱及相关文献为依托，构建集家谱上传分享、家庭日志、家庭照片等为一体的家族空间，通过家族成员之间的邀请吸引越来越多的用户入住家族空间，丰富中华寻根网的资源量和资源种类，扩展新的数据来源。但目前有约1%的家庭保存有家谱，有约20%的人可以获得祖源记录，有约80%人无法获得家谱记录。因此我们应该进一步让家谱易读易分享，激活魅力；应进一步提升系统的服务能力，提高易用性；进一步宣传，让大家了解并提供基因方式等探求祖源。

希望不远的将来，我们可以将姓氏资源增强，提升人文魅力，服务更多人群；将家谱论坛化，激活家谱，互助寻根与寻亲；将家谱全文化、索引化，提供全文检索能力；将家庭树与家谱树链接，提供微家谱出版能力，让每个人"有谱"。利用基因等多种方式辅助寻亲与寻根，建造真正的全球华人寻根问祖的家园，成为宣扬中华民族悠久历史文化的窗口。

参考文献：

[1]国家图书馆."中华寻根网"二期需求书[R].北京:国家图书馆,2016:11.

[2]王艳敏.2009—2018年图书馆传承弘扬中华传统文化研究综述[J].河南图书馆学刊,2019（2）:74-76.

国家图书馆中文图书数字化工作的变化与挑战

马大为（国家图书馆）

1 中文图书数字化工作概况

1.1 背景介绍

中文图书数字化工作是国家图书馆（下文简称"我馆"）最早也是最基础的数字化工作之一。自2002年以来，共数字化图书50余万册，积累了大量的数字化经验，从中文图书数字化标准规范到质量检查流程、通查软件的撰写、数字化工作管理经验、专业人员的培训等工作都比较成熟和稳定。这一工作相对于其他数字化工作来说工作方式更精简、工作流程相对稳定、有较好的风险控制能力和问题处理能力。

1.2 中文图书数字化工作的优势

中文图书数字化工作能够将普通中文图书进行图书结构的标识和描述，并能将目录尽最大可能地识别和结构化。产出的对象数据既包含保存级数据又包含发布级数据，可以满足文献保存和发布的双需求，也可以解决大批量文献数字化需求并能灵活机动的处理个性化需求。

与此同时，经过长年的工作积累，中文图书数字化加工规范也是最为成熟和稳定的规范之一，在此基础上延展出了诸如盲人图书数字化项目、基藏本数字化项目、公有领域数字化项目等多个以中文图书为数字化加工对象、规范蓝本参照中文图书数字化标准开展的项目。这从一个侧面说明了中文图书数字化工作的可行性，并且此类工作可以参照的项目比较广泛，适应性比较强。

1.3 中文图书数字化工作的贡献

截至2016年12月，我馆共制作了数字化中文图书55万余册，其中33万余册是在2007年到2016年这几年完成，平均每年增长3.6万余册。这些资源为我馆充盈数字化内容、积累大量可用的数字资源奠定了坚实的基础，也使读者使用电子资源、数字资源、移动资源的需求得到了进一步的满足。

另外，中文图书数字化工作产出的成果也成为我馆拓宽业务、满足其他个性化使用需求的重要资源，被许多项目采用，如掌上国图项目、塔里木援助项目、盲人图书项目等。此外，中文图书数字化工作还协助满足农业扶贫、保存本文献保护以及各级机关工作、各大展会展示等各种需求。

在数字图书馆推广工程的开展中，也通过培训的方式向地方馆的学者、工作人员普及中文图书数字化工作的相关工作经验，帮助地方图书馆进行数字化工程的建设。

2 中文图书数字化工作的发展变化

本文按照四个不同时期对中文图书数字化工作的发展变化进行梳理，重点论述不同时期技术发展变化情况。

2.1 工作重点的变化历程

2.1.1 规划发展阶段（1995—2001年）

1995年我馆开始进行数字图书馆的相关技术研究，提出了《国家图书馆网络建设发展规划（1997—2000年）》。1996—1998年开始数字式图书馆试验项目、进行SGML的应用研究，并且与上海图书馆等图书馆一起实施了863项目。1999年成立了中国数字图书馆有限责任公司，开始着手进行数字资源的建设。2000年成立了21个部委参加的中国数字图书馆协调委员会。2001年10月国家计委批准中国数字图书馆工程正式立项。

这些都是中文图书数字化工作开始前的必要条件，如果没有这些图书馆人前赴后继的工作，也就没有中文图书数字化工作的发展。

2.1.2 尝试建设的基础阶段（2002—2007年）

在这个阶段，国家图书馆数字资源建设已经有了一定的目标：要建立具有馆藏特色的数字资源，而在中文图书资源建设的内容上，则选取了1949年新中国成立以来印刷型中文图书以及其他相关资源作为建设对象并开展实践工作，同时适合中文图书数字化工作的技术规范也逐步成熟。

2002年至2007年是我馆建设的关键时期，中文图书数字化工作在制作数量上有较大增长。更重要的是本时期作为基础建设阶段，明确了未来的发展方向，同时又制定了切实可行的计划。

2.1.3 中期发展阶段（2008—2016年）

2008—2016年，我馆机构改革后成立了数字资源部，部门中设立的文献数字化组负责我馆自建资源的数字化相关工作，包括数字化规范的调研、制定，数字化工作的实施，数字化项目的外包招标、项目管理、验收，数字资源的保存、整理等。这个时期正是数字图书馆建设的重要时期，在线阅读、移动阅读、电子资源都成为当时社会热点。随着国家图书馆二期这个地标型建筑的落成，国家图书馆数字图书馆也成为社会关注的焦点，公众对于电子图书、掌上阅读、移动阅读的需求与日俱增。

在这个时期数字化工作有以下特点：数字化工作采取外包的形式由具有数字化能力的公司进行文献数字化，由本馆文献数字化部门进行数据质检和进度控制；文献采用馆藏第五副本进行数字化；年增量大、数量多。

为了满足当时我馆数字化需要，充盈数字化内容，每年进行相当多的中文图书文献数字化工作，文献内容和数量得到了充盈充实，满足了当时的数字化需求和读者需求，共数字化图书33万余册。

2.1.4 调整变化阶段（2016—2019年）

2016年到2019年是中文图书数字化工作的调整变化阶段。在积累了大量文献的基础上，数字化工作开始放慢脚步思考未来的发展，如何满足更具针对性、准确性、多样性的数字化需求，成为目前数字化工作需要思考的问题。针对这些问题，中文图书数字化工作进行了改变，寻求更广阔的文献数字化空间，增加全文识别的工作，并调整加工规范，开始向多需求、多方向的数字化工作拓展。在这个阶段，数字化工作开始侧重需求、文献索取方式、文献内容和载体形式、数字化内容的多样性和针对性。

另外，我馆自己的数字化加工场地的建立也预示着我馆数字化的能力向着更加主动、更加深入的层次拓展，从固有的外包合作数字化形式，向全流程管理、深度数字化的方式进行转变。

2.2 文献支持的变化

中文图书数字化工作离不开文献内容的支持，2002 年起进行的中文图书数字化工作使用的文献主要是新入馆的第五副本的中文图书。这一时期的中文图书数字化工作，文献结构比较规整，内容比较广泛，从尝试建设的基础阶段到中期发展阶段来看，满足了我馆充盈数字化资源、服务延展和数据形式内容扩展的需求，同时也为我馆积累了宝贵的数字化管理经验、技术，培养了一批管理技术人才。

2016 年后，中文图书数字化工作开始向多来源、多用途的方向发展，按照不同的分类选择不同类型的图书进行数字化。这么做的原因首先是因为过去的文献内容遴选比较粗糙。由于中文图书数字化工作每年要进行数字化的图书数量较多，精选图书内容比较消耗时间，但为了图书质量过关，每年都要通过反向遴选来剔除掉一些内容上、形式上、外观上不适合数字化的图书。虽然这样的遴选方式对于中文图书的质量有一定的保障作用，但也会有一些文献并没有较高的内容价值，所以很难做到每本书都是精品，每本书都受到读者和各界的欢迎，其相应的保存价值也会相对于精品数据库低一些。

其次，文献来源比较单一。基本是采用当年和去年的新书，有时单批次会出现内容类似的情况，虽说不可避免，但也客观上对图书内容产生了价值削减。同类型的书籍会批量送来进行筛选，增加了筛选的难度。

第三，定向数字化需求较少。数字化需求大多是批量性建设需求，而缺乏单位或个人的数字化需求，缺乏针对明确需求的调查和走访，针对的是广义上的读者或使用者，内容多而杂，缺少精挑细选的精品。

第四，忽视需要保护的馆藏资源。数字化主要侧重新出版图书，而忽视了馆藏老旧破损、纸质酸化亟待内容保护的文献资源数字化。比如 1949 年至 2007 年左右进入保存本库房的一些老旧图书，这些图书在内容上有一定的价值，同时还有一定的历史价值，但中文图书数字化工作之前也没有对其涉及。

针对这些问题，中文图书数字化工作开始着手进行改变，本文将通过分类的方式一一列举文献获取方式和内容：

（1）按照用途分类。用于发布、浏览、使用的文献更多是版本较新的青少年图书出版物、第五副本中文图书、各部门提供的文献等。这类文献版本较新，比较适应时代需求，内容比较多元，适合大众即时阅读，为大众提供便利的移动阅读资源。

用于进行内容保护的文献包括基藏本文献、保存本文献等，这些文献的共同特点是，内容价值较高，但年代久远、保存介质酸化，需要进行数字化来进行文献保护。

用于专题项目制作的文献，如"一带一路"专题、音乐类专题、海外文学类专题、扶贫专题等，这些资源即包含一定的内容价值，同时也蕴含着一定的发布使用价值。另外其他单位和部门提出需求进行制作的内容也较多，如人大需求资源、中央组织部需求的资源、边疆文献资源，这些需求更要求及时性和时效性，也更要求数字化的效率。

（2）按照文献结构分类。有标准文献结构属性和不具常规文献结构的图书之分。比较标准的图书包含封面、前附页、目录页、正文、后附页、封底，版权页基本在前附页、后附页或者封底上。并且文献会存在一种对应一册或一种对应多册的情况。而不标准的文献则具有以下特点：文献结构模糊或没有常规的文献结构；文献装订成一册，但其中有多本文献的内容；异形文献，文献大小和形状不符合常规；等等。

2.3 加工方式技术手段的变化

在尝试建设阶段，我馆进行第五副本的制作采用的是零边距扫描仪进行图书数字化。这种扫描方式虽然精度较高，但是图书需要工作人员进行翻页按压，对加工效率是有一定影响的。由于在数字资源积累和充盈的阶段，对加工效率有一定的要求，所以当时我馆有数以百计的工作人员参与到图书扫描的工作当中，也需要较大的加工场地进行文献数字化工作。

到了中期发展阶段，我馆进行了机构改革，成立了数字资源部，其中文献数字化组负责自建数字资源的工作，包括中文图书数字化的工作，这些工作大部分通过外包的方式转交由具有数字化加工能力的一家公司或多家公司同时进行。而我馆相关部门则侧重数字化工作的管理，这就解放了我馆的人力和场地，大批量的任务进行分包，任务在拆解后数据成品回收速度也大大提升。在加工技术上，此时的加工方式也有了一定的提升，扫描工具从过去的零边距扫描仪被具有自动化能力的高速扫描仪替代。由于高速扫描仪具有效率高、自动化的特点，外包公司更愿意使用此类扫描仪来进行图书数字化工作，让我馆的中文图书数字化产出效率得到了进一步的提升。

在新的阶段，我馆为数字化工作开辟了文献数字化加工场地，场地内有零边距扫描仪，高速扫描仪，A1、A2、A3扫描仪，V型扫描仪等图书扫描拍照设备；用于数字化工作的台式电脑和服务器、网络架设一应俱全，为我馆逐步进入文献数字化加工生产的全流程，提高文献数字化生产质量提供了必要的条件。

此时的中文图书数字化工作通过和加工公司合作进驻场地，我馆文献数字化工作人员参与场地监督和管理，深入数字化生产的各个环节，对各个环节的管理深度更进一步增强，从掌握文献管理的源头到扫描，图像处理，OCR识别，数据整理、质检、保存和发布等各个环节都获得了更多的管理实践的机会，积累了更多的管理经验和数字化生产经验。

2.4 技术规范的变化

2002年至2016年的尝试建设和中期发展阶段，我馆将中文图书的数字化加工规范不断完善。国家图书馆自2000年开始就对馆藏资源进行数字化工作，其中文图书数字化工作实践最长，数量最大，积累了丰富的建设经验。从技术标准的制定上，中文图书数字化工作的技术标准明确了资源格式、数字资源的生命周期、提取元数据的元素、结构型元数据、管理型元数据、保存级元数据等。

中文图书数字化工作注重对元数据的集中保存以及分类管理，对元数据的封装确保了对象数据与元数据之间具有一定的关联和一致性。并且在开展中文图书数字化工作的过程中形成了元数据的建设和管理体系，将MARC格式的非结构化文本格式进行识别，抽取必要的信息进行封装，并对资源进行描述和整合，便于管理方便和有效控制，同时也为用户提供了高级检索的方式。

而新时期中文图书数字化工作也发现了数据深层级加工的问题：发布级对象数据PDF有图像层但没有文字层，不能进行文字检索。这对中文图书继续延展其他格式，用以适应新时代的需求是一种阻碍。

针对这个问题，中文图书数字化工作开始着手进行必要的调整，目的在于增加数字化加工的数据深度，为制作全文识别的中文图书提供技术支持和标准支持。由于篇幅原因不能一一列举规范中的细节，本文在此只罗列一些要点，仅供参考。

其中涉及文本数据的制作，如PDF、TXT相关内容的更新变化，如：

（1）增加TXT、双层PDF的术语定义；

（2）增加全文转换的工作内容（图像文本转换、文本文件检查等）；

（3）增加TXT、双层PDF的存储光盘命名规则；

（4）增加全文识别的特殊处理办法；

（5）对数据库个别字段进行调整（针对新类型数据）；

（6）同步修改对应的数据、存储、质检相关规范；

（7）调整数据说明文件和交接清单的格式以及样例；

（8）调整数据备份的规定，尤其是存储结构；

（9）增加对文本数据质量要求及验收标准。

2.5　新增工序及加工流程的变化

2002—2016年，我馆摸清了中文图书数字化生产的流程，对数字化生命周期的理解也比较深刻。中文图书数字化工作从工作流程上讲主要包括需求及前期准备阶段，文献准备阶段，数字化阶段，验收阶段，发布、保存、结项阶段等几个方面。需求及前期准备阶段确定数据的制作方向、文献方向，进行合同拟定、各环节对接等。文献准备阶段则进行文献的遴选、交接、统计可数字化批次和数量、待数字化文献管理等。数字化阶段大致分为扫描、图像处理、OCR文字识别、校对、数据整理等工作。验收阶段则包含初检、复检、保存等工作。实际上验收阶段也可以被认为是质量管理阶段，尤其是数据量大、提交批次多的情况下，它和数字化阶段很多时候是紧密联系在一起的。发布、保存、结项阶段则包括数据的保存、发布，项目结项等相关工作。具体如图1所示。

图1　中文图书数字化工作的大致流程

自2016年以后拓展了数字化深度，随之而来的新工序就是大量的全文文字识别工作。文字识别工作涉及识别转换文字、版式校对、人工校对、转录PDF、TXT等工作，如图2所示。

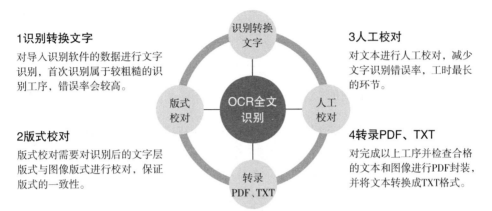

1识别转换文字
对导入识别软件的数据进行文字识别，首次识别属于较粗糙的识别工序，错误率会较高。

2版式校对
版式校对需要对识别后的文字层版式与图像版式进行校对，保证版式的一致性。

3人工校对
对文本进行人工校对，减少文字识别错误率，工时最长的环节。

4转录PDF、TXT
对完成以上工序并检查合格的文本和图像进行PDF封装，并将文本转换成TXT格式。

图2 全文文字识别工序示意图

随之而来的数字化工作要调整对应的加工流程，将文字识别工作放入整体加工流程当中作为重要的一环，如图3所示。

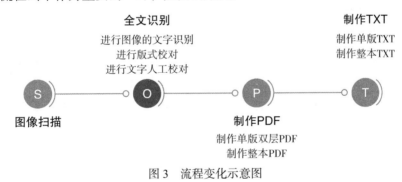

图3 流程变化示意图

3 中文图书数字化工作面临的问题与挑战

上文介绍了中文图书数字化工作的历次变化和调整，解决了许多问题，同时随着工作的过程和调整的过程中也出现了许许多多的问题，下文尽量将这些问题总结出来，用以思考必要的解决方案。

3.1 需求的变化

需求的变化使得中文图书数字化工作从单一需求变成了多层次、多数字化品类的需求，这增加了管理上的难度。上文提到了诸如不同的文献加工需求，这些需求不仅仅体现在品类的不同，其需求成品时间也不同。如给文献赋予加工编号和成品数据的管理、光盘刻录等分配和收尾环节，都按照加工编号的顺序进行，这就导致有些需求完成了，但是加工编号在中间或者两组编号不连续，而无法进行下一步的工作。这会增加存储数据和管理数据上的难度，并有可能产生管理混乱的风险，进而拖延完成进度。

3.2 技术难度的增加

PDF数据从原来单一的包含图像层数据转换为双层PDF数据，既包含图像层又包含全文识别后的文字层。同时由于在全文识别工作中，对文字准确度有一定的要求，单纯的机器校对很难完成文字准确度的要求，更增加了技术处理的难度。

3.3 合作伙伴的变化产生的不稳定因素

外包加工公司是第一次参与此类数字化工作，对数据细节的处理有时会出现理解上的偏差，错误的类型也更加多样，质量控制上也很难做到预防和规避一些无法预测的风险。这增加了本馆负责人的工作量和工作难度，很多错误是多年中文图书数字化工作中从未出现过的，就算负责人强调多次，加工部门也很难解决对应问题。正常情况下，负责人不会对加工公司进行管理和流程上的过多干涉，但实际上此类问题反复出现，对进度影响较大，负责人不得不将大部分的精力花费在帮助公司调整和管理加工环节以及培训员工和监管加工各环节的工作中。

4 科学分析问题并思考合理的解决方法

科学有效的管理能够对数字化工作存在的风险加以控制，要依托我们现有的数字化经验，在现有的数字化管理平台对数字化工作加大监控管理力度。中文图书数字化工作具有文献内容丰富、需求多样、工作时间较紧凑的特点，了解其特点和生命周期是科学分析、科学管理的关键。具体的方法如下：

4.1 制定目标明确、可行性强的里程碑计划

对于中文图书数字化工作，要充分结合以往的工作经验并紧跟发展趋势，

明确目的和目标，制定宏观上的总计划，继而在此基础上制订基于总计划的里程碑计划，要制定目标的分解结构，绘制里程碑计划图，评估并修正里程碑计划，以及领导审核等工作。以中文图书为例，将目标分解为：

（1）明确目标，确定生产样例；

（2）初步试生产加工；

（3）分解进度，按照比例分配进度，如完成30%、60%、100%等。

具体如表1所示。

表1 里程碑计划示意

阶　　段	目　　　标	里程碑
第一阶段	明确目标，确定生产样例	20个工作日内
第二阶段	初步试生产加工	第一阶段完成后的1个月左右
第三阶段	完成30%	合同时限内时间节点
第四阶段	完成60%	合同时限内时间节点
第五阶段	完成100%	合同时限内时间节点

4.2　审核加工方进度计划

要确保计划的可行性，负责人必须在总计划确定的初期仔细审核加工方的进度计划，要明确执行的合理性，具体到中文图书数字化工作就要参考数字化生命周期，将加工到交付过程中可能出现的所有情况和要素考虑进来。

在审核进度的过程中，负责人应根据过往经验，要求加工方尽量制订详细明确的加工进度，一来是方便负责人能够切实有效地监控，二来也是帮助加工方更有效地明确目标，做到双方合力，劲儿往一处使。

如何做到合理规划进度？以中文图书数字化工作为例，要考察各个环节是否得到充分量化，比如单项工作的日产出量以及产量总和等，估算图书的数量来估计是否达到预计时间。比如：中文图书平均一册页数在260—300页，那么估算这个产出值的过程就是：

（1）计算平均每册OCR条数a=近三年目录条数总和÷近三年册数总和

（2）计算平均每册TIFF页数b=近三年页数总和÷近三年册数总和

（3）确定值：每年预计制作册数c

（4）获取公司的日产值，如：日OCR识别条目为常数Y、日扫描页数为

常数 Z，设 $X_1=ac/Y$, $X_2=bc/Z$

（5）获得完成天数 $U=max\{X_1, X_2\}$

根据此方法可以按比例进行计算，看是否能够按照计划完成目标。

以上仅仅是提供了一种方法，量化的方法有其独特的优势，同时也有其缺陷，它必须考虑更多的不可控因素，要针对这一点进行足够的考量，不能仅靠数字和逻辑来预测和管理监督工作。

4.3　加大跟进力度

工作开始后要进行每周周报和月报、半年报以及年报，汇总一阶段的进展情况以及执行情况，借助 Project、Excel 等工具绘制进度，进行必要的跟踪和梳理。这样可以使负责人和加工方及时评估实际完成情况是否滞后或者超前。

4.4　加大对数据的检查和监督力度

在数字化工作中，相关人员不仅仅要做规整准确的数据质检报告，而且要在日常工作中周期性地进行抽查、错误率统计、数据统计等相关工作，针对过往加工方提交的数据出现的问题，及时更新通查和抽查方法。

根据计划，对提交的数据进行必要的回溯和总结，对数据的提交完成度、提交进度、数据质量、常犯错误进行必要的梳理，形成反馈情况，与上级和加工方进行及时沟通。

4.5　及时到加工场地实地走访调查

我馆的中文图书数字化工作拥有独立的数字化加工场地，加工方在此进行数字化工作，负责人要经常对工作人员、设备状态、加工进度等环节进行走访、调查，及时发现硬件设备和软件设备的问题、工作人员组合效率的问题、加工进度的问题，尽快汇总、报告、解决，为工作顺利开展扫清障碍。

5　总结与展望

我馆中文图书数字化工作进展了许多年，积累了较多的数字化工作经验。但由于时代的发展，我馆开始改变固有的发展模式，开始向更多元的方向发展，如何处理随之而来的问题和挑战也成为未来数字化管理的重要工作。科学、合理、有效的管理方法，有利于数字化工作的顺利开展，有利于数字化管理者更加深入的思考，避免工作进度、质量、不可控因素带来的风险。只有依赖于管理者、工作者的共同努力，中文图书数字化工作才能取得成功。

中文图书数字化工作经过十几年的发展，又到了进行深度调整的时刻，我们目前正在紧锣密鼓地开展深度文献加工特别是全文识别的工作，在这件事上必须有战略的长远眼光，要有毅力坚持完成这些目标，进行更加细致的总结和经验积累。

未来的发展上，我们要仔细研究哪些文献适合进入中文图书深度加工的数字化流程，哪些文献适合进行全文识别，是否具有必要的意义。对于中文图书数字化文献内容的评价和分析将逐步进入更深层次的研究。

对全文识别精度和加工效率以及文字层编码的研究也将成为未来中文图书数字化工作研究的重点工作之一。这些都必须进行深入的探讨和研究，才能为未来的中文图书全文识别工作铺路，要让全文识别工作成为常态并能高效率地完成，最终的结果要做到既有效率，又有成果，并且要制定更加切实可行的中文图书全文识别标准，规范未来中文图书数字化中全文识别工作。

在建立足够的全文识别资源的积累后，未来中文图书数字化工作将再次升级，很有可能引入EPUB格式，作为移动阅读的主要格式。EPUB格式适合移动设备进行掌上阅读，还能将插图和文字整合到一起，与PDF格式相比更加人性化，这也将是未来发展的重心。如果可以实现，我们将会为大众提供随时随地的掌上图书阅读，实现数字图书馆人随时随地为公众服务的愿景。

挑战和机遇并存，我们要在目前关键时刻走得谨慎，走得踏实。要将中文图书数字化工作的转变和调整做好，这样我们才能为未来的发展打下坚实的基础。

参考文献：

[1]杨敏黎.馆藏文献数字化外包项目的管理[J].数字与缩微影像,2018（2）:36–38.

[2]张百慧,颜祥林.数字档案馆项目外包风险分布的探析——基于项目生命周期的视角[J].数字与缩微影像,2014（2）:39–42.

[3]梅颢,刘洪梅,郭薇.浅析政府采购文献数字化外包项目风险[J].数字与缩微影像,2017（2）:39–40.

[4]席运江,林瑶瑶,廖晓,等.基于网络众包模式的海量历史文献数字化处理方法[J].现代情报,2019（2）:161–177.

[5]娄晓灵.图书馆数字化项目风险管理评估意义及措施[J].宁夏党校学报,2012(6):60-63.

[6]曾照云,于爱卿.馆藏文献数字化项目的实施模式及管理[J].现代情报,2007(7):84-86.

[7]席运江.基于网络众包模式的海量历史文献数字化处理方法研究[J].现代情报,2019(2):161-177.

[8]吴茗,龙伟,肖红.自建数字资源的元数据管理实践及启示——以国家图书馆中文图书数字化资源库为例[J].数字图书馆论坛,2014(3):44-48.

[9]王志庚.国家图书馆的数字资源建设[J].国家图书馆学刊,2008(3):18-22.

[10]申晓娟.国家图书馆数字资源建设与共享[J].数字与缩微影像,2009(4):1-5.

[11]温泉.国家数字图书馆建设进展与展望[J].图书情报研究,2017(4):51-55.

[12]申晓娟,齐欣.国家图书馆工程概述[J].国家图书馆学刊,2008,17(3):7-11.

[13]富平.国家数字图书馆建设思路和发展前景[J].图书情报工作,2005,49(11):7-10,21.

国家图书馆藏升平署扮相谱的保存、传承与开发[①]

王　岩（国家图书馆典藏阅览部）

《升平署脸谱》是国家图书馆藏善本古籍中的珍品，原件书号17665。所绘图像皆为戏装扮相册页，绢本，工笔着色。每幅版心高27.2厘米，宽21.5厘米。每出戏一组画，共涵盖剧目9部，合97幅图像；每幅画一个角色，均为大半身像。故宫博物院研究员朱家溍先生认为这部文献是清宫旧物，"溥仪未出宫以前，从宫中流散出去的。现在故宫博物院仍然保存着若干幅，是未曾散出的，和北图将要出版的这一部分以及梅兰芳先生所藏都是一回事。"[1]这类文献二十世纪二十年代时流散于宫外，由齐如山、梅兰芳、李万春等公私藏家收购。1932年《国剧画报》连续刊载梅氏缀玉轩所藏这类文献时，齐如山先生将其定名为"升平署扮相谱"，后世研究者虽然在这类文献的用途问题上与齐氏存在分歧，但也大多沿用此称谓，本文亦以"扮相谱"称之。本文将以国家图书馆藏升平署扮相谱为中心，梳理升平署扮相谱的流传脉络，对国家图书馆藏升平署扮相谱进行考证，简述国家图书馆藏升平署扮相谱的保存、出版、开发历程，总结国家图书馆在文献资源建设和开发保护方面的经验。

1　升平署扮相谱研究述略

有关升平署扮相谱的创作时间，朱家溍、杨连启等学者往往依据其所画剧目以乱弹戏为主，认为"这套画册的创作年代不会早于咸丰十一年（一八六一年），不会晚于光绪初年"[2]。而其绘者则是造办处所属画画处中一部分画家，称为"画画人"。但升平署扮相谱并非画画人凭空创作，而是按照皇宫实物所

---

①　本文系2019年国家社科基金青年项目"国家图书馆藏清宫戏曲文献研究"（19CTQ017）阶段性成果。

绘。朱家溍认为："从所画的穿戴来看，与故宫所藏当时的戏衣、盔头等物都是符合的。……说明画家是看着实物画的，因为画家们凭空画不出来。以此推论，所画花脸角色的脸谱也必是升平署当差的教习们（即在编制的演员）提供的样本。……这部画册是升平署的教习和管理衣箱的人员与画家们合作而成。"[3]

有关升平署扮相谱的用途，齐如山先生认为是宫内演戏时扮戏之用，"大致有两种意义，一是怕年久失传；一是各角勾脸法虽有准谱，然亦偶有出入，恐勾得不一样皇帝见罪，所以画出此谱来，经皇帝过目后，各角都照此勾画，则无人敢挑眼了。不但脸谱，连穿戴等都有定型，所以每一出的人员都画上，且在第一页上注明'脸儿穿戴都照此'等字样。"[4]而朱家溍等后世学者则指出"演员学会某一出戏，当然知道穿戴什么，管理戏箱的人员当然也知道，无须再依照画册来化妆。"[5]同时，朱氏据《故宫物品点查报告》记录，扮相谱原藏于太后寝宫寿康宫紫檀大柜，认为这批文献当属帝后"御赏物"。现存南府、昇平署档案及曲本往往用墨笔抄写，且装帧相对简朴，只有少数呈上御览的安殿本才抄写精整，黄皮装帧。比较而言，可知朱氏的判断更接近事实，装帧精美且工笔着色的"升平署扮相谱"当为帝后玩赏之物。

有关升平署扮相谱所画剧目的腔调，朱家溍认为其全属"乱弹"，即京剧，但这仅是朱氏依据其所见三部分升平署扮相谱所得出的结论，即故宫博物院、国家图书馆所藏，以及民国年间《国剧画报》刊载的梅氏缀玉轩藏升平署扮相谱。实际情况却并非如此。《国剧画报》所刊《五台》一剧演杨家将故事中杨延德、杨延昭于五台山兴国寺破敌故事，该剧在内府题纲中被归入昆腔戏；而戏曲史家周贻白所藏升平署扮相谱中《借靴》一剧则属弋腔剧目，而其中《蜈蚣岭》则属演唱吹腔的侉戏剧目。可知昆腔、弋腔、侉戏、乱弹等不同腔调的剧目皆存在于升平署扮相谱中，但所占比例不高，而乱弹戏确实是其主流。但无论所唱是何腔调，升平署扮相谱所画剧目确为同光时期宫内常演剧目。因此，升平署扮相谱所涉剧目对于研究清代宫廷演剧、宫廷礼仪、宫廷文化和宫廷绘画都具有较高的史料价值。同时，升平署扮相谱是一类综合性文献，其内容涉及文学、历史、戏曲、社会、美术、民俗等不同学科或领域，是一座亟待开发的学术宝库。

升平署扮相谱在民国年间就因齐如山、梅兰芳、傅惜华戏曲理论家和表演艺术家的收藏而渐渐为学界和公众所知。其后这些扮相谱渐归研究和收藏机构，其中以国家图书馆、故宫博物院、中国艺术研究院、梅兰芳纪念馆、美国大都会博物馆等国内外机构所藏较为丰富。目前已知的升平署扮相谱已多达485幅，而国家图书馆独占其中97幅，与其他公私藏家所藏均不雷同，以其保存的完整性、画面的独特性和数量的丰富性在国内外升平署扮相谱收藏机构中独树一帜。

2　国家图书馆藏升平署扮相谱考略

国家图书馆藏升平署扮相谱实为两册：第一册封皮写有"庆赏升平"字样，涵盖4部剧目即《普天乐》《千秋岭》《蔡天化》《反西凉》，共画人物像51幅；第二册涵盖5部剧目即《泗州城》《太平桥》《空城计》《玉玲珑》《落马湖（按：当为骆马湖）》，共画人物像46幅。

除《普天乐》外，其余8部剧目皆在首幅图画上注明剧目名称，并有"穿戴脸儿俱照此样"标注。依朱家溍的考证："北图所藏和梅先生所藏的每一出戏的剧中人名下边都有一行小楷：'穿戴脸儿俱照此样'，而原藏故宫一直未动过的这一部分却没有。我认为，这说明流散出去的部分，被第一个收买者做了手脚，加了这一行小字。意图很明显，因为原画上既无作者款署，又无年月和用途的记载，看起来不过是匠人画的戏曲人物，恐不能多卖钱，于是加上一行小字，使人看了自然觉得这是宫中演戏的标准脸儿和穿戴，岂不就有了史料价值？"[6]据此可探寻目前藏于各处的升平署扮相谱之来源，即国家图书馆、美国大都会博物馆所藏扮相谱皆有这行小楷，说明这些扮相谱均经过这位早期买者穿凿；而从中国艺术研究院、梅兰芳纪念馆出版的扮相谱相关文献来看，此二处所藏扮相谱则相对复杂，大部分剧目有这行小楷，而《四杰村》《定军山》《四郎探母》等剧目则无这行小楷。

另外，综合考查现存扮相谱，可知国家图书馆藏升平署扮相谱中《普天乐》一剧缺首幅图。原因有以下两点：第一，目前可见保存完整的"昇平署扮相谱"往往在首幅图右侧写有剧目名称，而国图藏扮相谱第一册第一幅图"城隍"右侧却未写剧目名称。现今将该剧所收23幅人物归入《普天乐》剧，是根据其中颜查散、柳金蝉、判官张魁、李保儿等出场人物作出的判断，而非文献中确切标明剧目名称。这种首图缺失的情况在目前所见扮相谱中并非首例，《国剧画报》所刊段勇、马贵二人物图皆无剧目名，由于这两个角色并非主要人物，其剧目归属尚待考证；再如《中国艺术研究院藏清升平署戏装扮相谱》

所刊周应龙、黄三太二人物图同样无剧目名称标注，但该书出版时认为二图当属《九龙杯》。第二，目前所见保存完整的扮相谱皆以两幅为一单位，且所绘两位角色往往与剧情相关，呈现出某种对应关系或情节相关性。以《普天乐》为例，第四图千里眼在右，第五图顺风耳在左，二者相对且身段相互呼应；再如第八图判官张魁在右，第九图油流鬼在左，张魁左手持生死簿显示出不可一世的骄横态度，而油流鬼左手提油桶朝向张魁显示出受到欺压的无可奈何；又如第十四图李保儿在右，第十五图刁氏在左，这对夫妻是本剧中杀害柳金蝉的罪魁祸首，两个角色也是相对而立，显示出人物关系上的相关性。这样的例证无论在国图藏扮相谱中，还是他处所藏同类文献中皆不胜枚举。因此，国图藏《普天乐》中向右站立的城隍就显得异常突兀，其左侧应当有一图与之对应。据查《故宫珍本丛刊》694册《头本普天乐》题纲和《全本铡判官场面目录》（按：《铡判官》即《普天乐》）均提到"土地"这一重要角色，更有"六场上城隍同土地去五凤楼保驾"[7]的记录。因此，国家图书馆藏扮相谱很可能缺失"土地"一角，而该角右上角当注有"普天乐"剧目名。

3 国家图书馆藏升平署扮相谱的保存、出版与开发

国家图书馆藏升平署扮相谱虽有一图缺失，但仍是已知扮相谱文献中保存较为完善的一部。国家图书馆藏升平署扮相谱以其文献保存的完整性、资源建设的开放性、图书出版的领先性和专业性，乃至文创开发的灵活性为业界所称道。现简述如下：

3.1 文献保存的完整性

国家图书馆藏升平署扮相谱虽缺首图，但其他文献信息仍保存地相当完整。能够使研究者清晰地获知两册文献的装帧样态和97幅画面的相关信息。相对而言，民国时期在报端刊载的扮相谱则往往以单幅形式出现，其内容则相对凌乱。以《晨报星期画报》所刊梅氏缀玉轩藏24幅扮相谱为例，仅见《蟒台》《金马门》《八大锤》三部剧目名，而所刊图画则芜杂混乱，其中人物图如"杨祥五""煞神""窦尔墩"均不在以上三剧之内。这种每个剧目所涉人物不全或单个人物不知剧目归属的情况在《晨报星期画报》刊载扮相谱中体现得尤其明显。再如《中华画报》所刊李万春10幅扮相谱，仅见《四杰村》《鱼藏剑》

两部剧目名，另有《恶虎村》剧中人物黄天霸、濮天雕以及《一捧雪》剧中人物严世藩、汤勤，其顺序同样是错杂不堪，为学术研究带来很多不便。2001年和2005年，梅兰芳纪念馆和中国艺术研究院相继出版所藏扮相谱，即《梅兰芳藏戏曲史料图画集》和《中国艺术研究院藏清升平署戏装扮相谱》，但由于这些出版物均按照故事发生的朝代先后重新排列扮相谱顺序，使得研究者无法得见其原始文献的样貌。

开展古籍保护和研究不仅需要了解文本和图像的内容，同时还要系统考查其装帧形式、排列顺序、图像关系等问题。国家图书馆藏升平藏扮相谱成为同类文献中唯一实现完整信息保存的文献。

3.2 资源建设的开放性

国家图书馆领导全国文献缩微中心，同时依托"中华古籍保护计划"完成善本古籍缩微文献建设和平台搭建。首先，国家图书馆通过全国文献缩微复制中心对以升平署扮相谱为代表的珍贵文献进行复制和抢救性保护。从1985年至2017年，该中心各成员馆共拍摄各类文献179 539种，总拍摄量7487万余拍，其中仅善本古籍就达到32 177种1863拍，为传承祖国珍贵遗产，弘扬民族优秀文化做出了突出贡献。其次，"中华古籍资源库"为代表的古籍数据库是"中华古籍保护计划"的重要成果，目前在线发布的古籍影像资源包括国家图书馆藏善本和普通古籍、国家国家图书馆藏敦煌艺术、天津图书馆藏普通古籍，其资源总量已超过3.2万部。2016年9月28日起，该资源库正式开通运行，时至今日仍然在逐步增加文献的开放数量和范围。

广大读者不仅可以到国家图书馆善本阅览室实地查阅这部升平署扮相谱的原始文献和缩微文献，还可以访问"中华古籍资源库"，用读者卡账号远程登录阅读这部升平署扮相谱的缩微资源。此类缩微文献的拍摄和相关古籍资源库的建设，也使得国家图书馆藏升平署扮相谱成为国内唯一——部能够通过远程访问实现文献提供的升平署扮相谱。这种资源建设的开放性和便捷性为不同领域的研究者和爱好者提供了极大的便利。

3.3 图书出版的领先性和专业性

如果说对善本古籍进行缩微复制并搭建平台能够实现其妥善保存和利用，那么图书出版则是实现文献开发和传播的又一重要手段。国家图书馆藏升平署扮相谱是新中国成立后最早实现全彩影印出版的扮相谱类专书，引领了同类书籍的出版风潮。

1926年至1933年间，民国时期报刊如《晨报星期画报》《南金》《沈水画报》《国剧画报》《中华画报》，先后刊载过不同数量的升平署扮相谱，这也是这类文献第一次大规模地进入公众视野。但民国时期，扮相谱往往是以单幅图形式刊载于报端，存在不够集中且获取不便的弊端；有些报刊则缺乏前期规划，不同剧目的单幅图错杂在一处，给研究整理带来诸多不便。另一方面，虽然民国时期刊载扮相谱的报刊只有梅兰芳、李万春两个文献来源，但报刊连续性读物的属性却使得这些文献呈现碎片化样态，研究者无法确知这些扮相谱的原始样貌。国家图书馆藏升平署扮相谱的出版则一举解决了以上难题。

1997年10月，当时的北京图书馆出版社率先出版《北京图书馆藏升平署戏曲人物画册》，并邀请对扮相谱相关文献颇有研究的朱家溍先生为该书作序，朱氏在序言中详述这批文献的流散历程、所涉腔调、绘者、用途和收藏机构，并对其中错讹之处详细订正，增加了这部专书的文献价值和史料意义。此后2001年至2016年，以扮相谱为主要内容的专书才相继出版，其中包括《梅兰芳藏戏曲史料图画集》《中国艺术研究院藏清升平署戏装扮相谱》《清宫戏出人物画》《清宫戏画》《清升平署戏曲人物扮相谱》。因此，新中国成立后同类文献的出版滥觞于《北京图书馆藏升平署戏曲人物画册》，以上文献或多或少地都受到该书的影响。

但国家图书馆对所藏升平署扮相谱的整理出版并未止步于此，2005年和2013年，国家图书馆出版社先后将国家图书馆藏升平署扮相谱整理为《庆赏升平》出版。该书的特点是真实地还原文献原貌，以册页形式和从右向左的传统古籍中翻方式为主要特征，以最大限度地保留原书的文献信息。前文已述，升平署扮相谱的突出特色就是左右两图的对应关系和图像的叙事性。如果选择通行自左向右的西翻方式出版，本来相对的两个人物就会变成背向而立，甚至会将构成叙事关系的两个人物分隔在不同的对开页面里，这样就会造成重要文献信息的遗失。之所以将西翻改作中翻，就是要弥补《北京图书馆藏升平署戏曲人物画册》出版时的不足。这一创新也在同类型扮相谱文献出版中发挥了典范作用，时至今日《庆赏升平》仍是同类文献中专业性最高的出版物。其他扮相谱专书，要么仍然采用西翻而造成文献信息缺失；要么虽然采用中翻，但未能深刻体会图像之间的叙事关系，对开页中两图背向而立的现象时有出现。

3.4 文创产品开发的灵活性

十八大以来，文创产业在国家政策环境利好的情况下蓬勃发展，我国文化文物单位文创开发工作迎来重要历史机遇期。2016年5月国务院办公厅转发文化部等部门《关于推动文化文物单位文化创意产品开发的若干意见》的通知；2017年1月，文化部、国家文物局确定或备案了154家文化创意产品开发试点单位，其中纳入了37家公共图书馆。2017年9月12日，在文化部的指导下，全国图书馆文化创意产品发展联盟在北京成立，这标志着图书馆作为文化创意产品开发的重要力量，正在加速发展并不断壮大。

从2012年至今，国家图书馆长期联合企业、机构、院校、个人或团队开展文创产品设计，引导社会力量深度参与图书馆资源的创造性转化与创新性发展。国家图书馆藏升平署扮相谱的相关文创开发，为联盟成立打下了坚实基础。以扮相谱为原型的文创产品均冠以"庆赏昇平"的祥和名称，将《泗州城》剧中状元、公主、孙悟空、哪吒四个形象作为原型，设计出一系列衍生产品，包括书签、藏书票、鼠标垫、帆布袋、钥匙扣、公交卡。这些产品与读者的日常生活和文化生活息息相关，收获了较好的市场效果。同时，文创产品所展现的扮相谱形象也以其独特方式再次实现古籍传播。

综合前文所述，国家图书馆藏升平署扮相谱在古籍保存、出版、文创开发等不同层面均取得了较好的收效，现将国家图书馆古籍资源建设方面的经验归结为以下五点：第一，开展文献缩微拍照，促进珍稀善本的传承与保护。第二，建设古籍资源数据库，实现古籍远程访问。第三，搭建古籍发布与利用平台，促进馆际联动与古籍资源的共享。第四，开展珍稀古籍的排印、影印和专业化出版，提高古籍传播的深度和广度。第五，精准选取当代读者喜闻乐见的古籍文本或内容，实现古籍的文创开发。

参考文献：

[1][3][5][6]北京图书馆.北京图书馆藏升平署戏曲人物画册[M].北京:北京图书馆出版社1997:前言.

[2][4]黄克.清宫戏出人物画[M].石家庄:花山文艺出版社,2005:前言.

[7]故宫博物院.故宫珍本丛刊:第694册[M].海口:海南出版社,2011:391.

CAS服务演进对图书馆专业知识服务转型的启示

——以上海图书馆为例

乐懿婷（上海图书馆）

1 引言

美国《化学文摘》（*Chemical Abstracts*, CA），是由美国化学会（American Chemical Society, ACS）旗下的分支机构美国化学会化学文摘服务处（Chemical Abstracts Service, CAS）编辑的，创刊于1907年，其前身为 Review of American Chemical Research（1895—1906）。1969年历史悠久的《德国化学文摘》（*Chemiches Zentralblatt*）与CA合并。CAS从刚成立只有2名化学家和3名工作人员、155个文摘员[1]，发展到来自50多个不同母语的国家及地区的编辑专家使用CAS独有的先进技术发现、收集及整合所有已公开的化学物质信息，构建全球品质最高、更新最及时的化学数据库，是图书馆开展化学领域专业知识服务的重要检索工具。

随着互联网技术的不断升级、新的科技知识和信息量迅猛增加，从最早的书本式CA到最新产品STNext，图书馆馆员见证了CA收录范围、文献类型、索引系统、主题标引和分类标引等方面的百年发展历程[2]。在其演变过程中，CAS凭借其权威性的内容收集、深度的人工标引、交联式的数字信息环境，大大缩短了读者与科学信息的知识鸿沟，使专业读者对传统的文献服务依赖逐渐降低，向往更全面更精准更及时更智慧的专业知识服务。正是检索工具的快速发展、用户需求的不断转变，在此合力影响下，对当今图书馆尤其是专业型或者研究型图书馆如何利用专业检索工具开展知识服务提出了挑战。

2 CAS服务演进

2.1 技术推动的产品更迭

CAS服务和产品紧跟计算机技术的发展，成为数据密集型应用系统设计的标杆。从CAS发展的大事记[3]来看，产品更迭经历了几个阶段：第一阶段，实物载体阶段。1907—1966年提供以用户手工检索的印本、缩微胶卷和磁带。第二阶段，软件、光盘、在线网页产品阶段。随着管理和技术团队不断升级，1983年ACS与德国莱布尼茨学会卡尔斯鲁厄专利信息中心（FIZ Karlsruhe）合作构建国际在线网络。1988年，STN Express软件正式面世。1995年CAS开发了一款不需输入指令即可检索CAS数据库的新研究工具SciFinder，其直观、图形化界面使全球科技文献、专利、物质信息的发现更为便捷，从而成为科学研究不可或缺的部分。2008年发布了SciFinder网页版，为用户提供更强大的检索功能并使全世界的用户可以随时随地访问CAS的数据库。第三阶段，支持多种方式访问的数据集成平台。2012年CAS及其STN合作伙伴FIZ Karlsruhe发布面向固定费用客户的测试版STN新平台。2013年，开发了不需Java的CAS化学结构编辑器，整合API，并与施普林格（Springer）、Thieme出版集团、珀金埃尔默（PerkinElmer）等公司拓展合作发布newSTN。2017年，开发了以经典版STN为基础建立的获取全球首屈一指的科学、技术和知识产权研究方案的新门户STNext。

2.2 用户需求的精准定位

CAS根据用户使用习惯、工作流程、工作环境等推出了多种服务产品，如表1所示。结合用户人群和需求来看，CAS的产品定位覆盖了整个知识信息行业，将内容拆分成各个产品并配套相关计算机技术满足用户不同需求。

表 1　CAS主要产品和用户需求表

用户人群	产品	用户需求
科研人员、科学家、高校学生	SciFinder	• 全面的化学和科学信息 • 无指令、一站式检索 • 快速过滤检索结果 • 及时更新与预警 • 共享与保存
专利研究者、专利查新人员、专利审核员等	PatentPak	• 物质定位获取关键化学信息 • 用熟知的语言对专利及专利族中难以发现的化学信息即时访问 • 即时访问全球主要专利局提供的可检索的专利全文 • 每日更新
专利律师、信息专业人员、技术转让管理人员、授权代理商、研发管理人员、发明者、竞争情报专业人员等	Science IP	• 全球科技文献的快速、准确、全面检索 • 专题报告 • 个性化信息服务
知识产权专业人员、专利审查员	STN	• 开发、保护知识产权 • 知识产权评议，专利的新颖性和创造性评价

2.3　化学领域信息的高度整合

CAS登记号（CAS Registry Numbers，亦称CAS RNs或CAS号），是CAS为化学物质确定的唯一标识码。CAS登记号不具备特定的化学含义，但它在化学物质存在多种学名、通用名、专有名及俗名的情况下，为化学物质或分子结构提供明确的识别方法。CAS登记号在CAS信息整合战略中起到了重要作用，它应用于CAS所有数据库，同时也广泛应用于其公共数据库、商业数据库、化学目录中。在CAplus库内依旧支持化学物质登记号在BI字段内检索。在STN平台下支持化学物质登记号结合指令在20多个库内实现跨库检索。在STNext平台下还支持化学物质登记号（包括已取消的物质登记号）检索管制目录、生产厂家目录、MSDS数据、属性数据（包括：生物特性、化学性质、电气特性、磁性、光学特性、物理特性、热性能、热力学性质等）。以化学物质登记号57-88-5为例，在STNext检索样页如下：

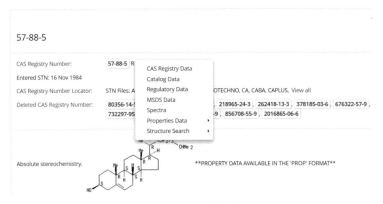

图 1　STNext 检索样页

CAS登记号的存在打通了各个数据库交互的壁垒，将同一物质的三维结构、文献信息、物化信息、反应信息、专利信息等化学信息高度串联，为搭建化学信息的知识检索体系奠定基础。

2.4　高效的检索功能

第一，字段检索。对General Search Fields、Patent Search Fields、REGISTRY Search Fields、CA Section（/CC）Thesaurus、Company Name（/CO）Thesaurus Search Aid、Controlled Term（/CT）Thesaurus for the CA Lexicon等进一步细化，支持近百个检索字段。通过字段的组合检索，检索策略精准优化，检索的查准率和查全率都大幅提升。

第二，物质检索。在CAS REGISTRY数据库内所有物质的记录中都被标识一个唯一的CAS登记号，还包括CA索引名、异名、结构图、立体化学结构、分子式、环数据、合金成份表、蛋白质及核酸序列、聚合物分类等。除物质信息外，REGISTRY记录还包括来自CAplus的高级职能符（super roles）、文献类型信息、实验和预测（计算所得）理化性质数据及链接到实验理化性质数据的文献标签。

第三，反应检索。包括有机金属，天然产物全合成和生物转化反应。可查找反应、产量、催化剂相关信息，能揭示合成同个物质的不同反应途径、某一特定催化剂的应用或使用、实现特定官能团转化的多种方法。

第四，跨库数据提取与转移检索。在专利信息方面，使用Create Term Lists功能可以帮助实现跨库的数据提取和转移利用。

第五，集群检索。与CAplus的主题检索不同，STNext平台支持同一主题集群检索，包括农业、健康、食品、机械近20个主题等，检索效率大幅提升。以食品科学和工程主题为例，检索样页如下：

图2　STNext平台集群检索样页

2.5　与图书馆合作的学术活动

CAS与高校、科研院所图书馆开展了信息搜索技能培训和探索性的专业合作，包括培训计划、联合出版等形式。2007年CAS为有设立大学图书馆信息科学、图书馆学课程的高校研究生开展免费的STN Library & Information Science（LIS）Training Program计划，辅导学生学习数据库的数据结构和资源布局以及检索策略评价。该计划内学习的数据库见表2：

表2　STN LIS培训计划内所学数据库清单

• APOLLIT	• CHEMLIST	• INPAFAMDB	• PATDPAFULL
• CAplus	• CIN	• JAPIO	• PCTGEN
• CAS REGISTRY	• EPFULL	• MEDLINE	• USPATFULL
• CASREACT	• ICSD	• PATDD	• USPAT2
• CHEMCATS	• INPADOCDB	• PATDPA	

另外，2016年至今CAS与和中国科学院文献情报中心合作每年发布生物制药领域系列全球科技趋势报告。由中国科学院文献情报中心设立主题以及内容框架，利用CAS深度标引优势、结合文献计量学原理为该领域创新发展提供思路。

3 上海图书馆利用CAS产品开展知识服务的现状分析

3.1 CAS纸本产品服务

Chemical Abstracts 为本馆的特色馆藏之一，馆员目睹了CA的文献类型、索引系统、主题标引和分类索引的发展，在长期的服务过程中培养了一批熟悉CA纸版查阅法的固定读者群。为了保证服务的延续性，上海图书馆产业图书馆依旧完整保留从创刊的化学文摘、索引和一些辅助性的检索工具。卷索引和累积索引单独归类排架，有累积索引的陈列"累积索引"，还没有"累积索引"的则陈列"卷索引"。书本上标签注明索引类型等，比如7CS2表示第七次累积索引中chemical substance index的第二本，还没有累积的索引的以卷号表明，比如138CS2，表示138卷chemical substance index的第二本。另外，将不提供文摘号的CAS登记号索引、环系化合物索引和CASSI（CAS source index）等辅助性索引集中陈列。馆员会根据读者在纸质检索工具上查阅得来的流水号或者文摘号在新平台STNext平上进行检索，帮助读者跟踪最新的相关技术，架起纸本服务到电子资源服务的桥梁。

例如，读者查找一篇41：35a的文献。首先馆员需要判断读者提供的"41：35a"字段意义，需要熟悉掌握美国化学文摘页码的编排方法。1907—1933年为每页一个号，称为页号。1934—1946年将每页分为左右两栏，每栏各有一个号，称为行号，每套由第一栏起全卷排透号，两栏中间的空隙被分成九个格，自上而下用1到9的数字标明文摘所在的位置，以便查找。自第41卷（1947年）起，将数字改为英文。自1967年至今，取消了上溯编法，每条文摘都按流水式编法，称为文摘号。因此，可以"41：35a"不是文摘号，而是CA自41卷起编排的流水号，对应STNext的检索字段为：OREF（Original Reference Number），检索结果如下：

```
L3    ANSWER 1 OF 1  CAPLUS  COPYRIGHT 2018 ACS on STN
AN    1951:248  CAPLUS Full-text
DN    45:248
OREF  45:31a-d
TI    The transformations of nascent vaterite in contact with its mother liquor
AU    Faivre, Rene; Wallaeys, Robert
SO    Compt. rend. (1950), 231, 285-7
DT    Journal
LA    Unavailable
```

图3 最终检索结果

3.2 CAS电子资源服务

为了满足不同层次的服务需求，针对政府和研究机构、企业、专业人士，上海图书馆利用CAS电子资源基于本馆的组织构架，由不同的职能部门分别开展不同类型、不同深度的信息服务。上海图书馆咨询中心（原上海科学技术情报研究所）为政府和研究机构、大型企业提供科技查新、专利查新、专利侵权分析、知识产权情报、竞争情报、研究报告等信息服务；上海图书馆文献提供中心为企业和专业用户提供文献传递、收录引证、化合物检索、工艺检索、翻译服务、专题研究等信息服务；读者服务中心产业图书馆为专业人员提供STN数据库检索培训、管制目录查询、化学品供应商信息查询、化合物图谱信息检索、实验数据检索、行业简讯制订、产业动态揭示、标准制订过程中的数据支持等信息服务。

从目前的服务情况来看，各部门提供的专业服务有重合，服务的边界变得越来越模糊，未形成一站式的专业服务。另一方面，随着CAS检索工具的不断演进，服务深度和广度上的可探索的空间变大，设计符合用户需求的专业知识服务模式将是图书馆未来工作的重点。

4 上海图书馆利用CAS产品开展专业知识服务的思考

4.1 CAS产品内容对图书馆馆藏资源布局的影响

如今CAS与其他全文数据库资源商合作不断深入，STN信息检索平台全文获取的文献量日趋增长，与阅览室纸质资源重复的现象日益明显。因此对于使用率不高、出版时间较早的文献可以移至书库以保存功能为主，而在阅览室内的专业开架文献可以考虑与该数据库全文资源互补。基于电子资源获取的便捷性和阵地服务效率，可采取以电子资源为主、纸质资源为辅的资源配置模式，以提高文献利用率。

另一方面，在配置阅览室的纸本复本数决策过程中着重考虑电子资源使用反馈情况，通过配备更多的数据库访问终端来收集、监测用户反馈情况（包括文献检索主题、文献下载情况）来分析用户关注的专业热点和阅读倾向，配置相应纸质复本，不让高质量文献受困于阅览室排架空间，强化电子资源流通和使用。

4.2 CAS培训计划对图书馆员职业生涯的提升

馆员职业生涯的发展离不开业务技能的提高和理论学习的深入，尤其对于非图书馆学专业的馆员而言，在职期间的业务水平提升不能仅仅来源于工作实践，系统的专业理论学习显得格外重要。CAS举办的STN Library & Information Science（LIS）Training Program就有很好的借鉴意义。CAS针对旗下各数据库产品的培训学习让受训者系统地了解数据库的结构、计算机语言、数据关系、信息整理与录入方式、标引过程、检索指令的作用、数据响应方式、检索结果评议等，为馆员的职业发展打开了一扇窗。未来图书馆员不仅仅是知识的搬运工，可以是知识管理者、信息专家、信息决策者、学术顾问、创新助理等。也许未来，上海图书馆可以与CAS联手提供新型知识服务岗位的资质培训诸如合成反应信息专员、实验设计助手、化合物市场调研员等、大幅提高图书馆员的职业发展空间，给馆员提供更多的职业机会，增强馆员的学术表现和职业竞争力。

4.3 CAS多样化信息产品对图书馆知识服务模式创新的促进

CAS多样化的产品促进了馆员为不同的用户需求提供个性化的信息解决方案，为未来专业知识服务模式的建立提供了更多的可能性。诸如可以利用SciFinder为科研人员提供最便捷最先进的CAS内容集检索界面，利用NCI为企业人员简化合规工作流程，帮助其获取全球监管信息，利用METHODSNOW为研发人员提供最新的分析和合成方法，利用STN帮助知识产权人员了解专利态势、帮助开发和保护他们宝贵的知识产权组合，利用PatentPak帮助专利审核员、科技查新员缩短全文搜索比对的时间、快速查明重要信息等。由于上海图书馆作为一家研究型的公共图书馆，其用户来自各行各业，需求的覆盖面广。因此，为了满足多层次、个性化的服务需求，图书馆采购CAS产品时，建议提出符合上海图书馆服务特点的采购意见，将CAS各个产品融合在一个信息服务产品里，为不同用户提供统一的检索界面和不同信息解决方案。在统一检索界面下，馆员根据用户的需求，为用户选择CAS的服务产品、建立个性化主题项目，为用户提供精准的信息解决方案。

4.4 CAS研究报告对图书馆信息增值服务的借鉴作用

在大数据时代，数据正在迅速膨胀并变大，它已经渗透到当今每一个行业和业务职能领域，成为重要的生产因素。在这个时代，数据对人类的驾驭能力提出了新的挑战，也为人们获得更为深刻、全面的洞察能力提供了前所未有的空间与潜力。通过对海量数据进行提炼分析，从而实现数据的增值，这是大数据时代发挥数据价值的关键环节。从CAS与和中国科学院文献情报中心合作发布的《全球科技趋势报告：基因与细胞疗法研发》白皮书来看，该研究报告的数据来源于近十年CAS数据和公开来源信息，以"基因与细胞疗法"为主题，基于基础文献计量学的理论方法，可视化分析该领域专利申请情况、论文发表数量、热门主题关联、表现突出的研究机构、行业重点发展地区等近五年的发展态势，确定了基因和细胞治疗研发的重要趋势，预测未来发展并确定治疗各种疾病的治疗应用的机会。这份白皮书充分结合了CAS信息的深度标引和中国科学院文献情报中心专业特色的优势，给上海图书馆未来专业增值服务起到了借鉴作用。上海图书馆可以与这两家单位合作，基于该白皮书再次加工，将报告语言翻译成中文，对重要内容进行梳理和揭示，提炼加工后制成四次文献产品。另一方面，上海图书馆可以与CAS合作，结合上海图书馆优质情报与文献资源，搭建化学领域信息工作站，将符合用户需求的重要信息一键送到需要服务的园区、企业、专业读者身边。

5 结语

"大数据"一词在近些年来越来越多地被提及，人们用它来描述和定义信息爆炸时代产生的海量数据，而我们早已经不知不觉地进入了大数据时代。这个时代为图书馆获得更为深刻、全面的知识洞察能力提供了前所未有的空间与潜力，图书馆的专业信息服务进入了从文献服务到信息洞察的转型期。为了改善目前图书馆在专业知识服务方面出现的大而浅、散而乱的服务业态，美国《化学文摘》的百年演进无疑对图书馆开展化学领域专业知识服务具有深刻的借鉴意义。《化学文摘》自创刊以来，文献追踪、编辑摘要、检索体系的发展已经渗透到了图书馆的馆藏资源建设、馆员职业生涯发展、专业知识服务模式设计、图书馆增值服务等各个方面。在服务实践过程中，图书馆馆员对数据库架构、检索语言、主题标引、信息挖掘有了深层次的感悟，深刻感受到能使专业用户在灵感消失前就快速找到重要的和必要的信息，其价值是无法衡量的。因此，为了提升图书馆对专业知识用户知识启示、信息洞察方面的积极作用，图书馆在专业知识服务过程的角色也应当从文献提供者转变成提供工具促进创新的引导者，通过与CAS深度联手，打破原有服务构架体系，调整文献资源布局、提升馆员业务水平、以"馆员+工具+馆藏"为特色的创新知识服务模式，激活文献推动知识创新应用，挖掘用户的潜在需求，为用户提供更精准的信息解决方案。

参考文献：

[1]张明哲.有机化学文献及其查阅法[M].北京:高等教育出版社,1983:152.

[2]朱兵,张碧玉.美国《化学文摘》（CA）百年发展历程回眸[J].农业图书情报学刊,2009,21（10）:50–53.

[3]CAS历史[EB/OL]. http://www.cas-china.org/index.php?c=list&cs=cas_history2019–04–28.

社会力量参与公共图书馆阅读推广活动的实践与思考

——以上海市徐汇区图书馆为例

朱晔慧　芦羿云（上海市徐汇区图书馆）

随着"全民阅读"被连续六年写入《政府工作报告》，"倡导和推动全民阅读"已成为公共图书馆的天然使命，为提升城市品格、提高市民素养提供精神力量和文化支撑。近几年，全国各级公共图书馆的阅读推广活动紧扣时代脉搏，在摸索实践中创新求变，不断赋予全民阅读新的理念、新的内涵。其中，社会力量异军突起成为一支新生的力量，多元开放、合作共赢的"公共图书馆+社会力量"模式在推动全民阅读推广过程中发挥着日益重要的作用，为全民阅读注入了新的活力，呈现出一片生机勃勃的景象。

1　社会力量参与阅读推广的意义

1.1　资源互补，实现多方共赢

公共图书馆以一己之力组织策划阅读推广活动，时常面临专业人才短缺、活动费时费力、活动创意不足等短板，社会力量也遭遇空有一腔热血却无处施展、创业初期知名度低难以吸引受众等困境。而"公共图书馆+社会力量"的合作，不仅打破了原有的单一供给模式，有效地缓解图书馆普遍存在的人手不足、馆员专业不匹配等问题，也能为具有专业优势的社会力量带来施展才华的舞台，通过资源整合、优势互补推进双方协同发展，实现多方共赢。

1.2　提升效能，精准对接需求

进入21世纪，互联网技术革新、读者阅读能力提高、文化需求多元发展对公共图书馆提出了更高的要求，具体表现在：一是受众细分化，未成年人、残疾人、老年人、进城务工者、境外居住者等读者群因年龄、学历、职业等差异呈现不同层次的阅读需求；二是阅读方式多元化，电子书的普及、新媒体的崛起对读者的阅读习惯也有着深刻的影响。因此，公共图书馆开展阅读推广活动不仅要贴合读者的阅读兴趣，也要注重分级、分层、分类。通过吸引各具特色的社会力量有序参与，不仅能在阅读推广活动的类型上有突破、在项目上有创新，更能精准对接不同阅读群体的需求，做精做强阅读推广活动，进一步提升公共文化服务的深度与广度。

1.3 开放多元，引领阅读风尚

从开展阅读推广活动的出发点来看，首先是要激发读者的阅读兴趣养成日常阅读行为，从而实现阅读推广的更高阶段——培养读者的阅读习惯使其具备较高的阅读能力、审美能力[1]。"公共图书馆+社会力量"共同参与阅读推广活动的优势在于，能充分利用社会力量的理念更新迅速、内容更加专业、推广手段多元、方式灵活多变等优势[2]，对社会热点和研究热点的捕捉也更敏感，能较快地融入时尚、创新、前沿等内容，大大弥补了公共图书馆阅读推广活动相对内容滞后、活动单一等不足。尤其是随着文化和旅游部门合并，在愈发开放多元的文旅融合发展时代，社会力量的参与将会为图书馆注入新的内涵、带来新的创意，从而培育新的阅读模式，引领阅读风尚。

2 徐汇区图书馆阅读推广活动的实践

2015年起，徐汇区图书馆在馆内原有活动的基础上进行有益尝试，结合区域特色对活动品牌进行了转型升级，并整合社会力量和文化资源开展合作，共同探索阅读推广活动的新做法、新路径。同时，每年根据社会热点、重要节日和读者需求反馈对阅读推广活动进行调整，推陈出新，强化品牌活动的创新性、持续性和有效性，提高全民阅读活动的认知度和影响力。据统计，2018年，徐汇区图书馆与社会力量合作举办的阅读推广活动共计165场次，占该馆阅读推广活动的57%，具体如表1所示。

表1　徐汇区图书馆2018年联合社会力量举办的阅读推广活动

合作单位	活动名称	活动场次
自然力研究院阅读派文化交流中心	"漫品滨江 读懂一座城"423活动	1
阅读越精彩青少年读书服务中心、启墨宝贝亲子阅读馆	少儿书友会	24
钱学森图书馆	小馆员培训班	7
贝贝国学	"习礼感恩立志·体验传统文化"系列国学活动	7
星期天读书会	汇影院·读书观影	12
海上畅谈工作室	汇讲坛·大家对话系列	10
上海昆剧团、上海评弹团、上海演艺工作者联合会	汇讲坛·周六公益文化系列	14
"中国三明治"写作工坊	"大时代　小故事"写作工作坊	4
钟书阁（徐汇绿地缤纷城店）	新书分享、作家见面会	10
阅读马拉松	"穿越都市　邂逅文脉"定向+阅马挑战赛	1
中国中福会出版社、《儿童时代》杂志社	汇悦读·我的儿童时代读书会	8
虹桥路小学、汇师小学	悦读护照进校园、"启程徐图　畅游书海"活动	2
浦江学堂	国学班	22
上海市徐汇区残疾人联合会	视障读者星光书社读书会	23
美罗大厦	美罗大厦白领读书月	4
远方文学社	"我们的节日"系列活动	4
布洛奇卡读书会	来自远方的情诗——普希金爱情诗歌讲座	2
荆棘鸟读书会	"悦读亭"作家约会一小时系列活动	5
阅读推广人周培元	走读徐汇	4
大众书局（正大乐城店）、博库书城（宜山路店）、钟书阁（徐汇绿地缤纷城店）、新华书店（港汇店）	新书速借　你选我购	7226人次 11 953册次

由表1可见，徐汇区图书馆与社会力量开展合作主要有以下三种模式。一是以购买服务的方式，图书馆基于需求购买阅读推广项目，双方签订购买服务

合同，由社会力量提供专业的公共文化服务，负责内容策划、活动实施与管理、活动总结等，图书馆则做好内容审核、过程监督、宣传推广等工作；二是合作共建，图书馆与学校、机关、残联、商场、社区、党群社团等资源共享，联合举办特色专场阅读推广活动，由图书馆提供活动内容，活动场地和经费则由双方协商共同承担，旨在提高公共文化服务的辐射面；三是为非营利性社会组织（社会公益组织）搭建公益服务平台，图书馆免费提供活动场地，非营利性社会组织免费提供活动内容，共同开展阅读推广活动，更加突出全民阅读活动的公益性。经过4年的摸索实践，徐汇区图书馆与社会力量联合举办的阅读推广活动呈现如下特点。

2.1 活动群体全覆盖

针对图书馆读者需求多元的实际情况，除了馆内的常规活动，徐汇区图书馆从关注不同人群的不同需求着手，在活动的功能定位、组织创意上尽可能兼顾各类群体。如与徐汇区残疾人联合会合作成立面向视障读者的星光书社读书会，举办"中华创世神话"系列讲座、无障碍电影赏析、"走读徐汇 寻访长乐路的红色文化"特别活动，参观上海书展并组织参加各项朗诵、写作竞赛，以新颖的活动形式为视障读者构建更立体的阅读体验。针对未成年人群体，与社会公益组织阅读越精彩、绘本推广机构启墨宝贝打造面向低幼群体的绘本课堂"少儿书友会"，与中国中福会出版社、《儿童时代》杂志社为青少年群体举办以科普、写作、童话等为主题的"汇悦读·我的儿童时代"读书会，还结合传统文化，与浦江学堂、贝贝国学合作引入"汇学堂"国学系列活动等。针对白领群体的阅读需求，与商圈内的实体书店合作举办"新书速借 你选我购"，每年书展期间举办"美罗大厦白领读书月"，开展专题性的阅读活动。此外，还有专门面向老年人的"汇讲坛·周六公益文化"系列讲座、面向境外居住者的"漫品滨江 读懂一座城"跨文化阅读活动等。

2.2 活动方式多元化

与最初公共图书馆较多开展的大型讲座、报告会等阅读推广活动不同，引入社会力量参与后，活动趋于个性化、小众化，更贴合读者的需求，活动的方式也愈发灵活多变。一般来讲，单场在20—30人规模的活动最受读者欢迎，活动效果也较好。目前，阅读推广活动包括绘本剧、大咖对话、新书见面会、作家分享、读书观影、阅读写作、传统文化体验、戏曲普及、走读街区等形式，活动场地也走出了图书馆这个物理空间，走向大街小巷，走进实体书店，深入社区、商圈、军营、企业、咖啡厅、名人故居等地，辐射范围更广，给读者带来的阅读体验也更丰富多彩。

2.3 活动项目品牌化

为了提升活动的影响力和认知度，2015年，徐汇区图书馆对馆内的活动进行了调整，打造"汇悦读"为核心品牌，辐射和引领社会力量共同发展，不断推出富有特色的活动内容和服务品牌。"汇悦读"下设汇讲坛、汇影院、汇读书三个系列。同时，于每年的"4·23"世界读书日至8月上海书展期间推出"汇悦读·徐汇全民阅读季"系列活动。为了进一步集中区域文化资源，2017年起徐汇区图书馆联合区域内具有阅读元素的文化场所和阅读类文化团体（个人）、机构和社会组织成立"汇悦读书香联盟"，构建全民阅读服务体系，充分调动活动场地、活动资源和专业人才，与社会力量共同开展各类全民阅读推广活动，做到品牌统一打造、活动统一宣传、标识统一设计，使得阅读推广活动更具标识度，品牌效益日益凸显。

2.4 活动下沉接地气

伴随着公共图书馆总分馆制建设的不断推进，徐汇区图书馆更加注重公共文化服务体系建设，促进公共文化服务向基层延伸。在原有阵地服务和阅读推广活动的基础上，2019年，徐汇区图书馆打响"汇悦读 在行动"系列活动，目标是年内在街镇分馆、社区基层服务点举办140场特色阅读推广活动，被列为区政府实事项目正逐步推进。"汇悦读 在行动"140场特色阅读推广活动由徐汇区图书馆搭建平台、统筹管理，面向社会力量征集各类阅读推广活动形成活动菜单，由分馆、基层服务点按需自主选择，图书馆协调供需双方签订活动协议，借助社会力量将阅读推广活动配送到基层服务百姓。截至2019年第一季度，已举办阅读推广活动21场。用文化"下沉"的方式，更直观地了解读者的文化需求，开展更接地气的活动，努力打通公共文化服务"最后一公里"。

3 社会力量参与公共图书馆阅读推广活动的不足之处

从上文可见，徐汇区图书馆在与社会力量合作进行阅读推广的实践中积累了一定经验、取得了一定的成果，为图书馆增添了新意与创意，发挥了社会力量的积极作用。然而，"将阅读推广活动视作一类公共项目，势必要借鉴项目管理的经验"[3]。从项目管理的角度仔细分析，在这一"公共图书馆+社会力量"的模式运行中，仍存在一些不足之处。

3.1 活动策划简单复制

要做好阅读推广活动，很重要的一点是要了解读者与环境，要基于对读者与环境的研究分析确定活动的主题、形式、内容等，这也是社会力量参与阅读推广活动的优势所在，只有对多元读者的阅读需求、兴趣、习惯等的充分认识，加之公共图书馆本身的建设发展定位，才能制订有效的阅读推广活动方案。然而，现阶段一些社会力量参与的阅读推广活动，却容易忽略这一重要步骤，所举办的活动只是简单地复制、搬运，千篇一律，在策划过程中对读者的文化需求与阅读倾向也多凭经验与思维定式，这就使得阅读推广活动难以达到预期的效果。尽管多元的社会力量代表着多元的推广服务，但具体落实到各个阅读推广活动，仍然需要进一步结合目标群体、目标任务、合作图书馆的特点，确定个性化的阅读推广方案。

3.2 活动管理水平薄弱

目前，徐汇区图书馆与社会力量的合作还停留在相对简易的阶段，合作方式无论是购买服务、合作共建还是提供公益平台，都只是单纯的"加法"。但是，为充分发挥公共图书馆与社会力量合作的优势，仅仅做"加法"是远远不够的，围绕一个"共同运行"的活动，公共图书馆与社会力量应形成一个有机体，对活动进行成熟有效的实施管理与评估管理，这才有利于发挥"公共图书馆+社会力量"的功能意义。而从实际情况看，目前图书馆对这些阅读推广活动的管理水平还是比较薄弱的。首先，一些社会力量本身的阅读推广能力不足，阅读推广意识不够，在开展合作的过程中，活动负责人频繁更换，开展活动时责任心不足，导致在活动衔接上和沟通协调上出现问题，直接影响阅读推广活动的质量。其次，公共图书馆在开展阅读推广活动的过程中，往往容易习惯性地成为主导者，既没有给予社会力量足够的空间，又缺乏完善的协作权责规范，所以有时难以发挥社会力量的资源优势与专业优势。第三，对合作开展的阅读推广活动效果缺乏统一规范的考核标准，如前文所述，徐汇区图书馆只根据要求对开展的活动进行最基本的数据统计如活动日期、活动次数、参与人数等，并没有对阅读推广本身进行进一步合理有效的考核，导致在选择社会力量和定制阅读推广活动时盲目依赖经验和感觉，有资源浪费的风险。总而言之，徐汇区图书馆与社会力量合作开展活动，在管理形式上逻辑模糊，在管理过程中力不从心，仅保证了活动的"完成度""完整度"以及市民读者的"参与度"，在实施管理与评估管理上存在缺陷，不利于形成活动的高品质与持久性。

3.3 缺乏项目建设意识

公共图书馆开放阅读推广的供给主体，是为了利用社会资源为多元受众提供更有针对性、更具专业性、更受欢迎的阅读推广活动，而为了充分发挥资源合作的优势，应该将合作的阅读推广活动进行高效的项目管理，使一个个阅读推广活动项目化，形成一定的自身特色，并致力于体系化、品牌化的打造，发挥资源集聚的效果。尽管徐汇区图书馆目前已形成汇讲坛、汇影院、汇读书、"汇悦读·徐汇全民阅读季"、"汇悦读书香联盟"等项目，有一定的项目意识与特色意识，但在此方面仍处于较为缺乏的状态。第一，一些活动依旧散落于这些系列品牌之外，设置相对随意，甚至出现雷同和重复的现象。第二，已形成的系列品牌活动面临创新动力不足，自我更新缓慢等问题，导致影响力建设薄弱。第三，活动未能充分彰显图书馆自身的特色，一些与社会力量合作的阅读推广活动并没有与图书馆地方特色、文献特色等相结合。

3.4 有一定的逐利倾向

徐汇区图书馆集结的社会力量既包括了社会公益组织，也包括了企业、书店等营利性组织，很难保证在开展阅读推广活动的过程中一些营利性组织的完全公益性。营利性组织举办阅读推广活动，一方面是为了营造良好的企业氛围、承担社会责任；另一方面也是为了通过提高曝光率与社会参与度，来提升自己的经营状况，这也无可厚非。在"公共图书馆+社会力量"的模式下，公益性的公共图书馆与非公益性的企业各自所持的立场不可避免地有所不同，在此实践过程中，也确实或多或少出现一些商业性质行为，导致公共图书馆所举办的阅读推广活动变了味。

4　社会力量更好地参与公共图书馆阅读推广活动的建议

公共图书馆吸引社会力量参与阅读推广活动，既可以覆盖更大范围、满足更多类型的市民读者，也可以丰富阅读推广活动的形式，产生一定的活动影响力。但目前而言，公共图书馆与社会力量的合作，还存在一些尚未解决的不足之处，影响着"公共图书馆＋社会力量"模式的持续运行及有效运行。为更好地服务市民读者，发挥公共图书馆的文化服务功能，提升公共图书馆的阅读推广活动效率，针对以上不足，提出如下建议。

4.1　重视背景研究，做好活动策划

"利用公共图书馆进行全民阅读推广时，必须从公民的实际需求出发，有针对性地制定服务内容，拓展公共图书馆的服务效能。"[4]在社会力量参与阅读推广活动时，应重视每一次活动的目标读者研究，并结合公共图书馆的特色馆藏和活动品牌，确定活动的主题、时间、形式、内容等，要保证每一次的活动策划都是深思熟虑、值得推敲的，是精心设计而不是生搬硬套的。只有这样，才能发挥"公共图书馆＋社会力量"模式的特长，才能更有效地提供阅读推广服务。

4.2　完善顶层设计，优化管理方式

为了使公共图书馆与社会力量形成合力，有机地对活动进行共同管理，建议从制度建设入手，完善管理方式。通过与各社会力量签订相关合作协议明确各自权利与义务，在合作开展过程中制订完整完善的协作分工表，与社会力量进行统一沟通与培训以保障阅读推广活动的专业性，对社会力量进行评定激励以保证阅读推广活动的质量。同时，公共图书馆应制订合理可行的阅读推广活动绩效评估体系，注重收集参与活动读者的反馈意见，对阅读推广活动的综合情况与活动效果进行科学评价，为更有效地与社会力量共同举办阅读推广活动提供判断与选择依据，这也正是国内图书馆阅读推广活动发展需注意和注重的[5]。

4.3 深耕体系打造，形成特色品牌

当社会力量参与公共图书馆阅读推广活动已成为趋势，丰富多样的阅读推广活动层出不穷。为发挥集聚效应，充分体现阅读推广活动的效果，公共图书馆应精心打磨阅读推广活动，将活动体系化、品牌化、特色化，这也是公共图书馆开展阅读推广活动参与社会文化建设的关键[6]。社会力量参与全民阅读已是共识，公共图书馆应有意识地用体系化的眼光选择供给主体、定制供给内容，以利于为不同群体的读者提供其喜爱的阅读推广活动。同时，还应不断与时俱进，拾遗补漏，捕捉读者的阅读兴趣，扩大品牌影响力，持续保证阅读推广活动的品质。更重要的是，公共图书馆应立足本馆特色，善于利用社会力量资源，推出具有自身特色的阅读推广活动。

4.4 确保政府主导，秉持公益先行

由于多元的社会力量的参与，则需要协调好公共图书馆的公益性与营利性社会力量的商业性之间的关系，最终达到互利共赢。而这一互利共赢的关系，是以公益先行为前提的。作为公共图书馆推出的阅读推广活动，应秉持公益性原则。既要确保阅读推广活动是以政府行为为主导，又要使社会力量从与公共图书馆的合作中受益；既要通过阅读推广活动发挥公共图书馆应尽的社会文化服务职责，又要基于社会力量的立场协调好其社会责任与营利目的。

5 小结

社会力量参与公共图书馆阅读推广活动，是公共图书馆吸纳社会资源、利用社会资源的积极实践，以上海市徐汇区图书馆为代表的公共图书馆，在与社会力量的开放合作中，丰富了阅读推广活动的形式与内容，提高了阅读推广活动的数量与质量，整合了阅读推广活动的人力资源，满足了更多读者的文化需求，扩大了公共图书馆与社会力量的影响力，可谓公共图书馆、社会力量、市民读者的多元共赢。然而，在合作的过程中，我们仍要对所出现的问题不断进行优化，形成更加成熟、紧密的关系，全面提升全民阅读的高度、深度和广度。

参考文献:

[1]新时代　新契机　新作为　聚焦2018图书馆阅读推广活动[N].图书馆报,2018-03-23
　　（2-4）.

[2]俞蒙.社会力量参与青少年阅读推广的实践探索——以上海市嘉定区图书馆为例[J].图书
　　馆学刊,2018（1）:83-86.

[3]岳修志.阅读推广活动及其管理特点分析[J].图书馆,2019（1）:65-69.

[4]彭宪林.全民阅读推广视角下的公共图书馆服务效能研究[J].中文信息,2017（9）:18.

[5]王波.图书馆阅读推广亟待研究的若干问题[J].图书与情报,2011（5）:32-35,45.

[6]李敏.公共图书馆阅读推广活动品牌建设[J].科技与创新,2018（14）:142-143.

"双一流"建设背景下高校图书馆知识服务转型研究

——基于首批高校国家知识产权信息服务中心的调研分析

严　哲（南京大学图书馆）

1　我国高校图书馆知识服务现状及趋势

为全面了解我国高校图书馆知识服务的现状，笔者基于中国知网（CNKI）采集文献数据，以"（主题=知识服务或者主题=信息服务或者主题=学科服务）（模糊匹配）并且（主题=图书馆）（精确匹配）"为检索条件，在中国知网的全部期刊数据库中进行检索，检索时间为2019年4月15日，共得到105篇中文文献。将每篇文献包括题名、作者、文献来源、发表时间、关键词、机构以及摘要等字段在内的数据信息提取出来，结合EXCEL工具，对文献数据进行分析。

1.1　总体趋势分析

如图1所示，我国高校图书馆知识服务研究主要集中在近10年，结合引证文献的数量趋势，可以看出该领域的相关研究仍在持续上升，总体处于增长态势。

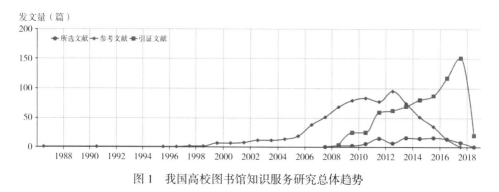

图 1　我国高校图书馆知识服务研究总体趋势

1.2 关键词共现网络分析

在关键词共现网络中，节点大小代表关键词在共现网络中心度的大小，节点越大，则中心度越大；链接两个节点的线段粗细代表关键词共现的次数，线段越粗，则表示两个关键词共现的次数越多。

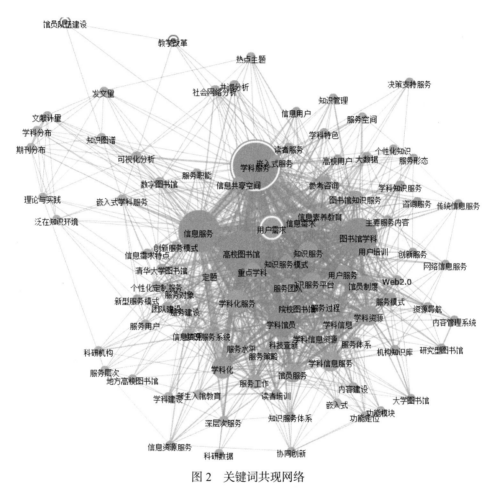

图 2　关键词共现网络

图2展示了我国高校图书馆知识服务研究主题的关键词可视化共现网络。通过显示中心点功能可以看出，高校图书馆在学科服务和信息服务领域的研究较为集中，研究主题主要涉及用户需求、个性化定制、嵌入式服务、知识服务平台、学科资源等几个方面，而在这几个研究主题方面又主要集中在知识服务模式领域，具体包括馆员制度、服务过程、服务模式、服务团队、服务策略、

机构知识库和重点学科，与"双一流"建设背景不谋而合。

1.3 词频统计分析

排除本文检索用关键词，如表1所示，列出了2008—2018年间出现的高频关键词。

表1 2008—2018年间高频词

高频词	数　量	高频词	数　量
嵌入式＋科研	24	用户需求*＋信息需求	33
服务体系	4	双一流＋学科建设	13
服务模式*	13	专利*＋创新	4
服务策略	10	团队建设＋保障机制*	3

注：近年来出现的关键词用*标识。

2008—2009年间，我国高校图书馆知识服务主要集中在参考咨询、定题等基础性的传统信息服务；2010—2011年间，从新出现的高频关键词（用户需求、服务建设和个性化知识）来看，我国高校图书馆已经开始关注知识服务导向中心的变化；2012—2018年间，馆员制度、资源导航、知识服务模式等新高频词的出现，意味着越来越多的学者开始关注知识服务模式的创新。2014年关键词"用户需求"数量的激增更意味着我国高校图书馆的知识服务研究已从系统导向转变为用户导向，结合近年来出现的高频词可以看出，围绕学校"双一流"建设目标的专利信息服务、重点学科建设、嵌入式的学科服务以及与之相关的制度建设和服务模式将成为接下来知识服务的转型方向与发展重点。

2 我国高校图书馆知识服务转型的必要性

2.1 转型的内在起因——根本动力

高校图书馆所涉及的知识服务更侧重于对现有信息、知识的搜索、分析与重组，并融入用户需要解决的问题中。强调知识相对于信息的重要价值，更多地考虑知识内容的产生过程[1]，诸如科技查新、定题服务、论文查收查引、文献传递、学术讲座、ESI学科报告、专利信息服务等在内的学科服务都属于知识服务的范畴。尽管学科服务工作在我国高校图书馆已经开展了十几年，但服务内容、方式都相对单一和浅显，其效果并不理想，经常得不到科研人员的接受和认可，学科馆员价值不断被否定、工作热情不高，如此恶性循环，导致整体水平不高。

2.2 转型的外在因素——发展条件

在图书情报领域，信息服务遵循以用户为中心的设计原则与方法已有20多年[2]，但我国高校图书馆起步稍晚，随着国家"双一流"建设目标的提出，学科建设工作逐渐成为各高校的首要任务，科研学者对学科服务的要求也越来越高，渴望得到更深层次的服务，对图书馆提出服务转型的迫切要求。国家知识产权局办公室、教育部办公厅关于印发《高校知识产权信息服务中心建设实施办法》的通知中，明确将高校图书馆定义为知识产权服务支撑机构，图书馆逐步成为专利信息服务的中坚力量，正式踏上专利信息服务的转型之路[3]。

内因是事物发展的根本动力，外因是事物发展的外部条件，正是内部渴望发展的迫切需求与外部国家政策扶持的双重驱动，促使我国高校图书馆知识服务的转型。

3　高校图书馆知识服务模式

3.1　首批高校国家知识产权信息服务中心基本情况

按照《高校知识产权信息服务中心建设实施办法》（国知办发规字〔2017〕62号），国家知识产权局和教育部联合开展了首批高校国家知识产权信息服务中心遴选工作，遴选出23家首批高校国家知识产权信息服务中心[4]，基本情况如表2所示。

表2　首批国家知识产权信息服务中心一览

	一流大学	一流学科	一流学科数量	"985"	"211"	地域分布
北京大学	A		41	√	√	北京
北京交通大学		√	1		√	北京
北京科技大学		√	4		√	北京

续表

	一流大学	一流学科	一流学科数量	"985"	"211"	地域分布
重庆大学	A		3	√	√	重庆
大连理工大学	A		2	√	√	大连
电子科技大学	A		2	√	√	成都
东北林业大学		√	2		√	哈尔滨
东北师范大学		√	6		√	长春
广西大学		√	1（自定）		√	南宁
哈尔滨工业大学	A		7	√	√	哈尔滨
河北工业大学		√	1（自定）		√	天津
华南理工大学	A		4	√	√	广州
华中科技大学	A		8	√	√	武汉
南京工业大学						南京
宁波大学		√	1			宁波
清华大学	A		34	√	√	北京
上海交通大学	A		17	√	√	上海
同济大学	A		7	√	√	上海
西安交通大学	A		8	√	√	西安
湘潭大学						湘潭
郑州大学	B		3（自定）		√	郑州
中国海洋大学	A		2	√	√	青岛
中山大学	A		11	√	√	广州

注："自定"标识的一流学科，是根据"双一流"建设专家委员会建议由高校自主确定的学科；没有特殊标识的一流学科，是根据"双一流"建设专家委员会确定的标准而认定的学科。

遴选出的23家首批高校国家知识产权信息服务中心中：北京大学等21家高校为"双一流"建设高校，占比91.3%，其中A类一流大学13所，B类一流大学1所，一流学科建设高校7所，仅南京工业大学和湘潭大学两家既非一流大学又非一流学科，无独有偶，南京工业大学和湘潭大学也非"985"和"211"工程高校。

3.2 首批高校国家知识产权信息服务中心知识服务模式分析

3.2.1 科研情况

以"知识产权OR专利"为关键词，各高校为发文单位进行主题检索，得到署名单位为高校的总体发文数量，并再次以高校图书馆为发文单位进行二次检索，得到署名单位为高校图书馆的总体发文数量，检索日期截至2019年4月4日，如表3所示。

表3 首批高校国家知识产权信息服务中心发文情况

	总量	署名单位图书馆	占比	知识产权学院	依托单位	最早发文时间
北京大学	165	9	5.45%	有	图书馆	2013-09-15
北京交通大学	214	1	0.47%	有	图书馆	2004-12-15
北京科技大学	53	3	5.66%	无	图书馆	2012-11-20
重庆大学	397	7	1.76%	无	图书馆	2008-04-15
大连理工大学	475	8	1.68%	无	图书馆	1998-05-20
电子科技大学	241	7	2.90%	无	图书馆	2002-12-30
东北林业大学	71	4	5.63%	无	图书馆	2008-01-15
东北师范大学	115	1	0.87%	无	图书馆	2018-12-15
广西大学	184	12	6.52%	无	图书馆	2004-06-30
哈尔滨工业大学	199	10	5.03%	无	图书馆	1987-12-30
河北工业大学	188	6	3.19%	无	无法访问	1996-03-20
华南理工大学	689	19	2.76%	无	未见	2005-04-30
华中科技大学	961	5	0.52%	有	图书馆	2006-12-30
南京工业大学	79	27	34.18%	有	图书馆	2008-12-25
宁波大学	200	6	3%	无	无法访问	2006-05-20
清华大学	211	24	11.37%	有	图书馆	1996-05-30
上海交通大学	469	17	3.62%	有	图书馆	1996-02-15
同济大学	133	12	9.02%	有	图书馆	1988-10-27
西安交通大学	85	14	16.47%	有	图书馆	1999-03-20
湘潭大学	523	17	3.25%	有	无法访问	1993-05-15
郑州大学	417	11	2.64%	有	图书馆	1999-09-30
中国海洋大学	244	7	2.87%	无	图书馆	2003-09-15
中山大学	47	16	34.04%	有	图书馆	1998-05-26

从学校整体发文数量来看，南京工业大学排名20位，湘潭大学排名第3位。

但从单位署名为图书馆的发文数量来看，南京工业大学位居首位，湘潭大学与上海交通大学并列第三。从二者占比来看，南京工业大学仍位居首位，湘潭大学位居第四。

从单位署名为图书馆的发文时间来看，大概可划分为三个梯队：

第一梯队包括哈尔滨工业大学、同济大学、湘潭大学、清华大学、上海交通大学、河北工业大学、中山大学、大连理工大学、郑州大学和西安交通大学等10所高校图书馆，它们的知识产权服务工作起步较早，主题集中在专利申请和著作权保护两个方面，直到1999年首次出现"高校图书馆""信息服务"等关键词，真正介入到知识产权信息服务中来；时隔5年，2004年开始出现"高校图书馆""专利信息""专利检索"和"情报检索"等关键词，知识产权服务逐渐起步；2010年首次出现"专利分析"关键词，知识产权服务开始向深层次迈进；2011至今，研究相对密集，围绕"专利检索""专利分析""高校图书馆"展开，知识产权服务处于发展阶段，研究态势逐年上升。上述研究中清华大学占比20.9%，位居首位；湘潭大学和上海交通大学占比13.9%，并列第二。这些研究中有14.7%的研究获得包括国家社会科学基金、国家自然科学基金和湖南省社会科学基金在内的基金支持。

第二梯队包括电子科技大学、中国海洋大学、北京交通大学、广西大学、华南理工大学、宁波大学、华中科技大学、南京工业大学、东北林业大学和重庆大学等10所高校图书馆，主题集中在专利信息和著作权保护两个方面。早期研究围绕著作权保护展开，2004年开始出现"专利检索"等关键词，研究主题逐渐向专利信息倾斜，至2007年间，是专利检索和著作权保护两个主题并行阶段，直至2009年首次出现"用户需求"关键词，至今研究以专利信息为主，知识服务系统开始由系统导向向用户导向转型。而上述研究中南京工业大学占比高达24.5%，位居首位；华南理工大学占比17.3%，名列第二；广西大学紧随其后，占比16.4%，名列第三。这些研究中有8.2%的研究获得包括江苏省教育厅人文社会科学研究基金、江苏省软科学研究计划、国家社会科学基金和国家高技术研究发展计划（"863"计划）在内的基金支持。

第三梯队包括北京科技大学、北京大学和东北师范大学3所高校图书馆，它们的知识产权服务工作起步较晚。上述研究中西安交通大学占比高达46.9%，位居首位；北京大学占比28.1%，名列第二；中山大学、清华大学、长春工业大学和东北师范大学占比3.1%，并列第三。第一梯队的西安交通大学、中山大学和清华大学出现在机构排名中，说明第三梯队高校在科研上与第一梯队高校合作的情况比较多，而这些研究中有16.4%获得了国家社会科学基金的支持。当然鉴于高校图书馆的自身特点及工作性质，我们不能单方面从图书馆发文的时间来判断图书馆知识产权服务的早晚，但可以从这些数据中厘清知识产权信息服务的基本发展脉络，各信息中心在知识产权信息服务方面所做出的努力和取得的成果从中也可窥见一斑。

3.2.2　业务情况

以南京工业大学和湘潭大学为例，通过访问中心网页，从中心头衔、服务内容和服务能力等三个方面着手分析其业务情况。

南京工业大学图书馆于2017年9月成为首批江苏省高校图书馆专利信息传播与利用培育基地；2018年3月，南京工业大学知识产权信息服务中心正式成立；同年3月，加入高校知识产权信息服务中心联盟；同时，南京工业大学也是国家知识产权局区域专利信息服务（南京）中心服务联盟成员；南京工业大学国家知识产权培训（江苏）基地是国家知识产权局建立的第一家国家级知识产权人才培训基地。服务内容除专利检索、专利专题数据库定制等常规业务外，还提供了专利分析、专利布局、专利预警、专利行业技术分析、学者定题专利分析和机构专利竞争力分析等深层次服务，并将服务拓展到校外机构和人员[4]。

湘潭大学知识产权学院成立于2008年11月，为湖南省首家知识产权学院，2010年学院与省知识产权局签署协议共建知识产权学院；2011年与省知识产权局共建湖南省专利分析与评估中心；2012年与省高级人民法院共建省知识产权司法理论研究基地；2013年，湘潭大学作为牵头单位成功申报了湖南省2011协同创新中心——法治湖南建设与区域社会治理协同创新中心，其中"创新型湖南建设与知识产权保护研究"是重要子平台[5]。湘潭大学图书馆于2004年成立湘潭大学科技查新工作站，多年来与知识产权学院在工作上保持紧密联系，建成了比较完备的中外文科技文献信息资源保障体系和功能强大的专利检索分析体系。近年来，图书馆主持国家和省级科研课题16项，发表学术论文170余篇，获国家、省、市各级奖励30余项[6]。

虽然两家中心并没有"985""211"和"双一流"的头衔，但从上述分析可以看到，两家中心无论在科研还是业务上都毫不逊色，在某些方面甚至优于其他中心。两家中心拥有一个共同的特点——与当地知识产权局保持长期的良好合作关系，他们在满足本校服务需求基础上，积极向校外机构、人员提供相关信息服务。服务过程中都能够严格执行《高校国家知识产权信息服务中心实施办法》和相关规章制度，真正实现用户导向的知识服务。

3.2.3 资源与制度建设

通过访问中心网页，可以看出各家中心在资源和制度建设方面的情况都相对完善，确保了知识产权信息服务工作的有序开展。

文献资源方面：各中心的国内外知识产权商用数据库和分析工具相对完备，个别中心还根据学校实际开发了特色数据库，如中国海洋大学；个别中心搭建了信息资源平台和专利资源导航，如北京大学、北京交通大学、北京科技大学和南京工业大学等；个别中心构建了自己的专利检索数据库，如重庆大学。

人力资源方面：各中心从事知识产权信息服务的人员均超过10人，其专业背景基本全面覆盖了本校的优势学科，具有诸如专利代理、科技查新、专利信息分析、商标代理等工作经验的人员均超过5人。其中，中国海洋大学从事知识产权信息服务的人员50人，28人具有科技查新员资格，17人为副高级及以上职称，一半以上具有本校优势学科的专业背景。

制度建设方面：各中心基本都依托于图书馆开设知识产权信息服务，大部分基于科技查新工作站原班人马进行业务拓展，一部分抽调相关部门人员成立知识产权信息服务团队，极少部分进行部门重组。无论何种方式，中心内部都明确划分了工作职责，并建立健全了工作制度，在工作实践中适时调整。

4 推进策略

通过对我国高校图书馆知识服务现状及趋势的梳理，知识服务转型的迫切需求已清晰显露，结合对首批23家国家知识产权信息服务中心的调研分析，参照各中心的运行实践，为进一步推进我国高校图书馆知识服务的发展，助力学校"双一流"建设，笔者提出如下建议：

4.1 明确发展要求，做好顶层设计

顶层设计具有全局性，强调整体的关联性与实际可操作性，核心理论与目标都源于顶层，顶层决定底层，设计对象内部要素之间围绕核心理论和顶层目标形成了关联、匹配与有机衔接。我国高校图书馆的知识服务具有针对性和层

次性，进行服务之前，需明确用户需求，将需求层次进行划分，进而从全局的角度，对设计对象或领域的各个方面、各层次、各要素进行统筹规划，以高效地实现整体目标，实现知识服务的顶层设计。

4.2 构建服务体系，完善功能布局

当前我国绝大部分高校图书馆所开展的知识服务工作主要集中在服务内容和服务模式上，暂未深入到知识服务体系的构建中，在外部政策支持和内部需求的双重驱动下，构建高校图书馆知识服务体系已势在必行。在高校图书馆知识服务的探索实践中，努力构建布局合理、结构科学、功能完善的知识服务体系，是提升高校图书馆的核心服务能力，彰显高校图书馆的社会服务功能和价值的重要途径，能够真正发挥高校图书馆在推动"双一流"建设中的重要作用。

4.3 组织机构与考核机制

恰当的绩效考核制度在工作中可以收集、反馈和控制信息，起到监督和推进服务的作用，建立一个具有反馈机制的知识服务体系对推进高校图书馆知识服务工作至关重要。因此，笔者认为在高校图书馆推进知识服务的过程中，引入绩效评价机制，进一步完善高校图书馆知识服务体系，构建一个具有充分反馈机制的高校图书馆知识服务体系势在必行。而在实际运用过程中，确保组织机构设置合理，部门分工明确，坚持"责权分明、科学管理"的理念，避免"一言堂""大锅饭"现象的发生，更需在考核实践中正确把握一个"度"字，处理好考核与服务之间的关系，避免走入为了考核而考核的误区。

4.4 获取多源支持

加大图书馆知识服务的宣传力度，尽可能多地获取上级主管部门的认可与支持，并协同相关职能部门共同推动我国高校图书馆知识服务的建设与发展。

宏观层面：可以借鉴江苏省高校图书馆专利信息传播与利用培育基地、高校知识产权信息服务中心联盟的做法，由国家知识产权局、地方局或高校牵头，构建知识服务联盟，共建共赢，推动知识服务的建设与发展。

微观层面：在高校图书馆主页搭建诸如专利信息服务、学科与科研支持等知识服务平台，同时结合图书馆主页、微信、微博、BBS等新媒体手段加强对

知识服务的多渠道宣传，必要时可适当引入宣传推广课程，对相关人员进行培训，增强宣传意识，改善宣传技巧，确保宣传效果。

5 结语

转型带给我们机遇的同时也带给我们挑战，对于高校的发展更是意义非凡，是迈向更高层次的必经之路。在"双一流"建设目标的驱动下，图书馆服务的转型发展得到进一步推进与深化，除借鉴首批国家知识产权信息服务中心的运行实践外，更需要优化既定的知识服务模式，真正实现由机构/系统导向向用户导向、学科馆员主导的精准知识服务模式的转变。

参考文献：

[1]张璐,申静. 知识服务模式研究的现状、热点与前沿[J]. 图书情报工作,2018,62（10）: 116-125.

[2]国家知识产权局办公室　教育部办公厅关于印发《高校知识产权信息服务中心建设实施办法》的通知[EB/OL]. [2019-04-15]. http://www.moe.gov.cn/jyb_xxgk/moe_1777/moe_1779/201803/t20180313_329805.html.

[3]首批高校国家知识产权信息服务中心遴选名单公示[EB/OL]. [2019-04-15]. http://www.cutech.edu.cn/cn/zxgz/2019/01/1539771829933977.htm.

[4]南京工业大学高校国家知识产权信息服务中心[EB/OL]. [2019-04-15]. http://202.119.252.178/.

[5]湘潭大学知识产权学院[EB/OL]. [2019-04-15]. https://baike.baidu.com/item/湘潭大学知识产权学院/6007487?fr=aladdin.

[6]我校入选首批高校国家知识产权信息服务中心[EB/OL]. [2019-04-15]. http://news.xtu.edu.cn/html/zonghexw/show_11385.html?from=groupmessage.

"媒角阅读推广时代"高校图书馆朗读空间建设构想

——基于央视《朗读者》节目的启示

杜玉玲（江西师范大学图书馆）

2017年1月，在上海师范大学举行的"图书馆阅读推广理论与实践"专题研讨会上，北京大学图书馆王波教授在他的专题报告中提到"媒角阅读推广时代"概念，即"为了解决读者在阅读推广活动中的参与疲劳，高校图书馆需要调整自身在阅读推广中的角色，由先前的主角、配角慢慢向幕后退，逐渐成为沟通图书馆空间、资源、舞台和学生社团之间的媒婆，把阅读推广活动完全交给学生"[1]。2017年2月18日，央视《朗读者》节目首播大获成功，全民参与朗读与制作朗读资源成为一种热潮。2017年4月，在上海师范大学举行的"图书馆学基础理论与实践"专题研讨会上，上海图书馆原馆长吴建中在回答与会者提问时讲到："最近《朗读者》很热，我在想图书馆一般都有供朗读的制作空间，这些制作空间能开放给读者的话，资源就活起来了。"[2]三件发生在异时异地的事件，同时指向一点：现阶段，读者理应成为全民阅读推广的主角。

已有研究成果表明，近十年来，高校图书馆阅读推广开展得如火如荼，逐渐走向常态化。它分别经历了雏形、模式构建及探索与解决实践过程中存在的问题三个阶段[3]。目前，高校图书馆阅读推广处在第三阶段。这一阶段的关键，就是如何解决让读者成为阅读推广主角的问题。上述事件，同时为我们提供了读者主导阅读推广活动的概念（媒角阅读推广时代）、思路（《朗读者》成功因素）与方法（朗读的制作空间）。受此启发，笔者在综合分析高校图书馆阅读推广现状基础上，提出引入《朗读者》元素，打造各高校馆由朗读者自由支配的朗读空间，推动高校图书馆阅读推广向"媒角阅读推广时代"成功转型的设想。

1 高校图书馆阅读推广现状

从新近发表的关于高校图书馆阅读推广研究综述了解到，2010—2016年间关于高校图书馆阅读推广的期刊论文有1037篇[4]，2017—2018年CNKI上可以检索到的期刊论文有933篇（检索时间截止到2018年12月19日），这种逐年递增的研究趋势，与国家重视和倡导阅读是分不开的。这些研究成果，为笔者全面了解高校图书馆阅读推广现状提供了丰富的素材与可靠的途径。

1.1 已有成就

理论层面，北京大学图书馆王波在梳理前人研究成果的基础上，明确了高校图书馆阅读推广的定义、类型与方法[5-6]，为业内人员开展相关工作厘清了思路；实践层面，各省市区高校图书馆近十年来，都或多或少开展了相关的活动，如上海市[7]、云南省[8]、广州市[9]、贵州省[10]、湖南省[11]、江苏省[12]、陕西省[13]等。由教育部高等学校图书情报工作指导委员会连续主办的两届全国高校图书馆阅读推广案例大赛，更是集结了近300所高校图书馆的574个服务创新案例进行评选，最终选出148个优秀案例[14-15]。这些优秀案例，大致可分为主题活动类、培养类、读者组织类、新媒体推广类与出版物类等五大类。他们代表着目前高校图书馆阅读推广的基本水平与整体成就。从他们对空间的精心打造、团队的多方合作、融媒体技术的应用及多种载体的有机融合来看，高校图书馆阅读推广形式多样，内容丰富，正朝着多元化方向迈进[16]。

1.2 存在的问题

成果固然喜人，但存在的问题也不容忽视。根据研究者的梳理与分析，目前高校图书馆阅读推广普遍存在以下六方面的问题：理论高于实践，形式大于内容；活动系统性不足，缺乏长远规划；应景、应时的活动较多，缺少持续性和后续支持；活动效果评价机制不健全，缺乏指导性文件；创新乏力，形式老套趋同；新媒体技术、数字资源利用不足，读者获得感较低；经费、人力不足，缺乏推广动力[17-23]。

这些问题的存在往往导致两种情形出现：一方面，高校图书馆员疲于奔命，绞尽脑汁做着阅读推广的策划工作；另一方面，作为参与者的高校读者，却大多处于一种被动、消极与疲劳之中。最终，阅读推广的实际效果并不理想。

如何打破这一僵局？王波老师提出了"媒角阅读推广时代"概念。他指出，在这一时期，图书馆承担的是动员、审核、竞评、服务等工作，而不再承担最难的也是吃力不讨好的策划工作。图书馆就像是一个包含诸多小剧场的大剧院。在不同的小剧场里，作为主角的读者可以随意地自编自制自享着他们自己的阅读盛宴，并可以随时随机分享到任意他们想达到的地方[24]。这一比喻与设想，与央视全民参与朗读和制作朗读资源的《朗读者》节目不谋而合。

2 《朗读者》节目简介

2.1 基本组成元素

《朗读者》节目自2017年2月18日首播以来，已完成了第一季12期、第二季12期总计24期的播出。每期节目以朗读亭为连接台上台下的纽带，以精心挑选的6篇稿件为串线，以6位朗读者的朗读之声为主要表现形式，辅以对话访谈、音乐和舞台艺术[25]。综观每一期节目，它的基本组成大致可归纳为空间、组件、人物、读本及媒体平台五大要素，详情见表1。

表1 《朗读者》基本组成元素

元　素	内　容
空间	线上舞台（台上、台下），访谈室，线下朗读亭
组件	书架、书、灯光、显示屏、桌椅、钢琴、朗读亭、录音录像设备、物联网技术
人物	主持人、朗读者、观众、钢琴家、普通读者、赞助商、《朗读者》团队
读本	纸质图书，朗读之声，对话访谈，音乐，舞台艺术，文字内含的音律、节奏、吟咏
媒体平台	电视、广播、网络、报纸、微信公众平台、自媒体

2.2 对图书馆界的启示

《朗读者》的大获成功，各大电视台、媒体、文化界、图书馆界都深受启发，它们在短时间内都做出了积极的借鉴与快速反应[26]。就图书馆界而言，业内研究者纷纷撰文分析《朗读者》的成功因素，试图从中找出把阅读推广推向更高发展层次的灵感[27-32]。综合他们的分析，这些灵感基本不外乎《朗读者》

上述组成元素。诸如空间与组件方面，可根据图书馆自身情况设置朗读角、引进朗读亭、建设朗读专区与朗读空间等一系列优化阅读空间的措施[33]；读本方面，可以设置朗读、游戏、模拟体验、读书分享等一条龙服务来提升用户的阅读体验感知[34]；品牌方面，可以尝试打造一个以各院系教师、图书馆员、信息中心工作人员为主，以各类读书社团为辅的优秀阅读推广人及其相应团队，建立一种嵌入教学的阅读推广长效机制[35]；平台方面，可建立一个以移动互联网为中心，完善的、读者能够充分参与的阅读空间，这一空间可融合图书馆网站、微博、微信、QQ、豆瓣、喜马拉雅电台等多种媒体，并设置有网上朗读亭、每日阅读奖励、评论参与赠书等多种环节，吸引参与者互动和沟通的平台[36]；主题方面，可适时追踪热点，不断创新，从而调动每位读者的阅读积极性[37]。

毋庸置疑，《朗读者》节目确实给创新乏力的图书馆界带来了一股清流，一些高校图书馆、公共图书馆甚至已开始在引入朗读亭、设置"朗读空间"及推送《朗读者》主题书目方面做出回应[38-39]。然而，细究起来会发现，这些灵感与实践，只是零星的、片断式的，主体思路还停留在以图书馆为主角的时代。高校图书馆现有环境、条件与资源与《朗读者》上述基本组成元素有着高度契合之处，如何实现王波的"小剧场大剧院"设想，打造业内专家眼中的朗读制作空间，让读者成为阅读推广的主角？《朗读者》给了我们整体的思路。

3 高校图书馆朗读空间建设构想

关于朗读空间建设构想，早在21世纪10年代，就有研究者或从馆员或从读者角度提出[40-42]。彼时，图书馆"空间再造"思路刚刚出炉[43]，《朗读者》还未面世。近年，围绕"学习共享空间"的构建，一系列研究成果及实践案例逐步出炉[44-46]，朗读空间作为学习共享空间的子项目，亦偶有研究者提到[47]，《朗读者》的面世，也给了业界不少启示，朗读空间建设亦是其中之一[48-49]。然而，这些都处在初步设想阶段，并没有详细的设计步骤和具体的实践案例。如何将资源、技术、空间、设施及服务有机地整合在一起，打造一个适宜读者阅读、交流、分享、获取资源与服务的一站式体验空间？下文笔者从三个方面进行阐述。

3.1 资源纵横整合与设备多元化匹配

随着数字化信息资源的广泛使用、文献资源的逐年聚焦及人才的不断引进与流动，直接或间接造成了高校图书馆物理空间、馆藏资源及人力资源的冗余[50]。朗读空间建设方案可针对各高校图书馆的现实需求及资源冗余的实际情况进行重新设计和布局，在有限的空间里做功能分区，将朗读区、自习区和阅览区进行一定隔离，分为"动区"和"静区"，充分利用闲置或是利用率偏低的阅览室，对其进行重新组合、分区、增减设备、隔离等种种改造。具体如下：

保存一部分室内原有的书架、阅览桌椅，其他多余的撤离。室内三个角落可根据各馆经济实力，引进两到三台朗读亭，供单独朗读的读者使用。室内三面墙壁摆放书架，书架上摆放馆藏的各种经典朗读资源，定期更换。朗读室中心，用屏风或具有隔音材料的隔板将空间划分成三到四个区域，这些区域可以根据功能与设备的特点分别进行命名，诸如"耳朵餐""VR悦读馆""智汇云服务"等，为有不同朗读需求的朗读群体营造相对开放而又独立的朗读场所。整个大朗读区提供高速Wi-Fi、交互式电子白板、投影、触摸点播屏、音响、智能机器人、移动电子阅读器、电脑、数字电视等设备。这些组件、设备与布局使得朗读空间得到划分，而且还能通过设备的移动及不同摆放格局而形成新布局，类似《朗读者》的舞台效果，从而可以不定期开展各种主题的阅读推广会，简单平面设计图见图1。

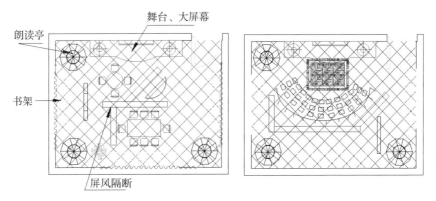

图 1　朗读空间平面设计图

3.2　融媒体平台的构建

所谓"融媒体"就是指传统媒体和新兴媒体的融合发展[51]。新媒体是在数字媒体技术、互联网技术和即时通信技术等新技术支撑下出现的数字媒体形态，主要有微博、微信、QQ、虚拟社区、各类APP软件、数字网络电视和多种电子图书等[52]。当前，高校图书馆需要面对传统媒体与新兴媒体融合的多种阅读形态，诸如：纸本文献阅读、网站在线阅读、移动终端阅读、电视平台阅读与社交媒体平台阅读等[53]。构建一个融媒体平台，把传统媒体与新兴媒体整合到一起，充分抓取图书馆自有资源、网络资源及读者交流互动过程中的新生资源，是上述朗读空间正常运行的基础与前提，如图2。

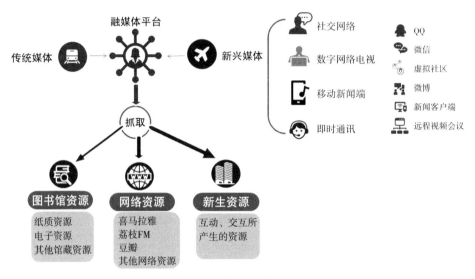

图 2　融媒体平台构建图

3.3　社交群组式阅读推广模式的实现

基于社交网络的群组式阅读已成为近两年来国内外阅读领域研究的热点[54]。社交群组模式的出发点是基于某种紧密关系将不同用户组合在一个社区中，从而把用户从相对封闭的好友关系疏导至群组，创建一种新的更开放的社交关系，实现信息的传播与分享[55]。朗读空间可以借助这一理念，通过读者扫码入室、视频音频上传、留言互动与朗读分享转载等功能，把一个个相对独立、封闭的个体集中到一个或多个现实与虚拟的群组中来，从而成为组合高校读者的社区。

3.3.1　扫码入室

朗读空间建成后，多渠道、全方位、立体化的融媒体宣传平台定能让不少读者知晓并吸引他们入室体验[56]。读者通过扫码入室，可以独自或是群组式体验室内各种朗读资源，并可以根据个人意愿，进一步实现分享转载、留言互动等功能。具体流程如图3。

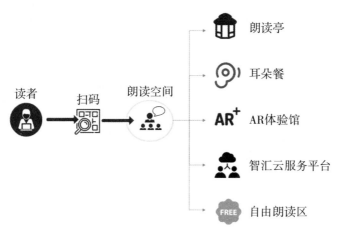

图3 朗读空间扫码入室流程图

3.3.2 空间内外的分享与互动

上述入室体验的读者，在融媒体平台基础上，又可以通过视频、音频、图片、文字等在微信、微博上传与分享，进一步与好友互动，从而让空间外的人群知晓朗读空间，进一步吸引他们入内。具体见图4。

图4 空间内外分享与互动

3.3.3 活动主题的确定

朗读空间的开放模式可以分非活动期与活动期。非活动期，朗读空间是面向全校师生读者自由开放的。开放时间采取与研习空间类似的预约方式，以半小时或一小时作为一个时段，每次最长不得超过两小时，最大化满足师生每日朗读的需要，让所有在校师生都能参与到读书中来[57]。活动期可以分每周、每月与每学期。活动主题可以根据朗读空间后台数据的分析统计来确定。比如本周进入朗读空间的读者关注AR+方面某本书的百分比最高，本周活动主题就可围绕AR+来展开；再比如，本月路遥《平凡的世界》的关注度最高，那本月的主题就可围绕《平凡的世界》来开展。其他依此类推。如图5所示。

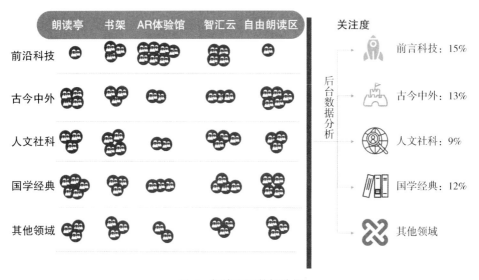

图 5　朗读空间数据分析

主题活动期间，朗读空间的布置可稍做调整，把三个隔间的屏风移到一边，形成一个小的类似《朗读者》舞台。每周、每月、每学期定期由管理人员从平台后台抓取数据，确定主题，以朗读者为主角，进行现场朗读分享。

综上所述，高校图书馆朗读空间，是一个缩微型的《朗读者》与扩大版的朗读亭，它整合了高校图书馆已有的空间、馆藏及人力资源，吸纳了《朗读者》的基本元素。同时，它又规避了朗读亭狭小的"你进去，我出来"的排他性的特点，迎合了目前图书馆界"以知识交流为主"的发展大趋势[58]。它开合自由，既让朗读个体有独自释放的空间，又让朗读群体有互相交流的场所。既不影响外界的安静，又不阻隔各朗读群体之间的自由与交流。它实现了王波教授的小剧场大剧院的设想，朗读者成为空间的主角，不管是每天的自由朗读，还是每周、每月、每学年的主题活动，读者都决定着阅读的方向标，并通过融媒体平台无限地向外扩展，再由朗读者改变、重置方向标。而图书馆馆员只需顺着这些方向标，及时抓取数据，定期更新与维护室内资源，定期明确主题，开展相关主题活动。

　　高校图书馆朗读空间满足了校内读者的朗读需求,为他们提供了制作朗读的空间,同时也使图书馆内原有的冗余资源活起来,使得原本流于应时、应景式的阅读推广工作得以常态化,让那些无处存放的音视频资源有了存储空间与设备,并可随时调出阅读与分享。而最根本的意义在于,朗读空间让高校图书馆阅读推广进入了以读者为主角的"媒角阅读推广时代"。

参考文献:

[1][5][24]王波.图书馆阅读推广的定义、类型、方法——在"图书馆阅读推广理论与实践"专题研讨会上的演讲[J].上海高校图书情报工作研究,2017(1):6-19.

[2][43][57][58]吴建中.现代图书馆发展的十个新话题(摘要)[J].上海高校图书情报工作研究,2017(2):6-9.

[3][4]薛丽荣.我国高校图书馆阅读推广研究综述[J].图书馆界,2018(1):25-45.

[6]王波.阅读推广、图书馆阅读推广的定义——兼论如何认识和学习图书馆时尚阅读推广案例[J].图书馆论坛,2015(10):1-7.

[7]谭丹丹.上海市大学图书馆阅读推广工作情况调研及思考[J].大学图书馆学报,2018(2):83-91.

[8]戴凡,宋丹丹,彭婧,等.云南省高校图书馆阅读推广现状调查研究[J].图书馆工作与研究,2018(7):53-57.

[9]盛天.广州市高校图书馆阅读推广研究[J].图书馆学研究,2018(3):91-97.

[10]苟廷颐,陈林.高校图书馆阅读推广研究——以贵州省高校图书馆为例[J].图书馆学研究,2017(9):61-64.

[11]黄志勇,黄佳.湖南省高校图书馆数字阅读推广调查分析[J].图书馆,2018(11):84-90.

[12]阚德涛,蔡思明.高校图书馆阅读推广现状与对策研究——以江苏省高校图书馆为例[J].农业图书情报学刊,2017(3):69-73.

[13]员立亭.基于微信公众平台的高校图书馆阅读推广调查研究——以陕西省高校图书馆为例[J].河北科技图苑,2017(5):49-55.

[14]蔺继红.全国高校图书馆阅读推广获奖案例的分析与思考[J].图书馆理论与实践,2017(11):68-70.

[15][17]侯明艳.创新视域下高校图书馆阅读推广优秀案例分析与启示[J].现代情报,2018(11):90-94.

[16][18]王贵海. 多元创新视域下的图书馆阅读推广实践研究[J]. 情报资料工作,2018(6):102-107.

[19]倪娜. 辽宁省阅读推广现状、问题及对策研究[J]. 图书馆界,2017(6):48-51.

[20][25][27][35]邵丽珍.《朗读者》对高校网络阅读推广的启示[J]. 传播与版权,2017(11):55-57.

[21]刘开琼."三全"理念引领下的高校图书馆阅读推广新探索[J]. 图书情报导刊,2017(3):12-16.

[22]谢瑞娟."互联网"环境下高校图书馆阅读推广服务模式研究[J]. 湖北函授大学学报,2017(12):36-38.

[23]姚晓丹."互联网+"时代高校图书馆经典阅读推广创新研究[J]. 内蒙古财经大学学报,2018(2):144-146.

[26][28][33][38]王琳. 公共图书馆阅读推广:从丰富内容到提升用户感知——基于央视《朗读者》节目的分析与启示[J]. 图书馆工作与研究,2018(9):100-104.

[29][34][39][48]王露莎. 朗读类综艺节目对高校图书馆阅读推广工作的启示[J]. 图书情报工作,2017(7):94-98.

[30][36]张晓新. 朗读在图书馆阅读推广中的应用前景及启示——以央视"朗读者"节目为例[J]. 图书馆研究,2018(3):62-66.

[31][37][49]高春玲,董文. 从朗读类节目探寻图书馆阅读推广新路径[J]. 图书馆工作与研究,2018(9):95-99.

[32]刘伟. 电视综艺节目模式对高校阅读推广活动的影响——以《朗读者》和《奔跑吧》为例[J]. 当代电视,2018(10):58-59.

[40]刘艳红,齐凤艳. 高校图书馆拓展服务空间探析[J]. 科技情报开发与经济,2010(2):3-5.

[41]黎晓. 高校图书馆朗读空间建设探索[J]. 图书馆界,2014(3):51-53.

[42]魏佳坤. 给声音一些空间——浅谈高校图书馆朗读室建设[J]. 吉林教育,2013(2):3.

[44]黄东翔. 复合型大学图书馆读者空间研究[D]. 北京:清华大学,2012.

[45][47]史浏榕. 高校图书馆学习共享空间设计研究[D]. 广州:华南理工大学,2015.

[46]曹轶男. 高校图书馆开放式学习空间设计研究[D]. 合肥:合肥工业大学,2017.

[50]孙瑞英,王浩. 面向"双创"实践的高校图书馆冗余资源开发与情报服务研究[J]. 情报科学,2018(11):48-53.

[51]朱强. 新时代高校图书馆文献资源建设的挑战[J]. 图书情报知识,2018(6):4-9.

[52][54]孟凡芹. 新媒体视角下高校图书馆阅读推广模式的评价研究[D]. 绵阳:西南科技大

学,2018.

[53]李健.图书馆全媒体阅读服务探析——以国家图书馆的实践为例[J].新世纪图书馆,2015（7）:51-54.

[55]张泸月.基于社交网络的群组式阅读推广模式研究[J].图书情报工作,2016（9）:53-58.

[56]樊伟,李桂华,姜晓,等.全媒体环境下的阅读推广活动典范——俄罗斯"阅读马拉松"活动个案分析[J].国家图书馆学刊,2017（6）:43-49.

浦东图书馆总分馆实体架构下
数字共享平台的建设与应用

李　洁（浦东图书馆）

1　浦东图书馆总分馆体系实体建设

2016年，文化部、新闻出版广电总局、体育总局、国家发展和改革委、财政部联合印发《关于推进县级文化馆图书馆总分馆制建设的指导意见》。浦东图书馆的延伸服务建设正式转到总分馆体系建设上，在已有的多样化延伸服务点的基础上，经过条块划整合、层级划分，形成"三级＋多元"的公共图书馆总分馆系统，将浦东新区的图书馆构架打造成"区域中心馆—街镇分馆、行业分馆—其他分馆"的模式，将图书馆办到了部队的营区、学校的校园、街道社区、外来务工人员的公寓及子弟学校、企业的商务楼、市民的家门口、郊区的村头和国家、省、市、县（区）的重大工程项目的工地等。框架构建基本完成。

2　数字共享平台建设初衷

2.1　支援跨区域结对合作单位，提供多元化的资源

浦东图书馆总分馆建设工作除了做好本区域的延伸服务，目前还与云南、新疆、甘肃、内蒙古等多个省市的地区公共图书馆有结对合作协议，为其提供图书资源支持。我们尽可能地满足结对单位纸质资源的需求，但纸质图书馆物流费用很高，千册图书就要6000—7000元，代价太大，而直接在当地购置图书，财务经费无法结算。

2.2　丰富和满足延伸服务点电子阅读需求

随着移动阅读、电子化阅读进入日常生活，纸质图书借阅、报刊阅读、读

者活动等这些在纸媒时代最具读者吸附力的业务，从原来适应大多数读者需求的常规业务（或称基础服务），逐渐变为因读者需求减少而服务量缩减的"保留服务"，甚至成为读者需求完全消失的"取消服务"[1]。同时，图书馆提供的纸质文献资源不能完全满足广大读者的需求，纸质图书的借阅量正在逐年递减；与此相对，电子信息化阅读、专业数据库这些以往的附加业务，近年来迅速成为到馆读者的迫切需求，正在逐步成为公共图书馆的常规业务。然而，基层公共图书馆的电子化设施落后、老化，电子资源购置、配置不足，无线网络建设薄弱等短板正在成为总分馆服务体系建设的"瓶颈"，阻碍总分馆体系建设的进程。

2.3　初期的数字资源服务

经过多方对比，我们最终在2016年选择使用"蓝阅电子阅读"设备，服务延伸服务点和域外结对合作单位。最初我们所需要的仅仅是电子阅读资源，所以合作初期，我们所使用的"蓝阅电子阅读"设备功能很简单，就是初始涵盖的各类图书5000余种、听书资源1000余集和视频资源20余部。读者可以通过阅读盒设备的局域网络在图书馆内通过自己的电子设备阅读，也可以利用APP程序，首次在馆连通阅读盒和电子设备进行APP登录，而后就能在任何地点享受平台的免费资源。初期的数字阅读服务涉及的大多是跨区域结对图书馆（见图1），阅读数据需要通过技术人员协助采集并汇总。

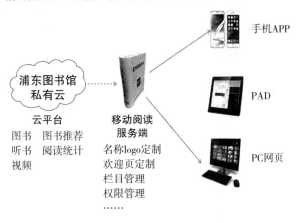

图1　建设初期系统功能

3　基于实体总分馆建设的浦东图书馆数字共享平台构想

浦东图书馆各分馆（服务点）按自身条件选择借阅模式，手工借阅和系统借阅同时存在。借阅系统针对不同的服务层级和群体独立使用。每个服务平台单个使用都能充分发挥系统作用，但是多个系统的借阅数据不能同步显示，不能形成规模化和模块化的信息共享和业务统一管理；多个系统的资源统筹、规划存在重叠；文献资源存在重复推送的现象。各分馆、服务点的管理还是停留在点对点的传统服务层面，单一的体制化管理模式也是总分馆管理体系建设难以突破的"瓶颈"。

3.1　浦东图书馆数字共享平台构架

浦东图书馆总分馆数字共享平台在已有"三级＋多元"的构架下采用分级管理，即以浦东图书馆为中心馆，平台部署在总馆，内置大数据统计与分析服务，整合现有馆藏借阅数据，平台对各数字分馆服务终端统一管理、发布公告，并进行阅读大数据分析（见图2）。

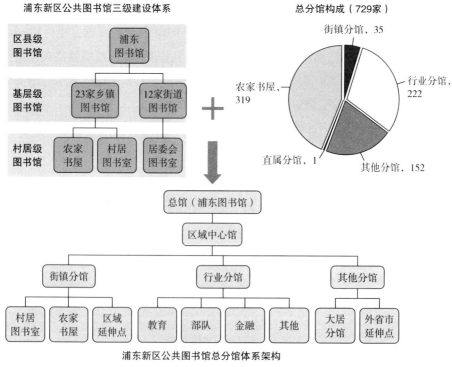

图 2　浦东图书馆总分馆实体构架组成部分

各分馆依托浦东总分馆各实体馆的基础设施，配置基于智能硬件的阅读服务终端，以读者用户为中心，定制开发图书馆分级管理平台、阅读智能服务终端、移动端APP，提供在线、离线数字内容服务，包括图书、音频、视频资源。实现数字总分馆与两级实体馆的融合应用。分馆管理员可以结合阅读服务终端，通过互联网从浦东馆分级管理平台同步内容资源（见图3）。

通过数字设备，我们利用网络将街镇分馆与农家书屋及所在街镇区域范围内的服务点以虚拟形式联系起来使其形成地域性的联合，其中，街镇分馆为区域中心，区域中心管理员可以结合阅读服务终端，通过互联网从浦东图书馆分级管理平台同步内容资源，对所属区域内的分馆、服务点进行统一规划和管理，协助总馆进行业务工作，如：每月上报用户使用数据，及时传达相关工作通知、公告等信息，真正实现"上传下达"的畅通、及时。

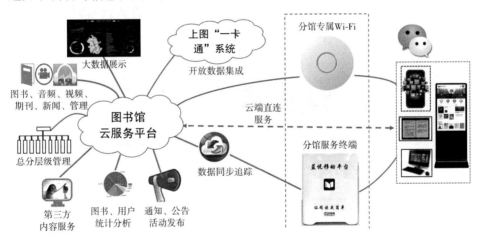

图3　数字总分馆服务总体构架

3.2　实现总分馆体系信息发布、地方资源的共享

浦东总分馆实体建设，是以分馆借阅入手做好基础服务工作，以阅读推广活动为纽带，协调整合全区资源，搭建"一街镇一品牌"。在浦东图书馆总分馆数字共享平台的建设上，通过"自主"部分的管理系统实现本地资源内容建设、管理，最终实现各分馆本地特色专题资源入库、发布，各分馆本地信息公告发布，各分馆图书排行展现等多样的读者阅读推广模式。我们强化纽带作用，利用技术平台向整个浦东区域发布活动预告和活动信息，让更多的读者身处最近的图书馆（室）就能得知本区所有图书馆阅读活动信息，参与到有兴趣

的阅读活动中去。

4 数字共享平台试点建设与使用

4.1 数字共享平台的建设

为了提高总分馆体系整体的服务能力，扩大服务覆盖面，提供更多样化、个性化的服务，我们将读者服务与管理员管理整合在一起，打造一个统一的平台，既要有线下实体图书馆体系，也要有在线阅读及系统管理；既要有前台的电子阅览资源，也要有后台的管理员操作系统，并能同时兼顾每个馆自身特点及能力，构建立体化的图书馆总分馆体系。在系统管理的布局上，上海图书馆的"知识管理与服务系统"给了我们很大的帮助，我们借鉴了上海图书馆的数据构架，对大数据平台的数据进行整合公示（图4）。

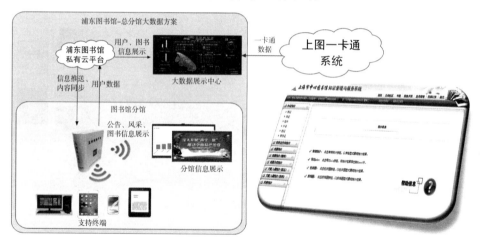

图4　管理系统架构

浦东图书馆数字总分馆共享平台包括前台读者移动阅读服务和后台总分馆网络管理平台及外显数据、信息展示三个部分。

前台——电子阅读资源：电子书、视频、音频等；

后台——管理员操作管理系统：相关数据统计、信息编辑、音视频资料上传；

外显——数据、信息展示：上海图书馆"一卡通"基础数据、本地读者数据、下载数据、阅读推广活动宣传。

在试点建设阶段，我们重点关注街镇级分馆显示屏的设置和布局，除了公告区是固定的，其他的数据显示都是以模块选择项的形式提供给街镇分馆，所以我们可以看见每个分馆的数据显示页面是不同的，有自己的特点。

目前向公众开放的资源包括数字图书阅读、数字听书、影视节目、报纸杂志、时政新闻等模块。随着电脑的普及，电子设备、光纤技术在民用领域的大范围应用，数字图书馆已然成为图书馆发展的必由之路，图书馆为了满足使用者馆外使用的需求，数字化信息收藏已不局限于本馆文献的数字化转化，还包括购置具有使用权的数字馆藏（如清华同方数据、知网数据库等资源）。随着云计算技术的发展，数字图书馆也进入云图书馆时代，云服务平台能够为读者提供个性的定制服务，有效提高图书馆服务质量，实现图书馆资源的集约化，而共享数字资源提供了新的途径。

由于图书馆具有保存文化遗产的任务，随着电子出版物的大量生产，传统书籍已不能概括当代文明的全貌，不建设数字图书馆，图书馆难以生存和发展。为了收集和保存各分馆的特色馆藏、活动等资料，同时，也希望各街镇馆能协助我们收集浦东地区的地方文献资料，我们特意设置了"地方特色"栏目。各分馆（服务点）可以将自己的活动通知、新闻投放、音视频上传欣赏等存入这个板块中，可以提供给读者使用，也可以设置为保存资料。

4.2 数字总分馆平台的使用

2018年数字共享平台在部分街镇分馆、行业分馆、域外分馆进行试点使用，以手机在线阅读为主，PC端同步通知和信息推送，APP端口离馆阅读为辅助的模式，将总分馆的数字阅读前台展现在读者面前。截至当年12月，数字共享平台共接入用户13 579人次，浏览文献68 430次，下载文献2637册次。试点单位通过后台发布活动信息50余条。

4.3 数字共享平台试用数字情况分析

表1　2018年1—12月数字共享平台数据汇总

月份	接入用户（人次）	浏览次数（次）	下载文献（册次）
1	470	2203	117
2	592	2974	109

续表

月份	接入用户（人次）	浏览次数（次）	下载文献（册次）
3	1157	5434	171
4	978	4993	158
5	878	4530	202
6	1403	6902	283
7	2816	14 252	535
8	2063	11 155	396
9	554	2452	138
10	788	4309	152
11	740	3636	118
12	1140	5590	258
总计	13 579	68 430	2637

表2　2018年数字共享平台用户使用情况

分馆名称	用户数量	浏览量	下载量
金海分馆	4665	26 891	1129
高桥镇分馆	1899	9401	408
花木街道分馆	1888	10 559	552
浦东图书馆M层书店	1769	8439	249
三林镇分馆	886	5087	119
万祥镇分馆	596	3153	69
周浦镇分馆	575	2724	61
书院镇分馆	393	2176	50
总计	12 671	68 430	2637

通过以上两个汇总数据表格，我们对目前数字共享平台的试用情况进行了分析。参考街道、乡镇地域情况，工作日及寒暑假期人流情况、是否使用外部显示屏及有多个使用场所和单独馆体使用的区别进行了研究。

4.3.1 城镇化指标分析

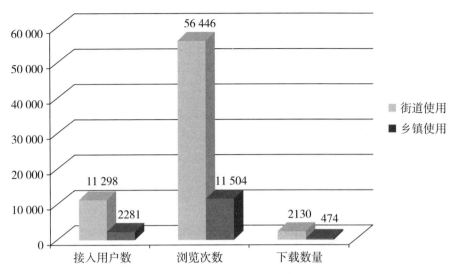

图 5 街道、乡镇居民数字共享平台使用情况

如图5显示，城市化较高的街道区域，使用信息化设备较多，人群信息化设备使用率高，电子阅读资源利用率更高，数字平台使用更好。

4.3.2 月度指标分析

如前文表1所示，在暑假人流量较高，数字阅读发生率增长迅速，达到了峰值，而在1—2月，临近春节假期，使用数字共享平台的用户不多，这与上海的人口组成相关。上海是个海纳百川的城市，临近春节，返乡的人流也开始增长，所以进入图书馆的人员数量也是呈现减少的趋势，图表中的数据情况与实际人员流动情况相符。同时也说明，浦东人口构成中外来的人口占主导地位。

4.3.3 使用显示屏及多个分馆对用户数据的影响

表3 数字共享平台外显设备及分馆情况

分馆名称	外显情况	建设时间	分馆数量
金海分馆	有	2017年12月	无
高桥镇图书馆	有	2018年11月	2个
花木街道分馆	离线	2017年12月	无
浦东图书馆M层书店	有	2018年6月	无
三林镇分馆	离线	2017年11月	无

分馆名称	外显情况	建设时间	分馆数量
万祥镇分馆	无	2018年3月	无
周浦分馆	离线	2018年6月	无
书院分馆	无	2018年3月	无

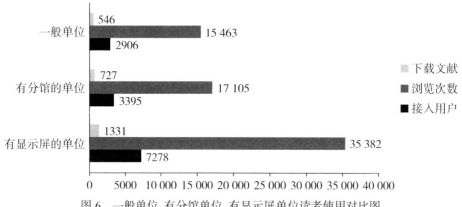

图 6 一般单位、有分馆单位、有显示屏单位读者使用对比图

图6数据说明，有外部显示屏的单位因为外显设备的聚众功能，所以浏览的数据效果明显。而有多个分部的单位，如高桥镇图书馆有2个分馆都使用了电子阅读设备，所以虽然是当年11月才开始共享平台服务，但用户使用情况已是非常可观了。

从上述的数据分析中，我们可以直观地发现，在浦东区域内城乡阅读行为还是有很大差异的。对于应用和推广数字阅读和数字设备，乡镇需要花更大的力气，要投入更多的宣传推广。

此外，我们应该鼓励街镇分馆建设数字化延伸服务点，倡导数字阅读、在线阅读，积极推进浦东图书馆数字图书馆建设。这些服务点可以共同使用浦东图书馆的数字资源，使得浦东图书馆的数据库能为更多的用户提供资料检索和帮助。

在大数据时代，数字和信息传播最直接的方式就是刺激用户的视觉，数字共享平台大数据显示屏的应用就是最好的实践依据。在显示屏上，有各个分馆自己组织的活动公告，也有周边区域的图书馆阅读推广活动信息和情况的展示，在第一时间给进入分馆的用户提供他们需要的阅读推广活动信息，这样就能提升周边区域馆内的人气和阅读推广活动的参与度，优化活动效果，增强周边人群对图书馆的粘连度，提高实体图书馆的使用度，一举多得。

5 后期建设与展望

浦东图书馆数字共享平台是一个依托读者电子阅读继而提升发展而来的技术平台。对于读者服务部分，我们需要不断地更新数字资源内容，增加地方文献收集、整理、展现，简化数据库资源的使用程序等，只要读者有合理需求，我们就应该在服务内容上尽力满足。要做好前台资源的提供和保障，后台支持平台的建设和完善就必须刻不容缓地跟上。

5.1 针对数字阅读版权技术的提升

浦东图书馆数字共享平台依照主流MVC设计模式，打造管理平台。在完成前端HTML5在线阅读、手机Android、IOS平台移动客户端的开发基础上，还要进一步深化浦东图书馆总分馆数字共享平台内容的发布和数字版权保护（DRM）技术，实现云端到分馆的数字内容复制，或者与其他SSH、rsync主机同步。使得用户能合理应用图书馆的资源，资源供应商也能在合法的范围内保障其自身利用。

5.2 针对外显平台的技术开发

由于当前街镇分馆使用的都是电子显示屏，所以能发布的页面都是一级显示页面，只能查看新闻、公告的标题和大概内容，活动的具体内容和报道还不能逐一显示，在继续的开发和拓展过程中，我们也需要对此进行关注，并根据使用分馆的需要进行定向研发。最终实现总馆主导下的信息内容按需推送、阅读推广全体参与，满足分馆对数据库资源统一采够、编目的需求。推动各分馆与浦东图书馆之间的资源整合和互联互通，从而完善实体总分馆体系建设中的资源统配不足，活动推广局限的短板。

5.3 针对总分馆管理系统的技术研发

我们也在努力促成浦东图书馆数据库资源与"蓝阅电子阅读"设备的结合，希望在不久的将来，浦东图书馆的数字分馆前台资源能源源不断地为读者提供养料，后台系统也能支持管理员简单、便捷地完成业务工作，数据显示屏能够多方位、清晰、完整地展现浦东图书馆总分馆的各项数据、活动信息等。

总分馆体系的建设是为发展好公共图书馆事业，构建布局合理、发展均衡、覆盖面广、全面开放的公共图书馆服务网络，是保障和维护好市民基本文化权益的重要途径[2]。浦东图书馆数字共享平台的目标是"以线上带动线下，以阅读推广带动文化传承"，使得总馆能同步所有分馆数据，掌握分馆工作情况，了解整个区域内读者阅读情况和阅读推广活动情况；各分馆既能共享总馆及其他分馆的所有资源、阅读推广活动信息，也能成为资源建设、文化收集、地方文献保存的提供者，增强总分馆系统内的互动性，提升分馆的主动性，最终盘活实体总分馆的工作。

参考文献：

[1]郐红梅.图书馆延伸服务概念新解[J].新世纪图书馆,2014(4):38–40.

[2]文化部　新闻出版广电总局　体育总局　发展改革委　财政部关于印发《关于推进县级文化馆图书馆总分馆制建设的指导意见》的通知[EB/OL].[2019–03–40].http://www.gov.cn/gongbao/content/2017/content_5216448.htm.

文献缩微工作发展的新路径

——基于国家文献信息战略保存与服务职能相协调的视角

李晓明　李　进（国家图书馆）

根据《中华人民共和国公共图书馆法》，国家图书馆"国家文献信息战略保存"职能被列在首位，保存国家和民族文化遗产历来都是国家图书馆最为重要的职责，是国家图书馆最为基础和核心的职能，也是国家图书馆与其他类型图书馆最主要的区别所在[1]。同时，国际图联主席格洛莉亚·佩雷斯—萨尔梅隆在谈及公共图书馆的社会角色时，指出公共图书馆应当为"我们的用户群体和潜在用户及时掌握信息获取的新途径与新方法，教育民众，帮助民众成为既具有批判精神，又具有信息获取和自由表达言论能力的知识型公民"[2]。近年来，我们国家对公共文化服务的需求与日俱增，并呈现出复杂化、专业化以及即时化的趋势[3]，这又对公共文化服务体系重要组成部分的公共图书馆，尤其是具有引领作用的国家图书馆如何将文献信息提供社会共享使用，使"古籍里的文字活起来"，提出了新的挑战和要求。

2019年，国家图书馆已建馆110周年。截止到2018年底，国家图书馆馆藏文献总量已达3901.19万册件，并以每年百万册件的速度增长；数字资源总量1960.91TB，年增长率超过20%。在国家图书馆形式多样、品类齐全、集精撷萃的馆藏文献中，缩微文献是一种十分特殊的文献类型；在国家图书馆一体化业务流程中，缩微工作也是一个十分特殊的业务环节。从根本上来看，缩微文献并不具有其原始文献，尤其是纸质文献本身所拥有的文献价值和收藏价值，而仅能作为原始文献的副本或异质载体存在。但是，缩微文献又因其不可更改性、法律凭证性、长期保存性等优点，不仅可以完美地长时间保存原始文献的本来面目，履行原始文献的阅读及史料价值，甚至通过异质保存解决数字文献长期保存的难题，因而自20世纪80年代起，缩微文献与缩微工作逐渐成为大型公共图书馆、高校图书馆馆藏资源、业务流程中不可或缺的一部分。

因此，在新的时代背景与要求下，我们有必要进一步研究文献缩微工作发展路径，制定缩微工作发展策略，使其在国家文献信息战略保存与服务协调发展中发挥更大的作用。

1 文献缩微工作与文献信息战略保存与服务的关联性

1.1 文献缩微是文献信息战略保存的历史选择

我国图书馆界采用缩微技术抢救、补藏珍贵文献可追溯至20世纪30年代，当时的国立北平图书馆馆员王重民、向达等人远赴英、法等国，拍摄并带回1000余种敦煌遗书底片，这是国人首次成批见到被斯坦因、伯希和劫掠的敦煌经卷。1943年，美国国会图书馆将国立北平图书馆运到美国的2720种善本拍摄成缩微胶片，并将其中1套送还给了国立北平图书馆。这些组成了国家图书馆最早的缩微藏品，至今保存在国家缩微母片库。

新中国成立后，缩微文献逐渐成为国家图书馆馆藏的重要组成部分，并在文献交换与馆藏补藏等方面，逐渐发挥巨大作用。1957年，英国剑桥大学图书馆将英藏敦煌写本的缩微胶卷与北京图书馆藏敦煌写本的缩微胶卷进行了交换；1979年，法国巴黎图书馆也与北京图书馆互换了馆藏敦煌遗书胶卷，北京图书馆成为世界上研究敦煌学的最重要基地。

尽管早在20世纪50、60年代，不少单位如中国科技情报所、国防科委情报所、中央编译局、上海图书馆、中央档案馆、辽宁省图书馆等就已相继从英国、法国、日本、荷兰等国家进口各种设备进行文献抢救，但并未在全国形成体系。1981年，中共中央发出（81）37号文件《关于整理我国古籍的指示》，指出："整理古籍，把我国宝贵的文化遗产继承下来，是一项十分重要的，关系到子孙后代的工作。"1982年，任继愈先生建议，采用缩微摄影技术抢救珍贵历史文献，得到了各级领导的认可和大力支持。1985年1月，文化部在南京召开了第一次全国图书馆文献缩微工作会议，正式成立了"全国图书馆文献缩微复制中心"（以下简称"缩微中心"）。

缩微中心的成立，在国家文献信息战略保存史上具有里程碑式的意义。我国文献保护事业第一次有了有计划的、统一调度的组织架构，第一次形成了各省、自治区、直辖市文化系统规模化抢救文献的联动体系，第一次建立了统一的技术标准、质量标准、文献存藏标准，第一次探索了图书馆共同开展文献抢救、补藏、共享、利用的机制与章程，为我国珍贵文献抢救、保护与传承意识的构建打下了坚实的基础。

1.2 文献缩微是文献信息战略保存的重要基础

2015年11月，国务院正式批准国家文献战略储备库项目立项。国家文献战略储备库一方面依托国家图书馆文献资源总库的建设目标，对国内各种类型的文献资源进行全面收藏，另一方面对国家图书馆馆藏数字资源或地方图书馆自建数字资源进行异地灾备保存。国家文献战略储备库是国家纸质文献资源、数字文献资源、缩微文献资源等多类型资源的全面战略储备，即同一种文献在纸质、数字、缩微等多种载体形式上的"一体多备"。

缩微中心联合23家成员馆共同建设的国家缩微母片库，充分体现了国家文献战略保存的职能。截至2018年底，缩微中心各成员馆共抢救各类文献187 808种，其中善本古籍32 177种，普通古籍5402种，期刊15 232种，报纸2812种，民国时期图书132 185种，总拍摄量7500余万拍，这些缩微文献都保存在国家缩微母片库中。同时，国家缩微母片库还保存着国家图书馆半个多世纪以来或自主拍摄，或从国外采购、征集、归还而来的4万余卷珍贵胶片，其中不乏永乐大典、英藏/法藏敦煌遗书、"平馆藏书"等珍贵文献的缩微胶片。国家缩微母片库与国家图书馆纸质文献资源、数字文献资源共同构成了国家文献信息战略保存的基石。正是因为国家缩微母片库的存在，国家文献战略储备库才不仅仅是国家图书馆的文献信息战略保存基地，而且是国家的文献资源战略保存基地。

1.3 文献缩微是文献信息资源公共服务的有效手段

公共图书馆的文献信息资源公共服务是一项复杂的系统化工程，涉及不同的资源类型、服务方式和服务手段，彼此间相互交叉又各有特点，如果在推进过程中缺乏宏观的统筹布局，就会引起诸多障碍。因此，为了保障公共服务的顺利进行，实现广泛区域内文献资源的互动与协调，维护参与者的基本权益，就必须借助已经形成的公共服务平台及建设成果，从而提供更为有效的文献信息服务。

1985年以来，缩微中心在全国范围内率先开展了各馆馆藏文献的专题普查，对于各馆因历史原因而残缺不齐的文献，缩微中心统筹各馆对拍摄文献进行馆藏补缺，仅在拍摄民国时期连续出版物时期，缩微中心就完成了民国报纸1180种、224万余版，期刊上千种、近2万期的补缺，从而大大提高了各馆文献的史料价值和馆藏质量。

近年来，缩微中心与"中华古籍保护计划""民国时期文献保护计划"等国家大型文化项目合作，通过对已拍摄完成缩微文献的数字化，建立了数字善本数据库（中华古籍资源库）、民国图书数据库、民国期刊数据库等多个数据库，提供读者网上查阅。与之同时，缩微中心还将已缩微的文献影印成400余种纸张载体的书籍，包括"佛学文献""边疆史地资料""民国珍稀期刊""奏议""建筑史料"等文献类型，在业界开展中华文化传承方面起到了引领作用，从而保存和弘扬了中华优秀传统文化，促进了海内外学术界、图书馆界及教学研究单位的交流。通过对已拍摄完成的缩微文献的揭示、服务和整理出版，文献缩微工作为提供国家文献信息公共服务提供了完善的组织平台，是文献信息公共服务的有效手段。

2 文献缩微工作发展的新思路

公共图书馆作为公共文化服务体系的重要组成部分，在社会和经济发展中的重要性日益凸显，既是国家文献信息战略保存的基地，又可以为社会发展提供科学决策的依据。尤其在公共图书馆与区域经济发展方面，国内外学者对公共图书馆与经济发展之间的关联性进行了不同程度的研究，普遍认为公共图书馆的建设与区域经济发展之间的关系是相互促进、相互依赖的[4]。因此，研究文献缩微工作发展的思路，使之与公共图书馆的职能相契合，就必须从文献信息战略保存与文献信息公共服务相协调的角度来进行分析。

2.1 推进国家文献信息战略性保存

文献缩微工作应从国家文献信息战略性保存的角度出发，积极推进各省、自治区、直辖市的区域文献战略保存。国家文献资源信息战略性保存的根本目标是实现中华文明传承载体的永久保存，保证数百年乃至千年之后仍可供后人阅读，传承中华文明。在战争、火灾及自然灾害面前，国家层面的文化战略安全需要建立国家文献战略储备，同样，区域性的文化战略安全，也应建立本区域的文献战略储备。一方面，区域文献战略储备可以将记载本地政治、经济、文化、民生等文明发展脉络的各类文献资源，作为当地文化战略储备加以收集和妥善储藏；另一方面，也可以作为国家文献战略储备库的分馆，与总馆进行互相灾备，这种基于国家—区域间的文献战略储备，将在保存中华文化遗产，传承中华民族精神，推动中华文明发展中，发挥不可替代的作用。

2.2 推进国家文献信息分布均衡化

现阶段，国家文献信息资源分布不均已成为影响基本公共文化服务均等化的重要因素，主要体现在地区层面以及系统层面。具体而言，经济发达地区，文献资源获取便利且内容相对丰富，而在经济发展较为滞后的地区，文献资源相对贫乏。此外，国家图书馆以及省级公共图书馆拥有海量的文献信息资源，而基层图书馆对于文献资源的获取与整合能力相对有限[6]。文献缩微工作应积极推动文献信息资源的共享与流通，并构建立体化的资源分配机制，从而有效解决国家文献资源分布不均的问题。

2.3 推进国家文献信息资源优势互补

不同类型、不同建设方向的公共图书馆，其馆藏文献资源差异很大，各具特色和优势，如国家图书馆馆藏丰富但辐射区域相对有限，市县图书馆馆藏有限但辐射区域相对集中，不同省级公共图书馆在馆藏资源上都有特色与不足之处，等等。缩微中心应加大已抢救及待抢救文献资源的整合力度，探索更有效的资源获取与资源发布路径，通过共享互补的方式，弥补地方单个图书馆在资源数量和类型上的局限，从而使每一个图书馆都成为节点，都可以面向读者提供更全面、更有特色的服务，从而实现资源的优势互补。

3 文献缩微工作开展的新路径

根据国家文献信息战略保存、引领公共图书馆开展文献信息公共服务的要求，以推进文献资源战略性保存、分布均衡化和资源优势互补为思路，文献缩微工作的开展路径应该更多地聚焦于文献抢救能力、文献保障能力、文献揭示与服务能力等方面，在此基础上，形成以缩微中心统筹规划为主导，以优化馆际合作结构为保障，以数字缩微深度融合为方向，以项目开放与项目合作为两翼，以中国特色社会主义文化资源建设为重点的战略框架，更好地为我国文献缩微事业的未来发展明确重点、指引方向。

3.1 优化馆际合作结构

基于文献信息战略保存与公共服务协调发展的目标，文献缩微工作就应当在原有的馆际合作平台基础上，搭建起更为高效和稳固的运行体系框架。初期，缩微中心划定文献抢救范围，并根据需求在图书馆间进行互借补缺，形成良好的合作抢救机制，但随着各馆纸质文献保护意识的加强以及连续出版物拍摄量的减少，馆际合作结构变得相对松散，缩微中心的作用更多发挥在引领上。近年来，缩微中心在数字缩微建设上改变了过去统筹拍摄内容的模式，改为与成员馆合作共建，在缩微中心抢救总体范围内以成员馆意向为主导，建立了统筹建设与自主建设并举的文献缩微馆际合作结构。

下一阶段，文献缩微工作应当在统筹建设与自主建设并举的基础上，对缩微中心组织结构进行进一步科学化设计，规避各种不良因素对运行框架的影响，从而不仅使组织结构更加多元化，资源的来源途径更加丰富化，还可以在原有馆际合作平台基础上，建立起组织更加密切、合作更为稳固的专题型、紧密型馆际合作结构。

3.2 数字技术与缩微技术深度融合

"数字缩微"，本质上是数字技术与缩微技术相融合而产生的数字缩微技术以及应用这一技术所开展的文献影像处理工作，在技术层面上必须既包括数字技术又包括缩微技术，工作对象上数字文献与缩微文献必有其一[7]。过去十年中，缩微中心以数字资源转换缩微胶卷、缩微文献数字化两条路径，为数字缩微打开了一条发展道路。然而，文献影像制作、存储和利用的各个环节都有更多开展数字缩微技术研究的空间，如人工智能与缩微、数字化一体工作站的研究等，而不应只限于缩微文献数字化与数字资源转换缩微胶卷两个方面。

3.3 与国家文献保护项目深入合作

近年来，图书馆事业蓬勃发展，法律保障、政策支持、经费投入、社会关注，相较过去都有十分明显的进步，这为各级公共图书馆在资源建设和文献开发、馆际合作与资源共建、自主研发与技术创新等方面都创造了更为有利的条件。公共图书馆不再是一个封闭的藏书阅览机构，而是在国家公共文化服务体系中发挥着越来越重要的作用。缩微工作应进一步加强与"中华古籍保护计划""民国时期文献保护计划"等国家文献保护项目合作，充分盘活已有的缩微文献资源，寻找事业发展的创新点，从而为缩微工作注入新的生命力，为公共图书馆珍贵文献的开发利用提供支撑。

3.4 加强中国特色社会主义文化的保护与传承

党的十九大报告指出："中国特色社会主义文化，源自于中华民族五千多年文明历史所孕育的中华优秀传统文化，熔铸于党领导人民在革命、建设、改革中创造的革命文化和社会主义先进文化，植根于中国特色社会主义伟大实践。"文献缩微工作拥有一套十分成熟的组织架构、标准规范、技术力量以及人才储备，尽管随着数字技术的迅速发展，很多公共图书馆文献抢救的手段从文献缩微转向了文献数字化，但是现代信息技术发展速度极快，数字信息的生产、传递、收藏和利用方式日新月异，海量数据的长期保存也就面临着更为严峻的问题。无论纸质文献的缩微复制，还是数字资源转换缩微胶卷，文献缩微工作都应当充分发挥自身优势，积极推进中华优秀传统文化、革命文化、社会主义先进文化的保护与传承。

吴建中教授曾将过去的图书馆形容为一个"孤岛"，孤岛不仅体现在图书上，还体现在图书馆与外界上。对于新时代图书馆而言，高质量发展的图书馆，应当将其馆藏与外界环境链接起来，不仅增强与社会之间的关联度，加强社会合作，还要与社会对美好生活的追求保持同步[7]。2013年8月，国际图联（IFLA）发表的《图书馆与社会发展宣言》也强调了图书馆要在社会发展的参与中实现自身价值。文献缩微工作只有将其技术优势与社会责任融入公共图书馆战略规划与日常服务中去，才能尽最大的力量满足社会期望和社会发展中对于公共图书馆以及文献缩微工作的诉求，进而提高其竞争力。

近年来，美国、法国、日本、德国等国家，始终坚持通过文献缩微或数字缩微的方式，对其档案资料、图书文献进行长期保存；国内，档案业、航天业、建筑业、制造业、汽车工业等行业，也不断有代表性公司把缩微胶片纳入其总体文献档案保存框架内。美国ProQuest公司为包括中国国家图书馆和美国国会图书馆在内的全球数千家图书馆提供博士硕士论文缩微胶片及数据库，其原始缩微底片的存储量超过55亿页。而国内铸就了"东方红一号"卫星、"神舟五号"载人飞船、"嫦娥一号"卫星中国航天发展三大里程碑的中国空间技术研究院，近年来也在尝试通过数字资源转换缩微胶卷的方式保存其珍贵档案资料。

对于文献缩微工作而言，一方面，缩微文献作为文献资源的一种载体形式，是国家图书馆、各级公共图书馆实现遗散海外中华典籍回归，本馆文献信息资源补藏的介质；另一方面，应当继续发挥缩微中心的引领作用，将缩微工作作为文献保护与服务的一种手段，使其成为国家文献信息资源保存与服务协调发展链条上的关键一环。

参考文献：

[1]汪东波,张若冰.《公共图书馆法》与国家图书馆[J].国家图书馆学刊,2017(6):50–55.

[2]格洛莉亚·佩雷斯–萨尔梅隆.图书馆:社会变革的驱动器[J].图书馆杂志,2018(11):4–10.

[3]许建业.公共数字文化发展背景下的图书馆数字资源建设[J].新世纪图书馆,2015(11):57–59.

[4]刘静.公共图书馆与区域经济发展耦合协调度研究[J].新世纪图书馆,2018(11):70–73.

[5]徐立宁.基于资源共享的图书馆公共数字文化服务建设研究[J].河南图书馆学刊,2019(2):128–130.

[6]曹宁,张阳.数字缩微:理念创新与发展路向[J].数字与缩微影像,2011(4):22–25.

[7]吴建中.高质量社会发展背景下图书馆面临的新课题[J].图书馆建设,2018(1):31–34.

《中国图书馆分类法》及相关论著研究情况综述

吴　莉　李雨蒙（中山大学资讯管理学院）

1　引言

《中国图书馆分类法》（简称《中图法》），是新中国成立后编制出版的最权威、应用最广泛的大型综合性分类法。在国家图书馆的领导和主持下，《中国图书馆分类法》编辑委员会（简称"《中图法》编委会"）先后出版了《中图法》各版本及系列工具书，目前，《中图法》新版本修订在即，近年来有关《中图法》的研究热度却直线下降，甚至停滞。即便是尚存的研究热度，对《中图法》的研究讨论也主要集中在期刊论文领域，由于这一领域"一事一议"的特性，往往处理和应对的问题都较为具体和细碎，实际上，大量的论文涉及的是相关小类的调整。而以图书著作为代表的文献，才能充分、系统地表达相关研究者和实践者的思想，因此，在《中图法》这一主题上，针对图书著作的综述研究有别于对论文的综述研究，具有更重要的价值。分类法是图情领域的核心研究内容，是信息时代一切领域规范进行数字化工作的前提与基础。《中图法》及相关著作的出版是结合理论去实践这一核心技术的最切实的研究成果，对任何领域进行分类研究，都需要借鉴《中图法》相关类目的分类方法和逻辑思路。由此，了解《中图法》编制的源起与特征，重拾领域自信，对《中图法》进行系统、全程性的回顾都不能忽视《中图法》编委会、优秀学人在图书领域的著作以及在编辑《中图法》的过程中以图书形式产生的研究成果。

综上，本文从《中图法》相关的图书研究视角出发，以读秀数据库及《中图法》官网作为获取《中图法》相关图书数据的来源，旨在了解《中图法》相关图书的研究情况，探究《中图法》相关图书资料的形式特征以及主题内容，为后续的分类研究提供理论基础与建议。

2 图书来源及图书特征分析

2.1 图书来源

在读秀数据库中，以"中国图书馆分类法"及其简称"中图法"为限定检索书名的关键词，依据检索结果，梳理与《中图法》研究相关图书的书名、摘要、著录三个部分的信息内容。结合《中图法》官网信息，剔除不相关主题，共得到132本图书。在图书主题分类上，根据导出的书名及摘要初步判断该书所属的主题；在著者整理上，对同一著者的不同表达形式进行规范化合并。

2.2 图书特征分析

2.2.1 著者分析

对《中图法》相关图书出版的著者进行调研，统计结果显示著者主要分为集体著者和学者著者。具体体现：①一方面，集体著者主要以《中图法》编辑委员会为主，占图书成果的一半以上。1979年以前，图书著者主要为《中国图书馆图书分类法》编辑组，后成立《中图法》编辑委员会，接替原来《中图法》编辑组的工作[1]。另一方面，随着儿童图书馆事业的迅速发展，编委会下设"中国图书馆图书分类法（儿童图书馆、中小学图书馆版）分编辑委员会"，负责后续儿童图书馆·中小学图书馆分类法的编辑出版。②在图书馆学人方面，图书成果主要集中在陈树年、高辉、俞君立、蔡振华、刘国钧、皮高品等人。其中一些优秀学人同时也是编委会成员，为《中图法》图书出版贡献良多。

2.2.2 时间分布

对40年来《中图法》相关图书出版的时间进行统计，可以了解大致的发展进程，如图1所示。

在图书出版的时间分布图中，用白色标识了《中图法》第一版到第五版的出版时间分别是1975、1980、1990、1999以及2010年，修订版本周期逐渐趋为10年。不难看出，整体出版状况呈现波折发展的态势，在1973、1990、2000以及2013年集中产生了几个出版高潮，在1990年（12本）达到顶峰，这些图书的出版主要集中于《中图法》各版次筹备到正式出版前后。从时间跨度来讲，出现最早的是1963年的《中国图书馆图书分类法草案》，总体来看，跨度较久而成果总数并不算十分丰富。此外，近五年来，《中图法》相关图书出版的热度直线下降。

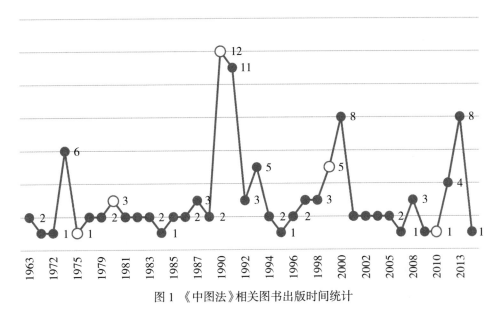

图1 《中图法》相关图书出版时间统计

3 图书主题分析

通过阅读搜集到的《中图法》相关图书，对主题进行归类如表1所示，笔者主要将图书归纳为7类：

表1 《中图法》相关图书主题分类统计表

类　别	主题归类
《中图法》各个版本	中国图书馆图书分类法、中国图书馆分类法、中国图书馆图书分类法第三版、中国图书馆分类法第四版、中国图书馆分类法第五版、中国图书馆分类法 第四版 网络版、中国图书馆分类法 Web版 第五版
实用性工具性图书	使用手册、实用手册、使用说明、使用参考手册、实用指南、使用疑难问题解答、简明教程、复分方法及其疑难解释、学习辅导、类分图书要点、分类导片、新类目和新方法、理论与使用、解要、详解、类名辞典
未成年人版本	未成年人图书馆版、儿童图书馆·中小学图书馆版

续表

类　别	主题归类
分类表研究	增删改类目对照表、修订类目对照表、对应表、期刊分类表、专业分类表
简本类	中小型馆试用本、简本
索引类	索引（中国图书馆图书分类法索引、类目对照索引、第二版索引、第三版R类索引、第四版索引）
发展与实践研究	草案、20世纪图书馆学文库、系列讲座、会议文集、评论集、规范化研究、发展路向研究、理论与分类实践、映射系统研究、医药学类目的可视化

3.1 《中图法》各个版本

该类包括《中图法》各个版本的图书，《中图法》始终随着社会活动的发展变化、新旧事物的更迭而处于不断修订中。1971年，"文化大革命"初期的混乱得到缓解，很多图书馆也逐渐恢复了活动，而《中国图书馆图书分类法草案》（原名为《大型图书分类法草案》，简称《大型法》）尚未正式问世，当时全国急需一本统一的分类法。因此，北京图书馆（现国家图书馆）倡议并召集了全国36个编辑组开始《中图法》的编辑工作[2]。《中图法》第一版印行后，受到各图书馆、情报所单位的欢迎。受当时环境所限，分类法本身存在一些严重的错误，在使用过程中也暴露出不少问题和缺点，再加上新学科、新问题和新事物不断涌现，编辑组决定修订再版。1979年3月，《中图法》修订工作会议在长沙召开，在此期间成立《中图法》编辑委员会，负责《中图法》的修订和管理，接替原来《中图法》编辑组的工作[3]。《中图法》第二版刊行后，取得了巨大成就，于1985年荣获国家科学技术进步奖一等奖。但在实践中图书馆事业的发展，文献数量的猛增，加上科学技术的变化又带来了很多新问题，使得第二版的修订成了一个现实问题。经过对《中图法》实用性调查、专业修订及综合编制3个阶段的工作，第三版于1990年正式出版[4]。《中图法》在修订中不断完善和发展，1996年《中图法》编委会第五届委员会成立，工作会议重点探讨第三版修订方案，经过准备、会议研讨及分工修订、草表审定、征求意见、主副编审定5个阶段，第四版于1999年出版，第四版重点修订了F类、TN类、TP类。此外，类目体系、指示性类目、类目注释及交替类目等都是第四版的修订特色[5]。第四版出版后，信息环境、技术环境、社会环境的变化使得分类法很难适应当时图书分类的问题，特别是和信息资源相关的内容，《中图法》编委会决定对第四版进行修订[6]，第五版对第四版做了较大修改，与学科发展、知识发展体系保持同步，完善类目体系、修改类名、新增类目、增加使用注释、完善附表类型等[7]。

3.2　实用性工具性图书

《中图法》实用性、工具性图书主要包括《中图法》系列版本的使用手册、实用手册、使用参考手册、实用指南、使用疑难问题解答、简明教程、解要、详解、类名词典等多种主题，既能帮助用户快速掌握中图法的使用规则，又能使图书馆更系统地进行资源整理。

在配套工具书上，编委会在《中图法》每一新版出版后集体编写相应的使用手册（前两版称使用说明），以利于各单位深入学习，掌握分类法的相关知识，更好地了解和统一使用《中图法》。使用手册第四版增加了机读数据标引的新内容[8]，同时对第三版编写简略的内容进行补充，目前已经更新至第五版[9]。而在图书馆学人方面，出版的工具书与《中图法》编委会相比种类丰富，对《中图法》的普及和利用起到了重要作用。例如：简明教程介绍了《中图法》的由来、发展、修订、使用、发展趋势以及未来前景，并附上《中图法》名词术语解释及练习题，有助于广大用户对《中图法》的学习和应用；大部分实用性图书都是为业界工作提供实践指导，有的学者以《中图法》为基础，结合自己工作中遇到的实际情况编写新的使用指南，如李璞编著的《〈中国图书馆分类法〉（第四版）实用指南》一书，该书根据四川省图书馆的实际情况，为解决《中图法》不断修订和版本更新给工作带来的不便，在图书分类方面重新做了一些调整与规定[10]；也有学者解析类分图书常见的疑难问题[11]，供图书馆员掌握基本分类知识[12]；还有从类目语义层面开展研究，主要目的是在文献分类标引时更好理解类目的语义环境及内涵，如《中国图书馆图书分类法类名辞典》[13]，选目以《中图法》第三版为依据，对常用类目、疑难类目进行简要解释。

3.3　未成年人版本

《中国图书馆分类法·未成年人图书馆版》（原称为《中国图书馆分类法儿童图书馆·中小学图书馆版》）。随着我国国民经济的提升及图书馆事业的发展，儿童图书馆队伍也在迅速壮大，中小学、青少年图书文献越来越多。为满足类分未成年人图书的需要，1990年《中国图书馆图书分类法》编辑委员会成立了"《中国图书馆图书分类法（儿童图书馆、中小学图书馆版）》分编辑委员会"（简称分委会）。分委会主要负责未成年人图书分类法的编辑出版，于1991年5月出版了《中国图书馆图书分类法儿童图书馆·中小学图书馆版》（简称《少图版》）第一版[14]，三年后出版了第二版[15]，第三版被《中国少年儿童文献分类主题词表》代替。少儿图书馆分类法的出版具有重要里程碑意义，为我国儿童图书文献分类提供科学依据，为儿童图书的分类标准打下良好基础，弥补了我国图书馆在儿童图书分类的空白[16]。此外，《少图版》有相应的配套使用手册作为辅助。为满足时代发展的需要，2013年分委会在《中图法》第五版基础上推出《中国图书馆分类法（未成年人图书馆版）》，该书主要包括《少图版》相关版本的编制说明、修订说明、使用方法与规则以及本次编修的增删类目等说明[17]。

3.4　分类表研究

与《中图法》相关的分类表出版物主要分为两个方面：对照表、对应表以及期刊分类表、专业分类表。

对照表、对应表主要提供了新旧两版变化较大的类目增删更改的对应列表[18]。例如第二版与第三版修订类目对照表，根据修订的类型（改类名、改注、增类、删专题汇编复分表等）列出第二版和第三版相对应的类号、类名及注释[19]。再如第五版与第四版类目对照表在修订注释、备注（新增、改号）的基础上，提供类目的查找途径，给用户提供方便的同时也利于图书馆图书改编和新书分类工作[20]。

期刊分类表出版则是实现我国期刊分类标准化和规范化，适应中外文期刊的管理和检索[21]。首版期刊表在《中图法》及期刊分类法草案的基础上编制而成，从1987年出版以来被广泛应用。期刊表随着《中图法》的出版不断修订更新[22]；而《中图法》专业分类表系列涵盖范围广泛，包括教学、测绘、公安科学文献、农业、医学、体育、农科科学、地震科学等专业。为满足各专业文献分类的需要，通常在《中图法》委员会的指导下，与相关专业单位组成编辑组共同编制而成。如《农业专业分类》表适用农学科学分类体系，和综合性分类法农业类目相比，该表涵盖范围更广，类目更细，并在分类体系、配号制度上和《中图法》相兼容，成为农业文献分类的实用工具[23]。

3.5　简本类图书

《中图法》简本与《中图法》正本相比较简明浅显，主要适用于中小型馆类分图书的需要。自1975年在《中图法》第一版基础上缩编成中小型馆试用本后，简本一直和《中图法》的出版及修订相同步[24]，略滞后于《中图法》的出版[25]，目前共出至第五版（2010年）。其中第二版（1980年）根据《中国图书馆图书分类法》节编而成，刊行后，在全国中小型馆被广泛使用，并与《中图法》及其他系列工具书一起荣获国家科学技术进步一等奖[26]。简本的体系结构基本和《中图法》保持一致，其类目划分较少，注释较多。

3.6　索引类图书

索引的主要目的是提供字顺查检，类目按字母拼音字顺排列，在一定程度上充当了主题检索的功能，方便图书情报人员及用户按主题概念名称的字顺查到有关类目。《中图法》第二版、第四版均编制了索引，第二版索引收录了《中国图书馆图书分类法》及《中国图书资料分类法》具有检索意义的类目概念，充当这两部分类法的使用工具，给《中图法》的使用带来很大的便利[27]。由于第三版的索引被《中国分类主题词表》"主题词—分类号对应表"取代，就没有再单独编制，但在使用过程中，该表和索引还是存在很大的差异，影响了使用效果，因此《中图法》编委会续编了第四版索引[28]。各版索引或叙词表各有特点，第二版编制精良，规模较大，第三版采取叙词表式的形式[29]，而第四版则采用了题内关键词轮排索引的形式（KWIC）[30]，它们对我国分类法的发展都起到重要的作用。

3.7　发展与实践研究

该类和《中图法》的产生、发展密切相关。《中图法》的前身可追溯到《大型法》，《大型法》的编制是图书馆工作的一件大事。1954年在北京图书馆的组织下，全国图书馆及图书馆学教育机构一起参加编制，初稿形成后，发给各方图书馆和专家们征求意见[31]。根据各方的建议，先把《中国图书馆图书分类法草案》中自然科学、综合性图书、辅助表部分作为下册先出版，在内部发行。而上册在整理"哲学　社会科学"部分过程中出现了诸多问题，再加上修订期间受到"文化大革命"的影响，未能正式问世[32]。《大型法》在编制过程中总结了国内外分类法的经验，为后来《中图法》和《中国图书资料分类法》（简称《资料法》）的编制提供了基础素材。白国应把它的历史意义总结为"《大型法》是《中图法》和《资料法》的基础，《中图法》和《资料法》是它的继续和发展"[33]。

《中图法》发展过程中，相关评论集、会议文集及系列讲座得到出版。评论集主要讨论《中图法》在修订上存在的问题[34]，会议文集主要针对在召开研讨会期间对有关组配方式在体系分类法中的应用及综合性科学知识如何列类问题的讨论[35]。针对《中图法》第四版的变化和使用难点，《国家图书馆学刊》特邀《中图法》编委会刘湘生、卜书庆、陈树年、张涵4位学人做第四版系列讲座，帮助大家掌握《中图法》第四版图书改编、类分资料、加"0"等有关问题[36]。此外，还有一些分类法的优秀著作，《20世纪中国图书馆学文库》从1909—1999年发表的图书馆学著作中筛选100种左右优秀著作，汇成文库[37]，旨在加强图书馆学史料建设，有皮高品编写的《图书分类法参考工作与基本参考书》，白国应编写的《图书分类学》等分类法优秀著作。

为顺应数字时代的发展，学者对映射、类目可视化等主题的研究陆续涌现。在映射研究方面，《〈中国图书馆分类法〉与〈杜威十进分类法〉映射系统研究》一书分析了两者映射的可行性和实用性，旨在实现文献信息之间资源共享[38]。而《基于本体工具的〈中图法〉医药学类目的可视化研究》一书提出《中图法》可视化的思考，以医学类目为目标，设计可视化信息查询系统[39]。

总的来看，《中图法》发展与实践类的图书从《中图法》的前身贯穿到未来，共同推动《中图法》的发展。前期为《中图法》编制提供了基础素材，中期为学习和掌握《中图法》打下理论基础，后期以发展的眼光研究信息资源共享、可视化等问题。

4 结 语

本次调研发现，《中图法》的图书研究情况呈现下述特征：①图书主题主要集中于7个大类，即《中图法》各个版本、实用性工具性图书、未成年人版本、分类表研究、简本类、索引类及发展与实践研究，它们在应用中不断完善，并逐渐形成一套以《中图法》为母本的分类法体系。探讨的主题内容包括种类丰富并适用图情领域和广大用户学习的工具书、满足不同规模文献机构，不同文献类型的使用版本、满足不同专业类分图书需要的分类表以及提供字顺查找分类号的索引等。②《中图法》每一版本的修订都有其特点和重点，每一版的出版都不断提高对文献、信息资源、学科体系及社会环境的适应能力，提高分类法的实用性。随着科学技术的发展，对《中图法》的研究还出现了映射、可视化、网络版、Web版的新主题。

　　《中图法》为了适应时代的发展始终处于不断修订中，有学者把《中图法》的发展史看成一条不平坦的道路[40]。1979年《中图法》编委会的成立具有开创性的意义，在《中图法》各系列版本的研究、修订、组织等方面取得了巨大的成就[41]。《中图法》每一版本的出版，都有其相配套的使用手册、修订类目对照表等工具书。这些工具书的编辑主要是以《中图法》为基础，在出版时间上普遍滞后于《中图法》，随着《中图法》的发展而发展。此外，还有大量学人著者编辑的版本、分类表、工具书等图书。他们在《中图法》的产生、发展、应用及未来起着不可替代的重要作用。目前对《中图法》研究热度低迷，期望通过这次对《中图法》图书领域的研究主题进行分析，回归图书馆学核心技术的研究，为后续的相关研究提供一定的理论基础和参考价值。

参考文献：

[1][3]中国图书馆图书分类法编辑委员会.中国图书馆图书分类法[M].北京:书目文献出版社,1980.

[2]宛福成,等.《中国图书馆图书分类法》第三版理论与分类实践[M].北京:机械工业出版社,1991.

[4]中国图书馆图书分类法编委会.中国图书馆图书分类法[M].3版.北京:书目文献出版社,1990.

[5]中国图书馆分类法编辑委员会.中国图书馆分类法[M].4版.北京:北京图书馆出版社,1999.

[6][9]《中国图书馆分类法》编委会.《中国图书馆分类法》第五版使用手册[M].北京:国家图书馆出版社,2012.

[7]国家图书馆《中国图书馆分类法》编辑委员会.中国图书馆分类法[M].5版.北京:北京图书馆出版社,2010.

[8] 中国图书馆分类法编辑委员会. 中国图书馆分类法 第四版 使用手册[M]. 北京:北京图书馆出版社,1999.

[10] 李璞.《中国图书馆分类法》（第四版）实用指南[M].成都:巴蜀书社,2008.

[11] 蔡振华等.《中图法》第三版解要[M].大庆:大庆师专,1991.

[12] 李怀智,郭友主.图书分类实用技术《中图法》三版详解[M].长春:吉林教育出版社,1990.

[13] 王金祥,赖伯年,杨邦俊.《中国图书馆图书分类法》类名辞典[M].西安:西安出版社,1996.

[14] 中国图书馆图书分类法（儿童图书馆·中小学图书馆版）分编辑委员会.中国图书馆图书分类法 儿童图书馆·中小学图书馆版[M].天津:天津人民出版社,1991.

[15] 第二届《中国图书馆图书分类法（儿童图书馆·中小学图书馆版）》分编辑委员会.中国图书馆图书分类法 儿童图书馆·中小学图书馆版[M].天津:天津人民出版社,1998.

[16] 中图法（儿童图书馆、中小学图书馆版）分编辑委员会.中国图书馆图书分类法使用手册 儿童图书馆、中小学图书馆版[M].海口:海南出版社,1993.

[17] 《中国图书馆分类法（未成年人图书馆版）》编辑委员会.中国图书馆分类法 未成年人图书馆版[M].四版.北京:北京图书馆出版社,2013.

[18] 《中国图书馆分类法》编辑委员会.《中国图书馆分类法》第三版与第四版修订类目对照表《汉语主题词表》增词表（1984.12—2000.3）[M].北京:北京图书馆出版社,2000.

[19] 中国图书馆图书分类法编辑委员会.中国图书馆图书分类法 第二版与第三版修订类目对照表[M].北京:书目文献出版社,1991.

[20] 国家图书馆《中图法》编委会办公室.《中国图书馆分类法》第五版与第四版增删改类目对照表[M].北京:国家图书馆出版社,2013.

[21] 《中国图书馆分类法》系列版本及工具书.期刊分类[EB/OL].[2019-05-17]. http://clc.nlc.cn/ztfbb.jsp.

[22] 国家图书馆中国图书馆分类法编辑委员会.中国图书馆分类法期刊分类表[M].3版.北京:国家图书馆出版社,2012.

[23] 蔡捷.中国图书馆分类法 专业分类表系列 农业专业分类表[M].北京:北京图书馆出版社,1999.

[24] 《中图法》系列版本及工具书[EB/OL].[2019-05-18]. http://clc.nlc.cn/ztfbb.jsp.

[25] 王敏.《中国图书馆分类法》与其简本的比较分析[J].黑龙江档案,2011（2）:114.

[26] 中国图书馆分类法编辑委员会.中国图书馆分类法简本[M].4版.北京:北京图书馆出版社,2000.

[27]中国图书馆图书分类法编辑委员会,武汉大学图书馆学会.中国图书馆图书分类法(第二版)索引[M].北京:书目文献出版社,1984.

[28]中国图书馆分类法编辑委员会.中国图书馆分类法(第四版)索引[M].北京:北京图书馆出版社,2000.

[29]李华.《中国图书馆分类法》第2、3、4版索引测评[J].图书馆建设,2005(1):52-54.

[30]侯汉清,李华,白振田.《中国图书馆分类法》轮排索引的计算机编制[J].图书馆杂志,2002(8):10-14.

[31]宛福成等.《中国图书馆图书分类法》第三版理论与分类实践[M].北京:机械工业出版社,1991.

[32]白国应.我与《大型法》[J].山东图书馆季刊,2004(1):3-6.

[33]白国应.历史不会忘记——纪念《大型图书馆图书分类法草案》编制40周年[J].图书情报论坛,1999(1):2-13.

[34]武汉大学图书馆学函授专修科南宁函授辅导站.《中国图书馆图书分类法》评论集[G].武汉:武汉大学图书馆学函授专修科南宁函授辅导站,1982.

[35]《中国图书馆图书分类法》编委会.《中国图书馆图书分类法》修订研讨会论文集[G].《中国图书馆图书分类法》编委会,1985.

[36]本刊快讯:《中国图书馆分类法》(第四版)系列讲座即将出版[J].国家图书馆学刊,1999(2):91-93.

[37]吴慰慈,陈源蒸.温故知新思未来——《20世纪中国图书馆学文库》代序[J].中国图书馆学报,2013,39(1):119-121.

[38]戴剑波.《中国图书馆分类法》与《杜威十进分类法》映射系统研究[M].南京农业大学出版社,2004.

[39]欧阳宁.基于本体工具的《中图法》医药学类目的可视化研究[M].南京农业大学出版社,2008.

[40]周继良.20世纪中国图书馆学文库(58)·图书分类学[M].北京:国家图书馆出版社,2013.

[41]《中图法》编委会概况[EB/OL].[2019-05-18].http://clc.nlc.cn/ztfbwh.jsp#.

社会力量参与城市图书馆体系建设方式研究

——以苏州工业园区图书馆为例

邱 振（苏州工业园区图书馆）

公共图书馆在公共文化服务体系的构建中占据主角地位[1]，为满足社会公众日益增长的精神文化需求，使图书馆服务效益最大化，城市图书馆体系建设需要社会力量的积极参与。2017年3月1日实施的《中华人民共和国公共文化服务保障法》和2018年1月1日实施的《中华人民共和国公共图书馆法》相继规定了公共文化服务应坚持政府主导、社会力量参与。苏州工业园区（以下简称"园区"）是中国和新加坡两国政府间的重要合作项目，连续三年在全国经济开发区综合考评中位居第一。在"经济溢出"效应的带动下，一方面园区社会阅读力量自发改善公共文化服务水平、参助公共文化事业的愿望增强，另一方面园区回归创新本源，积极扶持和引导社会力量参与园区全民阅读的建设与发展。近年来，园区在由政府主导的"区—街道（社工委）—社区"三级图书馆网络体系的基础上，创新管理模式，整合社会阅读资源，灵活多样地制定不同参助方式，以需求创造服务，以管理保证质量，调动了社会力量参与城市图书馆体系建设的热情，也让居民充分享受到了多元、全方位的服务。

1 社会力量参与园区图书馆体系建设的形式

苏州工业园区行政区域面积278平方公里，其中中新合作区80平方公里，下辖4个街道（148个社区），常住人口约80.26万（2015年底统计）。由政府主导的园区公共图书馆服务体系主要由"区—街道（社工委）—社区"三级图书馆网络体系组成，包括图书馆分馆20个、社区阅览室110个（截至2018年底），主要分布在园区的各个街道、居民社区、邻里中心。2018年，共借阅图书227万册，平均每位园区居民借书2.8册。这些阅读点方便了读者就近利用图书馆，也发挥出了图书馆传播信息和知识的作用[2]，基本能满足园区市民的阅读需求，但由于是"政府主导、自上而下"的推动模式，不可避免地也存在服务内容范围狭窄、服务对象规模有限等问题[3]。而在民间散落着的如企业、书店、咖啡吧、家庭书房等拥有场地资源的阅读服务资源，基于自身的社会责任感、自身文化建设的需求以及提升自身吸引力的需求，也非常愿意参与对公众的阅读服务。苏州工业园区图书馆①作为整个园区的公共图书馆，遵循政府主导，社会参与的原则，鼓励、扶持社会阅读资源参与全民阅读推广工作，实现资源共享，优势互补，共同推动全民阅读、建设书香园区。

为此，独墅湖图书馆针对不同的社会力量参与的方式因地制宜地创新服务模式[4]，相应采取不同的合作方式，针对拥有实体阅读空间的社会力量，采用如共建阅览室、阅读联盟、筑巢计划、家庭图书馆方式等，独墅湖图书馆统筹图书配送，统一活动宣传平台，将这些社会阅读力量纳入了图书馆管理服务体系；针对无实体空间的社会阅读组织，构建众筹平台，征集资源，由政府购买，提供菜单式服务。

1.1 针对实体阅读空间采取灵活多样的共建模式

1.1.1 企事业单位共建阅览室

园区的大中型企事业一般会自己建立阅览室，主要服务于企业内部员工。在园区还有为数众多的高科技小型企业会设有专门的产业园，并成立公共阅览室，这些阅览室主要还是服务于企业内部员工，受众面比较狭小，服务能力也有限。独墅湖图书馆与各企事业单位图书馆共建阅览室，定期向企事业单位配送图书，企业员工可凭市民卡随意借阅图书，图书馆为企业每季度更新图书，阅览室的自动化、数字化管理（智能化）工作也走上了新台阶，共建阅览室部分弥补了公共图书馆对企业员工服务的缺失。独墅湖图书馆与2.5产业园共建的2.5产业园共建阅览室，由图书馆与新建元集团，为产业园区近百家创新型企业服务，辐射员工约3万人，阅览室共有图书3000余册，同时还提供电子书刊、语音听书等应用智能化数字阅读体验。图书馆与园区邻里中心商业物业管理公司共建的社区图书馆，嵌入园区民生服务版图，已成为居民阅读的贴心驿

---

① 苏州工业园区图书馆，原为苏州工业园区独墅湖图书馆，常用名为"独墅湖图书馆"，下文统一用常用名。

站，让读者感受到了浓浓的邻里情。

1.1.2 阅读联盟

针对园区数量众多的书店、咖啡馆、酒店、民间阅读组织等拥有实体公共阅读空间的社会阅读力量，独墅湖图书馆在园区宣传部的指导下，于2015年成立了园区阅读联盟，通过提供优惠的扶持政策，实现资源共享、信息共享、阅读共享。图书馆为加盟机构免费提供500册图书，并与园区公共图书馆实现通借通还，同时定期更新书籍，以保证图书的更新率与吸引力。根据其服务人员持续性、专业性差的弱点[5]，定期提供培训。在加盟机构之一的兰博基尼书苑酒店，住户除了可以根据自己的喜好自由地选择书籍，其房卡还与园区图书馆的数字图书馆绑定，扫一扫二维码，即可免费阅读电子图书。另一加盟机构基金博物馆通过订制推送主题阅读书目，聚集了全国近百位金融大咖定期举办金融大讲堂等特色活动满足了当地金融机构、企业和特需人群学习与创新需求。此举使得图书馆的图书放到了各种不同的需要场所，让更多人熟悉、阅读，图书馆的服务伸到了园区的每个角落。

1.1.3 家庭图书馆

目前，园区31.5%的居民读者已置备自己的书房，人均藏书量超过70册，在园区的许多社区也自发地开发了阅读共享空间，为此，独墅湖图书馆通过与社区家庭单元、社区邻里秉承共建、共融、共创、共享的合作原则，共同建设园区家庭图书馆。截至2018年底，成立了园区家庭阅读委员会，并扶持10个家庭图书馆开放服务，带动各家庭图书馆服务每一个个体，同时连续两年推出了"家庭阅读书目推荐"，举办"爱阅·家"阅读接力、中秋诗会等活动。如湖西新馨社区的黄芳家庭，作为首批开放的家庭图书馆之一，运行近1年以来，带动了身边的近百位成员，受到了社区居民一致好评。唯亭街道的张倩倩家庭，在园区图书馆的专业指导下，家里的几千本书也吸引了周边的邻居成为她家的常客。

1.1.4 筑巢计划

2016年，独墅湖图书馆启动了"筑巢计划"，在邻里中心、学校、社区和街道搭建鸟巢图书馆，志愿者们亲手绘制了一个个小"鸟巢"，接受社会各界和个人捐赠图书，开展线下图书漂流，读者还可以通过图书馆微信公众号，体验线上"捡书"与"漂书"。截至2018年，共在园区设置实体鸟巢图书馆25个，线上微"鸟巢"5万余个，图书漂流了3000余次。此项活动已连续3年被园区社会责任联盟列为重点扶持项目。

2　制定多规范的管理标准

为使社会力量更好地参与社会阅读服务，满足群众的服务需求，独墅湖图书馆形成了多规范管理，以制度建设保障持续的优质服务，用制度固化实体服务成效。

2.1　设定标准

对于不同的共建形式，如阅读联盟、企业阅览室、家庭图书馆等，制定了《共建阅览室合作协议》《苏州工业园区阅读联盟管理办法》《苏州工业园区家庭图书馆管理办法》等制度文件。制度规定了如何加入园区社会阅读大平台的资格标准，如硬件设施配备、开放时间、现有图书资源、服务对象等，经独墅湖图书馆实地考察、综合评估通过后，设定相应的服务标准规范服务品质，如每年的服务次数、借阅量、人流量、参与活动读者人数等。

2.2　管控、评估、激励

针对多形式的阅读服务点，采取了多维度的评估方式，比如定期进行读者满意度调查，发放"园区社区阅览室需求调查问卷"对服务点进行评估；从街道、社区层面对其所辖区内的各类服务点的服务内容进行评价；独墅湖图书馆每月根据制定的管理办法对各服务点进行业务巡检督查。园区每年底统一开展全民阅读评估工作，评估每家社会力量服务点的绩效，以此为依据给予不同的补贴资助，同时评选优秀服务、创新案例、公益之星等，奖优促效。

3　众筹社会阅读资源，供给"菜单"服务

3.1　打造"一朵云、两个库、三个平台"

据调查，截至2018年底，园区共有民间社会阅读组织599个，平均运营时间为3年，其中280个是合法注册的文化类社会组织，另有121个文化类社会组织正在孵化阶段。独墅湖图书馆作为文化类社会组织孵化基地之一，长期与

之合作开展阅读推广活动，提升社会组织在活动策划、活动组织、活动宣传等方面的能力，培育和扶持初创期园区社会组织发展。

为此，独墅湖图书馆依托园区公共文化三级体系，联动社会力量，以图书馆为试点，探索打造"一朵云、两个库、三个平台"，创建园区公共文化云平台，纵深开发师资库、课程库，横向建立资源征集平台、资源管理平台、用户服务平台。平台以"爱阅"为服务品牌，采取"政府出资、专业运作、多方协同、社会组织受益"的创新运作模式，培育和扶持园区社会阅读力量。通过资源征集平台网格化收集基层文化资源，众筹了如绘本馆、民间阅读组织、亲子馆、培训机构、民间的阅读达人、志愿教师等社会师资，以及绘本讲读、双语沙龙、金融大讲堂、手工课堂、国学阅读、好书分享等活动课程。在资源管理平台上，对征集的师资库和课程库的形式进行精细化分类管理。独墅湖图书馆还进一步扩展宣传渠道，通过独墅湖图书馆网站、微信公众号以及园区管委会网站等平台，每周发布"每周慧分享"（周活动计划），订制"爱阅·播报"栏目按时发布活动新闻，并积极联系《文化报》《图书馆报》、中国图书馆学会、江苏省图书馆学会等机构，在各类专业媒体上宣传园区服务、园区经验，提升园区影响力。无论是在书店、民间读书会还是在企业、市区开展的活动均能通过用户服务平台发布。苏州工业园区书恒儿童阅读服务中心就是通过在平台的积极扶持推动家庭亲子及群众阅读，打造"故事妈妈"志愿者服务团队，目前已经走出园区，在高新区、姑苏区、相城区等多个企业、学校、社区有效地发挥着自己的"专业素养"。

2018年，独墅湖图书馆共串联了68个社会阅读机构，征集了阅读讲师近100位，共开展了基层活动1560场，占了园区全年阅读活动总数的78%，全年在市区级媒体上发布活动新闻300余篇，其中近40篇为国家级媒体。

3.2 构建志愿服务平台

独墅湖图书馆通过建设"德鲁克智远行"志愿服务平台探索具有园区特色的文化志愿服务活动模式，使公共文化服务从文化系统"内循环"逐步转为面向社会的"大循环"，构建了一个广泛参与、内容丰富、形式多样、机制健全的公共文化志愿服务体系。

平台定向招募或面向社会公开招募志愿者，对志愿服务人员统筹管理，积极扶持，定期开展一系列文化志愿服务宣传、交流与合作活动；平台还创新开设职业体验结合志愿服务的阅读推广实践基地——"青流图书馆",引领大学生走进图书馆文化、体验职前岗位、参与志愿服务,并与多所高校共建了17支志愿者管理分站。"德鲁克智远行"志愿服务平台通过与一些企业和社会公益服务机构的合作,已经发展成为一支多元、共享、创新、融合的志愿者队伍。2018年,平台注册志愿者1128人,其中活跃志愿者400人,年累计服务近1.5万小时,开展各类公益活动近100场。

3.3 按需提供"菜单"精准服务

"菜单"服务是指政府以群众需求为导向,由政府购买社会力量提供的服务,将服务以"菜单"交给群众,经群众充分选择后实施供给的服务方式。独墅湖图书馆通过服务需求促参与、开展阅读活动聚集人才,因地制宜输送"两库"(专家库、课程库)资源。每月25号前,独墅湖图书馆向街道(社工委)接洽服务需求,通过对接社会阅读资源提供的服务清单,确认下月活动计划,并于每月30日前对外发布;每年底,由图书馆组织街道(社工委)、各社会阅读力量代表,召开年度阅读服务计划沟通会,调研下一年度阅读服务需求,再根据上一年活动开展情况,确定扶持社区名单及其意向活动计划,报上级主管部门确认后,通过网站、微信等方式面向公众发布。

3.4 标准管理保障服务品质

对于提供阅读推广活动为主的社会阅读组织和个人,园区结合实际,以服务内容为主线,制定了《苏州工业园区图书馆基层阅读活动管理规范》(以下简称《规范》)等制度,规范服务评估、读者满意度调查等标准化业务,实现了基层文化供给标准化。最后,园区还对向社会力量提供的服务进行评估,根据评估结果调整下次活动安排,可将缺乏实际需求的活动项目逐步在菜单中下移,甚至最终"下架"。

3.4.1 活动实施标准化

《规范》对阅读推广活动的实施范围、如何根据既定活动计划发布活动预告、如何组织报名、新闻宣传等都进行了详细的标准化规定,无论哪个街道、社区、企业单位或不同的现场服务人员均可规范实施活动。

3.4.2 活动评估标准化

《规范》详细规定了对活动进行评估的相应条款,如活动组织、实施,需满足"三有"（有预告、有照片、有新闻），每场活动参与不少于15人（组），每场活动需在举办前3个工作日发布预告，活动结束后3个工作日内发布活动新闻等，使得每场活动的成效得到一定的保证。《规范》要求在活动结束后，各需求单位需将活动照片、新闻以邮件的方式发给独墅湖图书馆，由其在统一宣传平台进行发布。

3.4.3 补贴发放标准化

《规范》规定了对提供活动服务的讲师如何发放补贴的标准，根据活动大小，难易程度，参与人数和活动评估结果发放相应补贴，这更进一步使得政府购买社会力量服务有据可依。

为深入贯彻落实习近平总书记关于"坚持政府主导、社会参与、重心下移、共建共享，完善公共文化服务体系，提高基本公共文化服务的覆盖面和适用性"的重要指示精神，同时紧扣省委提出的"六个高质量"的指示，苏州工业园区积极鼓励社会力量通过各种方式参与园区公共图书馆的发展，通过深化文化供给侧结构性改革，盘活民间资源，对社会组织在全民阅读中发挥的作用予以更大力度的支持，真正实现了公共服务设施效能的最大化和社会服务覆盖范围的最广化，使社区居民在最大层面上享受到专业的阅读服务。园区拓服务于实处，增进服务，赢得信任，营造与民互动、全民参与的书香园区氛围，为公共文化服务提供新动力，用文化点亮了园区老百姓的幸福梦，让文化催生美好新生活。

参考文献：

[1]柯平,等.社会公共服务体系中图书馆的发展趋势、定位与服务研究[M].国家图书馆出版社,2011:19.

[2]邱冠华.苏州城区总分馆建设的实践与思考[J].图书馆情报工作,2009（1）:17.

[3]张赞梅.社会力量参与公共图书馆服务体系建设研究——以嘉兴市实践为例[J].图书馆理论与实践,2013（7）:4.

[4]陈韶华,陈韶春.图书馆如何推进全民阅读[J].图书馆理论与实践,2010（1）:105.

[5]岳亚.民间公益图书馆可持续发展研究[J].传媒论坛,2018（22）:151.

改革开放以来《中图法》基础理论研究综述

邱　越（中山大学资讯管理学院）

　　《中国图书馆图书分类法》现名为《中国图书馆分类法》（以下简称《中图法》），是以科学分类和知识分类为基础，并结合文献内容特点及其某些外表特征进行逻辑划分和系统排列的类目表。对于《中图法》的研究，不论处于哪个时代，都具有很强的现实意义。具体而言，对《中图法》的各方面研究不仅可以帮助各界了解目前中国图书馆分类法的研究方向和主要领域，推进当下图书馆事业理论完善与实践进步，扩大图情界的社会影响力，更能将《中图法》广泛、持续、独特的影响力不断地传承下去，实现《中图法》在未来的可持续发展。在图书馆文献资源建设日趋呈现开放共享特点的大环境下，对《中图法》相关研究文献资源的深入研究与科学整合，对于图书馆文献整体资源质量与关联的把控，具有积极作用。

　　针对《中图法》的基础理论研究，则是图书情报界围绕《中图法》进行的最具基础性、根本性的探索实践。基础理论研究，广义上而言，指的是对具体学科的基本概念、研究与应用及整体理论体系的基础性研究。本文研究的主体为围绕《中图法》以及相关研究进行的基础理论性研究成果，具体形式为期刊文献。其评判标准为：学界与业界在研究各版本《中图法》过程中针对《中图法》的研究综述，特色特点的提炼总结、对《中图法》的修订、实践及相关研究的评价议论，基于《中图法》问题局限的建议意见，应用《中图法》的心得体会，对《中图法》研究专题的对策探析以及《中图法》发展问题的相关看法等理论性研究。

　　重视围绕《中图法》的基础理论研究，具有以下几方面的现实意义。首先，关注基础理论研究，就是重视对《中图法》制定的根本理论基础的梳理，同时也是针对《中图法》的研究回归本质的重要表现。只有回归本源，才能形成牢固的理论根基，从而为日后《中图法》的不断更新与修订工作提供扎实的理论基础。其次，关注基础理论研究，是在学界与业界对《中图法》研究热度持续低迷的情况下，推动学界与业界重新关注相关学术研究与工作实践之根本思想基础，更是引导我国图情学者与时俱进行深入学术探索、图情工作者不断将理论联系实际，使《中图法》在新的时代不断焕发出新的生机，增强其生命力的重要举措。最后，关注基础理论研究，不仅仅是能够提升《中图法》自身理论的现实适用性、内涵外延的时代性，对于围绕《中图法》其他各方面的研究，如类目设置研究、分类技术研究以及宏观架构性研究的扩展，更具备支柱性的作用。

1 研究概述

1.1 研究过程概述

本次研究过程主要分为3个阶段，第一阶段是《中图法》期刊数据的收集，第二部分是《中图法》期刊数据的整理，第三部分是对数据整理结果进行总结与分析。

1.2 数据收集

笔者基于中国知网的文献信息资源，使用该网站的高级检索功能，将检索篇名限定为"中图法"或"中国图书馆分类法"或"中国图书馆图书分类法"，或者检索关键词限定为"中图法"或"中国图书馆分类法"或"中国图书馆图书分类法"，检索时间为2018年12月31日，初步检索出3218条与《中图法》有关的期刊文献。

1.3 数据整理

通过导出参考文献的格式选定序号、题名、作者、关键词、摘要、文献来源、单位来源、发表时间、中图法分类号等信息，把这些文献信息全部导入Excel表中，上述信息即为自《中图法》诞生以来至2018年学界与业界针对其研究并发表的期刊论文的基本描述性信息。根据基本描述性信息，为进一步筛选出与《中图法》具备较强关联、具有实质性内容的文献，笔者对检索到的3218条结果进行人工标引，整理统计出与"中图法"相关的2435条数据。

拟定本次研究的主要研究对象——基础理论研究。筛选和《中图法》研究相关的文献，首先通过标题来判断，标题无法判断时，再通过关键词及摘要来判断，最终筛选出和《中图法》研究相关的文献，并根据筛选出来的文献进行主题分类。

第一次主题分类完成后笔者发现了一些问题，其中最大的问题就是类与类之间存在交叉，随后修正分类的规则，最后确定为把总体研究、《中图法》版本的特色特点，对《中图法》的一些建议、意见、探析、浅析、刍议、浅议，使用《中图法》的心得、体会以及《中图法》的发展问题等研究方向归为基础理论研究类。

笔者进一步根据制定出的围绕《中图法》的基础性研究的评判标准，进行筛选和主题分类工作，从与"中图法"相关的2435条数据中择取其中属于"基础理论研究"主题类别的期刊文献297篇。《中图法》相关期刊文献分析框架主要是基于具体的主题，二级主题，题名、作者、关键词、摘要、文献来源、单位来源、发表时间、中图法分类号等信息。

在《中图法》相关期刊文献分析框架的基础上，除各版本的《中图法》之外，《中图法》的各系列版本及工具书也在本次研究的范畴之内。从1975年出版第一版至今，《中图法》已修订出版至第五版。在实际的研究中，经过细致统计，最后整理得到《中图法》5个版本的详细资料及以《中图法》为原本进一步编制的《中国图书资料分类法》、《中国图书馆分类法简本》、《中国图书馆分类法·期刊分类表》、《中国图书馆分类法儿童图书馆·中小学图书馆版》、《〈中国图书馆图书分类法〉索引》、《中国图书馆分类法》专业分类法、《中国分类主题词表》、《通用汉语著者号码表》等系列版本及工具书。期刊数据的整理中，特设置版本备注列进行详细标识，即在每条数据后分别标明涉及的版本，最后统计期刊版本的情况。期刊版本情况的统计直接关系到研究中基础理论研究研究对象的准确判定。

2 研究结果

图1为1977至2018年间围绕《中图法》的基础理论研究文献成果年份分布情况。就产出量而言，42年间学界和业界对"基础理论研究"的研究成果有297篇，年均7篇，规模不大；产出的持续性上看，此类研究具有时间上的

连续性；产出量与时间结合来看，发文数量随着时间呈现波动性较大的"山"形结构，较远年份与较近年份数量相对较少，中间年份发文数量相对较高，即1977至1989年与2008至2018年的相关研究较少，1990至2007年间的研究较为集中。总体趋势下出现多个小峰值，具有"大年"和"小年"之分，在1988和2010年出现两次低潮，此低潮期的两个时间段正好分别是《中图法》第三版和第五版即将修订出版的时间。总体而言，《中图法》的基础理论研究文献的产出波动较大，无论是从总体性趋势还是阶段性情况而言，该领域的研究具有一定持续性却一定程度上缺乏研究热度，可见，该领域还具有相当大的研究空白，相应的，该领域还有较大的研究潜力可供发掘。

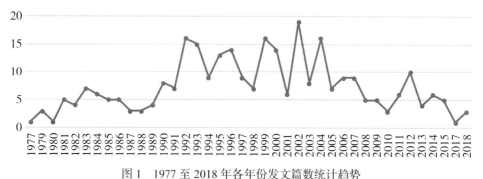

图1 1977至2018年各年份发文篇数统计趋势

笔者以具体研究的版本为分类标准，通过文献题名、关键词与摘要的信息进行初步统计发现，在"基础理论研究"中关于《中图法》版本的研究热点集中在第三版和第四版，与之相关的期刊文献数分别有60篇和59篇，此处也与图1"山"形式研究高潮相符合。

表1 各版本研究发文篇数

版本	第一版	第二版	第三版	第四版	第五版	其他	合计
文献篇数	4	10	60	59	18	146	297

进一步，笔者根据297篇文献的题名、关键词与摘要信息，对上述文献进行二级主题的分类，分别为总体研究、评价议论、意见建议、问题局限、对策探析、特色特点、发展探究、心得体会以及其他。对上述二级主题类目下的文献进行统计分析，表2为各二级主题的文献数量统计。其中，研究成果主题形式为《中图法》及相关研究之问题局限的文献最多，共有85篇，其次是"评

价议论"类和"研究综述"类文献，分别为59篇和48篇。从中，可总结出学界与业界针对《中图法》基础理论研究的研究模式倾向——以问题局限与批判质疑性的学术成果占大多数、评议性与总体性的研究成果为其次，而针对《中图法》各版本特色特点的研究和未来发展趋向的研究，则相对而言最少。

表2　各二级主题研究发文篇数

二级主题	文献篇数	二级主题	文献篇数
研究综述	48	对策探析	15
评价议论	59	特色特点	11
意见建议	21	发展探究	11
问题局限	85	心得体会	16
其他	32		

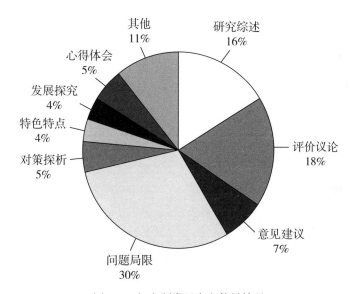

图2　二级主题类目发文数量情况

结合对各二级主题的占比情况统计（如图2所示），可看出学界与业界针对《中图法》的基础性研究在研究方向上存在总体与局部探究并重，多角度且宽范畴，重评议而轻措施，重现实研究而轻发展构想的特点。

3　问题分析

笔者进一步对基础理论研究占比较大的几个二级主题类目进行更为细致的剖析。根据上文的数据初步统计可知，问题局限研究、评价议论以及研究综述三个研究方向占基础理论研究期刊文献数量的七成以上，故把握好此三个研究方向的具体研究问题，便可一窥自《中图法》诞生40余年来学界与业界的基础理论关注重点以及关注重点的演变趋势。以下重点对问题局限研究、评价议论以及研究综述三个方面的具体研究问题进行探析。

3.1　问题局限研究

表3　研究对象明细

研究对象	数量汇总/篇
《中图法》第三版	20
《中图法》第四版	14
《中图法》第五版	7
《中图法》第二版	3
《〈中图法〉（第四版）使用手册》	2
《〈中图法〉（第五版）使用手册》	2
各版《中图法》	2
《中图法期刊分类表》	2
基于《中图法》的相关研究	2
《〈中图法〉（第四版）征求意见稿》	1
《中国图书馆分类法（未成年人图书馆版）》（第四版）	1
《中国图书馆图书分类法——期刊分类表》	1
《中图法》（儿童版）	1
《中图法》（中小型馆试用本）	1
《中图法》第三版及其使用手册	1
《中图法》第一版	1
《中图法》电子版	1
《中图法》使用手册	1
《中图法期刊分类法》第二版	1

从研究对象而言，经过相关统计，据表3研究对象明细的数据，除未明确说明具体研究对象的基础理论研究文献（25篇）外，问题局限研究的对象主要集中在《中图法》第三、四版和第五版，前两版《中图法》的问题局限分析非常少。明显的，这并非因为前两版《中图法》已经尽善尽美，而是在《中图法》随着学科知识发展需要不断更新与完善的过程中，学界与业界对《中图法》各更新版本的问题、局限与不足更为关注，且关注点由宏观转变为宏观与微观相结合。为何是第三、四、五版尤其是第三版《中图法》的问题局限性研究数量相对较多，笔者总结出两点原因：首先，《中图法》第三版的出版时间正处于学界与业界整体针对《中图法》研究热情最为高涨的时间段，在这段时间中，整体基于《中图法》进行研究的期刊文献数量都处于相对高位，故《中图法》第三版的问题局限性研究较多具有整体环境的带动因素；其次，《中图法》第三版的问题局限性研究较多同样也是因为《中图法》自身的更新完善进程走到了一个相对成熟期，前两版《中图法》的出版与实际应用已达十余年，自然而然为学界和业界的相关研究积累了大量的实践素材，故《中图法》第三版出版之后出现的数量相对较多的问题局限性研究是水到渠成的一种现象。

笔者进一步对表3的研究对象情况进行类别整理得出表4，通过对研究对象情况的提炼，试总结出问题局限研究中对象的分布情况。

表4　研究对象列类

研究对象汇总	数量/篇
各版本《中图法》	48
工具书	6
系列出版物	8
相关研究	2

由表4可见，研究对象包含各版本《中图法》、相应工具书、系列出版物以及相关研究，且针对各版本《中图法》的研究占绝大多数。可以看出，这种研究模式具备一定的全面性。学界与业界在问题局限性研究层面不仅仅关注《中图法》自身的建设问题，而是同时对《中图法》的工具书、系列出版物和基于《中图法》的研究成果进行问题、局限与不足的分析。在初步了解问题局限性研究的基础上，笔者通过对研究对象与具体问题的对照，对问题局限的具体问题进行了分类，即微观结构、应用、编制、符号、理论思想、评价、规

范、矛盾辨析、功能、全面研究、特性、体系与技术共13种研究小类，其中，微观结构专指类目、注释、复分仿分涉及具体类目的相对微观的研究问题。

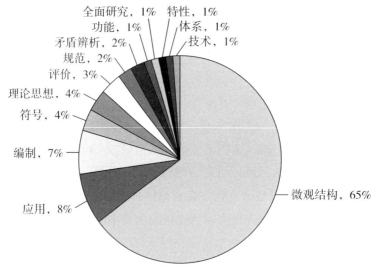

图3　研究对象—问题对照汇总情况

　　简要而言，涉及微观结构的问题局限性研究占比最大，这是一种必然现象，因为类目、注释是构成《中图法》整体架构的重要组成部分，同时复分仿分的讨论也是学界与业界针对《中图法》经久不衰的研究热点。值得关注的是，相对于20世纪，近年来，学界对于微观结构的研究在阶段性的问题局限性研究中占比越来越大，而具体应用方面的问题局限性研究越来越少，研究呈现出偏理论且微观性的趋势。

3.2　评价议论

　　图4为笔者统计的评价议论类基础理论研究情况，从图中可清晰地看出总体全面性的评价、微观结构的评价以及《中图法》的应用评价在评价议论类基础理论研究文献成果占比较高的构成部分。基于《中图法》的基础理论研究类目下评价议论类文献数量为54篇，故占比相对较高的三种研究方向的实际论文数量就总体基础理论文献数量而言并不高，但此种分布趋势体现出了评价议论类研究与问题局限类研究相比一定程度上的"平衡性"。这种"平衡性"是一种理论联系实际的具体表现，对于基础理论整体的研究而言是具有一定积极意义的。

纵观整体评价议论类文献所有研究方向的情况，可以发现，重当下而轻未来的研究特点在评价议论类文献资源中体现得十分明显。学界与业界在评价判断上更为重视《中图法》基础性理论和实践基础的结合的积极性是无法辩驳的，但是，相关研究中对《中图法》基础性理论的未来发展走向思考的忽视，再结合基础理论性文献资源中发展趋势探究类文献较低的比重，为今后学界与业界不管是在上层建筑和实践基础方面的研究前瞻性都打上了一个问号。

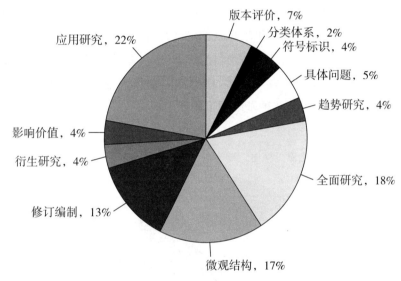

图 4　评价议论对照汇总情况

3.3　总体研究

下图为总体研究类基础理论性文献的具体研究问题情况统计，笔者将总体研究类基础理论性文献划分为版本研究、出版研究、发展趋势研究、方案研究、分类研究、具体问题研究、评点性综述、修订问题综述、研究文献述评、研究综述以及座谈会意见综述11个研究方向。其中，研究文献述评和研究综述为占比最大的两种研究成果。总体上看，总体研究类基础理论性文献有两个突出特点：一是具有更强的针对性和专指性，其研究基础基本是确定版本的《中图法》；二是综述具有一定的时间性，总体研究文献资源的产出与其研究具体版本的《中图法》是具有一定时间上的对应性的。

对于总体研究，我们应该着重关注学界与业界在此项研究中的研究角度问题。从统计数据中可见，研究对象方面，对于《中图法》自身的总体研究文献资源数量和针对研究《中图法》的研究成果的综述文献数量差异并不大，可见学界和业界在重视《中图法》自身理论建设的同时，同样关注针对《中图法》的相关研究。这为《中图法》在理论层面的不断完善和相关研究的不断深入助推良性循环。

结合总体研究类文献的发表时间和研究内容，宏观研究现状从始至终都为总体研究类文献的重点研究内容，近年来，学界与业界的总体研究渐渐呈现出对相对微观的具体问题进行研究并产出相应总体研究的趋势。简要而言即是，看似宏观性的总体研究在近年来呈现出"大题小做"的微观性趋向。如2015年发表的《〈中图法〉第5版交替类目总体研究》《基于学科期刊耦合强度的学科分类研究》以及2012年发表的《〈中图法〉特殊编号方法研究进展》。从理论联系实际的角度上看，此种基础理论研究模式对于《中图法》的实际运用更具备指导性。

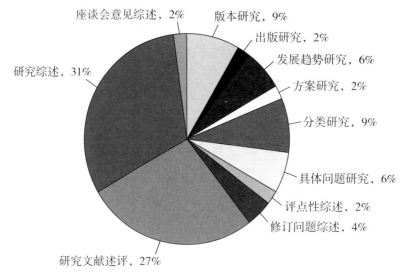

图 5　总体研究类具体研究问题汇总情况统计

《中图法》的基础理论研究自《中图法》诞生以来便受到学界与业界持续性的关注，但关注热度并不稳定，近年来也呈现出式微的趋势。基础理论研究是《中图法》各项研究的基石，学界和业界亟待转变观念，在未来的学术探索中提高对《中图法》基础理论的重视。在基于《中图法》基础理论研究的进程中，对微观问题的探讨、理论性探究的关注和结构性的探索有着愈发重要的地位。但是联系实际应用层面的探索近年来呈现出关注度减弱的趋势，在图书文献资源的开放性不断提升的今天，理论应用层面的探索是具有一定的重要性和必要性的，学界与业界今后针对《中图法》进行理论研究时，更需注重理论与实际的紧密结合，在现实世界中充分实现理论推动实际图书文献资源的开放共享，并不断发掘实践中的宏观与微观问题，推动《中图法》基础理论研究的不断深化。

参考文献：

[1] 卜书庆.《中图法》第4版修订与第5版概要[J].图书馆理论与实践,2011(6):17-24.

[2] 陈志新.分类法研究的十五个问题——我国2009至2016年分类法总体研究[J].情报科学,2018,36(6):149-155.

[3] 于新国.15年来《中图法》研究论文内容综述[J].当代图书馆,2005(2):65-66.

[4] 席会芬.《中图法》四版总体研究[J].图书馆论坛,2002(6):54-57.

[5] 罗雅琴.《中图法》第4版研究述评[J].图书馆学研究,2002(1):45-47.

[6] 范翠玲.《中图法》第四版问题综述[J].图书馆杂志,2000(11):5-7.

[7]《中图法》第四版研究论文篇目汇编[J].图书馆杂志,2000(11):61-63.

[8] 鲍建东,张建中,方怡,等.对《中图法》第三版研究论文的统计分析[J].图书馆学研究,2000(2):66-73.

[9] 徐力文.近几年《中图法》第三版使用总体研究[J].图书馆学刊,1995(2):17-20.

国家图书馆少儿阅读服务工作研究

张雨晴（华东师范大学信息管理系）

2010年5月31日，在"六一"国际儿童节前夕，国家图书馆隆重举行了少年儿童图书馆暨少儿数字图书馆开馆仪式[1]。这是国家图书馆成立百年来首次面向未成年人开放[2]。2013年，国家图书馆接待读者年龄由年满16周岁调整为年满13周岁，少年儿童馆接待12周岁（含）以下少年儿童，取消少年儿童图书馆入馆年龄下限，所有公共区域面向未成年人全面开放参观[3]。2019年"六一"国际儿童节的到来意味着国家图书馆少年儿童图书馆（以下简称"国图少儿馆"）已经面向儿童服务了九年。这九年来，国图少儿馆秉承着开放、包容和推广的积极态度在儿童阅读服务领域取得了可喜的成绩，读者入馆量保持快速增长态势，读者服务年龄范围逐步扩大，服务类型也更为丰富。国图少儿馆对于促进少儿读者多读书、读好书，更好地满足未成年人精神文化需求，意义重大。同时，国图少儿馆对于全国各地区的公共图书馆、少儿图书馆建设具有示范作用，引领全国公共图书馆开展未成年人阅读服务[4]。2016年国家图书馆少儿馆获"青少年中华传统文化教育基地"荣誉称号，承担起青少年传统文化教育的功能，扩大了少儿馆的服务范围，为各省市地区少儿图书馆的服务发展提供了新思路[5]。

1 示范性的儿童阅读服务阵地

国图少儿馆作为示范性的儿童阅读服务阵地无论在童书推介、阅读研究还是业界交流中都发挥着先行者的带头作用，在少儿阅读的各个领域都做出了许多有益的尝试，探索出一系列符合儿童阅读兴趣、契合儿童阅读需求的阅读实践，为促进多元参与的全民阅读体制的形成提供经验基础。

1.1 编制《全国少年儿童图书馆（室）基本藏书目录》

优质的馆藏资源是打造少儿图书馆精品服务的基础保障，针对全国各地公共图书馆少儿馆采购标准混乱不一、良莠不齐的情况，国图少儿馆编研了一系列童书推荐清单，指导地方少儿馆的采购编目工作，为孩子们提供优质的阅读材料。国图少儿馆着重关注的是具有指导全国少儿阅读服务工作作用的综合书单的编研。

国图少儿馆在藏书目录编制过程中充分考虑到了我国少儿阅读的多样性和差异性，读物的选取坚持精而全的原则，使得各个地区和各个年龄层次的儿童都能在书目中寻找到符合自身阅读兴趣的高质量图书。2012年9月，国图少儿馆开始联合全国各地图书馆开启综合性少儿书目编制工作，经过实地走访调研、专家讨论评审、面向社会征集等多种方法，最终顺利完成书目编制工作。《全国少年儿童图书馆（室）基本藏书目录》收录了新中国出版的少儿读物4913种，15 105册/件，包含图书、期刊、报纸、电子出版物、音像制品、网络数据库等6种载体形式，涵盖蒙古、藏、维吾尔、哈萨克、朝鲜等十余种少数民族语言，还包含了一定数量的盲文图书和英文图书，具有较强的系统性、全面性和权威性。这是我国公共图书馆首个适用于全国少儿图书馆（室）的基本藏书目录[6]。

自2012年书目编制完成以来，国图少儿馆针对童书出版市场的持续发展和儿童阅读兴趣的不断转变每年都会在已有藏书目录的基础上进行适当的增加、删除和替换，使得藏书目录中所包含的童书出版物都能实现最大限度的利用，提高图书馆中的童书借阅量，打破图书馆藏书和图书馆用书不对应的矛盾。

1.2 编制专题书单和特色书单

国图少儿馆在编制综合性书单的基础上进行专题书单的编制，为建设多元化阅读资源提供依据。专题书单的编制是图书馆坚持以儿童兴趣为导向开展儿童阅读服务工作的重要体现之一。国图少儿馆建馆以来在专题书单和特色书单的编制中为其他各级图书馆少儿阅读服务工作提供了借鉴。

国图少儿馆自2010年已编研完成的书单包括《温暖童心绘本书目》《原创100——中国优秀原创图画书选目》《凯迪克中译本书目》《一年级小学生阅读指导书目》《幼儿园绘本推荐书目》《亲子绘本书目》等。《温暖童心绘本书目》

包含了国图少儿馆精心挑选的2007年以来在我国出版的86册绘本图书。

在《温暖童心绘本书目》受到儿童、家长、老师、少儿图书馆员等社会各界人士的一致好评之后，国图少儿馆又于2015年推出《原创100——中国优秀原创图画书选目》，这套书目是针对2000年以后出版的优质原创画作品的一次集中展示。在推出优质书目之后，国图少儿馆为了扩大优秀原创画作品在家长和小朋友心中的影响力，还开展了一系列的展览、讲座和培训等活动来进行阅读推广，将更多优质的作品送到每一个小朋友手中，帮助其实现由任务阅读向兴趣阅读的过渡，由被动阅读向主动阅读的转变。

小读者区别于成人读者的一个关键点在于对图书的甄别能力，当少儿读者走进图书馆的那一刻，图书馆就应该自觉承担起为其挑选优质读物和进行文化教育的责任，图书馆儿童出版物推荐工作任重道远。国图少儿馆凭借自身优质的资源、人才和政策优势，为不具备书单编制能力的地区图书馆提供了范本，在兼顾少儿阅读地区性差异的同时尽可能丰富书单的类型和数量，让每一位对阅读有期待的小读者都能在图书馆中寻找到自己满意的图书。

1.3　研究儿童阅读需求

儿童具有甄别能力差、求知欲强等心理特点，因此儿童阅读服务是区别于成人阅读服务而存在的。为了更好地进行童书推荐和开展阅读活动，国图少儿馆2012年开始根据2011—2012年两年的文献跟踪，结合到馆读者的反馈，对馆内文献布局进行了深入调研，形成了《少年儿童馆室藏建设情况的调研报告》和《少年儿童馆外文文献需求情况调研报告》[7]。这两份报告对于少儿图书馆馆藏资源质量的提升和馆藏结构的合理性调整具有重要的指导意义，尤其是外文文献需求情况的调查对于外文图书的甄别和采购意义重大。

国图少儿馆的儿童阅读研究不仅体现在馆藏资源和读者需求层面，同时还积极组织国内外一批优秀的儿童文学作家、儿童心理学专家等开展针对儿童自身阅读心理、阅读行为的综合性研究，分析儿童阅读区别于成人阅读的独特心理和行为，为今后图书馆少儿服务工作提供理论准备。

儿童阅读心理和儿童阅读行为的研究对于推进少儿阅读具有关键作用，它强调以儿童需求和儿童兴趣为出发点，融合文化教育的目的，最终发挥出为儿童塑造正确世界观、人生观和价值观的作用。国图少儿馆在进行少儿阅读服务实践工作的同时兼顾少儿阅读理论研究，为童书出版、新书推介、阅读活动开展等提供理论支撑，让图书馆内的每一本读物和每一次活动都能"活"起来，不至于成为被束之高阁的典籍和无人问津的独角戏。

1.4　广泛开展国内外合作与交流

图书馆少儿服务的发展绝不是故步自封式的，需要交流与合作。国图少儿馆在积极提高自身业务能力的同时也广泛开展国内外合作与交流，与各地区、各年龄和各行业的少儿阅读从业者保持紧密联系，关注少儿阅读服务动态。

自2010年起，国图少儿馆先后参与或主办中国儿童阅读发展论坛、全国少儿阅读峰会、两岸绘本阅读推广论坛等学术会议，活跃在儿童阅读学术论坛的第一线，在这些学术会议中国图少儿馆既是聆听者，也是分享者。它将馆内业务实践经验和学术研究成果分享给每一位关注少儿阅读服务与会者的同时也积极关注其他地区和行业少儿阅读服务的动态，特别是一些较为典型突出的最佳实践案例格外受到国图少儿馆的重视，以期在这些学术交流中找到少儿阅读服务困境的解决途径，实现少儿阅读推广工作的高质量发展，引领全民阅读新风尚。

2　优秀少儿读物的集聚中心

少年儿童是世界观、人生观和价值观形成的关键时期，童书质量的优劣对于儿童身心发展具有重大的影响，因此国图少儿馆在童书编译和出版方面的工作显得尤为紧要。"儿童图书馆的贵妇人"摩尔小姐曾言："儿童图书馆就是将孩子和图书快乐地结合在一起的地方。"

2.1　童书编译

我国目前图书市场的外文图书出版量远低于本土原创图书出版量，二者在思想性、文学性和美术性等方面也存在地域差异。国图少儿馆针对目前图书馆少儿外文文献资源缺乏的情况，有针对性、有选择性地引进了一批经过专家审核的高质量外文图书进行集中编译。外文图书编译对各地区图书馆提出了更高的业务要求，很多图书馆事业发展不够完善的地区缺乏这样的编译能力，因此国图少儿馆主动承担起童书编译工作，为地方各级图书馆采购外文出版物提供高效便捷的途径。

国图少儿馆自2010年开馆以来除了提供基本的少儿阅读服务之外，还利用自身独特的人才优势和资源优势引进出版了大量儿童读物进行编译，包括《图画书宝典》《暖房子游乐园》和《星空世界精选图画书》等一些优质外文读物。

2.2 童书编纂与出版

国图少儿馆除了进行童书编译工作之外，还积极开展童书编纂与出版工作，例如《欧美图画书发展简史》和《民国时期连环图画总目》。国图少儿馆利用本馆内丰富的图书资源，按照时间或专题进行专业性梳理和概括形成图书汇编，最后结集出版。这些编纂性图书的出版具有一定的学术研究性质，可以帮助对少儿阅读感兴趣的社会公众更好地了解少儿读物的发展脉络和时代价值，可以引导童书市场向优质化、专业化方向发展，唤醒少儿图书出版的"工匠精神"。

为了更好地推动童书出版市场的良性发展，国图少儿馆于2012年在备受图书行业关注的"文津图书奖"中首次加入了少儿类图书的评选，鼓励儿童文学创作者创造出更多更优质的儿童读物，也为各地图书馆少儿图书的采购提供了最佳范本。

3 少儿阅读推广活动的先行者

国图少儿馆在建设优质馆藏资源、推动儿童阅读理论研究的同时也打造出很多经典阅读实践活动。国图少儿馆在利用自身完备的文献资源保障体系的前提下发挥馆舍、馆员的特长，发掘出一系列符合儿童阅读能力和认知结构的特色活动，为儿童提供优质服务，同时为各省市县级图书馆的少儿阅读活动的开展提供了范本。笔者根据2011—2018年的《国家图书馆年鉴》对国图少儿馆活动开展情况进行统计，统计结果见表1。

表1　2011—2018年国家图书馆少儿服务活动开展情况

时间	活动类型	活动次数（场）	参与人数（人）
2010年	2010年5月31日国家图书馆少儿馆开馆		
2011年	集体参观	25	1300
	个人参观	192	3486
	"文津少儿讲坛"	10	2998

时间	活动类型	活动次数（场）	参与人数（人）
2012年	集体参观	77	1836
	个人参观	64	1526
	"文津少儿讲坛"	18	
	周末阵地读书会	约50	
2013年	个人参观	75	2802
	集体参观	27	500
	公益讲座	13	2960
	少年馆员培养计划		
	"文津少儿讲坛"		
	暑期"悦"读会		
	为少年儿童推荐一本好书活动		
	童书分级阅读试验		
	故事会及周末活动		
	低幼阅读会		
	家长课堂		
2014年	集体参观	54	1922
	个人参观	94	4310
	"文津少儿讲坛"	12	2550
	故事会	约140	约5000
	儿童读物与影展	24	约1000
	阅读推广进校园	7所学校，9场专题阅读讲座	约1450
	走进典籍博物馆大课堂	13	约1000
2015年	集体参观	45	2300
	个人参观	50	2313
	新春系列活动	6	
	低幼悦读会	35	616
	周末故事会	59	约4000
	喜马拉雅APP国图少儿馆频道	发布音频46个	点播量4500
	典籍文化之旅综合班		
	走进典籍博物馆大课堂		
	世界博物馆纪念日系列活动		

续表

时间	活动类型	活动次数（场）	参与人数（人）
2016年	个人参观	8	411
	集体参观	61	3513
	"文津少儿讲坛"	10	1240
	故事会	88	4600
	儿童读物与影展	27	900
	阅读推广进校园	5所学校，5场专题阅读讲座	554
2017年	集体参观		
	个人参观		
	"神猴辞旧岁，雄鸡贺新春"新春系列活动		
	低幼悦读会		
	周末故事会		
	暑期故事会		
	儿童读物与影展		
	走进典籍博物馆大课堂	689	15 297
	名家带你写书法		

注：①本表数据来源于2011—2018年的《国家图书馆年鉴》。
　　②本表中空白格为数据缺失部分。

3.1　阅读推广活动形成品牌特色

调查统计显示，国图少儿馆在少儿服务方面进行的诸多实践无论是从社会影响力还是活动规范性来说都处于领先地位，对于地方图书馆的少儿服务工作具有指导借鉴意义。国图少儿馆针对儿童的心理特征和阅读习惯推出了一系列儿童推广活动，"少儿文津讲坛"、故事会、儿童读物影展、走进典籍博物馆大课堂等活动每年参与的儿童人数上万[8]。

以"文津少儿讲坛"活动为例，该活动自2012年开启以来已经持续了8年，参与人数不断增加，活动流程日趋规范，活动内容与活动形式逐步拓展，由单人讲述到多人互动参与，从科普知识宣传到文艺美术鉴赏再到历史哲学思考等，显示了国图少儿馆开放包容的服务理念。"文津少儿讲坛"不仅对国图少儿馆来说是一项具有典型意义的品牌活动，还对地方图书馆开展讲坛讲座类活动提供了丰富的实践经验，包括活动主题的多元化选择、活动流程的规范化设计等。

阅读推广品牌活动的不断形成对于推进少儿阅读具有重要的促进作用，丰富了图书馆的服务内容，让少儿读者在阅读活动的参与过程中学到更多书本中所学不到的知识，并提高了互动的能力和增强了交流的技巧及发言表达的自信等。国图少儿馆阅读推广活动的顺利开展为各地区图书馆开展少儿阅读活动提供了范本，每一个图书馆都可以在国图少儿馆中找到适合本馆开展的活动模板，这也是国图少儿馆发挥行业示范作用的重要表现之一。

3.2 儿童阅读分级理念持续推进

《中国儿童发展纲要（2011—2020年）》提出"推广面向儿童的图书分级制，为不同年龄儿童提供适合其年龄特点的图书，为儿童家长选择图书提供建议和指导"，明确提出了分级阅读的内涵和目的[9]。分级阅读理论来自于19世纪60年代的美国，我国关于分级阅读的研究起步较晚，缺乏系统性研究成果，目前比较认可的是由王泉根教授提出的"什么年龄段的孩子读什么书"[10]。因此国家图书馆作为儿童阅读的直接参与者，有必要且有能力从少儿阅读服务工作的实践中开展对分级阅读的系统化研究，推动我国分级阅读体系的构建。

在2010年儿童节期间，国图少儿馆开馆，这是国家图书馆在经过百年发展之后第一次面向未成年人开放。为了践行平等服务的理念，2013年开始国图少儿馆面向15周岁以下未成年人全面开放，取消了以往的年龄限制，实现少年儿童的均等化、无差异化服务。

国图少儿馆在打破儿童入馆年龄的基础上尤其重视低幼儿童的阅读服务工作。2013年开始，国图少儿馆针对低幼特殊儿童的阅读习惯和行为特点对室藏文献及空间布局重新设计和规划，设置了低幼儿童读物专架，开设"低幼悦读会""家长课堂"等适合低幼儿童和家长的活动[11]，低幼儿童阅读活动的启动意味着阅读分级的理念已经愈发受到重视，以国图少儿馆为主导的儿童阅读分级实践也逐步延伸到地方图书馆。

3.3 国家级少儿阅读推广项目层出不穷

除了举办具体的阅读实践活动之外，国图少儿馆还参照美国、日本、英国的少儿阅读推广经验联合各省市级少儿馆组织了一系列大规模的国家级少儿阅读推广项目。2011年，国图少儿馆于开馆周年庆贺之际启动"全国少儿图书馆数字阅读先导项目"探索少儿图书馆的新媒体服务模式，力求引导儿童形成良好的数字阅读习惯，为数字阅读推广提供实践指导。2013年，第46个国际儿童读书日，由国家图书馆、中国图书馆学会联合主办的"科普阅读——开启智慧人生"全国少年儿童阅读年系列活动启动仪式在国家图书馆少年儿童馆举行，此次阅读年系列活动将"儿童阅读"作为中心主题，坚持"儿童优先"和"儿童利益最大化"的原则，举办了一系列丰富多彩的阅读活动，包括儿童主题的摄影大赛、全国家庭亲子阅读推广月、全国中小学校园阅读季等。此次儿童阅读年活动是由国家图书馆带动地方馆的一次有益探索，总分结合、上下互动的合作参与模式将儿童阅读推广的服务效果提升到一个新的台阶[12]。

国图少儿馆9年来砥砺前行取得了诸多丰硕的成果，无论是馆藏资源体系的建设、阅读推广活动的开展，还是少儿阅读理论的规范性研究都令业界瞩目。现阶段，国图少儿馆仍处于进行童书推荐书单编研、阅读活动方案设计、服务规范标准制定等有形服务阶段，未来随着各省市县级公共图书馆少儿阅读体系的逐步确立和完善，国图少儿馆的服务将会进入无形服务的阶段，重点关注以儿童为中心的服务理念和服务信念的传递、引导，将开放、包容和推广的服务理念渗透到读者身边的每一座图书馆之中，无形之态彰显有形之势，它不再进行具体业务的标准化指导，而是儿童阅读理念的推动者、示范者和创新者，带领儿童图书馆事业走向新的未来！

参考文献：

[1]国家图书馆少年儿童图书馆暨少儿数字图书馆开馆[J].中国图书馆学报,2010,36(4):16.

[2]百年国图首次面向未成年人开放[J].青少年犯罪问题,2010(4):39.

[3]国家图书馆.国家图书馆年鉴2014[M].北京:国家图书馆出版社,2014:7.

[4]人民网.刘延东:努力为少年儿童营造良好的读书环境[EB/OL].[2019-04-06].http://edu.people.com.cn/GB/11745367.html.

[5]国家典籍博物馆获授牌"青少年中华传统文化教育基地"[EB/OL].[2019-04-04].http://www.chinanews.com/cul/2016/05-18/7875034.shtml.

[6]少儿阅读终于有了一个指南[EB/OL].[2019-04-05].https://epaper.gmw.cn/gmrb/html/

2012–09/05/nw.D110000gmrb_20120905_1–05.htm.

[7]国家图书馆.国家图书馆年鉴2013[M].北京:国家图书馆出版社,2013:80.

[8]国家图书馆.国家图书馆年鉴2018[M].北京:国家图书馆出版社,2018:12.

[9]国务院关于印发中国妇女发展纲要和中国儿童发展纲要的通知[EB/OL].[2019–04–04].
http://www.gov.cn/zwgk/2011–08/08/content_1920457.htm.

[10]王泉根.儿童阅读与儿童分级阅读[N].人民政协报,2019–06–03(10).

[11]国家图书馆.国家图书馆年鉴2014[M].北京:国家图书馆出版社,2014:89–90.

[12]国家图书馆少年儿童馆."科普阅读——开启智慧人生"2013全国少年儿童阅读年启
动仪式在国家图书馆举行[EB/OL].[2019–04–05]. http://kids.nlc.cn/newhdhg/201304/
t20130408_71085.htm.

基于成效的图书馆知识服务评价模型研究

柯 平 袁珍珍 彭 亮（南开大学商学院信息资源管理系）

随着信息技术的飞速发展，图书情报学资源建设的理论范式经历了从重视文献到崇拜信息再到崇尚知识的过程，并由此引发了图书情报学基础理论的一系列变化和发展[1]。作为新世纪图书情报工作的生长点，知识服务以其崭新的服务理念和方式获得了图书情报机构的广泛认可和重视，我国各大图书馆近年已陆续将知识服务能力的提升制定为图书馆发展的首要任务[2]。图书馆由信息服务到知识服务形式的转变，是知识经济背景下图书馆实现传统服务革新的关键，是服务广度和深度不断发展以更好满足用户需求和价值取向转变的必然选择，对于提升图书馆在知识经济社会和知识服务市场的竞争力，推动知识经济发展，特别是支持国家知识创新体系建设具有重要意义。

知识服务的质量水平是评价图书馆管理、服务效能以及核心竞争力的重要指标，因此，如何评价图书馆知识服务的质量，是新时代背景下图书馆面临的重要问题。通过对知识服务的评价，可以准确反映当前知识服务的建设水平，从而针对问题提出解决方案，明确下一步的建设重点，制定新的发展战略，是图书馆知识服务能力和质量得以进一步提升的强有力保障[3]。图书馆知识服务价值的大小，关键在于知识服务作用的发挥以及对用户需求的满足程度，因此，图书馆知识服务评价需要通过转变设计理念，建立起以用户为中心的评价考核体系，关注图书馆的服务成效，以在这个预算有限和问责加紧的时代，证明图书馆提供的服务所带来的影响与作用，实现图书馆服务评价重心由馆藏、员工、设备等资源与服务质量的投入产出向图书馆资源与服务对用户及社会的成效、价值与影响转移。

在新的时代背景下，对图书馆知识服务的成效评价，即这些服务对用户、非用户等产生的影响的评价比对提供服务本身的评价更为社会所需求。从国际图书馆评估的发展趋势看，公共图书馆评估趋势在绩效评估的基础之上向成效评估延伸。就前期研究成果来看，对于图书馆知识服务的评价，不同学者建立起了针对高校图书馆、公共图书馆、数字图书馆、智慧图书馆、档案馆、科技情报机构、学科馆员等不同对象，侧重点各不相同的评价指标体系。但是，目前国内图书馆成效评估理论研究还没有实质性进展，还缺乏系统的、科学的研究，没有形成理论体系。再者，严重存在理论研究与实践相脱离、指标体系缺乏可操作性等问题[4]。在此背景之下，本文尝试基于成效对图书馆的知识服务评价进行理论模型的建构，以期为图书馆知识服务评价提供理论借鉴，构建基于成效的图书馆知识服务评价模型，以适应图书馆事业发展的新要求。

1 相关研究综述

1.1 图书馆知识服务评价研究

知识服务引入图书情报界至今已有30年，引发了广泛而深入的研究和探讨。在知网数据库中，仅以"知识服务"为关键词，限定在篇名出现，便可检索到LIS领域文献2849篇，研究内容主要集中在知识服务理论、知识服务模式、知识服务内容、知识服务的方式和过程、知识服务的效果和目的等。但在结果中以"评价"为关键词进行二次检索，却只有文献36篇，知识服务评价的研究较缺乏，目前，知识服务评价的研究，主要涉及对知识服务模式的评价研究、质量的评价研究、个性化服务绩效的评价研究[5]。就知识服务评价的研究主要集中在知识服务基本评价理论、知识服务评价指标体系与模型构建等。

对于一门知识的研究，离不开学者对其理论的挖掘与探索。李鹏翔[6]将能力理论的思想引入到知识服务中，系统地阐述了知识服务能力的内涵、体系结构、评价体系及方法，并选择了一个目标机构进行实证研究；陈雪霞[7]则整体地从知识服务的内涵、操作流程、研究细则以及服务型体系的建造渠道等方面，解读并评价了图书情报领域的知识服务能力；石文韬[8]在知识服务的基础上对高校图书馆的价值和质量进行了评价；马彪、刘伟[9]对上海市高校知识服务能力进行了实证研究并分析了其理论价值；周健[10]则探讨了网络文献数据库的知识服务功能。

知识服务评价指标体系建构中，吴艳、陈跃刚[11]参照区域智力资本模型中各构成要素的内涵提出了知识服务具体科学的评价指标，设计了评价的指标体系；覃凤兰[12]基于知识管理对高校图书馆的个性化服务绩效提供了5个评价指标；张展[13]则从馆员角度建构起了图书馆馆员知识服务能力的评价体系。数字图书馆知识服务评价指标体系建构方面，刘佳[14]构建了数字图书馆知识服务能力评价指标体系，并评价了国内典型数字图书馆的知识服务能力；李迎迎[15]则基于知识服务视角，专门针对高校图书馆数字资源构建了评价指标体系，并运用数学方法进行了实证研究。档案馆知识服务评价指标体系建构方面，赵丹阳[16]提出了5种数字档案馆知识服务模式，在构建指标体系的基础上对5种服务模式进行了逐一评价，侯振兴、阎燕、袁勤俭[17]则通过定性与定量分析确定指标体系及权重，给出了基于用户视角的数字档案馆知识服务能力评价的方法。

在知识服务模型研究上，瞿成雄[18]通过对高校知识创新过程中的信息需求分析，构建出高校知识创新信息需求模型，提出高校知识服务质量评价体系；周佳俊[19]针对Web2.0下高校图书馆知识服务理念与特点，构造三维二阶的图书馆知识服务质量评价模型2.0（LKSQE2.0）。数字图书馆知识服务评价模型研究中，周莹、刘佳、梁文佳等[20]基于能力成熟度模型，以数字图书馆知识服务能力为研究对象，从过程能力与基础资源能力两个维度构建模型确立了知识服务能力成熟度评价体系和数字图书馆知识服务能力成熟度评价方法；王大壮[21]从知识服务视角出发构建了数字图书馆移动服务能力成熟度评价模型。对于科技情报机构知识服务评价，杨春静、程刚[22]借助前人经验与研究成果，构建了科技情报机构知识服务能力的评价体系和综合评价模型。针对平台设计，章莹[23]系统分析协同创新体系中医药类高校科研团队知识增量、知识服务平台的要素、关系、作用机制，构建了一个知识增量与知识服务平台总体服务质量呈正相关的服务于科研团队知识增量的知识服务平台模型；刘洪、曾莉、李文林[24]借鉴美国研究图书馆协会（ARL）推出的LibQUALTM与ClimateQUALTM评价方法，从用户和学科馆员两方面评价服务质量，提出了对中医药知识服务平台的优化管理措施。

综上，学者们在知识服务评价的研究中采用了多种研究方法，常用的诸如层次分析法[25]、人工神经网络评价法[26]、模糊综合评价法[27-28]、客户满意度评价法[29-30]、专家评价法[31]、可视化分析法[32]、基于超媒体的知识服务能力评价[33]、基于探索性分析的知识服务能力评价[34]以及基于FAHP方法的知识服务能力评价[35-36]等。同时，我们由众多学者对知识服务评价的相关研究可以看出，对于知识服务已有绩效评价的相关研究，即注重图书馆知识服务的投入与产出间的关系与知识服务的效率，但是真正从用户出发，关注知识服务效果，考虑知识服务对用户和社会产生了哪些影响，即知识服务成效评价的研究暂时还没有。

1.2　成效评估模型的相关研究

成效评估对图书馆知识服务来说是一项相对较新的活动。这是一个非常广泛的研究领域。事实上，就像任何新的学术领域一样，问题比答案更多。一些关键的研究问题是：图书馆服务评估的主流模式、方法是什么？在这些不同的模型中如何考虑成效等？邦妮·格兰奇·林道尔（Lindauer）为评估图书馆及其网络服务机构的成效提供了一个有用的框架，该框架展示学生学习成效在教学机构中的重要性，将其置于其他领域之上[37]。彼得·赫农（Hernon）和罗伯特·杜根（Dugan）在《图书馆成果评估行动计划》一书中主要回答了"我们图书馆的用户如何因与我们的馆藏和服务的联系而改变"这一问题[38]，提出了各种方法，供图书馆在进行成效评估时考虑。玛莎·基里利杜（Kyrillidou）讨论了图书馆的各种历史模型，并考虑了它们的演变如何影响与投入、产出、质量和成效相关的评估问题[39]。

2016年8月，美国公共图书馆协会宣布与华盛顿大学、城市图书馆委员会等联合举办研讨会，通过美国公共图书馆协会的"项目成效"工具、城市图书馆委员会的"优势计划"工具以及华盛顿大学的"影响调查"来促进评估并提升图书馆的影响力[40-41]，三大工具提供的关注于成效与影响的评价工具对于基于成效的知识服务评价方法的开发具有一定的借鉴意义。

2　基于成效的图书馆知识服务评价模型构建

基于成效的图书馆知识服务评价模型建立的第一步首先要理解概念。对有关图书馆服务影响或成效的项目和现有文献的分析表明，描述图书馆活动和服务成效的术语表达方式有很多，比如成效评估、影响评估或成效测评，基于成效或基于结果的评价等。为了更好地理解成效和成效评估，对现有研究进行归纳总结如下：

成效方面，美国大学与研究图书馆协会、雷维尔·唐（Revill）、戴维·斯特雷菲尔德（Streatfield）和莎朗·马克莱斯（Markless）等认为成效是图书馆资源、服务等对用户产生的改变、影响、意义和最终结果[42-44]，布鲁斯·弗雷泽（Fraser）、唐纳德·金（King）等把成效等同于由于机构单位的活动或服务产生的明确结果或最终产品[45-46]。丽亚·乔伊斯·鲁宾（Rubin）等把成效看作参与者在参与项目期间或之后的利益，与知识、技能、态度、价值观、行为、状况或地位有关[47-49]。张红霞认为所谓成效，是对终端用户的行为、态度、技能、知识、状态或地位的改变[50]。这些观点认为，成效是通过规划过程制定的服务和资源目标来确定的，图书馆期望通过其服务/资源取得某些成果，然后设法确定其服务或资源在多大程度上实现了预期成果，是图书馆衡量其目标和目标实现成败的依据。

成效评估方面，成效评估就是对所做贡献的质量和效果进行的评价[51]，告诉图书馆管理人员是否已达到特定的图书馆目标[52]，而美国博物馆和图书馆服务机构（IMLS）和彼得·赫农等强调成效评估是评价个人或群体参与项目或接受服务后引起自身行为、技能、知识、观念或态度的变化[53-54]。

此外，在实践过程中，不同类型的图书馆特别是公共图书馆和高校图书馆，也越来越多地被视为它们所在的更大的组织结构的一部分，比如大学或者地方政府机构，也可能是社区或者商业公司。图书馆无论隶属于何种机构，和上级机构关系如何，图书馆知识服务产生的效用都应该和其支持的机构的使命、战略目标相一致。因此，图书馆提供的知识服务成效如何，还需考虑其产生的作用和影响是否推动或在多大程度上推动了其上级机构使命或战略目标的实现，因此在模型建构中，成效应当和目标、使命、愿景等相联系。

2.1 图书馆知识服务的内容

对图书馆知识服务进行评价，首先要明确知识服务的内容，当前图书馆知识服务模式包括参考咨询等个性化服务，为教学和科研提供的专题与定题等学科化服务，专家与教参信息服务等，具体包括学科馆员服务、科技查新服务、自动化和网络化服务等，涵盖知识的挖掘、组织、导航、评价与应用营销等环节。图书馆知识服务方面，知识服务资源、知识服务人员、知识服务模式、知识服务过程、知识服务质量和知识服务管理等诸多因素，皆是影响图书馆知识服务效能作用发挥的重要因素。

图书馆知识服务的基础建设和人力资源建设是知识服务效用得以充分发挥

的前提和基础，知识服务基础建设主要包括数据库建设、学科知识门户网站建设、知识分类与标准化建设、馆际互借与资源共享建设等。面向用户的图书馆知识服务，成效如何最关键的因素在于馆员的个人能力与素质的培养提升，馆员知识服务态度、速度、广度、深度，服务意识，知识结构和业务技能情况，如专业基础知识、计算机等相关专业知识掌握情况，知识挖掘、获取、组织、创新能力。这些都是图书馆知识服务通过馆员直接作用于用户的关键，包括图书馆是否会对用户产生积极影响与作用，影响是什么以及有多大影响等。

知识服务的过程和质量直接影响图书馆用户的知识服务使用感受，主要体现在流程是否合理规范，知识服务是否容易获得，可用性、有用性和易用性怎么样等。服务质量主要体现在服务的全面性、创新性、准确性、友好性、时效性以及个性化程度等。此外，知识服务的管理，包括管理制度、反馈制度、培训制度等的建立与完善也直接影响知识服务作用的发挥。

2.2　基于成效的图书馆知识服务评价

图书馆知识服务成效评估是一个复杂的、多元互补的体系，成效评估即是从不同的视角、用不同的方法对图书馆知识服务进行评价[55]。图书馆知识服务所得到的成效可能是即时的、直接的，也可能是长期的、间接的。对于经常使用的用户，图书馆知识服务长期的、直接的影响可能更大，而对于偶尔使用的用户和非用户来说，短期或间接的利益可能更为明显。短期影响可能是资料获取、问题的解决与时间的节省，长期影响则可能是信息素养与学术成就的提升，更好的职业前景等。由上面的叙述可以看出，不同性质的影响存在交叉，如直接影响可能是短期，也可能是长期、潜在的影响。

虽然图书馆知识服务对个人和社会影响或多或少是一种直接的影响，但通常很难"衡量"它。在这个复杂的问题中，对社会（包括社区、机构）的影响往往是间接的，因此更难以确定。基于成效的图书馆知识服务评价可大致分为经济价值评价和社会效益评价，后者包括对图书馆机构或社区的影响。关于公共图书馆外部经济和社会的价值与影响，英国谢菲尔德大学信息学系教授厄舍伍德（B. Usherwood）认为包括7个方面：图书馆的社会作用、社区所有权、图书馆的教育作用、图书馆的经济影响、阅读和识字率、个人和社区的发展以及服务的公平性[56]。基于上述分析，本研究建构起基于成效的图书馆知识服务的评价模型（如图1所示）。

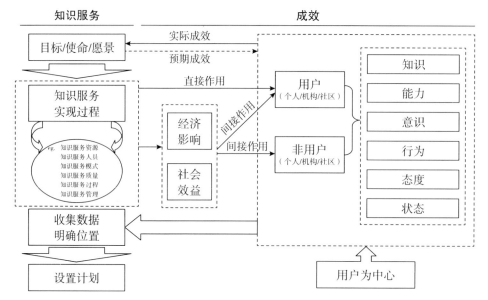

图 1　基于成效的图书馆知识服务评价模型

2.2.1　经济价值评价

将图书馆的成效看作经济价值进行评估并不意味着计算图书馆知识服务使用成本的价值，安妮·莫里斯（Morris）等也从经济价值角度出发对图书馆发挥的作用进行过相关研究[57-58]。图书馆知识服务的经济影响、经济成果包括图书馆知识服务对于用户成功就业，个人经济发展，或对社区、企业发展等的影响，包括对社区、地区乃至国民经济的直接积极影响。在评估成效时，计算图书馆知识服务的经济价值，意味着评估以货币量化用户的实际或潜在利益，以货币表示的图书馆知识服务利益的价值，结果可与图书馆对这些服务的投资相比较[59]。这些结果有力地支持了图书馆的公益作用，并为继续提供公共资金提供了理由，也使更广泛的公众至少部分地认识到图书馆在社会中发挥的重要作用。

通过对新西兰国家书目数据库和全国联盟目录中获得的利益用户的价值研究，卡罗琳·彭（Pung）发现数据库和目录的价值是成本的3.5倍，圣路易斯公共图书馆所产生的价值是公共资金成本的2倍到10倍[60]；英国国家图书馆利用条件价值评估法测量了对英国包括经济、文化、社会、智力等产生包括的直接以及间接价值的整体价值，结果显示投入产出比为1：4.4[61]。这些研究清楚地表明了图书馆产生的巨大经济成效。2013年的评估依据英国财政部2003年绿皮书和布里恩（O'Brien）向英国文化媒体及体育部提交的《衡量文化价值》中的方法，引入定性的多尺度分析法，作为效益成本分析法的补充[62]。

2.2.2 社会效益评价

在2005年为筹备信息社会世界首脑会议而通过的《亚历山大宣言》中，国际图联指出了图书馆在以下领域的影响与作用：民主、智识自由、信息素养、信息平等、减少贫困与文化多样性。在立陶宛和拉脱维亚，图书馆的利益攸关方参与了图书馆的影响规划，以帮助制定影响评估框架，磋商的结果决定审查在就业和收入、教育、通信、文化和休闲、卫生和电子治理等领域的潜在影响，这些研究将通过审查项目的成效来回答研究问题[63]。

图书馆知识服务除了对用户有积极影响，对非用户也有积极影响。直接接触或使用图书馆知识服务的用户更多会受到知识服务直接的影响，而非用户则更多地会受到图书馆知识服务产生的经济影响和社会效益的间接作用，这里的用户与非用户不仅指个人，还包括公司、企业、机构、社区等集体用户。但最终落在用户与非用户身上的影响究竟又是如何的，又会产生或者引起用户与非用户哪些变化，这也是我们模型建构一个很重要的方面。

通过对成效与成效评估各种定义的回顾，产生了许多共同的要素，结合相关研究归纳总结为知识、能力、态度/观念、价值观、行为、状态6个方面，进一步的内涵解释详见表1。

表1　图书馆知识服务作用于用户的具体成效说明

	具体内容
知识	指对用户知识结构与知识水平的影响与用户变化，多和科研学习联系在一起，而图书馆知识服务对学术的影响研究主要集中在学生的学术成就上，包括对大学教师和学生研究过程的影响等
能力	通识能力、实践能力、学习科研能力、科学技术能力，还有对用户信息素养的影响，包括对用户搜寻、检索、获取、甄别、吸收、评价信息能力、职业竞争力等方面的影响
态度/观念	精神层面表现在对用户在信心、个人幸福度等方面产生的影响，情感的充实、意向的变化、用户终身学习态度等的影响
价值观	指对用户世界观、人生观、价值观等观念的影响
行为	对用户行为举止进行融合、沟通、交流等方面的影响，对图书馆服务的依赖程度的影响
状态	对用户职业成功、社会地位和状态的影响

图书馆在大学信息素养教学中，尤其是在学士/硕士课程中越来越受到重视，"教学图书馆"的新角色使图书馆知识服务对用户的信息素养教育发挥着重要作用。信息素养，即用户寻找、使用和评价信息所需的能力和技能，是学习、研究和教育必不可少的，图书馆知识服务是否有助于获得这种能力，作用于用户产生了怎样的影响是我们关注并希望了解的。这些成效也在一定程度上说明和展示着高校图书馆作为机构教学合作伙伴的价值。

在成效的测试与确定方面，对图书馆知识服务使用频率和强度的统计与个人成功的数据进行比较，以及如果没有使用图书馆该知识服务是否还能取得类似成绩等。乔治·库（Kuh）认为学习成绩，技能、知识和能力的习得与提升，学业的持续以及毕业后的成就等都可以作为学生成功的指标[64]。ACRL认为学生的成功可以定义为：在学习、就业、毕业并取得学位等方面具备社会所需的技能上的出色表现[65]，学生的成功不仅表现在校内的成功与个人价值的实现，还包括校外的成功与社会价值的实现。图书馆知识服务需要评价它在实现这些目标方面发挥的有效作用，对用户及非用户产生直接或者间接的影响。此外，预测试和事后测试可以显示知识服务是否提高了用户寻找、查找、获取和评估信息来源的能力，引文分析也是评估用户信息素养能力变化的重要方法。图书馆用户行为观察的成效测度方面，图书馆还尝试了行为观察、评估学生论文中书目的质量、测试（指导前后）等来评估成效[66]，具体还可通过与实际和潜在用户进行访谈、调查等。2012年，ACRL实施"评估行动：高校图书馆和学生成就"项目，于2015年发布《高校图书馆对学生的成功的贡献：领域实践案例》，研究显示高校图书馆对学生成功的贡献主要体现在帮助学生建立科研信心、提升学生保留率，提交学生成绩和信息素养，促进学生学术社团的构建和提升学生图书馆利用意识[67]。2014年，《信息与文献——图书馆影响力评估的方法和流程》（ISO 16439：2014）发布。这些成效测量具体实施的有效方法以及对图书馆于学生成功所做贡献的研究，可为图书馆知识服务成效测度的开展提供有益借鉴。

图书馆知识服务评价遵循原则方面，知识服务背景下，基于成效的图书馆知识服务评价要坚持以用户为中心，一切考核工作必须从公共图书馆所服务的社区居民的角度出发，通过成效类指标，着重考核知识服务对用户平时生活、工作、学习的影响和作用。此外，根据图书馆知识服务的特点，构建知识服务评价模型还要遵循客观现实和科学的原则。最后，通过收集资料，对图书馆知识服务进行成效考核，将实际成效与图书馆使命、目标的预期成效进行对比，明确当前的成绩与不足之处，从而指导下一步工作，制订新的目标计划等。

3 图书馆知识服务成效评价存在的问题

评价图书馆知识服务的成效并非易事，基于成效的图书馆知识服务的所有评估项目都需要大量的资源投入，特别是大多数方法都依赖于用户在面试、调查或测试等方面的合作。基于成效的评价最难之处在于图书馆知识服务的影响大多是无形的，难以量化，因此，评估难度远大于传统的基于投入产出的绩效的测量。找出对图书馆有直接影响的正面证据不太可能，必须采取一定的替代措施，至少要表示一定的影响。评估成效并不容易，也不是一门精确的科学。当前图书馆知识服务进行基于成效的评价面临的困难简要列举如下。

3.1 知识服务成效评价因素的重合性

图书馆知识服务提供的某项服务或活动与对用户的影响之间的关系很难验证，这是许多情况下进行成效评价面临的最明显的困难。图书馆知识服务的许多资源和服务与其他机构的活动、资源和服务结合在一起，很可能无法区分不同的影响。

从来源上看，用户可以从朋友或老师那里获得信息和能力，也可以通过在图书馆外使用媒体或搜索互联网获得信息和能力，因此，成效评价最具挑战性的问题是几乎不可能将图书馆知识服务和其他因素对用户的实际影响相分离，也难以解析出图书馆知识服务对用户的成效并证明能力或行为的变化确实是使用的一种效果。

3.2 内外部环境的复杂多变性

我们处在一个不断变化的环境中，在这种环境中，人员、服务和需求也在不断变化[68]。对于用户获取知识服务长期成效的评价，可能会因为用户的各种因素导致研究中断而无法继续。图书馆知识服务环境具有复杂性，同样的图书馆知识服务，在不同的文化和经济环境中，也会产生不同的影响。此外，收集数据的方式不同，数据不具有可比性；图书馆员不熟悉影响评估的方法，使用的方法可能带有主观偏见。很多情况下，用户在使用图书馆服务时，不能准确界定自己的意图，或者用户对自己获利的陈述可能会有不同含义。此外，用户对图书馆知识服务体验的差异，取决于用户以往的知识和技能，取决于他们对图书馆知识服务的期望和态度。图书馆知识服务对于不同的用户群体产生的作用不同，不同利益相关者对图书馆知识服务彰显的价值也有不同看法。最后还应考虑的是，成效评价的进行可能需要花费大量的时间和精力。

3.3 用户满意度的不确定性

用户满意度调查现在已经在很多图书馆开展。在成效评价研究中存在着一种争论，即用户满意度是否可以作为衡量成效的评价标准。用户对图书馆服务的满意度通常是通过要求用户对图书馆服务的一次性或长期经验或与预期相比较来确定，有时被视为一种成效。但满意度如何只是用户对图书馆知识服务产出的定性评估，往往与更实质性的成效无关，高满意度可能意味着图书馆一直很有效率，但这并不意味着技能、能力和行为已经发生了变化。因此，如果将成效定义为个人或群体因与图书馆服务的接触而产生的差异或变化，则用户对其图书馆体验的满意度还不能确定。用户满意度可以被视为这种改变提供了良好的基础，从而提高可接受性，从而使成效成为可能，比如满足感可能会刺激用户额外使用图书馆，并可能使他们在行为或技能方面受到影响，因此，如果随着时间的推移系统地收集数据，采取调查或访谈等方法可以对该假设予以支持。

图书馆知识服务需要证明其活动所取得的成效，基于成效的证据可以强有力地向社会证明图书馆知识服务存在的强大意义，也是图书馆知识服务在对稀缺公共资源的激烈竞争中寻求可持续资金时可以使用的强有力的工具。在国家知识经济发展的战略站位下，加之各种技术环境和社会环境综合影响，知识服务面临新的机遇与挑战，知识服务的评价同样面临挑战。目前，美欧等发达国家对于用户成效的测量方法已经经过了良好的测试，并逐渐步向标准化，而我国对于图书馆成效的评估也还处于简单的理论引进与介绍阶段，还有很多有待进一步研究的领域与空间，希望本次基于成效的图书馆知识服务的评价模型的研究能为后续的基于成效的实践提供一定的理论指导和借鉴。

参考文献：

[1]吴凤玉,李静.知识组织研究综述[J].情报杂志,2003（4）:11-13.

[2]吕少妮,吴正荆.图书馆联合数字参考咨询知识服务能力的评价研究[J].图书情报工作,2014,58(17):41-45.

[3]CHIVERS B, THEBRIDGE S.Best Value in Public Libraries: The Role of Research[J]. Library Management, 2000,21(9):456-465.

[4]雷雪.数字资源服务绩效评估研究综述[J].情报杂志,2010,29(10):84-88,117.

[5]周瑛,刘天娇.基于神经网络的高校图书馆知识服务评价体系研究[J].情报理论与实践,2013,36(2):55-59.

[6]李鹏翔.面向图书情报领域的知识服务能力及评价研究[D].南京:南京理工大学,2008.

[7]陈雪霞.图书情报视阈下知识服务能力解读及评价[J].图书馆,2010(1):107-108,113.

[8]石文韬.基于知识服务的高校图书馆价值评价研究[D].天津:天津工业大学,2010.

[9]马彪,刘伟.高校知识服务能力评价研究——基于上海市理工科高校2009年科技统计数据[J].科技管理研究,2011,31(22):171-175,190.

[10]周健.网络文献数据库知识服务功能及其评价研究[D].郑州:郑州大学,2012.

[11]吴艳,陈跃刚.我国知识服务业发展评价的实证研究[J].科技管理研究,2010(23):54-58.

[12]覃凤兰.基于知识管理的高校图书馆个性化服务绩效评价指标[J].图书馆学刊,2009,31(3):19-22.

[13]张展.图书馆员知识服务能力评价体系构建[J].江西图书馆学刊,2011(3):119-122.

[14][31]刘佳.数字图书馆知识服务能力评价研究[D].长春:吉林大学,2010.

[15]李迎迎.知识服务视角下高校图书馆数字资源评价研究[D].曲阜:曲阜师范大学,2014.

[16]赵丹阳.数字档案馆知识服务模式及其评价研究[D].长春:吉林大学,2009.

[17][29]侯振兴,阎燕,袁勤俭.基于用户视角的数字档案馆知识服务能力评价研究[J].现代情报,2015,25(3):86-90.

[18]瞿成雄.高校知识创新中的图书馆信息服务质量评价研究[J].情报科学,2009,27(1):113-116.

[19]周佳骏.基于Web2.0的高校图书馆知识服务体系评价模式[J].中华医学图书情报杂志,2013,22(5):38-44.

[20]周莹,刘佳,梁文佳,等.数字图书馆知识服务能力成熟度评价模型研究[J].情报科学,2016,34(6):63-66,86.

[21]王大壮.知识服务视角下数字图书馆移动服务能力成熟度评价模型研究[J].农业图书情报学刊,2017,29(3):14-17.

[22]杨春静,程刚.科技情报机构知识服务能力评价体系研究[J].情报理论与实践,2017,40

（7）:43-49.

[23]章莹.协同创新体系中医药类高校知识服务平台的构建及有效性评价[J].中国药业,2015,24（24）:15-17.

[24]刘洪,曾莉,李文林.高校图书馆学科知识服务系统的构建与评价——以南京中医药大学为例[J].高校图书馆工作,2014,34（1）:24-27.

[25]严浪.改进层次分析法在学科博客知识服务评价中的应用[J].情报探索,2014（3）:21-23,27.

[26]周瑛,刘天娇.基于神经网络的高校图书馆知识服务评价体系研究[J].情报理论与实践,2013,36（2）:55-59.

[27]于宏国,樊治平,张重阳,等.一种知识服务客户满意度的评价方法[J].东北大学学报（自然科学版）,2010,31（5）:746-749.

[28]吕顺利.图书馆知识服务水平的模糊综合评价探讨[J].现代情报,2007（8）:40-43.

[30]孙丹霞.数字图书馆知识服务用户满意度评价研究[D].武汉:华中师范大学,2014.

[32]杨筠.图书馆学可视化分析引导的第四军医大学图书馆知识服务评价[D].西安:第四军医大学,2015.

[33]武澎,王恒山.基于超网络的知识服务能力评价研究[J].情报理论与实践,2012,35（8）:93-96.

[34]白娟.探索性分析在图书馆知识服务能力评价中的应用[J].情报理论与实践,2015,38（10）:100-103,109.

[35]燕珊.基于FAHP方法的高校图书馆知识服务能力评价研究[D].哈尔滨:黑龙江大学,2015.

[36]付永华.基于FAHP方法的高校图书馆知识服务能力评价研究[J].创新科技,2016（8）:50-53.

[37]LINDAUER B G. Defining and Measuring The Library's Impact on Campuswide Outcomes[J]. College&Research Libraries, 1998,9（6）:546-570.

[38]HERNON P, DUGAN R E. An Action Plan for Outcomes Assessment in Your Library[M]. Chicago: American Library Association, 2002.

[39]KYRILLIDOU M.From Input and Output Measures to Quality and Outcome Measures, or, from The User in The Life of The Library to The Library in The Life of The User[J]. Journal of Academic Librarianship, 2002,28（1）:42-46.

[40]PLA's Project Outcome Creates Webinar Partnership with Edge and Impact Survey to Support

Library Assessment Needs[EB/OL]. [2019-04-10]. http://www.ala.org/news/press-releases.

[41]田倩飞，CHOW A S,唐川,等. 美国公共图书馆的绩效评估理论演进与实践[J]. 图书与情报,2016（6）:96-103,144.

[42]向远媛,温国强. 大学图书馆成效评估及其指标体系构建探索[J]. 大学图书馆学报,2011,29（3）:11-16,21.

[43]REVILL D. Performance Measures or Academic Libraries[J]. Encyclopedia of Library and Information Science, 1990,45（10）:316.

[44]STREATFIELD D, MARKLESS S.What is Impact Assessment and Why is It Important?[M]//Qualitative And Quantitative Methods In Libraries: Theory and Applications, 2009.

[45]Fraser B T, MCCLURE C R, LEAHY E H. Toward a Framework for Assessing Library and Institutional Outcomes.[J]. Portal Libraries & the Academy, 2002,2（4）:505-528.

[46]King D W, Boyce P B, Montgomery C H, et al.Library Economic Metrics: Examples of The Comparison of Electronic and Print Journal Collections and Collection Services.[J]. Library Trends, 2003,51（3）:259-268.

[47]RUBIN J R. Demonstrating Results: Using Outcome Measurement in Your Library[M]. Chicago: American Library Association, 2006.

[48]United Way. Measuring Program Outcomes: A Practical Approach.Alexandria[M]. VA: United Way of America, 1996.

[49]WEIL S. Transformed from A Cemetery of Bric-a-Brac. In Institute of Museum and Library Services(Ed). Perspectives on Outcome-based Evaluation for Libraries and Museums[M]. Washington D.C: Institute of Museum and Library Servias, 2000.

[50]张红霞. 图书馆质量评估体系与国际标准[M]. 北京:国家图书馆出版社,2008.

[51]ACRL.Task Force on Academic Library Outcome Assessment Report[EB/OL]. [2019-04-17]. http://www.ala.org/acrl/aboutacrl/strategicplan/stratplan.

[52]BERTOT J C, MCCLURE C R, RYAN J. Statistics and Performance Measures for Public Library Networked Seruices[M]. Chicago: American Library Association, 2001.

[53]BERTOT J C, MCCLURE C R.Outcomes Assessment in The Networked Environment: Research Questions, Issues, Considerations, and Moving Forward [J]. Library Trends, 2003,51（4）:590-613.

[54]HERNON P.Outcomes are Key but not The Whole Story[J]. Journal of Academic Librarianship, 2002,28（1）:54-55.

[55]宁耀莉. 图书馆数字资源服务成效评估指标体系研究[J]. 图书馆学刊,2013,35（2）:78-80.

[56]USHERWOOD B. Demonstrating Impact through Qualitative Research[J]. Performance Measurement and Metrics, 2002,3（3）:117–122.

[57]MORRIS A, SUMSION J, HAWKINS M. Economic Value of Public Libraries in The UK[J]. Libri, 2002,52（2）:78–87.

[58]SUMSION J, HAWKINS M, MORRIS A. Estimating The Ecomonic Value of Library Benifits[J]. Performance Measurement and Metrics, 2003,4（1）:13–27.

[59]POLL R. Can We Quantify The Library's Influence?Creating An ISO Standard for Impact Assessment[J]. Performance Measurement and Metrics, 2012,13（2）:121–130.

[60]PUNG C, CLARKE A, PATTEN L. Measuring The Economic Impact of The British Library[J]. New Review of Academic Librarianship, 2004,10（1）:79–102.

[61]British Library.Measuring Our Value[EB/OL]. [2019–04–17]. https://www.bl.uk/aboutus/stratpolprog/increasingvalue/measuringourvalue_full.pdf.

[62]刘宇薇,任慧玲,付敏君. 大英图书馆经济价值评估理论方法体系解读[J]. 图书馆论坛, 2017,37（10）:131–135.

[63]KRISTINE P, UGNE R. Outcomes-based Measurement of Public Access Computing in Public Libraries[J]. Performance Measurement and Metrics, 2010,11（1）:75–82.

[64]KUH G D, KINZIE J, What Matters to Student Success: A Review of The Literature[R/OL]. Washington, DC: National Postsecondary Education Cooperative, 2006. [2019–04–17]. https://nces.ed.gov/npec/pdf/Kuh_Team_Report.pdf.

[65]ACRL Value of Academic Libraries: A Comprehensive Research Review and Report[R/OL]. Chicago: Association of College and Research Libraries 2010 [2019–04–17]. http://www.acrl. ala.https://www.acrl.ala.org/value/.

[66][69]POLL R.Measuring Impact and Outcome of Libraries[J]. Performance Measurement& Metrics, 2003,4（1）:5–12.

[67]肖奕. 国外高校图书馆对学生学业影响研究综述[J]. 图书情报工作,2017（19）:135–145.

[68]EVEREST K, PAYNE P. The Impact of Libraries on Learning, Teaching and Research[J]. Library&Information Research, 2001.

图书馆多媒体外文期刊揭示和一站式服务

桂飒爽（上海图书馆）

1　图书馆外文期刊馆藏变化的趋势

20世纪后期开始，图书馆外文期刊的馆藏资源随着国际期刊出现网络出版、电子期刊、开放存取等新型出版模式而发生了巨大的变化，电子期刊等新型模式的出现对期刊出版、收录、检索、服务等产生了革命性变革，大大改变了传统纸质期刊的传播方式，电子期刊具有发行周期短、内容更新快、信息获取及时，体积小、容量大、便于携带、储存空间可无限开发，利用手段具有主动性和交互性，操作简单、使用便捷、检索功能强大等超越传统纸质期刊的功能。图书馆外文期刊馆藏资源建设也从纸质馆藏资源建设向纸质馆藏资源和电子资源建设并重的方向拓变，图书馆服务也随之从提供纸质出版物满足本馆读者需求和社会文献信息需求，向集纸质出版物、电子出版物、数据库、网络信息资源等各种媒体信息于一体化演变。

图1显示，2010到2018年华东地区图书馆和上海地区图书馆的纸质外文期刊订购品种出现了逐步减少趋势。

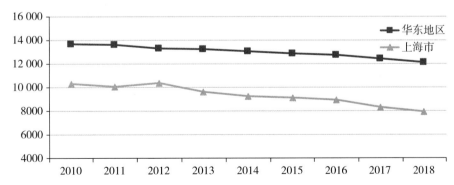

图1　华东地区和上海地区图书馆纸质外文期刊订购品种变化情况表（2010—2018年）

数据来源：《华东地区外国和港台期刊预订联合目录》2010—2018年的数据汇总。

表1　2010与2017年上海图书馆纸质外文期刊和电子外文期刊馆藏情况比较

	2010年	2017年
纸质外文期刊入藏数量（种）	6051	4512
馆藏电子外文期刊数量（种）	5003	28 405
纸质期刊占电子期刊的比例（%）	1.21	0.16
外文数据库购买量（个）	25	133

数据来源：上海图书馆内部资料

表1显示，从2010与2017年上海图书馆纸质外文期刊和电子外文期刊馆藏情况对比来看，纸质外文期刊馆藏种类从6051种减少到4512种，减少了25.43%，表明在保持特色馆藏的基础上减少了纸质外文期刊的收藏。而订购的数据库中电子外文期刊品种从5003种大幅度增加到28 405种，增长了467.76%。而纸质外文期刊占电子外文期刊在馆藏中的比例从1.21%，减少到0.16%。这和国际期刊市场的大环境变化相吻合。纯纸质期刊逐步转化为纸质期刊和电子期刊同步并存，并大量出现仅以网络和数字格式发布的纯电子期刊。外文期刊馆藏结构的变化，带来了图书馆服务模式的改变。

2　上海图书馆外文期刊馆藏结构采样分析

为此，笔者对2017年上海图书馆纸质外文期刊馆藏和采购的数据库中电子外文期刊收录情况进行了采样分析。目的就是充分了解现有外文期刊馆藏结构，将传统的纸质外文期刊馆藏资源服务和电子外文期刊信息资源服务统一纳入图书馆的服务中，在资源建设和资源共享工作中，扩大外文期刊信息资源的利用和服务，为读者提供便利的信息获取途径和方法。

2.1　外文期刊馆藏数据采集

笔者采集了上海图书馆纸质外文期刊馆藏中G25类（图书馆学、图书馆事业）的132种外文期刊馆藏情况的数据（见表2），包括纸质外文期刊的刊名、分类、索书号、刊号、ISSN、创刊年月、停刊年月、馆藏起始年月、停订年月、馆藏的完整情况、注释等。

全文外文电子期刊采集了3个上海图书馆采购的外文期刊数据库收录的数

据：集成商数据库 EBSCO/ASC 中学科分类为 Library & Information Science 的 120 种全文电子期刊、出版社数据库 Emerald 中学科分类为 Library studies 64 种全文电子期刊、西文过刊期刊数据库 JSTOR 中学科分类为 Library studies 28 种全文电子期刊。数据内容包括标题、ISSN、主题、标题历史纪录、书目记录、创刊年月、数据库起始年月、说明等。

表2 纸质外文期刊和电子外文期刊数据采集内容

数据库类型	数据库名	期刊学科分类	期刊数量（种）	期刊内容
纸质外文期刊		G25（图书馆学、图书馆事业）	132	纸质外文期刊
集成商数据库	EBSCO /ASC	Library&Information Science	120	全文数据库
出版社数据库	Emerald	Library studies	64	全文数据库
西文过刊数据库	JSTOR	Library studies	28	全文数据库

数据来源：上海图书馆内部资料

2.2 四种形态外文期刊馆藏结构分析

对采集的上海图书馆纸质外文期刊和全文电子期刊数据进行分析，笔者发现上海图书馆外文期刊馆藏结构呈现四种形态：纯纸质外文期刊馆藏、纯电子外文期刊馆藏、纸—电外文期刊馆藏和电—电外文期刊馆藏。

2.2.1 纯纸质外文期刊馆藏

纯纸质外文期刊馆藏是指该外文期刊目前没有被外文期刊数据库收录，或者上海图书馆购买的数据库中没有包含这些外文期刊，只有纸质外文期刊馆藏。

纯纸质外文期刊馆藏结构中，有以下几种情况：

（1）从创刊起完整收录的外文期刊，如俄文期刊《科技图书馆》（《Научные и технические библиотеки》）（ISSN：0130—9765）从1961年第一卷到现在均有馆藏。

（2）馆藏起始年月晚于期刊创刊年月，一直延续到现在或者到该刊停刊。如德文期刊《图书馆：研究与实践》（*Bibliothek: Forschung und Praxis*）（ISSN：0341—4183）创刊年是1977年，馆藏起始年是1985年，馆藏一直延续到现在。

（3）期刊出版延续到现在，但馆藏在期间出现停订而中断，如日文期刊《网络数据存储》（《ネットワーク資料保存》）（ISSN：0915—9266）创刊年月：1990年1月，发行至今，馆藏No. 87—No. 115（2008年1月—2016年12月），2017年起停订。

由于公共图书馆兼具收藏和服务功能，因此上海图书馆经过长期的积累形成了自己的馆藏特色，比如：化学化工文献资源、经济类文献资源、法律法规文献资源、日文文献资源、德语文献资料等，形成比较完整的纸质外文文献的特色馆藏。从采样的数据看，纯纸质外文期刊馆藏多见于非英语文字的外文期刊，相对来说，非英语电子期刊数据库要比英语电子期刊数据库少。通过一站式搜寻服务可以揭示上海图书馆外文期刊的特色馆藏。

2.2.2 纯电子外文期刊馆藏

上海图书馆电子外文期刊馆藏按照媒介形态可分为CD-ROM光盘、数据库和网络信息资源等；按照出版形式可分为集成商、出版社和学协会电子出版物；按照电子出版物内容可分为文摘电子出版物和全文电子出版物。纯电子外文期刊是指一些外文期刊从创刊起就是数字化期刊，它们的发行都是以网络和数字格式服务的。上海图书馆纯电子外文期刊馆藏主要指近期采购的数据库中包含的正式出版的纯电子期刊和未购买纸质外文期刊的电子期刊。如英文电子期刊《国际网络信息系统杂志》（*International Journal of Web Information Systems*）（ISSN：1744–0084）（Emerald数据库中从2005年第1卷第1期到2019年第15卷第1期均有收录）。

纯电子外文期刊（在线期刊）是随着网络技术发展而产生的新型期刊出版发行模式，它有成本低、更新快的优点，目前主要集中在一些前沿科技、新兴技术行业的期刊出版物。电子期刊的结构与传统期刊结构相似，许多电子期刊仍采用VOLUME/ISSUE（卷/期）模式，以连续出版物形式出版，在线期刊文章是一种专门的电子文档形式：它们的目的是为学术研究和学习提供材料，它们的格式大致类似于传统纸质期刊中的期刊文章。通常，期刊文章可以两种格式下载——以PDF格式和HTML格式下载，尽管其他电子文件类型通常支持补充材料。文章在书目数据库和搜索引擎中都有索引。电子期刊允许将新内容类型包含在期刊中，例如视频材料或研究所依据的数据集。目前虽然占电子外文期刊的比重还不大，但是随着技术的不断进步，其重要作用会越来越显现。一站式搜寻系统应该将其作为重要电子外文期刊馆藏进行揭示。

2.2.3 纸—电外文期刊馆藏

纸—电外文期刊馆藏是指部分外文期刊馆藏既有纸质期刊又有电子期刊，其部分重合或者全部重合，或者两者互补，形成完整的外文期刊馆藏。主要有以下几种情况：

（1）纸质外文期刊和电子外文期刊部分馆藏相重合

例如，英文期刊《图书馆高技术》（*Library Hi Tech*）（ISSN：0737–8831）于创刊年1983年延续至今，上海图书馆纸质期刊馆藏起订年为1991年，Emerald数据库中该电子期刊从1983年至今都有收录。纸质期刊和电子期刊相重合，完整地揭示馆藏。

（2）纸质外文期刊和电子外文期刊部分馆藏互补

- 电子外文期刊补齐纸质期刊馆藏的缺藏部分

例如，英文期刊《图书馆季刊》（*The Library Quarterly*）（ISSN：0024–2519）从1931年起出版至今，上海图书馆纸质期刊馆藏启订年为1953年至今，JSTOR数据库中该电子期刊从1931至2015年均有收录，补齐了从1931到1953年的缺藏，使该刊拥有了完整的馆藏。

- 纸质外文期刊停刊改由仅出版电子外文期刊

例如，英文期刊《参考与用户服务季刊》（*Reference & User Services Quarterly*）（ISSN 0033–7072），纸质期刊创刊于1960年，当时刊名为《参考期刊》（*Reference & Quarterly*）（ISSN 0033–7072），1997年期刊改为现名。2011年以前该刊纸质版和电子版同步出版，2011年起纸版停刊，从2012年起仅出版电子期刊《参考与用户服务季刊》（ISSN 2163–5242）至今。上海图书馆收录情况：纸质期刊《参考期刊》（1984—1997年），《参考与用户服务季刊》（1997—2011年）；电子期刊：EBSCO/ASC数据库收录2002年至今。电子期刊延续了该刊的馆藏，使该刊拥有较为完整的馆藏。

大多数的电子外文期刊起源于纸质期刊，逐步演变成电子期刊和纸质期刊同步出版，并将过往纸质期刊追溯形成完整的电子期刊数据库，有些外文期刊由同步出版纸质期刊和电子期刊改由出版电子期刊。随着学术研究和读者阅读习惯向电子化方向转移，电子期刊将成为期刊界的主导。通过分别搜寻纸质外文期刊和电子外文期刊可以完整揭示这一形态外文期刊馆藏。

2.2.4 电—电外文期刊馆藏

电—电外文期刊馆藏是指上海图书馆没有纸质期刊收藏，但是可通过不同数据库中的电子期刊来揭示该外文期刊的收录情况。例如，英文期刊《专门图书馆与情报机构协会会刊》（*Aslib Proceedings*）（ISSN：0001–253X）从1949年出版至今，Emerald数据库收录从1949至2013年，EBSCO Host数据库收录1963年至今的电子期刊。两个数据库中该电子期刊的馆藏互补，形成了完整的馆藏。

从2017年上海图书馆纸质外文期刊入藏数量和订购数据库电子外文期刊数量比较，纸质外文期刊与电子外文期刊的品种量比为15.88%（见表1）。84.12%馆藏的外文期刊只有电子期刊没有纸质期刊。电子外文期刊品种数量是纸质外文期刊数量的6倍多，大大增加了外文期刊的收录数量，所以通过搜寻不同的数据库中的电子期刊可以揭示大部分上海图书馆外文期刊的馆藏。

通过对上海图书馆外文期刊馆藏结构的采样分析，我们可以得出这样的结论，图书馆外文期刊馆藏资源呈现爆炸式增长。表1显示，2010到2017年外文期刊馆藏数量（包括纸质期刊和电子期刊）从11 054种增加到32 917种，增加了三倍多，外文数据库的购买量从25个猛增到133个。馆藏结构由纸质外文期刊为主，向纸质外文期刊和电子外文期刊共存，再向以电子外文期刊为主的结构发展，形成了纸质外文期刊查询和各个期刊数据库查询平台的多平台服务模式。

3　上海图书馆外文期刊查询系统

读者面对成倍增长的信息资源和日益烦琐的信息获取模式，无法快捷准确地获取自己所需的信息。为解决两者之间的矛盾，为读者提供便利的信息获取途径和方法，上海图书馆探索一种涵盖纸质外文期刊和电子外文期刊的检索方法，来完整揭示外文期刊馆藏，在这种方法的基础上建立馆藏外文期刊资源一站式服务平台——上图外文期刊查询系统。

3.1　上海图书馆外文期刊查询方法

多年来，上海图书馆依据《文献采访工作条例》中"中文求全、外文求精、多品种、少复本"的原则，积极开展馆藏文献资源建设。在保证纸质外文期刊的特色馆藏的基础上，通过采购、授赠以及试用等方式多渠道采集数字资源。截至2017年底，共采集数据库206个，其中外文数据库133个，包含电子外文期刊28 405种。上海图书馆公共目录查询系统iPac提供纸质外文期刊的搜索，每一个数据库都有各自的查询方法来搜索电子外文期刊。

3.1.1 上海图书馆公共目录查询系统iPac

上海图书馆公共目录查询系统iPac以查询馆藏纸质外文期刊为主，查询包括基本、高级、多项辅助等三种检索方法。基本检索包括多种检索途径：题名—关键词、题名—字顺、著者—关键词、著者—字顺、主题词—关键词、主题词—字顺、丛书名—关键词、丛书名—字顺、ISBN、ISSN等。高级检索包括题名—关键词、著者关键词、主题—关键词和丛书名—关键词的组合检索。读者可以在相应的文本框中输入检索词，并可对查询结果集预先设定限定条件和排序方法。这样，读者可以通过多种途径对检索加以限定，从而得到较为准确的查询结果。多项辅助是在高级检索的基础上提供了更为强大的逻辑组配检索。读者可以对不同检索途径进行"与"（AND）、"或"（OR）、"非"（NOT）等逻辑运算，从而得到更为精确的检索结果。

例如，我们在上海图书馆公共目录查询系统iPac上查询英文期刊《澳大利亚学术与研究图书馆》（*Australian Academic and Research Libraries*）（ISSN：0004-8623）馆藏情况（见图2）。

图 2 上海图书馆公共目录查询系统中的《澳大利亚学术与研究图书馆》信息

纸质英文期刊《澳大利亚学术与研究图书馆》（ISSN：0004-8623）创刊于1970年，出版至2016年，2017年起改名为《澳大利亚图书馆与信息协会杂志》（*Journal of the Australian Library and Information Association*）（ISSN：

2475-0158），出版至今。通过上海图书馆公共目录查询系统iPac，读者可以查询到该纸质英文期刊在上海图书馆的馆藏年限为1987至2012年，仅揭示了纸质外文期刊的馆藏情况。

3.1.2 电子外文期刊数据库查询方法

图3　Taylor & Francis Online 数据库中的《澳大利亚学术与研究图书馆》信息

在上海图书馆采购的133个外文数据库中，每一个数据库都有各自的查询系统。同样是查询英文期刊《澳大利亚学术与研究图书馆》，我们分别查询了Taylor & Francis Online数据库和EBSCO/ASC数据库。

在Taylor & Francis Online数据库中，英文期刊《澳大利亚学术与研究图书馆》的收录情况是：从1988至2016年止（见图3）。2017年改名为《澳大利亚图书馆与信息协会杂志》（ISSN：2475-0158）的收录情况是：从2017至2019年止（见图4）。

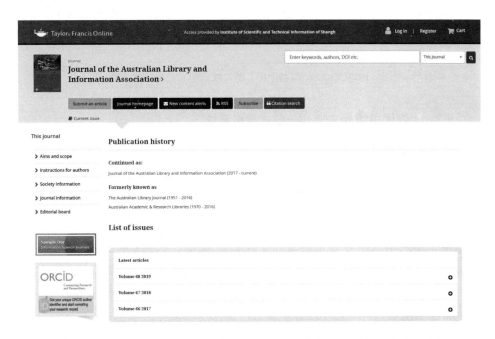

图4　Taylor & Francis Online数据库中的《澳大利亚图书馆与信息协会杂志》

在EBSCO/ASC数据库中，英文期刊《澳大利亚学术与研究图书馆》的收录情况是：从2004至2016年止（见图5）。

在上文中，我们分别查询了上海图书馆公共目录查询系统iPac、Taylor & Francis Online数据库和EBSCO Host数据库等三个查询系统才完整地揭示了英文期刊《澳大利亚学术与研究图书馆》及改名后的英文期刊《澳大利亚图书馆与信息协会杂志》在上海图书馆拥有的纸质期刊和电子期刊相互补馆藏情况。

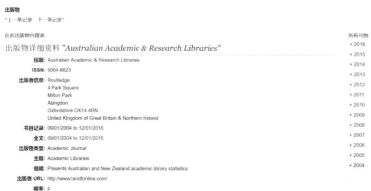

图 5　EBSCO/ASC 数据库中《澳大利亚学术与研究图书馆》

3.2　上海图书馆外文期刊一站式查询系统

上海图书馆采购的133个外文数据库中，包含电子外文期刊28 405种。各种电子外文期刊分布在不同的数据库中，需要打开不同的数据库进行搜寻，而且每一数据库揭示的电子外文期刊或者iPac揭示的纸质外文期刊的信息大多不是完整馆藏，为了完整揭示采样中发现四种形态馆藏结构的外文期刊馆藏，上海图书馆开发了馆藏外文期刊资源一站式服务平台——上图外文期刊查询系统。

上图外文期刊查询系统，使用一站式检索方法，通过对纸质馆藏资源和电子信息资源做最完整、最大限度的整合，使读者能够在一个入口、一个检索界面，经过一次检索就能以最快的速度和最简单的方法从种类繁多的原始数据资源的海洋中得到其所需要的有价值的所有资源，并可直接浏览，达到简化检索界面，去除重复操作，节约读者时间，提高检索效率的目的。

上图外文期刊查询系统采用全字段智能检索。输入检索词并点击"开始查询"后，系统将自动在所有字段内进行查找。输入的检索词有命中记录时，系统进入简要浏览页面，如图6所示。

检索结果列表内容包括ISSN、E-ISSN、刊名、出版商及备注。读者可以点击列表中的"刊名"，查看该期刊的详细书目信息和全文信息。详细信息页面如图7，详细信息页面内容包括：ISSN、E-ISSN、出版商、刊物名称、纸本馆藏信息、数据库、来源、电子全文收录年限及备注。

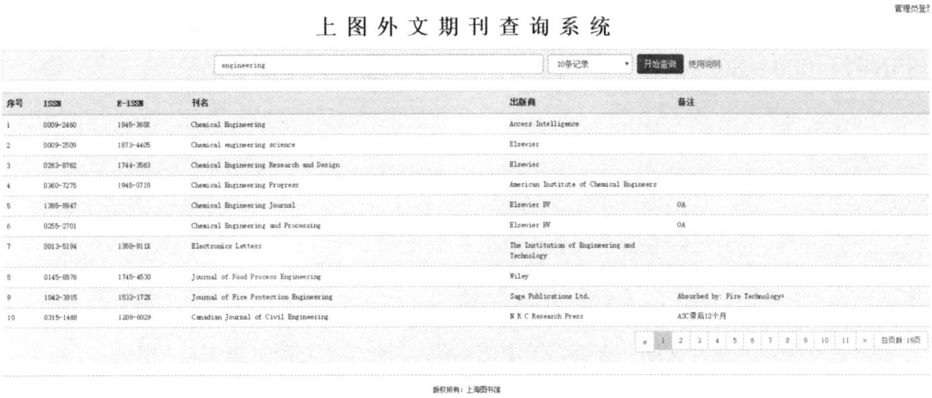
管理员登录

上 图 外 文 期 刊 查 询 系 统

engineering　10条记录　开始查询　使用说明

序号	ISSN	E-ISSN	刊名	出版商	备注
1	0009-2460	1945-368X	Chemical Engineering	Access Intelligence	
2	0009-2509	1873-4405	Chemical engineering science	Elsevier	
3	0263-8762	1744-3563	Chemical Engineering Research and Design	Elsevier	
4	0360-7275	1945-0710	Chemical Engineering Progress	American Institute of Chemical Engineers	
5	1385-8947		Chemical Engineering Journal	Elsevier BV	OA
6	0255-2701		Chemical Engineering and Processing	Elsevier BV	OA
7	0013-5194	1350-911X	Electronics Letters	The Institution of Engineering and Technology	
8	0145-8876	1745-4530	Journal of Food Process Engineering	Wiley	
9	1042-3915	1532-172X	Journal of Fire Protection Engineering	Sage Publications Ltd.	Absorbed by: Fire Technology
10	0315-1468	1208-6029	Canadian Journal of Civil Engineering	N R C Research Press	ASC滞后12个月

« 1 2 3 4 5 6 7 8 9 10 11 » 总页数:16页

版权所有：上海图书馆

图 6　上图外文期查询系统

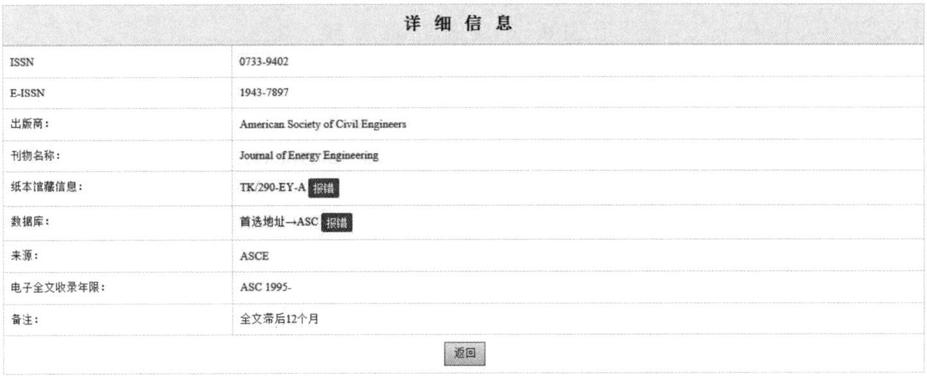
详 细 信 息	
ISSN	0733-9402
E-ISSN	1943-7897
出版商：	American Society of Civil Engineers
刊物名称：	Journal of Energy Engineering
纸本馆藏信息：	TK/290-EY-A 报错
数据库：	首选地址→ASC 报错
来源：	ASCE
电子全文收录年限：	ASC 1995-
备注：	全文滞后12个月

返回

图 7　上图外文期刊查询系统外文期刊详细信息

在详细信息页面上，我们可以做如下操作：

①点击“刊物名称”，可以查看该刊的电子版全文内容；

②“纸本馆藏信息”显示的是上图馆藏索书号，点击后即进入iPac系统，可以查看该刊印刷版的收录情况；

③一些期刊可以通过数个不同的数据库查看电子版全文，点击“数据库”部分所显示的数据库名称进行选择。其中“首选地址”为馆员推荐的系统稳定、更新速度快的数据库；

④“电子全文收录年限”标明各数据库所提供电子版全文的起止时间；

⑤“备注”标明该刊的更名、合并等需要说明的各种变化情况；

英文期刊《澳大利亚学术与研究图书馆》通过上图外文期刊查询系统查询

该外文期刊的馆藏情况。我们根据英文期刊《澳大利亚学术与研究图书馆》的ISSN号：0004-8623，在上图外文期刊查询系统搜索（图8）。

图8　上图外文期刊查询系统中的《澳大利亚学术与研究图书馆》信息

点击英文期刊刊名：Australian Academic and Research Libraries，进入该刊在上海图书馆馆藏的详细信息页面（见图9）。

上　图　外　文　期　刊　查　询　系　统

详　细　信　息

图9　上图外文期刊查询系统的《澳大利亚学术与研究图书馆》详细信息

详细信息页面显示该英文期刊在上海图书馆的纸质馆藏情况（G25/P14848）和在数据库中的收录情况（EBSCO Host数据库和Taylor & Francis Online数据库），"电子全文收录年限"栏目显示该外文期刊在EBSCO/ASC数据库（简称：ASC）收录为2004—2016年，在Taylor & Francis Online数据库（简称：Taylor）收录年限为1988—2016年。

点击刊物名称：Australian Academic and Research Libraries，可以查看该刊的电子版全文内容。

点击纸质馆藏：G25/P15680，链接到上海图书馆公共目录查询系统iPac页面（见图2），获取该英文期刊在上海图书馆的纸质期刊的馆藏情况。

点击数据库：EBSCO-ASC，直接链接到EBSCO/ASC数据库搜索页面（见图5），获取该英文期刊在EBSCO Host数据库中的收录情况。

点击数据库：Taylor，直接链接到 Taylor & Francis Online 数据库搜索页面（见图3），获取该英文期刊在 Taylor & Francis Online 数据库中收录情况，根据改名情况，进一步查询改名后英文期刊《澳大利亚图书馆与信息协会杂志》在 Taylor & Francis Online 数据库中收录情况（见图4）。通过一站式服务平台——上图外文期刊查询系统，一次查询就可以完整地揭示外文期刊 *Australian Academic and Research Libraries* 在上海图书馆纸质期刊和电子期刊的馆藏情况。

上图外文期刊查询系统平台的馆藏外文期刊资源涵盖上海图书馆订购的纸质外文期刊和电子期刊全文数据库资源，通过该平台的建设能够向读者提供顺畅的期刊检索和使用体验。该平台操作便利、信息全面，一次查询就能够满足读者快速有效地获取外文期刊资源的目的。

目前该平台还处于试运行状况，已录入 ACS、AIP、ASCE、Emerald、IOP、SAGE、WILEY、TAYLOR、IEEE 等上海图书馆的部分外文期刊数据。上图外文期刊查询系统平台的建设为充分揭示上海图书馆外文期刊的馆藏提供一个新的探索，平台通过纸质外文期刊查询、结合纸质期刊—电子期刊查询、电子期刊在不同数据库中的查询，能够揭示外文期刊在上海图书馆的完整馆藏，同时一站式查询给读者一个全新的体验。为政府决策、科学研究和公众阅读三个层面的服务发挥积极作用。

参考文献：

[1]桂飒爽.外文期刊资源共建共享的过去和未来——《华东地区外国和港台科技期刊预订联合目录》实践案例[J].图书馆杂志,2013（2）:42-44.

[2]柯平.新环境下图书馆资源建设重新定义和馆藏质量评价[EB/OL].[2019-05-23].http://www.sohu.com/a/242908895_99958728.

[3]林丽娟."纸电同步"趋势下高校图书馆文献资源建设的困惑与思考[J].图书馆工作与研究,2019（1）:84-87.

[4]田晓迪.科学协调外文纸本期刊的馆藏发展——以北京师范大学图书馆为例[J].农业图书情报学刊,2016（8）:38-41.

[5]王冬妹.数字环境下高校图书馆纸质期刊的管理与服务[J].图书馆研究工作,2017（8）:74-76.

市域视角下的公共图书馆儿童阅读推广活动研究

——以武汉市"知识工程"少儿读书系列活动为例

徐水琴（武汉市少年儿童图书馆）

儿童阅读是全民阅读的起点与根基，已被列为国家战略，迎来重要发展机遇期。职能定位与使命担当决定公共图书馆是推广儿童阅读的主力军。当前，形形色色的公共图书馆儿童阅读推广活动正在全国各地如火如荼地进行，呈现"百花齐放春满园"的繁荣态势。如天津市少年儿童图书馆的经典阅读推广活动[1]、深圳少年儿童图书馆的"我最喜爱的童书评选"、苏州图书馆的"悦读宝贝计划"[2]、重庆图书馆的"格林童话之夜"[3]等。武汉是我国首批获批创建少年儿童图书馆的城市之一，其公共图书馆界在儿童阅读推广领域已深耕多年，活动经验积累深厚，可圈可点之处颇多。其中特别值得一提的是"知识工程"少儿读书系列活动（以下简称"知识工程"活动）。"知识工程"经历37年探索、发展，逐步成熟，成为本地区少年儿童的一项传统活动，对于促进武汉儿童阅读、推动全民阅读发挥着重要作用。

"知识工程"活动是我国公共图书馆开展市域大型儿童阅读推广活动的"武汉样本"。本文拟对其历史、现状及主要做法进行梳理，总结一些可供业界同行借鉴的经验，以期为我国公共图书馆开展市域大型儿童阅读推广活动提供参考。

1 武汉市"知识工程"少儿读书系列活动概况及历史

1.1 活动基础

武汉市少年儿童图书馆（以下简称"武汉少儿馆"）成立于1958年，是我国首批创建的少年儿童图书馆之一。60年来，武汉少儿馆不断丰富馆藏、升级设备、提升服务，通过外借、阅览、参考咨询、设立图书流通点、建立分馆、举办公益讲座和读书系列活动等多种形式，为全市少年儿童和少儿教育工作者服务。现馆舍面积5524平方米，藏书123万册，全年读者到馆逾99万人次，文献外借总量超80万册，年举办读者活动620场、参与人数5万余人次，馆外流通点及分馆64个。武汉全市下辖13个市辖区，其中江岸区、江汉区、硚口区、汉阳区、武昌区、洪山区、青山区等7个区为中心城区，东西湖区、蔡甸区、江夏区、黄陂区、新洲区、汉南区等6个区为新城区。各区均建有公共图书馆，各馆都设有少儿图书室，其中江岸区专门设立少年儿童图书馆。此外，武汉图书馆设有青少年阅览室，湖北省图书馆少儿书刊部于2018年6月正式升级为湖北省少年儿童图书馆。这些馆（室）与武汉少儿馆共同组成覆盖全市的少儿图书馆服务网络。因行政隶属关系，由武汉少儿馆负责对全市13个市辖区馆开展少儿图书馆（室）业务辅导与培训，并主持行业业务活动。

1.2 活动概况

"知识工程"活动源头可以追溯至武汉少儿馆建馆初期馆内读者活动，其前身是"红领巾读书读报奖章活动"（以下简称"红读"活动）。自1982年起，"红读"活动已连续举办37届，参与人数累计逾百万。活动由武汉公共图书馆的上级主管部门武汉市文化局①联合多个政府部门共同主办，武汉少儿馆与13个市辖区文体局承办，13个市辖区公共图书馆协办。主办单位每年联合下发文件对该年度活动进行整体部署，发布推荐书目，号召全市少年儿童阅读，武汉少儿馆作为组织协调者，在13个市辖区文体局的配合下，发动各市辖区公共图书馆深入基层，与辖区内街道、社区、学校合作，广泛开展丰富多彩的诸如讲座、报告会、故事会、朗读、征文、书评演讲、课本剧、家庭读书秀、绘画、书法、剪纸等贯穿全年的读书系列活动，以"马良杯"少儿书画比赛和"楚童杯"读书汇等活动为主，辅以其他灵活形式的全市性大型活动，向社会汇报全年少儿读书系列活动成效，展示读书活动成果。"马良杯"少儿书画比赛与"楚童杯"读书汇活动均以各市辖区图书馆分别开展初赛活动，选拔出优秀选手进而参与武汉少儿馆组织的全市总决赛的形式进行。

---

① 2019年1月9日,武汉市委召开全市机构改革动员大会,宣布不再保留武汉市文化局,组建武汉市文化和旅游局。

1.3 活动发展历程

笔者奉行求实原则，通过查阅武汉少儿馆馆史、业务档案及新闻报道等方式获取相关数据，对1982至2018年间开展的"知识工程"活动进行列表整理[4]（如表1所示），力图展现活动真实面貌。因年代久远、部分资料缺失等，有些活动无法获知详细名称、主题等具体数据，但全部活动形式是明晰的，可以从中一窥"知识工程"活动发展史。

表1　"知识工程"少儿读书系列活动一览表（1982—2018年）

年份	系列活动
1982	武汉市少年儿童书法、绘画表演赛，武汉市少年儿童现场命题作文比赛，武汉市少年儿童朗诵比赛
1983	武汉市少年儿童朗诵比赛
1984	第一届"马良杯"儿童书法比赛，武汉市少年儿童朗诵比赛
1985	第二届"马良杯"儿童书法比赛，武汉市少年儿童故事大王、演讲、朗诵比赛，武汉市首届中小学生楚才作文竞赛
1986	武汉市第二届中小学生楚才作文竞赛，武汉市少年儿童故事大王、演讲、朗诵比赛
1987	第三届"马良杯"儿童书法比赛，武汉市第三届中小学生楚才作文竞赛，武汉市少年儿童故事大王、演讲、朗诵比赛，读书夏令营（庐山）
1988	第四届"马良杯"儿童书法比赛，武汉市第四届中小学生楚才作文竞赛，武汉市少年儿童故事大王、演讲、朗诵比赛，读书夏令营（九宫山）
1989	第五届"马良杯"儿童书法比赛，武汉市少年儿童故事大王、演讲、朗诵比赛，武汉市第五届中小学生楚才作文竞赛，读书夏令营（九宫山）
1990	第六届"马良杯"儿童书法比赛（硬笔书法开始纳入比赛），武汉市少年儿童故事大王、演讲、朗诵比赛，少儿书市，读书夏令营（葛洲坝）
1991	第七届"马良杯"儿童书法、绘画比赛，"五彩杯"武汉市少年儿童故事大王、朗诵比赛，"春蕾杯"书评演讲比赛，"乐百氏杯"儿歌比赛，"身边科学365问"知识竞赛，读书夏令营（庐山）
1992	第八届"马良杯"少儿书画比赛，武汉市少年儿童故事大王、朗诵、书评演讲比赛，庆"七一"诗歌朗诵比赛，现场知识竞赛，读书夏令营（桂林）
1993	第九届"马良杯"少儿书画比赛，武汉市少年儿童故事大王、朗诵、书评演讲比赛，现场知识竞赛，读书夏令营（青岛）

年份	系列活动
1994	第十届"马良杯"少儿书画比赛,武汉市少年儿童故事大王、朗诵、书评演讲比赛,"中外发明博览"知识竞赛,读书夏令营
1995	第十一届"马良杯"少儿书画比赛,武汉市少年儿童故事大王、朗诵、书评演讲比赛,"民族的智慧"知识竞赛,读书夏令营
1996	第十二届"马良杯"少儿书画比赛,武汉市少年儿童故事大王、朗诵、书评演讲比赛,"纪念红军长征胜利60周年"知识竞赛,读书夏令营
1997	第十三届"马良杯"少儿书画比赛,武汉市少年儿童故事大王、朗诵、书评演讲比赛,"香港回归祖国"知识竞赛,读书夏令营
1998	第十四届"马良杯"少儿书画比赛,武汉市少年儿童故事大王、朗诵、书评演讲比赛,现场知识竞赛,读书夏令营
1999	第十五届"翰墨林杯"少儿书画比赛,武汉市少年儿童故事大王、朗诵、书评演讲比赛,现场知识竞赛,读书夏令营
2000	第十六届"马良杯"少儿书画比赛,武汉市少年儿童故事大王、朗诵、书评演讲比赛,现场知识竞赛,读书夏令营
2001	第十七届"黄鹤杯"少儿书画比赛(增加电脑绘画作品征集项目),武汉市少年儿童故事大王、朗诵、书评演讲比赛,现场知识竞赛,读书夏令营
2002	第十八届"黄鹤杯"少儿书画比赛,武汉市少年儿童故事大王、朗诵、书评演讲、英语朗诵比赛,淘气包快问快答,读书夏令营
2003	武汉市少年儿童故事大王、书评演讲、诗歌朗诵、英语朗诵比赛("民生银行杯"武汉少儿书画比赛因"非典"停办),科普知识竞赛,读书夏令营
2004	第十九届"马良杯"少儿书画比赛,"阳光杯"武汉市少年儿童故事大王、诗歌朗诵、书评演讲、英语朗诵比赛,"在党旗下成长"读书知识竞赛,读书夏令营
2005	第二十届"马良杯"少儿书画比赛,"爱洁杯"武汉市少年儿童英语朗诵比赛,现场知识竞赛,读书夏令营(内蒙古)
2006	第二十一届"马良杯"少儿书画比赛,"8+1"武汉城市圈环境征文活动,"楚韵杯"武汉市少年儿童故事大王、诗歌朗诵、书评演讲比赛,中小学生环境知识(团体)抢答赛,读书夏令营(连云港)
2007	第二十二届"马良杯"少儿书画比赛,"楚童杯"武汉市少年儿童英语朗诵比赛,环境小报制作、摄影作品征集赛暨环境小卫士评选,读书夏令营(宜昌)
2008	第二十三届"马良杯"少儿书画比赛,"楚童杯"武汉市少年儿童故事大王、诗歌朗诵、书评演讲大赛,读书知识抢答赛
2009	第二十四届"马良杯"少儿书画比赛(停办电脑绘画项目),"楚童杯"武汉市少年儿童故事大王比赛,现场知识竞赛

年份	系列活动
2010	第二十五届"马良杯"少儿书画比赛,"楚童杯"武汉市少年儿童英语口语诵读活动,"文明礼仪伴我行"知识竞赛
2011	第二十六届"马良杯"少儿书画比赛,"楚童杯"武汉市少年儿童故事大王比赛
2012	第二十七届"马良杯"少儿书画比赛,中华经典诵读月活动,武汉市"知识工程"少儿读书征文活动
2013	第二十八届"马良杯"少儿书画比赛,"楚童杯"读书汇
2014	第二十九届"马良杯"少儿书画比赛,"楚童杯"读书汇,"书香江城 相阅经典"青少年暑期读书活动
2015	第三十届"马良杯"少儿书画比赛,"楚童杯"读书汇,武汉市"知识工程"读书活动校园行
2016	第三十一届"马良杯"少儿书画比赛,"楚童杯"读书汇,"腾讯·大楚网"讲故事比赛,"童书·童话·童梦——把爱和快乐在阅读中分享"大型读书会
2017	第三十二届"马良杯"少儿书画比赛,"楚童杯"读书汇,"绿色城市 快乐阅读"武汉地铁阅读快车活动,"童心武汉 奇幻之夏"武汉中外少儿创意月活动,"放飞梦想——中国湖北·瑞典达拉纳省少儿画展"作品征集
2018	第三十三届"马良杯"少儿书画比赛,"楚童杯"读书汇,"那些年 那些人 那些书——连环画中的红色经典"展览,暑期中外少儿创意季,"大美武汉 童话地铁"少儿绘画作品联展,"中华好童声"少年儿童经典诵读优秀人才展演活动,"放飞梦想——湖北·意大利·匈牙利国际少儿画展"作品征集

（1）萌芽：1959—1981年

武汉少儿馆开展读书活动的历史基本与馆史一样长。自1959年起利用阅览阵地开展读书活动。组织读者成立美术、文艺、朗读、书法、科学、无线电等活动小组，开展朗诵会、故事会、报告会、座谈会、展览、书画比赛等活动。例如，1959年6月举办"爱护图书 宣传好书"展览会。1962年与武汉市教育局、市文化局、共青团市委、市文学艺术界联合会合作举办"小虎子"画展，在中苏友好宫展出少年儿童作品700多幅。连续多年开展故事员讲演培训，培训馆员深入学校为中小学生讲故事。资料显示，从建馆初期至1964年，先后举办故事会100余场，听众达48 000人次。1965年编辑"纪念抗日战争胜利20周年"专题书目，举办"向雷锋叔叔学习"专题朗诵会[5]。此后，武汉少儿馆继续丰富活动形式，逐步扩大活动规模与影响力。1981年与长江日报社、湖北人民出版社、武汉人民广播电台、《武汉儿童》编辑部、武汉市青少年宫合作，成功举办全市少年儿童读书心得征文活动。至此，武汉少儿馆积累了充足的活动经验，工作得到社会各界广泛支持与认可，开展市域大型读书活动的内外部条件已基本成熟。

（2）探索：1982—2005年

1982年，国家教委、文化部、共青团中央、新闻出版总署等部委联合倡导，在全国中小学生中开展"红读"活动，武汉地区积极响应。在共青团武汉市委、市教委、市文化局、新闻出版局、市青少年教育办公室的联合领导下，武汉少儿馆将原在馆内小规模进行的诸如讲故事、诗歌朗诵及少儿书画等活动推向社会，号召全市少年儿童来图书馆读书。自1982年起连年举办全市少年儿童故事大王、朗诵、书评演讲活动，1991年增加现场知识竞赛活动项目，2002年增加英语朗诵比赛项目。1984年举办首届"马良杯"儿童书法比赛，1990年将硬笔书法纳入比赛项目，1991年增加绘画比赛项目，2001年增加电脑绘画比赛项目，此后，"马良杯"少儿书画比赛坚持每年举办，成为全市少年儿童传统书画活动。1982年策划主办全市少年儿童现场命题作文比赛，1985年起连续5年举办全市中小学生楚才作文竞赛，始于1987年的读书夏令营活动亦持续开展多年。

1997年，中央宣传部、文化部、国家教委、国家科委等9部委联合颁发《关于在全国组织实施"知识工程"的通知》，提出了实施"倡导全民读书，建设阅读社会"的"知识工程"。1998年武汉市委宣传部、市文化局、市教委等部门签署《关于在全市组织实施"知识工程"的通知》，将传统"红读"活动纳入武汉市"知识工程"实施方案，使其成为武汉市民读书活动的重要组成部分，同时将"红读"活动正式更名为"武汉市'知识工程'少儿读书系列活动"[6]。

经多年发展，"知识工程"活动逐渐形成有写、有讲、有做的生动形式，如以"写"为主的楚才作文竞赛，以"讲"为主的"故事大王、演讲、朗诵"比赛，以"做"为主的"马良杯"少儿书画比赛，还有以动脑为主的现场知识竞赛，以及到大自然中去读书的夏令营活动等，各种性格和不同知识水平的孩子都能基于兴趣爱好找到适合参与的读书活动项目。综而观之，长期坚持并不断丰富活动内容是本阶段"知识工程"活动的主要特点。

（3）建立：2006—2013年

中宣部、中央文明办、新闻出版总署等11部委于2006年4月联合发出《关于开展全民阅读活动的倡议书》，提出开展"爱读书、读好书"的"全民阅读活动"。同年，中国图书馆学会成立阅读推广委员会，阅读推广活动正式被纳入各级图书馆职责范畴。为推动"知识工程"活动长效化、常态化发展，武汉少儿馆于2006年12月将书画赛活动名称"马良杯"注册为商标。全市少年儿童故事大王、演讲、朗诵比赛活动曾用名"楚韵杯"已被他人注册商标，武汉少儿馆集思广益，将活动更名为"楚童杯"后注册成功。

2006年在"8+1"武汉城市圈发起少儿环保知识征文比赛，活动对象涉及9个城市的中小学生，与以往相比，活动规模与范围大幅度扩大，是"知识工程"活动极具挑战性的一次尝试。2009年3月，中国图书馆学会发出主题为"让我们在阅读中一起成长"的通知，将2009年定为"全国少年儿童阅读年"。全国各地图书馆积极响应广泛开展活动，整个图书馆行业推广儿童阅读活动成为全民阅读工作亮点。在此背景下，2009年"知识工程"活动进一步得到上级部门重视与支持，武汉市文化局、市妇女联合会、共青团武汉市委、市关心下一代工作委员会等与少儿教育直接相关的单位共同参与担任活动领导，此举使得活动组织力量得到加强，有利于活动深入普及。2012年，在武汉市实施"读书之城"建设第一年之际开展"知识工程"少儿读书征文活动，因武汉市教育局加入此次活动主办单位，各区中小学校参与热情明显提高。

怎样拉近"马良杯"书画赛活动与"读书"之间的距离？武汉少儿馆在比赛命题上下功夫。比赛命题多与向全市少年儿童推荐阅读的书目有关。将经典的篇章、段落、句子作为硬笔书法比赛书写内容。此外，中华传统文化中的唐诗宋词也是书法命题的重要内容。2011年首次将寓言、笑话、儿歌等作为比赛内容列入赛题。为增强活动吸引力，2013年将传统的故事大王、诗歌朗诵、书评演讲活动改造升级，增加学校、社区群众文化活动中常见的曲艺、课本剧、情景剧、家庭读书秀等活动形式，并正式更名为"'楚童杯'读书汇"活动。与过去以个人形式报名参赛相比，创新且接地气的"读书汇"受到活动承办单位称赞及孩子们喜爱，各市辖区图书馆举办活动热情高涨，活动对象也由最初的儿童延伸至班级、家庭。总的来看，这一时期"知识工程"活动已形成成熟活动模式，坚持走品牌化发展路线，不断完善活动形式，深化活动内涵，且注重将活动落脚点放在"读书"上。

（4）发展：2014年至今

"知识工程"活动在持续创新中求发展。2014年武汉少儿馆改变一贯推荐优秀儿童读物形式，发布推荐书目同时亦在网上开辟"童梦武汉"资料专栏，介绍武汉历史文化风土人情，让阅读与武汉少年儿童的生活更紧密地联结在一起。历年"马良杯"书画赛决赛都因设立在武汉少儿馆的赛场狭窄而不得不减少参赛人数，2014年首次尝试与企业合作，由汉阳人信汇商场提供赛场，此项举措使得参加市决赛的选手由往年的1000人增加至1378人。同年，与《武汉晚报》合作开展"书香江城 相阅经典"青少年暑期读书活动，以"读经典、演经典、颂经典、画经典"等一系列创新活动举措掀起全市少儿经典读物阅读热潮。2015年开启"知识工程"少儿读书活动校园行，在多个校园进行年度表彰典礼及节目展演，活动影响力进一步扩大。2016年，武汉市精神文明建设指导委员会办公室加入活动主办单位行列，至此，"知识工程"活动"五大家"领导正式形成。此后，活动加快发展步伐，不断推出新形式，增加新内容，如2016年"童书·童话·童梦——把爱和快乐在阅读中分享"江滩大型读书会、2017年"绿色城市 快乐阅读"武汉地铁阅读快车、2018年暑期中外少儿创意季等活动，寓"读"于乐，活动花样多、趣味足且贴近儿童日常生活，深受儿童及家长喜爱，阅读推广效果显著。

纵观"知识工程"活动发展历程，探索创新是主旋律，不断推陈出新是活动之树常青的秘诀，活动未来还有更广阔的发展空间。

2 武汉市"知识工程"少儿读书系列活动实践探析

2.1 政府支持，助推活动常态化

从1982年至今，"知识工程"活动能够开展、发展、成熟，离不开政府支持及主管部门各级领导重视。武汉市文化局、共青团武汉市委等主办单位每年都将活动列入议事日程，联合起草文件、部署工作，将活动办公室设在武汉少儿馆，表明对武汉少儿馆的信任以及对活动的重视。武汉市13个行政区也对各自少儿读书活动给予支持。区委书记、区长担任读书活动领导小组长，每年举行活动时亲临现场指导工作、观摩活动，对各区活动承办馆给予精神奖励和经费支撑。政府支持与领导重视为"知识工程"活动的顺利开展和常态化发展提供了坚实保障。

2.2 市区协作，编织覆盖全市活动网络

"知识工程"活动在全市范围内普遍进行，得力于市区两级公共图书馆间

的齐心协作。武汉少儿馆与13个市辖区公共图书馆联合构建覆盖全市所有地区的活动组织网络。网络以武汉少儿馆为中心，以13个市辖区公共图书馆为骨干，三十多年始终保持运行状态，召开年度馆长联席会议，进行各区信息互通、研究问题、交流经验、联合行动。流通点与分馆（大都为街道、社区、学校图书室）、中小学校及幼儿园构成读书活动基层网络，图书管理员、教师等活动辅导员队伍是基层网络上的重要节点，组织并影响周围中小学生和学前儿童参与活动。"马良杯"书画赛及"楚童杯"读书汇的初赛活动充分展现活动网络的组织作用。各区初赛活动形式灵活，在区公共图书馆、街道、社区、学校班级的组织下，孩子们可以组成各种读书团体参与活动，团体少则几个人，多则数百人、上千人。活动网络让"知识工程"活动的触角尽可能地延伸到城市各个角落。

2.3　推荐好书，指导儿童健康阅读

举办读书活动旨在树立崇尚知识、崇尚科学、崇尚文明的社会好风气，倡导少年儿童多读书、读好书，从而提升综合素质，促进健康成长。守护阅读阵地，让好书与少年儿童为伴是读书活动的首要任务。"知识工程"活动以少年儿童的特点为依据，以"用爱国主义教育启迪孩子，用优秀作品熏陶孩子，用国情资料激励孩子，用科学知识丰富孩子"为指导思想，每年确立一个活动主题（部分年份活动主题如表2所示）。成立以作家、馆员、资深出版人、优秀教师为主的阅读指导委员会，围绕每年活动主题向全市少儿推荐一批优秀图书，37年从未间断，推荐优秀图书逾2000种。书目推荐是每年"知识工程"活动的一个固定环节，是一种行之有效的阅读推广方式。

表2　武汉市"知识工程"少儿读书系列活动主题列表（1997—2018年）

年份	活动主题
1997	学习十五大精神，迎接新世纪，再创新辉煌
1998	人人读好书，个个学做人
1999	歌颂祖国、歌颂社会主义、歌颂改革开放、赞美辉煌
2000	学科学，讲文明，热爱美好家园
2001	新世纪，做新主人
2002	颂歌献给党

年份	活动主题
2003	普及科学知识，弘扬科学精神
2004	高举革命前辈旗帜，弘扬爱国主义精神，誓做社会主义"四有"新人
2005	寻革命前辈足迹、学革命前辈事迹、传革命前辈精神
2006	和谐社会，绿色环保，健康成长
2007	全市人民迎奥运，我为城市添光彩
2008	喜迎奥运，放飞梦想
2009	中华铸魂：我与祖国共成长
2010	共创和谐社会，文明礼仪伴我行
2011	振兴中华，纪念辛亥
2012	今天你读书了吗
2013	梦想在读书中闪烁
2014	童心共筑中国梦，武汉发展我同行
2015	我爱祖国，我爱我家，我爱武汉
2016	让阳光拥抱梦想
2017	童梦武汉
2018	沐浴新时代的阳光

2.4 各方参与，跨界融合形成合力

"知识工程"活动规模大、人数多、持续时间长，需投入的人力、物力资源也多。武汉少儿馆积极联合各方参与活动，获得所需资源、技术及方法。例如，与黄鹤楼公园管理处、湖北省少年儿童出版社合作举办"黄鹤杯"少儿书画比赛，由合作单位为获奖选手提供价值2万余元奖品。与腾海天茶城合作举办"马良杯"书画赛决赛，由合作单位提供比赛场地，解决了赛场狭窄的困境。与武汉中共中央机关旧址纪念馆合作开展"那些年　那些人　那些书——连环画中的红色经典"展览，"图书馆＋博物馆"让活动更具文化内涵。37年的实践探索，"知识工程"活动合作对象广泛、多元，涵盖政府部门、社会团体、图书馆及行业协会、大众传媒、企业组织、专业人士等多种类型（部分社会合作对象见表3）。跨界合作既能有效壮大"知识工程"活动声势，又能引起社会普遍关注和重视，有利于活动效益最大化。

表3 "知识工程"少儿读书系列活动部分社会合作对象

类 型	社会合作对象
政府部门(事业单位)	武汉市教育局,武汉市青少年宫,武汉市杂技团,中南剧场,中山公园管理处,武汉市水务局,黄鹤楼公园管理处,湖北省未成年犯管教所,武汉市群众艺术馆,武汉中共中央机关旧址纪念馆,武汉市城乡建设委员会,八七会议会址纪念馆,武汉市环保局,武汉市外事办公室,法国、英国、美国、韩国驻中国总领事馆,武汉市社会福利院,江岸区一元街办事处等
社会团体(民间组织、公益组织)	武汉书法家协会、武汉作家协会、武汉市文学艺术界联合会、宋庆龄基金会、若朴空间艺术中心、公益小书房等
图书馆及行业协会	中国图书馆学会,湖北省图书馆学会,武汉市图书馆学会,湖北省图书馆,武汉图书馆,黄冈市、鄂州市、黄石市、孝感市、咸宁市、仙桃市、潜江市、天门市图书馆学会及各市图书馆等
大众传媒	武汉人民广播电台、武汉电视台、楚天经济广播电台、长江经济广播电台、武汉少儿广播、腾讯大楚网、武汉音乐广播、掌上武汉、见微直播、九派全媒体、中国文化报社、长江日报社、武汉晚报社等
出版发行机构	湖北少年儿童出版社、武汉新华书店、武汉市古籍书店等
教育医疗卫生机构	武汉市第一聋哑学校,华中师范大学素质教育中心,武汉市盲童学校,西藏中学,武汉市艺术学校,武汉同济医院,武汉地区数十所中小学校、幼儿园等
企业组织	揽云阁美术用品艺术公司、燎原印刷厂、新华文具厂、湖北电影制片有限责任公司、民众乐园、人信汇商场、腾海天茶城、武汉地铁集团有限公司、海豚传媒股份有限公司、武汉声德文化传播有限公司、咕噜熊绘本馆等
基层自治组织	武昌区南湖街宁松社区居委会、汉阳区江堤街江欣苑社区居委会、江夏区桂山村村委会等
书法家、作家、学者、艺术家等专业人士	书法家黄德琳,画家邓存枚、谢晓红,作家董宏猷、刘醒龙、姚振起、童喜喜,主持人杨建、新月姐姐、王小宇,播音员谢东升、鄢萍,表演艺术家鄢继烈、张家昭、李晋峰,武汉大学教授彭斐章、潘迎春,华中师范大学教授陶宏开,科学家王邦平,中学特级教师胡明道,剪纸、风筝、中国结民间艺人,志愿者等

2.5 辅导培训,注重提升活动质量

为提高业务素质,提升读书活动质量,武汉少儿馆面向基层图书管理员举办一系列辅导培训活动。例如,组织青山区各街文体站站长及社区图书管理员

开展"儿童绘本阅读"专题讲座；在东西湖区图书馆举办表演艺术专题讲座。积极创造条件开展国际学术交流，用他山之石促进本地儿童阅读推广活动的优化。2008年举办"儿童阅读在德国的推广"系列活动，组织武汉市各中、小学图书馆（室）和各区公共图书馆辅导馆员等150余人学习德国儿童阅读推广经验。2010年邀请德国杜伊斯堡市图书馆馆长巴比安（Barbian）到馆做"文化：人类的精神食粮"主题报告，推介德国公共图书馆参与儿童文化素质教育的方式，包括如何为儿童制定各种活动主题，培养儿童使用媒体能力，用各种手段促进儿童语言发展、激发儿童创意与想象力等，同时推介德国公共图书馆与学校、幼儿园的成功合作案例。2013年邀请德国柏林儿童和青少年文学中心总监曼安（Mahne）到馆做"如何利用图画书来设计促进儿童阅读的活动"主题学术讲座。以引进瑞典"千字屋儿童想象力活动空间"项目为契机，2015至2018年间7次邀请瑞典博伦厄市文化代表团到馆访问，交流儿童创意思维培养，开展"儿童想象力活动设计"专题培训。

注重以公益讲座和培训班的形式为读者提供活动辅导服务。例如，武汉少儿馆连年邀请鄢继烈、张家昭、金奇等著名艺术家到馆为孩子们做报告并进行表演艺术指导。部分区级图书馆开办各种形式培训班，培训读书活动中涌现出的积极分子。例如，汉阳区馆、武昌区馆开办朗诵表演培训班，东西湖区馆、蔡甸区馆组织馆员向学生传授讲故事技巧等[7]。得益于各馆重视辅导、认真培训，"知识工程"活动质量明显逐年提高。

2.6 持续创新，永葆读书活动魅力

"知识工程"活动广受读者欢迎，活动内容、形式、方式、方法的持续创新"贡献良多"。以"马良杯"书画赛活动为例证。从初期的单一书法比赛演变成书画比赛，继而增加电脑绘画项目，同时伴随每届赛题的新变化，积极寻求社会合作机会，创造展示条件，进行活动成果的国内外交流，进而拓展成中外少儿创意活动，与之相对应的是活动受众满意度的不断提升。例如，在2017年的"童心武汉　奇幻之夏"中外少儿创意月活动中，孩子们与中外艺术家一同走进同济医院，与病患儿童共同创作绘画作品；开展新锐讲座"童艺之窗"，解密当代艺术家的成名道路；到社区公共空间，利用一方空白的墙、一个开放的空地等开展创作，打造创意公共艺术空间；"马良杯"书画赛获奖儿童和部分外国儿童一起走上街头，进行路牌、地铁指示牌、门牌、无障碍提

示等城市路标设计。因创意十足、精彩纷呈，活动受到家长孩子青睐。为响应其强烈要求，2018年将"创意月"活动升级为"创意季"活动。

创新让传统的"楚童杯"活动焕发生机。武汉少儿馆将开展多年的讲故事、诗歌朗诵活动进行创新，推出新形式"读书汇"，增加情景剧、童话剧、诗歌剧、家庭读书秀、相声、快板、双簧、湖北评书等节目类型。决赛活动中，评委着重考察少年儿童的表达力、想象力及创新精神，特别鼓励新生类型节目。创新后的"读书汇"节目，从作品层面看，题材新颖且构思新巧；从人物层面看，性格鲜明且情节生动；从表演层面看，语言鲜活且生动传神。各个节目极具吸引力，4个小时的表演几乎没有观众离场。持续创新让"知识工程"活动更具魅力，有效吸引更多孩子参与其中。

2.7　注重普及，活动走进弱势群体

作为社会公益性的少儿读书活动，"知识工程"活动目的是普及阅读，服务对象是全体少年儿童。武汉少儿馆吸收特殊儿童参与活动的历史和活动开展的历史一样长。邀请聋哑儿童参加"马良杯"少儿书画赛已持续30多年。在湖北省未成年犯管教所内设立"马良杯"分赛场，让未成年犯在高墙内与同龄人同时同题进行比赛。西藏中学的藏族孩子参与"马良杯"书画赛始于2008年，至今已获近50项奖项。社会福利院的孤残儿童也可以参加比赛。了解到市福利院有个身患小儿麻痹症的孩子十分热爱画画，武汉少儿馆连续多年向他发送参赛邀请。考虑到该名孩子的特殊生理状况，为保障参赛顺利进行，图书馆辟出专门场地，并委派工作人员全程照顾。视障儿童受邀到馆参与"楚童杯"读书汇活动，与健全孩子同台讲故事、朗诵诗歌。"'知识工程'读书活动校园行"特意将首站活动地点设在武汉市盲童学校。对进城务工人员子弟给予特殊关注，邀请他们到馆参加培训活动，并为他们争取参赛指标。让住院重症儿童与普通孩子一起创作艺术作品是中外少儿创意月（季）系列活动的重要内容。在"知识工程"活动的熏陶下，特殊儿童与其他孩子一样享受阅读的乐趣。

2.8　展示成果，仪式感为活动增光添彩

举办活动启动仪式，进行活动总结表彰，展示活动成果，是增强活动仪式感的有效途径。"知识工程"活动启动仪式一般选在"世界读书日""国际儿童

图书日"临近日期或当日举办，由主办单位郑重向全市少年儿童、家长及教师发出阅读倡议。每年均会召开总结表彰会，对上一年度活动中产生的优秀选手、辅导教师及组织单位与个人进行表彰，鼓励孩子们继续参与活动，肯定图书馆员的辛勤付出，激励各图书馆、学校努力将读书活动越办越好。

武汉少儿馆馆内常年开设"知识工程"活动成果展，年观展量达2万人次。"马良杯"书画赛优秀作品多次在市级大型文化活动上展出。在接待瑞典、德国、英国等各国图书馆代表团到馆访问之际，武汉少儿馆组织"马良杯"选手与国际友人联欢，现场进行书画表演[8]。将书画作品用作馆刊《武汉少图工作》的封面、内页插图及图书馆各阅览室的墙面装饰画。"马良杯"优秀画作分别于2009、2017、2018年漂洋过海到德国、瑞典、法国及意大利展出，受当地孩子欢迎和媒体热捧，实现"知识工程"活动成果在国际舞台上的精彩亮相。自2009年起，每年由主办单位牵头，武汉少儿馆联合13个市辖区图书馆共同编印《武汉市"知识工程"少儿读书系列活动纪实》，集中反映全市少年儿童的读书活动盛况及成果，并将成果集寄送给全国各地公共图书馆进行工作经验交流。注重以自建数据库的形式展示读书活动成果，建成"马良杯"书画赛获奖作品专题数据库，并在馆网站发布读书活动视频。展示活动成果，注重仪式感助推"知识工程"活动影响力进一步扩大，参与读书活动得以成为一种理念留在读者心中。

3 活动成效、问题及改进措施

30多年辛勤耕耘，"知识工程"活动受益者广泛。一批又一批武汉孩子从活动中得到锻炼，养成爱读书的好习惯，通过学习不断提升能力，长大成材后奋斗在各工作岗位上为国家做贡献。到图书馆看书、参加读书活动在孩子们成长过程中起到重要作用。活动历年都得到上级主管部门的肯定与赞扬，获评"武汉读书之城建设十大品牌读书活动""湖北省十佳少儿阅读品牌活动""全民阅读优秀案例"等奖项。

"行之苟有恒，久久自芬芳"。武汉地区公共图书馆多年携手举办"知识工程"活动，在全市兴起读书学习之风，对净化社会风气起到积极促进作用，树立公共图书馆优良社会形象，吸引市民走进图书馆、利用图书馆。武汉少儿馆作为主要承办单位，以举办"知识工程"活动为契机，优化馆藏，改善服务，打造活动品牌，推进少儿图书馆服务网络建设，开展社会合作，经多年发展，已形成良好运行机制，成为武汉地区儿童阅读推广的一支核心力量，取得较好社会效益，得到社会各界好评。1994年以来连续六次被文化部评定为国家"一级图书馆"，多次获评"全民阅读先进单位"，并荣获"全民阅读示范基地"称号。

得益于"知识工程"活动的引领、孕育与培植，武汉地区各公共图书馆因地制宜开展多种儿童阅读推广活动，成功建立特色活动品牌（见表4）。武汉少儿馆走"活动立馆"发展路线，形成一系列优质儿童阅读推广活动品牌。如面向学龄前儿童及家长开展绘本阅读推广的"小脚印故事吧"；依托流动图书车与志愿者将图书馆服务送到儿童身边的"小种子流动阅读推广"；引导儿童跟随音乐欣赏文学作品的"音乐与阅读"；通过场景、道具、活动设计，以儿童为主体创造故事的"千字屋"等。江岸区图书馆创建"七彩梦起点阅读"品牌，大力开展儿童早期阅读活动，培养儿童早期阅读能力。江汉区图书馆的金桥少儿读书活动具有鲜明特色，每届都形成"万人读"盛况。硚口区图书馆的"武胜书香文化"系列活动包括绘画、书法、征文、经典诵读、绘本讲读等内容。汉阳区图书馆的"汉阳悦读树"活动，涵盖亲子阅读讲座、作家进校园、寒假亲子阅读护照、"悦读书签"等系列活动。武昌区图书馆的"红领巾读书节"系列活动拥有35年历史，营造全区"万家读书乐 书香溢满城"的良好氛围，读书活动功不可没。青山区图书馆形成青青暑期大阅读、青山课堂、"青萌领读"等系列儿童阅读活动品牌。汉南和黄陂区图书馆将"知识工程"作为儿童阅读活动主打品牌，此外还开展经典阅读暨亲子诵读比赛、读书征文、书香校园、暑假读书等系列活动。蔡甸区图书馆的"双十佳"评选表彰活动（"双十佳"指十佳青少年读者、十佳读书之地）已连续开办8届，受到青少年及家长欢迎与响应。江夏区图书馆的"小时候Happy House"寒暑假嘉年华活动持续开展12年，活动内容新颖有趣，深受当地孩子好评。洪山区图书馆的"洪孩子"活动涵盖中华文化传承课堂、志愿者故事汇、悦读会、小小管理员培训等系列活动。东西湖区图书馆的"热情八月 同享书香"少儿暑期系列活动与新洲区图书馆的"问津读书节"系列活动均已连续举办8年。各馆因地制宜，打造特色儿童阅读活动品牌，市区上下联动、相得益彰，有力推动了武汉地区少年儿童阅读活动的开展，促进全市全民阅读推广。

表4 武汉公共图书馆儿童阅读品牌活动

武汉公共图书馆	儿童阅读品牌活动
武汉少儿馆	"马良杯"少儿书画赛、"楚童杯"读书汇、家教大讲堂（童窗讲坛）、"千字屋"儿童想象力活动空间、小脚印故事吧、小种子流动阅读推广、音乐与阅读、非遗文化读书会、小梦陪你看电影、小脚印童书会、亲子相约经典
江岸区图书馆（江岸区少年儿童图书馆）	"七彩梦起点阅读"活动
江汉区图书馆	金桥少儿读书活动
硚口区图书馆	"武胜书香文化"活动
汉阳区图书馆	"汉阳悦读树"活动
武昌区图书馆	"红领巾读书节"活动
青山区图书馆	青青暑期大阅读、青山课堂、青萌领读
洪山区图书馆	"洪孩子"系列读书活动
东西湖区图书馆	"热情八月 同享书香"少儿暑期系列活动
汉南区图书馆	"知识工程"少儿读书系列活动
蔡甸区图书馆	"双十佳"评选表彰活动
江夏区图书馆	"小时候 Happy House"寒暑假嘉年华活动
黄陂区图书馆	"知识工程"少儿读书系列活动
新洲区图书馆	"问津读书节"系列活动

作为"知识工程"活动的重要组成部分，"马良杯"书画比赛已成功举办三十多届。武汉少儿馆经过多年历练，积累了丰富的办赛经验，取得不俗业绩，在业界具有良好口碑，由此拥有承办全国性书画比赛的底气，2009年3月至2019年3月七次承办全国少年儿童书画类比赛活动。如首届及第二届"闻一多杯"全国少年儿童书法绘画作品征集赛、"品经典 绘梦想 画未来"全国少年儿童绘画作品征集赛、"悦读经典 放飞梦想"全国少年儿童书法作品征集赛等。全国性书画比赛活动既能引导儿童重视传统文化，促进儿童书画技艺的提升，又能有效推动儿童阅读，辐射面广且参与图书馆众多，惠及全国各地数十万名儿童。

取得成绩的同时，也应清醒看到"知识工程"活动存在一些问题。第一，活动名称"知识工程"未能有效跟上时代节奏，与生动活泼、绚烂天真的少儿活动形象不符。第二，活动宣传工作还有待提升。与层出不穷的活动形式及丰富多彩的活动内容相比，宣传工作明显弱化。第三，活动的普及率有待提高。某些图书馆、学校存在片面追求获奖率，只重点关注尖子学生现象。第四，忽视0至3岁幼儿的活动需求。缺乏针对0至3岁幼儿的大型早期阅读推广活动。第五，活动缺乏评价机制。年度总结有流于形式之嫌，未能对各馆活动成效做出具体评估。此外，还存在经费保障不足、没有充分利用新媒体技术开展活动、缺乏数字阅读推广活动、未开展相关业务研究等问题。

笔者认为可通过以下几个方面对"知识工程"活动进行完善：①更改活动名称。新的活动名称应具有感染力，符合儿童心理，便于记忆且朗朗上口。②更新活动思维。应秉持"轻评奖、轻比赛、重参与、重鼓励"原则，活动重在普及。③扩大对象范围。将0至3岁幼儿家庭列为儿童阅读推广活动的重点对象，帮助制订0至3岁早期阅读计划，开展相关活动。④注重新媒体、新技术的运用。充分利用新媒体平台开展活动宣传，加大活动宣传力度。增加线上线下相融合的活动形式。⑤打造精品活动。擦亮活动品牌，进一步完善现有系列活动形式及内容，提升活动质量。⑥评估活动成效。包括活动是否达到预期目标、参加者对活动过程的满意度、服务成效、工作人员的反思等。⑦进行活动相关的文化创意产品开发。⑧开展活动案例研讨。从多年活动实践中提炼经验，升华成理论，继以更高理论指导实践。

4 开展市域大型儿童阅读推广活动的几点思考

4.1 政府主导，图书馆联动，全社会参与

儿童阅读推广活动的责任主体是政府，主要执行实施主体是公共图书馆。只有政府主导才能在政策层面体现普惠性，儿童阅读活动才能在法制的保障下运行，进而产生质的飞跃和变化[9]。建议专门设立儿童阅读节，结合节日仪式感，打造系列活动，对儿童阅读进行推动。各级公共图书馆开展资源共建共享，进行分工协作、优势互补，联合构建覆盖市、区、街（乡镇）、社区（行政村）的多级少儿图书馆服务网络是开展市域大型儿童阅读活动的必要条件。活动可采取总分馆模式，在同一活动目标指引下，注重各分馆活动的特色化、专业化、兼顾资源、人才、服务的统筹管理。在坚持公益性的前提下鼓励社会力量参与组织开展市域儿童阅读推广活动。广泛的社会合作有利于实现多方共

赢，保证活动广度与深度，唤起全社会对儿童阅读的关注，推动活动在全市范围内的持续开展。此外，还应建立科学评价机制。活动前做好评价的各项准备工作，将评价环节纳入活动整体规划，也可将评价工作委托给独立的第三方。客观评价有利于调动各方参与活动的积极性，促进活动健康发展。

4.2 面向全体，关注家庭，关怀特殊儿童

公共图书馆开展市域儿童阅读推广活动意在"书香浸润城市每个角落，阅读陪伴孩子每天成长"。家庭是孩子成长的第一环境，对孩子阅读习惯的养成起着关键性作用。公共图书馆应将家庭阅读推广活动纳入市域大型儿童阅读推广活动范围，策划适合0—3岁幼儿家庭参与的活动，指导制订亲子阅读计划，邀请家长、孩子所喜闻乐见的作家、特级教师、教育专家等专业人士以各种形式宣讲、普及正确的阅读理念、阅读技巧[10]，吸收有经验的家长作志愿者并对其开展"儿童阅读推广人"专业培训，推广构建家庭图书馆，为家长提供交流互动平台。"特殊儿童"是儿童的重要部分，也是阅读推广活动对象。公共图书馆应创设条件，培养特殊儿童阅读兴趣，鼓励特殊儿童参与阅读活动[11]。考虑到特殊儿童的生理与心理状况，公共图书馆应于活动前咨询专业机构，做好准备工作，确保特殊儿童参与活动的可行性与安全性。

4.3 打造精品，与时俱进，重视宣传

打造精品活动有利于形成文化品牌，提升读者对阅读内涵的理解、阅读价值的认同、阅读活动的参与以及阅读效果的满意度。公共图书馆应通过建立特色品牌筑牢市域大型儿童阅读推广活动基础。品牌的建设不是一蹴而就的，需要持续改进、完善。不断增加新的活动因子，丰富活动内容，深化活动成效，才能保持品牌活动魅力，增强受众黏性。在"互联网＋"时代背景下，图书馆应充分依托信息技术支持，通过多种媒介平台开展阅读推广活动。市域大型阅读活动关注度高、参与性强、涉及面广、影响力大，其宣传工作尤为重要。公共图书馆应顺应媒体融合趋势，借力"全媒体"对活动前的预热、活动中的报道及活动后的案例推广进行系统性宣传展示。例如，利用广播、电视、报纸、网站、客户端、微博、微信等媒介，积极宣传儿童阅读重要意义，营造全城重视的舆论氛围；利用大数据技术精准推送活动信息；通过网络全程直播活动盛况；利用新媒体展示活动成果。

参考文献:

[1]齐升义.与经典同行 为阅读助力——以天津市少年儿童图书馆经典阅读推广实践为例[J].图书馆工作与研究,2015(S1):131-132,138.

[2]陈力勤.从"阅读起跑线"(Bookstart)到"悦读宝贝计划"——苏州图书馆特色婴幼儿阅读服务实证研究[J].图书馆理论与实践,2018(5):88-93.

[3]金晓冬.儿童阅读推广项目实证研究——以重庆图书馆"格林童话之夜"为例[J].晋图学刊,2018(5):32-38.

[4]武汉市少年儿童图书馆.武汉市少年儿童图书馆建馆50周年纪念册(1958—2008)[M].武汉:湖北音像艺术出版社,2008:120-181.

[5]武汉市少年儿童图书馆.武汉市少年儿童图书馆建馆50周年纪念册(1958—2008)[M].武汉:湖北音像艺术出版社,2008:23-29.

[6]孙凌云.少儿读书活动98回眸[J].图书馆论丛,1999(1):54-56.

[7]孙凌云.努力搞好少儿读书活动[J].图书情报论坛,2000(1):52-54.

[8]武汉市少年儿童图书馆.武汉市少年儿童图书馆建馆50周年纪念册(1958—2008)[M].武汉:湖北音像艺术出版社,2008:143-181.

[9]薛天.公共文化服务视域下图书馆儿童阅读活动产品化趋向研究[J].图书馆工作与研究,2016(2):113-117.

[10]叶丹.家庭阅读:公共图书馆推动儿童阅读的突破口[J].公共图书馆,2015(2):68-72.

[11]邵建萍.关于构建特殊儿童阅读推广服务体系的思考[J].晋图学刊,2014(1):42-45.

国家图书馆数字资源管理规章制度沿革

韩　超（国家图书馆）

自1909年9月9日清政府批准筹建京师图书馆以来，国家图书馆多次更名和迁址，历经百余年沧桑，形成了现在文津街7号的古籍馆和中关村南大街33号新馆南北区的格局。立足一代代国图人打下的坚实基础，国家图书馆积极探索、不断创新模式，取得了骄人的成绩。不但承担了多项国家级重大文化工程，在公共文化服务体系中扮演着越来越重要的角色，在中华民族优秀传统文化的传承和对外传播方面也发挥着越来越重要的作用。2019年是国家图书馆建馆110周年，也是《中华人民共和国公共图书馆法》正式实施的第二年，我们通过对馆史和档案资料的搜集、甄别与整理，对国家图书馆不同历史时期的业务规章制度资料进行整理挖掘，理清国家图书馆数字资源管理领域规章制度的历史沿革，探究相关业务发展的轨迹，找寻未来的发展方向。

1　国家图书馆数字资源管理规章制度建设背景

随着数字技术的发展，数字图书馆建设逐渐纳入国家发展战略。国家图书馆作为国内图书馆界的引领者，从1995年便开始跟踪国际数字图书馆研究与发展的动态；1996年5月，国家图书馆提出了中国试验型数字式图书馆项目，经文化部组织与协调于1997年获得国家重点科技项目；1998年7月20日，国家图书馆向文化部提出实施"中国数字图书馆工程"的立项申请；2001年11月"国家图书馆二期工程暨国家数字图书馆工程"正式获批立项实施。经过十余年的努力，国家数字图书馆基本建设完成，各类软硬件基础支撑平台和服务平台陆续投入使用。国家图书馆通过国家财政拨款、社会捐赠等方式不断完善馆藏建设，逐渐形成了传统文献和数字文献相结合的现代馆藏体系。截至2018年底，国家图书馆数字资源建设总量已达1960.91TB；国家数字图书馆推出的新媒体资源服务、特殊群体服务、立法决策服务等，获得了业界和社会的广泛好评。

业务工作是图书馆的核心工作，图书馆的规章制度是指导图书馆工作人员开展业务工作，保障图书馆用户享受各项服务必须遵守的准则。一般来讲规章制度主要包括条例、章程、规则、制度等，从广义来说，规章制度也可以包括各种规范、标准、规定、办法。同样，针对数字资源管理的规章制度，也是数字图书馆建设工作科学有效开展的依据和准绳，是数字图书馆和服务工作正常而有秩序地进行的保证。国家图书馆数字资源管理规章制度也是伴随着数字图书馆的建设和服务，从尝试摸索阶段开始，一步步趋于完善和科学。

2 国家图书馆数字资源管理制度发展概况

2.1 国家图书馆数字资源管理规章制度建设意义

近年来，国家高度重视公共文化建设，在财政和政策方面不断加强对文化基础设施建设、公益性文化事业等领域的投入和扶持力度，努力构建覆盖全社会的公共文化服务体系。国家层面的政策措施，为国家图书馆数字资源建设与服务工作提供了政策环境和政策保障，为了更好地落实国家政策，实现国家财政经费的科学有效产出，对数字资源管理规章制度建设的要求也很早就成为国家图书馆的重要工作之一。

随着数字化和信息化技术不断渗透人们的日常生活，数字图书馆服务模式也逐渐成为人们获取知识和信息的主要渠道，同时人们对数字图书馆数字资源利用的要求也越来越高。数字资源作为数字图书馆服务的基础，在图书馆建设中的地位、作用也随之越来越重要，其数量、质量直接影响到数字图书馆的服务能力。为了保证资源质量和服务效果，需要不断完善对资源建设和服务方面的管理，形成一套严密、科学、全流程管理的制度体系，才能更好地开展数字图书馆业务工作。

国家图书馆历来重视规章制度建设，在不同历史时期规章制度的变迁也客观反映着国家图书馆业务的发展轨迹。随着数字图书馆的兴起和发展，国家图书馆数字资源管理规章制度逐步趋于科学化和规范化。数字图书馆管理规章制度的沿革变化，清晰地反映出国家数字图书馆十几年来的建设及发展历程，也会对未来数字图书馆资源建设和服务工作的发展打下坚实基础。

2.2 国家图书馆数字资源管理规章制度建设基础条件

数字资源管理工作涉及数字资源整个生命周期，除规划、建设、验收、保存、发布、利用等环节，还涉及版权、开发、技术等多方面，因此对数字资源管理规章制度的建设工作提出了很高的要求。国家图书馆在不断探索数字图书馆建设与服务工作过程中，也不断加强对规章制度建设工作的各种准备和经验积累。在人员储备方面，国家图书馆拥有知识结构全面的管理型人才队伍、服务经验丰富的业务人才队伍，以及专业知识过硬的专业技术队伍；在组织结构方面，国家图书馆数字资源建设和服务工作由业务、财务、国有资产、纪检监察、审计、法务及相关项目执行部门共同协力开展，规章制度的建设也由数字图书馆建设与服务的业务主管部门和负责资源建设、发布、保存、管理等具体业务工作承担部门共同参与；在管理理念方面，数字资源管理规章制度建设工作遵循统筹规划、需求引导、循序渐进的原则，从整体性、系统性、合理性、科学性多角度要求并指导规章制度建设工作。

2.3 国家图书馆数字资源管理规章制度建设三个阶段

通过对《中国国家图书馆馆史（1909—2009）》《中国国家图书馆馆史资料长编》《国家图书馆数字资源建设管理文件汇编》和《国家图书馆数字资源规章制度汇编》等文献资料的查阅，梳理出国家图书馆数字资源管理规章制度发展经历了以下三个阶段。

2.3.1 探索实践

国家图书馆在1987年启动了中文书目数据库的建设工作，同年还引进了光盘数据库。无论从资源建设还是资源服务角度来说，1987年都是数字资源在国家图书馆出现的第一年，也意味着国家图书馆开始了向着数字图书馆进发的第一步。由于最初的数字资源建设和服务工作主要是基于成品系统平台开展，相关工作所遵循的基本是系统的使用手册要求，因此在规章制度建设方面并没有正式开展。而真正的开始自主建设数字资源，并在规章制度建设方面开始迈出第一步，是从2000年国家图书馆开展馆藏特色资源数字化工作开始的。

自2000年起，中央财政逐年投入经费用于支持国家图书馆的数字资源建设。2000年，国家图书馆开始了馆藏音视频资源的数字化加工，2001年启动了敦煌文献和石刻拓片的数字化加工，2002年又启动了数字方志和博士论文的数字化加工。在国家专项经费的支持下，面向特色馆藏资源的数字化项目不断扩展，相应的相关业务工作规范和要求也就随之出现。除此之外，国家图书馆在传统文献和数字文献协调建设方面也开展了探索，并积极参与到业界数字图书馆相关的标准规范的研究工作中。国家图书馆2001年制定《中文元数据标准方案》，组织召开国内专家与国际专家征求意见会，参与2000年文化部"中文元数据标准规范"和2002年科技部"我国数字图书馆标准规范研究"项目研究[1]。由于最初的数字化加工和标准规范研究项目比较分散，未成体系，资源量也未成规模，每个项目都仅针对自身实际情况制定相应的数据加工标准和相关流程要求，规章制度建设工作还处于探索和累积的阶段。

2.3.2 全面推进

2001年11月"国家图书馆二期工程暨国家数字图书馆工程"正式批准立项后，为了配合工程的顺利进行，适应国家数字图书馆建设的需要，规范国家图书馆数字资源相关管理工作，数字资源管理规章制度的建设工作加紧了步伐，进入关键技术研发和全面推进阶段。2005年制定了《国家图书馆数字资源建设条例（试用）》《国家图书馆数字资源建设2006—2010年规划》，并开始试用《民国图书缩微胶卷数字化加工标准》。2006年，制定了《国家图书馆自建数字资源的建设及管理条例（草案）》《国家图书馆数字资源建设知识产权操作规程（草案）》《国家图书馆合作开发馆藏特色资源管理条例（征求意见稿）》和《国家图书馆网站管理办法》，并开始试用《纸介新善本图书数字化加工标准》和《普通古籍——信札数字化项目加工标准》。2007年，制定《国家图书馆馆藏文献数字化项目管理规定》《国家图书馆数字资源保存管理暂行条例（草案）》和《国家图书馆网站信息发布与管理办法》，开始试用《中文普通图书数字化加工标准》[2]。《国家数字图书馆工程初步设计方案》中包括的30余个标准规范子项目的研制也于2010年底全部完成，包括对象数据加工规范、元数据总则、专门元数据规范、管理元数据、分类法对照、知识组织、资源统计、长期保存、管理元数据等[3]。

随着国家数字图书馆工程的建设和相关配套标准规范的研制完成，国家图书馆数字资源管理规章制度逐渐体系化和规范化。2008年起，为更好地促进图书馆事业发展，国家图书馆结合正在开展的各项数字资源建设和服务相关工作，不断探索对各项规章制度的梳理和修订，新制定和修订的数字资源规章制包括《国家图书馆自建数字资源专项验收要求》《国家数字图书馆分馆管理暂行办法》《国家图书馆中文图书数字化加工规范》《国家图书馆博士论文数字化加工规范》《国家图书馆自建数字资源发布及相关工作要求》等。自2010年起，在总结以往工作经验的基础上，再次对前期的数字资源建设相关管理文件进行了修订和完善，并结合新的业务工作制定了相应的规章制度。2012年，国家图书馆制定了《国家图书馆数字资源管理办法》；2013年，先后制定《国家图书馆数字资源建设项目管理办法》《国家图书馆数字资源版权管理办法》《国家图书馆数字资源统计管理办法》《国家图书馆数字资源发布管理办法》《国家图书馆数字资源验收管理办法》《国家图书馆数字资源保存管理办法》。在这个阶段，为强化数字资源建设项目相关加工规范的可操作性，还制定了《国家图书馆中文图书数字化加工规范（暂行）》《国家图书馆博士论文数字化加工规范（暂行）》《国家图书馆多媒体资源文件加工参数（暂行）》。2013年10月，为了更好地推进数字资源管理标准规范的落实，国家图书馆将修订、完善以及新制定的一些规章制度汇编成册，印发《国家图书馆数字资源建设规章制度汇编》，收录11项数字资源建设系列管理办法与相关业务规范，并将汇编文件在全馆范围内分发，为具体工作提供指导。

2.3.3 拓展建设

经过数字资源管理规章制度全面推进阶段后，国家图书馆数字资源管理规章制度体系已见规模，为进一步规范和加强国家图书馆数字资源管理工作，不断推进传统与数字资源的融合，国家图书馆开始结合更为具体的工作开展规章制度建设工作。2015年，国家图书馆制定并发布实施《国家图书馆外购数据库日常监管管理办法（暂行）》和《国家图书馆自建数据库日常监管管理办法（暂行）》，加强了对数据库使用方面的管理；2018年，启动了敏感文献和涉密文献筛查工作规范；近几年还多次结合数字资源建设和服务情况，对原有只涉及传统图书馆业务的规章制度进行了补充完善和修订，《国家图书馆文献采选条例》《国家图书馆馆藏文献库房管理条例》《国家图书馆文献利用条例》中增加了专门针对数字资源管理的部分；涉及数字图书馆服务相关的网站管理、微博微信管理、自动化系统管理相关的规章制度，也逐渐设立并结合实际业务工作情况进行不断调整和修订完善。

除在国家图书馆范围内使用的规章制度的建设外，国家图书馆在近几年也积极参与到公共文化工程和各类系统间组织的规章制度建设工作中。随着由原文化部牵头，国家图书馆推动实施的"数字图书馆推广工程"的顺利开展，全国各级公共图书馆网络逐渐实现互联互通，覆盖全国的数字图书馆服务网络基本形成，作为主要承担单位的国家图书馆在近几年也加强了"数字图书馆推广工程"数字资源管理规章制度的建设，涉及数字资源联建、采购、服务相关的规章制度也不断细化完善。作为全国数字图书馆资源建设及服务联席会议成员单位，国家图书馆也积极投入联席会议的数字资源管理研究和规章制度的制定工作。2010年，国家图书馆主持制定的《数字图书馆资源建设指南》正式发布，同时国家图书馆也积极参与了其他成员单位主持制定的《数字图书馆服务政策指南》《数字图书馆安全管理指南》《数字图书馆资源建设和服务中的知识产权保护政策指南》等的研讨环节。

3 国家图书馆数字资源管理制度存在的问题

3.1 数字资源利用环节规章制度建设薄弱

我国数字图书馆事业发展时间相对较短，从最初的资源积累到后来全方位的数字资源服务都是在不断摸索中进行。经过十余年的建设，国家图书馆数字资源管理规章制度体系基本建设完成，但就目前数字资源管理规章制度体系整体框架来看，仍存在部分薄弱环节，有待进一步完善。从目前建设的体系架构来看，大部分的规章制度主要涉及建设方面，针对数字资源利用方面的规章制度略显薄弱。除去数字资源发布管理制度已较完善外，数字资源的提取、利用、开发、授权管理等方面已有相应的管理要求，但尚缺乏行之有效的具体流程管理和监管制度。

3.2 拓展性资源建设领域规章制度建设欠缺

作为数字图书馆建设的根本，数字资源建设工作配套的管理制度已趋近完备，资源建设规划、项目管理、数据库采购、数据加工、质量验收等各个环节均有相应的管理办法和规范要求，资源建设方式也涵盖了自主建设、合作建设、外购商业数据库等。但随着数字资源建设途径的不断拓宽发展，例如互联网开放资源免费获取、数字资源捐赠、电子资源交存等方式的资源建设管理，具体业务实践尚未全面开展，仅有部门尝试性项目的开展，相配套的规章制度建设工作也仍在探讨和摸索中，尚未纳入体系化的数字资源管理规章制度。

3.3 数据安全与开放共享的协调问题有待解决

随着信息技术更新换代，数字资源服务的渠道和形式也不断拓展和创新，除互联网服务外，越来越多的服务通过移动互联网各种应用程序提供多样化信息和资源服务，相应对数字资源建设的加工标准和数字资源服务管理提出了更多开放性的新要求。而随着国家对公共文化服务体系中数据和信息安全方面的要求不断提高，又对数字资源建设和服务管理工作提出了更加严谨的要求。数据安全工作覆盖数字资源整个生命周期的各个环节，规章制度建设工作既要考虑到确保数据安全的数据加工标准，又要适应各种服务需求的不同规格要求；既要保证资源服务的必要性约束，又要维护开放共享服务的需求。因此，规章制度的建设工作还有待于进一步加强。

4 国家图书馆数字资源管理制度未来发展方向

随着经济的快速发展，我国对公共文化服务体系建设的要求越来越高，同时现代科学技术发展提供的强大技术支撑和人民群众日益增长的精神文化需求，从两个方向共同刺激着数字图书馆事业的发展。2018年1月1日开始施行的《中华人民共和国公共图书馆法》对国家图书馆的作用、地位和职能进行了明确的规定，更进一步推动了国家图书馆事业发展的进程。随着科技浪潮的来临，未来图书馆事业发展将朝着更为知识化、智能化、共享化、个性化方向全速发展。作为国家图书馆管理工作中的重要环节，我们需要更为科学的管理手段开展数字资源管理规章制度的建设。

（1）查漏补缺，完善体系。数字资源管理规章制度既要覆盖数字资源整个生命周期，还要囊括数字资源管理相关的各个领域，确保数字图书馆建设与服务工作有规范可参考，有制度可遵循。

（2）创新理念，需求引导。数字资源管理规章制度既要紧跟技术发展，不断更新完善，攻克各种技术难题，又要明确规章制度建设的根本是确保数字资源建设和服务工作的高效和高质量地完成。

（3）加速融合，一体发展。数字图书馆只是图书馆事业发展的一个阶段，我们要不断加强与传统图书馆规章制度的融合，实现常态化发展，为下一代图书馆的发展打下坚实的基础。

2019年是谋划"十四五"的启动之年。通过对国家图书馆数字资源管理规章制度的梳理，我们要了解其沿革变化和发展脉络，更清晰地发现问题，并找到解决问题的思路和方法。经过国图人的努力，数字资源管理规章制度将朝着更健全、严谨、科学的方向发展，进一步推进国家图书馆在下一个五年更上一个台阶。

参考文献：

[1]李致忠.中国国家图书馆馆史资料长编[M].北京:国家图书馆出版社,2009:1124–1419.

[2]李致忠.中国国家图书馆馆史（1909—2009）[M].北京:国家图书馆出版社,2009:400–447.

[3]赵悦.我国数字图书馆标准规范体系构建研究[J].数字图书馆论坛,2016（9）:9–13.